国家哲学社会科学成果文库

NATIONAL ACHIEVEMENTS LIBRARY
OF PHILOSOPHY AND SOCIAL SCIENCES

西方哲学
中国化史论

韩秋红　著

人民出版社

韩秋红 东北师范大学二级教授、仿吾特聘教授、博士生导师。国家"万人计划"教学名师、首批国家级一流本科课程主讲教师、全国优秀教师、宝钢奖优秀教师；国家社科基金重大招标项目主持人、教育部重大课题攻关项目首席专家、国家社科文库入选者；享国务院政府特殊津贴；吉林省第九、十、十一届政协委员；现任东北师范大学国外马克思主义研究、外国哲学重点建设学科方向负责人，吉林省人文社科重点研究基地"西方马克思主义现代性理论研究中心"主任；兼任中国当代国外马克思主义研究会副会长，中华全国外国哲学史学会、中国现代外国哲学学会常务理事等。基于对西方哲学研究、西方马克思主义研究的经验总结、范式转型及其中国化方式的理论反思，使西方马克思主义的资本主义批判理论显现为现代性理论问题研究新视域，著有《西方哲学的人文精神》、《西方马克思主义现代性理论批判》等十余著作，形成百余篇理论成果，多篇被《新华文摘》等刊全文转载。

《国家哲学社会科学成果文库》
出版说明

为充分发挥哲学社会科学研究优秀成果和优秀人才的示范带动作用,促进我国哲学社会科学繁荣发展,全国哲学社会科学工作领导小组决定自 2010 年始,设立《国家哲学社会科学成果文库》,每年评审一次。入选成果经过了同行专家严格评审,代表当前相关领域学术研究的前沿水平,体现我国哲学社会科学界的学术创造力,按照"统一标识、统一封面、统一版式、统一标准"的总体要求组织出版。

全国哲学社会科学工作办公室
2021 年 3 月

目　　录

CONTENTS

绪　　论

　　19 世纪末叶，清季国势衰颓，西潮汹汹而来，中国遭遇千载未有之变。继此以来，"西学"与"中国"之关系即成为中国知识分子关切的大问题，前贤时彦对此思虑甚深、追问不辍，相关探讨所在多有，百余年来聚讼纷纭、众声喧哗，迄今未歇。时移世易，西学新潮迭起，城头变幻大王旗，令人目眩神迷；中国亦不复昨日，日渐向国际舞台中心位移，从寻求富强走向文明复兴，殆无疑问。当此之际，中国的自我理解再度调整，看待西学的方式应时而变，两者关系更趋复杂，其交缠的过往犹待重述，其会通的去路还须再勘，此亦关涉全球化时代下确立中国文化主体性、文化主体间互动交流等问题。具体到西方哲学与中国之关系，又不能不牵及"中西马"三者对话。在思想纷争、文化多元语境中，立足国人生活世界，面向中国集体实践，融通"中西马"哲学，创建当代中国新哲学，愈益成为有识之士"自立吾理"又"为天地立心"的使命。凡此问题，长久萦绕学人心头，亟思再识新解。而"西方哲学中国化"论题的提出与探求，蕴含其下的动机即是重新介入诸上探讨，冀求对前述问题给出新时代的理解与表达。在当今世界之未有大变局面前，努力做出中国气派、中国风格的有主体性自我立场的哲学思想主张。

　　"西方哲学中国化"是具有丰厚思想基础与深远文化脉络，又适应当代西方哲学研究状况的时代论题。这一论题在"西学东渐"语境和思想基础之上，不仅将西方哲学在中国的发展看作是外来文化在中国的传播，更将其视作中华文化自觉地容纳西方哲学，对异域思想不断加深"理解"基础上实现内化的过程。依此理解方式，西方哲学便不再只是"外来"文化，毋宁说是在一定程度上实现了"本土化"和"民族化"的文化形态。易言之，藉由"西方哲学中国化"视角，重审西方哲学在中国的传播史与接受史，可揭呈其双重线索：从表象上表现为外来文化在本土文化中不断融合、融汇、融通、熔铸的过程，在深层上表现为立足中华文化本位的文化移植、文化反省、文化自觉、文化创造的过程。这样一部西方哲学中国化的历史，无疑是一部中华民族与西方世界思想对话与融涵创新的历史。其演进的历史轨迹、蕴含的内在逻辑、彰显的主体精神、传递的价值旨归及其寄寓的经验教训与未来启示，必须有所澄清与说明、回顾与把脉、梳理与总结，藉此达至对"西方哲学中国化"的反思与创新。这对于重新审视西方哲学研究的历史和现实，指示西方哲学研究未来路向，实现西方哲学与中华文化自觉融通，助益未来中国哲学形态的建构均有重要意义。清季士人主张"睁眼看世界"，今日亦然，但须放出中国人自己的眼光。

一

在中国，西方哲学无疑乃源出异邦的外来文化。自其传入以来，经历了"接受—辨识—认同—融通"的过程。此一过程，既是西方哲学在中国传播、发展并逐渐走入中国文化的过程，更是西方哲学自身容纳中国式思维而重塑自身形态的过程。在此意义上，西方哲学经历了一个"转基因"而不断实现"中国化"的历程，我们谓之"西方哲学中国化"。"西方哲学中国化"是在何种意义上谈论、其与既往"西学东渐"的说法有何区别与联系，这是首先应予解答的问题。

在使用"西方哲学中国化"概念之前，对于西方哲学在中国传播和发展之历程，人们习惯以"西学东渐"加以概括。西学主要是指来自西方的知识、科技、学术、宗教等方面；西学东渐，是指产生于西方（主要是欧洲、美国，也包括日本）的知识、科学技术、学术、宗教等经过各种途径传入中国的过程，和对中国社会逐渐发生影响的过程（如传教士在中国）。[①]

---

① 黄见德：《20世纪西方哲学东渐史导论》，首都师范大学出版社2002年版，第20页。

　　就文化系统而言，我们按两大系统讨论，一是以中国为中心的中国思想文化系统，一是以欧洲为中心的西方思想文化系统。考察两者在遭遇、交流、碰撞、融会之中对中国现代化进程产生的影响，从中得出中西文化交流规律性的结论，以便对我国对外开放与现代化建设有所启迪和借鉴这样的研究被定义为历史学和文化学的一个交叉学科——"西学东渐"或"西学东渐史"。西学东渐主要内容大致包括：西方文化在近代的发展与中国传统文化的式微（即近代出现西学东渐的原因）；西方物质文化、制度文化、心态文化在中国传播的历程；面对西方文化的输入，近代中国人典型的中西文化观（包括全盘拒绝、西体中用、中体西用、全盘西化等）；近代中西文化交流的特点和规律；西方文化的传入对中国社会特别是对中国近代社会的影响，其中包括对中国社会的政治影响、经济影响和教育文化事业的影响，对中国人思维模式、风俗习惯、思想观念的影响等。[①]

　　西学东渐乃中国社会历史发展特定阶段的历史产物，其作为历史事实的历史逻辑与历史逻辑体现的理论逻辑，特别是作为西方哲学中国化"史前史"的逻辑前提具有以下基本特征：首先，西学东渐思潮的出现并不是事件，毋宁说是文化现象，这一文化现象又有其自身产生的特殊时代背景。这一时代背景决定西学之"东渐"不唯是一般意义上的文化交融，亦具救亡图存之重要意义——拯救中国社会的时代危机和社会危机。故此，西学东渐因其特殊历史任务总是鲜明地体现出时代特征。其次，西学东渐作为一种文化现象，其产生与发展并非是全然被动接受或主动引入，毋宁说是经历一个由被动而主动的过程——从伴随侵略战争而加快的外来文化传入，到自愿自觉向西方社会寻求解决中国式问题的答案。这一过程性本身即是中华民族在异邦借鉴中主体自觉之过程。再次，西学东渐的内容由器而道，递进不已。从最初学习技术到学习科学，再到学习制度、文化、哲学等深层次内容，体现了西学东渐本身从外在形式到内在思想文化的捕捉。最后，就西学东渐的主要环节和内容来看，亦可见出从全面吸收到有选择性把握的变化，证诸对西学从普遍性评介到专门性翻译的过程，体现对西学有重点、有选择的关注和思考。这一过程包含着中国学者对待外来文化的迥异态度：或予以全盘拒

---

① 黄见德：《西方哲学东渐史》上，人民出版社 2006 年版，第 14 页。

斥，或主张"全盘西化"，或鼓吹"中体西用"。诸多观点交锋，众声交汇，使西学东渐呈现为复杂多变的历史面孔、历史过程与历史逻辑。

可见，"西学东渐"之产生与发展，始终与中国"救亡图存"的历史任务息息相关，始终强调西学对"东方文化"的渐入，始终呈现"西学"在引进、翻译、吸收过程中的客观性，相对忽视西方哲学传入中国即受到中国文化的包容和影响而产生的变化。即便关注到西方哲学对中国社会影响的时效性，也多以突出革命战争时期"西学"对中国社会的影响，少有对新中国成立以来西方哲学在中国的发展历程的关注；多以对"西学东渐"的事实性描述为主，少有对中国人的主体精神不断自觉的关注。为此"西学东渐"与"西方哲学中国化"的相互比较就可以体现为：首先，"西学东渐"概念具有历史的时效性，属于特定时代的特定事件。但事实上，抛开历史上特定时代、特定意义的"西学东渐"，"西学"之"东渐"自晚清以来无时或已，一直"渐"下来，遂形成中国特有的"西方哲学形态"，影响着中国现代化进程。其次，"西学东渐"概念具有主体的明确性，即以"西学"为主体，西学的过程为"东渐"。作为西学重要组成部分的西方哲学是伴随着西学东渐过程"渐入"中国，并渗入中国文化的。进入中国的西方哲学是本土文化对异质文化的"再造"，而不是简单的"东渐"。该过程是西方哲学不断与中国社会衔接与融合的中国化过程。"西方哲学中国化"更能将这一过程中的主体意识表达出来。最后，"西学东渐"多具有知识传递的意义。"学"包括自然科学、社会科学等知识理论，西学东渐过程从现象上是知识传递，实际效果是文化交融和碰撞，是借助外来文化对中国本土文化进行再诠释的过程，这一任务专属哲学。中国以西方哲学的问题意识和发展形态不断建构中国哲学的理论系统，开放中国哲学的思想观点，比照中西哲学的文化差异，形成文化交流的思想碰撞，让两大文化系统在中国土地上交汇，使西方哲学在中国呈现为中国的西方哲学。故此，"西学东渐"可作为"西方哲学中国化"的"史前史"，"西方哲学中国化"方能进一步彰显中国人的主体自觉。

如果说较诸"西学东渐"，"西方哲学中国化"的提法更符合时代性的现实、主体性的发挥及其现代化的发展之中国；那么这一提法也就具备了可能性或必要性，而其成为现实则需要充分的理论根据和事实根据。理论依据是对以往西方哲学研究的系统总结。可以大体上将西方哲学研究区分为三大阶段：1979 年之前是西方哲学中国化历程第一阶段，1979—1999 年是西方哲学中国化历程第二阶段，2000 年至今是西方哲学中国化历程第三阶段。这三大阶段代表新中国成立以来西方哲学中国化的基本历程——从接受到辨识、从辨识到认同、再从认同到融通的历程；体现了西方哲学中国化的基本特点：第一阶段体现了以知识为中心的特点——传统知识型；第二阶段体现了以历史研究和文化比较为核心的特点——文化比较型；第三阶段体现了以中国话语方式阐述西方哲学为主导的特点——当代阐释型。传统知识型即把西方哲学理解为探究世界普遍性的知识体系，具有知识性、独立性、模式化特点。据此认知，在接受西方哲学时，也按照真与假、对与错的"真理"标准明确地将其规定为唯物主义与唯心主义斗争的历史；文化比较型即注重挖掘西方哲学的历史性与思想性的内在关联，特别是在中西文化比较的意义上解释西方哲学的思想特质；当代阐释型即把西方哲学置于中国文化语境中加以进一步阐发，强调在中西哲学对话基础上的融通，在借鉴与反思基础上的"重构"，在交流互动基础上的"再造"。在此进程中，"西方哲学中国化"不断突显和澄明出来：以往对西方哲学的研究要么强调其作为马克思主义哲学的思想资源与思想前提，强调其是西方资产阶级消极文化的代表，少有强调其在马克思主义哲学形成与发展中可能的积极作用之研究；"西方哲学中国化"则强调在中国的西方哲学是不断被中国化的西方哲学，是某种契机下哲学元素的供给，是使中西马哲学具有融通的可能性要素；以往对西方哲学的研究要么体现对文本翻译的准确性，要么强调对人物学派介绍评述的客观性，"西方哲学中国化"则强调西方哲学在中国社会中发生的文化变异和形成的"中国式"形态；以往对西方哲学的研究更多体现为对某一人物学派或某一文本著作的静态挖掘，"西方哲学中国化"强调总体性和整体性研究方式，为西方哲学研究提供更为清晰的立场、态度和方式，形成有"中国特色"的西方哲学研究。为此，"西方哲学中国化"不仅是命题概念，更是鲜明的问题意识；不仅是以事实为基础的史实性研究，更是以思想文化为基础的理论性研究；不仅是对个体性的研究，更是以整体性研究方法对西方哲学进行宏观意义上的深入研究。

　　西方哲学研究可谓哲学研究中的"显学"，甚而丝毫不逊色于对中国哲学本身的研究。近些年，无论是研究数量，即西方哲学研究的著作、论文、出版物的涌现，还是研究质量，即西方哲学研究的深度推进和广度拓展，特别是西方哲学研究队伍的形成、发展及壮大，都使西方哲学的研究在国内学界声势日隆。循此，"西方哲学中国化"在某种意义上即是对西方哲学的"再解读""再研究"。在西方哲学研究发展过程中，无论是表层叙述体系，还是深层研究范式，均已实现某种程度的转换。正是基于对范式转换的总体理解与趋向把握，我们才提出"西方哲学中国化"。西方哲学研究本身必然以循序渐进、不断探索、与时俱进为其研究的基本特征。纵观西方哲学传入中国并进入研究领域的百余年历程，可以发现西方哲学的研究走了一个肯定、否定、否定之否定的逻辑进路，这一逻辑进路又与研究者的研究范式乃至思维方式有着紧密联系。

　　西方哲学研究的第一阶段可以概括为肯定式研究范式。首先，这一"肯定式"范式首先与特定社会历史条件下的生活方式紧密相关，西学东渐的时代特点使西方哲学代表的西方文化成为挽救民族危亡的良药秘方，肯定性自然成为对待西方哲学的必然态度。其次，这一"肯定式"也与外来文化接受过程紧密相关，一门历史科学，"不论它的题材是什么，都应该毫无偏见地陈述事实，不要把它作为工具去达到任何特殊的利益或目的。但是像这样一种空泛的要求对我们并没有多大帮助。因为一门学问的历史必然与我们对于它的概念密切地联系着。根据这概念就可以决定那些对它是最重要最适合目的的材料，并且根据事变对于这概念的关系就可以选择那必须记述的事实，以及把握这些事实的方式和处理这些事实的观点"①。因此对待一门舶来科学必然要从肯定性地接受概念、判断、命题、论证入手，才能谈得上研究，否则也就无法介入一门科学。更为重要的原因在于"肯定式"研究范式也与人们的认识方式紧密相关，从是什么到为什么再到怎么办，是人们遇到未知事物的习惯性逻辑思维。西方哲学起源于希腊神话，在象征着人依靠自身掌握命运的最初努力的"俄狄浦斯"神话中，英雄在力图改变自身命运的过程中首先要回答的问题就是——人是什么，唯有解决这一问题才能继续探求人的命运。"人是什么"是一切未知之谜的前提之谜。这一神话揭

---

① ［德］黑格尔：《哲学史讲演录》第 1 卷，贺麟译，商务印书馆 1981 年版，第 1 页。

示人的认识过程的必然逻辑。西方哲学的研究亦然，在最初作为新鲜事物出现之时，"是什么"这一"肯定式"认识过程符合人类认识事物的必然进程。

如此一来，西方哲学研究最初阶段在研究范式上即体现为"肯定性"特征。遵此，叙述方式上亦体现为某种程度的肯定性——以原著翻译实现西方哲学向中国社会敞开、由历史轨迹把握西方哲学的发展线索、注重对西方哲学历史嬗递过程中前后传衍关系的理解、以西方哲学特有的提问方式和思考方式警醒社会国人。该阶段的"肯定式"研究为日后之"否定"做出铺垫，使西方哲学的历史与思想文化开始展现在中国社会面前，更以"贯通"方式为西方哲学研究的"精通"与"精进"打下历史思想文化之基。

如果说肯定性是西方哲学史研究起始阶段的必然思考方式和研究范式，那么随其研究愈深，思维领域的革命必然使否定性取代肯定性，转为新阶段对待西方哲学研究的合理态度。依亨利希之见，"否定"这一概念具有两方面含义：其一为实体化的陈述形式；其二为异在和它自身的他物。倘以西方哲学研究范式转换来看待"否定"之双重意涵，则两者必然体现为内在一致性：自身的他物并非在自身之外的他物，毋宁说是自身之中的他物，亦即自我否定；这一自我否定必然导致叙述领域中新陈述形式的出现。遵此，西方哲学研究方式的否定性并非对西方哲学本身的否定，而是作为区分、规定的否定性环节，即以否定性方式彰显西方哲学中的潜在因素。否定式研究范式意味着对自身研究的省思，体现为某种自否定的自由精神，力图通过自我超越、自我否定、自我突围，表达某种生存论的欲望和冲动。"在人类现实的历史发展过程中，否定世界的现存状态而把世界变成人所要求的现实的实践批判活动，它既是精神批判活动的现实基础，又以精神批判活动为前提。在观念上否定世界的现存状态并在观念中构建人所要求的现实的精神批判活动，构成实践活动中的理想性图景和目的性要求。"① 这是西方哲学研究在新阶段发展的原动力。循此意义，肯定本身即是否定。所以真正的肯定并非是 $x=x$，这是一种自我同一式肯定；真正的肯定亦非 $x=-y$，这是一种外在对立；真正的肯定是建立在自我否定基础上的肯定，否定是肯定的必然环

---

① 《孙正聿哲学文集》第6卷，吉林人民出版社2008年版，第3页。

节。在此意义上，西方哲学研究必然要经历"否定性"研究范式阶段，以达至对自身研究的真正肯定。

西方哲学研究的第二阶段体现出否定性的研究特点，既符合思想本身的否定历程，亦符合时代本身和认识本身的特点。这一阶段中国摆脱单纯"以西律中"的基本思路和基本主张，力图探索适合国情的发展道路。"洋为中用"始终强调"中用"，"是什么"的问题递进至"为什么"，表达了中国社会自我意识的觉醒。自我意识觉醒是任何领域研究的重要因素，西方社会由最初"纳西索斯情结"而"认识你自己"无疑说明自我意识觉醒是哲学（史）研究的关键。我国的西方哲学研究亦是如此，若无鲜明的中国式自我意识，则对西方哲学的研究只能是人云亦云的照搬照抄，只能是对西方文化的简单还原，只知其表，不及其里。唯有自我意识觉醒，方使西方哲学的研究真正立足于中国现实，体现出中国风采。因此，这一时期开始结合中国社会现实重新审视西方哲学，开始有了对西方哲学的"中国式解读"（赵敦华语），有了哲学观和历史观的方式方法。中国式风采为始终以有助于实现中国社会前途和命运的西方哲学研究灌注核心的哲学观和历史观——哲学史研究始终是服务于社会现实才使得哲学史呈现为"时代精神的精华"或"思想中把握的时代"，西方哲学研究以此带有批判性和反思性的目光。对西方哲学进行批判性审视，典型再现了西方哲学的基本精神："能否思想有无意义"使西方哲学的研究具有了内在的哲学观和历史观，具有了"活"的灵魂。唯其如此，西方哲学的研究范式也真正使得西方哲学的基本精神即批判性和反思性深入中国当下情形，而不仅仅局限于对思想的肯定式把握，使思想流于无张力的线性逻辑，"被无限耽搁的实践不再是对自我满足的思辨进行起诉的法庭，毋宁说它是权力执行机构为徒劳地堵塞任何批判的思想而使用的借口，尽管变化着的实践需要批判的思想"①。容易使西方哲学所具有的这些特点显豁于国人面前，启发国人思维。批判性和反思性的"否定"式研究范式为"中国化"的研究范式与思维方式提供重要的反省与辩证。

与此同时，这一时期的西方哲学研究以中国社会基本矛盾和中国社会主要问题为切入点，力图将其中思想以更加深刻的方式呈现出来，发掘其革命

---

① ［德］阿多诺：《否定的辩证法》，张峰译，重庆出版社1993年版，第1页。

性与反动性、先进性与落后性、个体性与阶级性等因素，以此为中国社会发展提供启示。中国社会体现为"斗争"的基本特征，这一斗争方式不但体现在行为领域，亦展现于思维领域，表现为以批判反思性目光对西方哲学进行个体性、阶级性的理解，从哲学基本问题入手挖掘西方哲学历史上不同思想家的思想特点。这一方面体现对西方哲学的反思与批判精神的继承和把握，以辩证性目光审视西方哲学历史具有时代性和思想性的重要意义；另一方面，受时代局限，对西方哲学之"否定"性把握，没有更多集中在自我否定的思想理论层面，需要在否定性研究范式方面向着更高层次的肯定回归。

诚如亨利希指出："如果肯定——双重否定的结果——应当像黑格尔在力图解释一切活动和自身运动的源泉时那样，能够作为本体论范围内的观点发挥作用，那么其前提就是：产生双重否定的肯定本身事先就已经作为本体论原理建立起来了。"① 循此，真正的否定理应是自否定。否定如果囿于对"他物"的否定关系，就只能是外在的、形而上学的；只有把它视为否定自身的内在关系，所以真正的否定应该是 $x = -(-x)$，也只有这样的否定之否定才能在否定中获得可能的限定，才能使否定性运动起来，向更高的肯定性回归，"它是建立起来之有，是否定，但这个否定又把他对他物的关系折回到自身中去了，而且否定是自身等同的，是它自身及它的他物之同一，而且只有这样一来，它才是本质性"② 。否定之否定是事物运动的更高阶段。西方哲学的研究历程也符合这一规律，如果将西方哲学研究和编撰看作现实人的实践活动，那么这一实践活动在现实化之前首先作为思想性活动存在，思维活动的否定之否定过程恰恰符合这一思想性活动的发展逻辑和基本规律。当西方哲学研究有了中国式思维，以鲜明的自我意识解读西方哲学之时，"-x"在西方哲学研究也业已形成；如果这一 "-x" 代表批判性和反思性思维的话，那么仅有这种思维还是不够的，西方哲学研究一方面应遵循西方哲学作为"历史性叙事"的自我发展轨迹，另一方面要对自我发展轨迹做出合理化的、中国式的理解和解读，更为重要的在于如何实现西方哲学研究与

① 中国社会科学院哲学研究西方哲学史研究室编：《国外黑格尔哲学新论》，中国社会科学出版社1982年版，第49页。

② ［德］黑格尔：《逻辑学》下卷，杨一之译，商务印书馆1976年版，第26页。

中国现实发展的接轨，即如何通过对西方哲学思维方式的肯定性继承，正如恩格斯所说："一个民族想要站在科学的最高峰，就一刻也不能没有理论思维。"① 如何通过对西方哲学发展的否定性批判，更加明确我的学习研究西方哲学还"应该做什么""还能做什么"，给予西方哲学以我们的价值意义。而不仅仅是研究外在于我们生活世界的某种思想或者人物或者观点，将西方哲学研究置于中国语境视阈中，西方哲学在不断体现人类性思想文化的同时，更体现为"中国化""民族化"才是世界性的在中国的哲学。

　　循此思想本身的逻辑进路，西方哲学研究范式的转换即是思想历程和研究历程发展的逻辑必然，每一转换都不是对原有范式简单外在的拒斥，更多是以否定方式将其融含于自身之中。长期以来，西方哲学研究正是朝向这一方向不断探索的，无论是教材编写，还是著作出版；无论是阶段性研究，还是通史性把握；无论是思想性研究，还是人物性挖掘，都始终围绕以下最为稳固的三角形三个"支点"不断前行。其一，尊重西方哲学历史内在发展轨迹，这一方面体现为对西方哲学发展历程的客观性的尊重，另一方面体现为对西方哲学发展逻辑的自觉揭示。当然，对于其基本轨迹的揭呈不尽相同，研究者个体性风格各有发挥，或从西方哲学发展历程表象做出概括，或从西方哲学概念流变做出阐释，或从思想性与时代性特点相互结合中做出理解。这其中包含着不同研究个体的"哲学观"或"哲学史观"，即对"哲学史"的根本观点和根本看法。其二，尊重西方哲学与中国哲学之间的相互观照。西方哲学研究毕竟不是历史本态还原，历史无法还原，只能以各自的叙述方式"重现"即"历史后人评说"，而"重现""评说"过程已然加入历史叙述者自身的理解。研究者具有的中国化立场和中国式语境，必然使西方哲学研究本身形成两种历史语境的重叠和比照。近年来，研究者力图在研究中摆脱固有观念，将两者的相互比照作为推进西方哲学研究的逻辑新进路，为西方哲学研究带来新生机。其三，尊重西方哲学对中国社会发展的思想启示。细观多年西方哲学的研究，可发现一些显著的特征转变，即不再侧重对史在贯通意义上的把握，而更多是针对具体问题的具体研究，特别是近些年兴起的对人与自然关系、现代性问题、科学精神与人文精神关系及其构

---

　　① 《马克思恩格斯选集》第3卷，人民出版社2012年版，第875页。

建当今中国文明发展新形态等问题的把握。既是对哲学史微观的研究，更力图将研究与中国现实问题结合起来，努力从中探索出新的普遍意义，实现哲学"解释世界"进而"改变世界"的理想。即便是对西方哲学进行通史意义上的研究，也总是遵循这样一种方式：通过对西方哲学发展历程和发展轨迹的把握，呈现西方哲学的真实内涵，将其内在的意义发掘出来，使之"走出西方"，走入中国重释。

综上，结合西方哲学在中国的整个发展历程来看，中国人接受与研究西方哲学的历程，可以被概括为从肯定式研究范式、否定式研究范式到否定之否定的研究范式的辩证演进之路。这一范式转换的路向，既合乎人们面对问题的必然思路，也合乎西方哲学中国化的逻辑进路。它本就内在于西方哲学中国化的发展道路，表征并推助其渐次走向自觉的进程。抑或说，在范式嬗递之间，"中国化"的基本态度与研究特征更趋突出。我们对西方哲学思想的阐释越来越带上中国人的思维特点和解释原则，促使西方哲学在中国越来越本土化、中国化。这样的西方哲学研究既是研究者主体性逐渐彰显的过程，也是主动追求甚至是主动催化西方哲学向"中国的西方哲学"转变的过程。"西方哲学的中国化"即是在此语境中得出的一种认识。

从事实依据来看，在学术研究和学科建设等方面，我国理论界自觉探索了自己的哲学理论建设之路，自觉担当起"西方哲学中国化"的历史使命。事件之一是苏联哲学的大量传入和哲学著作的出版。如请苏联著名哲学家尤金于1950年、1951年连续来华讲学，和新版或再版了不少苏联学者介绍或研究马克思主义哲学、西方哲学的著作，如罗森塔尔、尤金编的《简明哲学辞典》，奥则尔曼著《德国古典哲学是马克思主义的理论来源之一》，叶辛著《费尔巴哈的唯物主义哲学》，采边科著《十八世纪法国唯物主义者的无神论》《论十六世纪末——十八世纪初西欧哲学（苏联学者论著汇编）》《论十八——十九世纪德国古典哲学（苏联哲学家论著汇编）》和多卷本的《西洋哲学史》等。[1] 理论界试图给予西方哲学以一定的评价并展开系统的批判活动，开始走上从自我立场出发理解西方哲学的道路。事件之二是中国人自己编写的西方哲学著作的问世。新中国成立初期，伴随"知识分子改

---

[1]　陈应年、陈兆福：《20世纪西方哲学理论东渐述要》，载《哲学译丛》2001年第2期。

造"运动，一些知识分子一边学习马克思主义，改造思想，一边进行西方哲学的研究工作，产生一批中国人研究"西方哲学"的成果。出版了第一部中国人写作的西方哲学史著作，即洪谦、任华、汪子嵩、张世英、陈修斋、朱伯昆等编著的，由人民出版社 1957 年出版的《哲学史简编》，是我国第一部用马克思主义思想观点撰写的哲学史著作。其中的西方哲学史部分由洪谦、任华、汪子嵩、张世英、陈修斋等执笔。这部分内容后经汪子嵩、张世英、任华等改写成《欧洲哲学史简编》，于 1972 年出版。北京大学西方哲学史教研室集体编写的《欧洲哲学史》，陈修斋、杨祖陶编写的《欧洲哲学史稿》，朱德生、李真编写的《简明欧洲哲学史》，钱广华等人编写的《西方哲学发展史》，全面总结了新中国成立后中国的西方哲学研究和教学的成果。事件之三是西方哲学专门研究机构和学科体系不断确立。改革开放前，西方哲学（外国哲学）作为马克思主义哲学的思想背景和批判的"靶子"存在，"芜湖会议"开始了西方哲学专业化、学术化、学科化的振兴之路。1978 年 10 月在安徽芜湖举行的"全国西方哲学讨论会"，是粉碎"四人帮"后我国西方哲学界召开的第一次盛会，也是新中国成立近 30 年召开的第一次关于西方哲学的全国规模的较大型会议。冯定、贺麟、严群、熊伟、齐良骥等专家学者 160 多人参加了会议，"标志着我国西方哲学研究进入蓬勃发展的新时期"（涂纪亮语）。会议酝酿并成立"中华全国外国哲学史学会"，并在各大研究院所和各高校开设西方哲学课程，特别是一些研究院所开始招收西方哲学专业的本科生和研究生。20 世纪 80 年代以来，全国高校哲学学科的外国哲学硕士点与博士点纷纷申请获批，与马克思主义哲学、中国哲学一并成为哲学学科不可或缺的"三驾马车"，为改革开放以来的中国哲学学科的建设与发展，为外国哲学学科的复兴与腾起，为中国的哲学学科建设、学术研究培养了大批研究人才和学术队伍。西方哲学中国化就是在这样事实现象的"现象学"发展过程中开始形成自己的哲学立场、哲学观点以重新评价和阐释西方哲学。事件之四是 2011 年由高等教育出版社出版，《西方哲学史》编写组编写的马克思主义理论研究与建设工程重点教材正式问世。即西方哲学史教材正式成为马克思主义理论研究与建设工程的重点教材，这是中国人对西方哲学的理解开始走向马克思主义理论的自觉，更加是西方哲学中国化的当代体现。

　　至此，我们可以对"西方哲学中国化"做出界定：西方哲学中国化是指西方哲学的思想理论、哲学著作和哲学思潮被中国人所知晓、所理解、所接受、所辨识并不断成为中国文化现代元素的历史进程，是西方哲学在中国的传播过程中不断被中华文化包容、改造、吸收和诠释的过程，是中国人立足于中国式思维和中国式立场不断去解读西方哲学的过程，是中国人鲜明的主体意识和主动精神实现的历程。[①] 西方哲学中国化进程不是简单对异质文化的单纯借鉴和接受过程，更多是一种文化形态在新的语境下的再诠释和再创造的过程，体现了西方哲学自身所具有的生命力和活力，展现了中华文化独具的包容性和创造力，显示出中国人对外来文化的检视能力和理论自觉。

二

　　如果说"西方哲学中国化"能够作为一种理论范式重审中国的"西方哲学"，那么更为关键的问题是在何种意义上理解"中国化"？究竟是西方哲学"在"中国，还是中国的"西方哲学"？究竟是西方哲学"化"中国，还是中国文化"化"西方？"西方哲学中国化"有何种理论内涵，对当前理论界"中国化"相关问题作何种意义理论把握与实践发展，需要如何表达西方哲学"中国化"的理解方式、思维视角、主体立场和思想内容，特别是"西方哲学中国化"这一思想命题能给西方哲学研究带来何种生机和活力，均需澄清和论埋。

　　"中国化"是以马克思主义中国化、马克思主义哲学中国化为主流话语和思想理论指导的。毫无疑问，必是以"马克思主义中国化""马克思主义哲学中国化"为基本研究方法和研究基调的。把握"西方哲学中国化"，进一步总结与反思新中国成立以来西方哲学在中国的发展及嬗演，以此，攸关"中国化"的研究总结如下：

　　其一，"理论在一个国家实现的程度，总是取决于理论满足这个国家的需要的程度"。[②] "中国化"是在中国社会发展实践中不断丰富和完善的过

---

① 韩秋红：《西方哲学中国化历程》，载《社会科学战线》2012 年第 11 期。

② 《马克思恩格斯文集》第 1 卷，人民出版社 2009 年版，第 12 页。

程。李大钊早就指出，理论与现实结合自然"会因时、因所、因事的性质情形而产生一种适应环境的变化"，就"必须要研究怎么可以把他的理想尽量应用于环绕着他的实境"。① 1938 年 10 月，毛泽东在党的六届六中全会上的政治报告《论新阶段》中，第一次明确提出"马克思主义中国化"的概念时指出："马克思主义必须和我国的具体特点相结合并通过一定的民族形式才能实现。马克思列宁主义的伟大力量，就在于它是和各个国家具体的革命实践相联系的。对于中国共产党说来，就是要学会把马克思列宁主义的理论应用于中国的具体环境，成为伟大中华民族的一部分。而和这个民族血肉相连的共产党员，离开中国特点来谈马克思主义，只是抽象的空洞的马克思主义。因此，使马克思主义在中国具体化，使之在其每一表现中带着必须有的中国特性，即是说，按照中国的特点去应用它，成为全党亟待了解并亟须解决的问题。"② 这里的"中国化"是通过理论与现实的结合与运用而呈现出来的。将外来文化"从形式到内容都变成中国的东西"并具有"中国作风和中国气派"③，此即新中国成立以来我国理论工作者的历史使命。可见"中国化"始终是植根于中国社会发展与实践活动中的。

其二，一般说来，"中国化"可以有两种解释："一是变成中国的，内在地成为中国的，即它为中国人所接受并被运用于中国实际的。二是进入'化境'，即出神入化，变成一种内在的、本己的能力。二者共同意味着'中国化'对于中国人来说，已不再是一种知识（身外之物），而是内化为一种事实上自己已拥有的运思能力。"④ 无论何种解释，首先须具备的重要因素就是主体意识，具有主体意识才能实现内化，殆无疑问。因此，中国化主要体现主体意识的内化过程，强调人"化"或因"人"而化。一些学者认为，中国化的主体大体可包含三个部分，即人民群众、知识分子和领袖群体。三者在中国化过程中共同作用：人民群众是"中国化"的基础力量，知识分子是"中国化"的推动力量，领袖群体是"中国化"的主导力量，

① 《李大钊文集》第 3 卷，人民出版社 1999 年版，第 3 页。
② 《毛泽东选集》第 2 卷，人民出版社 1991 年版，第 534 页。
③ 汪信砚：《"马克思主义哲学中国化"辨误》，载《哲学研究》2008 年第 10 期。
④ 何中华：《马克思主义哲学中国化四问》，载《东岳论丛》2010 年第 10 期。

三者共同作为中国化的主体而存在。① 主体"化"西方文化的主要方式是用中国人的"问题意识、人文关怀、思维立场和话语体系"对外来文化进行"系统的知识化、学科化和理论化建设",将现实状况作为"样本",将时代和主体的需求作为目标,才能为赢得话语"主导权奠定一个坚实的学术基础"②。

其三,"中国化"还是一种高远的视野转换。一些学者指出,中国化"必须警惕以文化保守主义加以表现的所谓单一的中国视野","如果仅仅将理论与地域之历史状况联系起来并将其简化为后者的策略,那么这种策略并没有展现思想理论核心,因为它在逻辑上只有形式而没有内容"③。"中国化"并非只是一味地用中国式视野看待世界文化,执一地强化自我的世界;而是在中国视野基础上追求世界视野,是一种更高远的视野转换。中国视野是在中国化过程中将理论自身的发展着眼于中国社会发展背景下,致力于将其改造成为"中国特色"的理论形态的表达方式。与此同时,"中国化"之鹄的亦在于实现"世界化",即关注中国特殊理论创造的开放性、世界性以及话语权,努力将中国式理解与中国特殊问题与世界性普遍问题、中国文化特殊形态与世界文化普遍形态相互观照、相互结合起来理解,自觉实现中国式研究走向世界,实现中国视野与世界视野的双向互动。

理论界在时代化、民族化、主体化、大众化以及视野转换诸层面探索了"中国化"的理论内涵及特征。前述理解虽大多源出马克思主义中国化或马克思主义哲学中国化的研究,但毕竟为"西方哲学中国化"确立了基本的思考方式。循此思考方式研究"西方哲学"的中国化,尝试梳理西方哲学中国化的基本内涵就成为更为重要的任务。

"西方哲学中国化"可以从理论和实践两个层面加以梳理。在理论层面,"西方哲学中国化"是新兴理论话语,话语表达新鲜,但思想观念和思维方式则代表了理论界一个时期以来的探索结果。早在上世纪就有学者提出如何使中华文化走向世界的问题,并将其内核表达为"不是跟随西方前行,而是创造自己的道路",如陈康提出西方理论的研究"如也能使欧美的专门

---

① 陈金龙:《马克思主义中国化的主体探析》,载《马克思主义研究》2010 年第 5 期。
② 肖佳灵:《当代中国外交研究"中国化":问题与思考》,载《国际观察》2008 年第 2 期。
③ 张文喜:《马克思主义哲学中国化:合法化的多重维度》,载《马克思主义与现实》2011 年第 3 期。

学者以不通中文为恨（这绝非原则上不可能的事，成否只在人为!），甚至因此欲学习中文，那时中国人在学术方面的能力才真正昭著于全世界；否则不外是往雅典表现武艺，往斯巴达去表现悲剧，无人可与之竞争，因此也表现不出超过他人的特长来。"① 陈康这番话表达了几层含义：其一，中华文化的世界化必须要以世界普遍接受的方式和普遍理解的话语来表达，否则无法与其他文化形态相互竞争；其二，中华文化的世界化须先有理论自觉和理论自信，但"成否只在人为"，更重要的是需要吾辈后学勠力同心、砥砺前行；其三，有上述两点之基础，才有中华之学术能力昭著于世界。可见抱有自觉和自信，以世界能听得懂的语言表达传统文化基本精神，是一条切实可行的道路。这为"西方哲学中国化"命题的提出奠定了坚实基础："中华文化的世界化"和"西方文化的中国化"是异曲同工的两个命题。中华文化的世界化，一是要求用世界听得懂的语言表达，二是要求中华文化在了解世界、接受世界的文明成果、熟悉世界的基本状况、话语表达和主要问题的基础上，实现自觉化、主体化和主动化，而这就要求了解其他文化特别是西方文化。如何了解西方文化，是跟着西方鼻子走、人云亦云；还是被西方的概念、范畴、命题、演绎弄得云里雾里、不知所云；还是用中国式的理解改造西方文化、西方哲学，既把握西方哲学精髓，更用中国式理解方式对其加以新诠释和再创造，此即理论自觉和理论自信的基本表现，以此自觉和自信构成"中华文化世界化"的理论前提。

　　首先，西方哲学中国化之"中国化"始终立足于中国现代社会发展进程，与中国社会现代进程紧密相关。中国社会现代化进程既包含一系列连续、动态和发展的变革，实现从传统属性到现代属性的变迁，也包含着在此过程中蕴含的政治、经济、文化更新所实现的新的文明形态和时代特征。如果说现代化是中国自近代以来的重要目标，如何实现现代化不但需要政治、经济的革命和变革（以马克思主义理论为指导），更为重要的是如何使传统文化不断现代化，形成文化自觉意识。在这方面西方哲学起到了重要作用。一般说来，西方哲学中国化一方面参与了中国现代价值观形成过程，另一方面也伴随中国文化现代化不断形成自身的阶段性特征。伴随现代化进程的

---

① ［古希腊］柏拉图：《巴曼尼得斯篇》，陈康译注，商务印书馆 1982 年版，第 10 页。

"现代化的挑战"（五四运动时期）、"现代化领导权的巩固"（新民主主义革命和社会主义革命）、"现代社会的转型"（改革开放以来）、"现代社会的社会整合"（新世纪以来）等发展阶段，西方哲学中国化的时代性特征——哲学思想的冲突、哲学思想的融合、哲学思想的为我所用、哲学思想的形态创新——构成了西方哲学中国化最为重要的发展逻辑，体现了西方哲学中国化的理论自觉。

其次，西方哲学中国化始终在与中国哲学自身发展的相互比照中不断前行。斯宾格勒说："在传统的思维和表达中，通过冠以诸如'古典文化'、'中国文化'或'现代文明'这些高级实体之名，而被赋予了自我和人格的特征。对于一切有机的东西来说，诞生、死亡、青年、老年、生命期等概念皆是根本性的。"① 中国哲学作为与西方哲学不同的哲学形态，自身具有的有机构成必然在自身的发展过程中不断融入其他元素，西方哲学也是如此。西方哲学在中国土壤中存活，必然要适应中国社会并将自身逐渐成为"中国的"西方哲学，使得西方哲学的"中国化"与马克思主义和马克思主义哲学"中国化"相比较而言，是一个更为艰难而漫长的过程。西方哲学作为一种与中国文化差异较大甚至截然相反的文化形态，必然在与中国哲学的相互关系中相对缓慢地实现自身的发展和跃迁。在这一过程中，西方哲学拥有了中国式思维和中国式立场，形成了中国式话语和中国式表达，致力于中国式问题和中国式语境，融涵了中国社会的普遍需求及中国哲学的优势内容。中国哲学也在与西方哲学的对话和交融中不断灌注现代性价值和现代性思维，实现自身从传统到现代的转型、从中国的哲学到世界的"中国哲学"，是西方哲学中国化过程中具有时代性、民族性、主体性、大众性基础上的更具文化交融的独特内涵。

再次，西方哲学中国化的立足点和目标始终是实现哲学理论的自我更新与创造。汤因比说："就中国人来说，数千年来，比世界任何民族都成功地几亿民众，从政治、文化上团结起来。他们向世界显示了这种政治、文化上的统一本领，具有无与伦比的成功经验。这样的统一是今天世界的绝对要

---

① ［德］斯宾格勒：《西方的没落》，齐世荣、田农等译，商务印书馆 2001 年版，第 1 页。

求。"① 毫无疑问中国文化和中国哲学以其自身的优长创造了伟大的精神财富。如何在现代化和全球化的文化交流和文化融合背景下，充分发掘和发扬中国传统哲学的优秀成分，就成为当下最为重要的历史任务。同时，中国传统文化"对于一个理想根据其内容及其终极公理进行逻辑的分析，以及解释从对它的追求中以逻辑的和实践的方式产生的结果，如果要被视为成功的话，也必须被中国人视为有效的；——而对于我们的伦理律令来说，中国人却可以缺少一种'辨别力'，他可以而且必定经常拒斥理想自身以及从中派生的具体评价，却不会由此过于涉及那种思维分析的科学价值"②。这样说中国传统文化的确有些难以接受，但也在一定程度上道出了中国传统文化本身所具有的缺陷——缺乏逻辑的和思维分析的能力和习惯，而这恰恰是现代社会对现代人思维的基本要求。所以，实现中国哲学从传统走向现代，实现中国哲学的思想理论创新，需要不同思维方式的相互考量，需要多元思想理论的相互借鉴。西方哲学中国化的历程自始至终贯穿着对中国传统哲学的继承发展，自始至终贯穿着对现代性的自我反思。这样的精神与品格反过来又塑造了中国哲学的现代气质——以西方的方式诠释中国传统哲学的思想底蕴，以世界性视野审视中国传统哲学的思想价值，以民族性的差异理解中国传统哲学的独特魅力，使中国哲学不断实现着与西方哲学的良性对话，有助于实现中国哲学自身的思想理论创造。

　　前文提到，"西方哲学中国化"强调西方哲学的思想理论、哲学著作和哲学思潮被中国人所知晓、所理解、所接受、所辨识，不断成为中国文化的现代元素是一个渐进的历史进程，是西方哲学在中国的传播过程中不断被中华文化包容、改造、吸收和诠释的过程，是中国人立足于中国式思维和中国式立场不断去解读西方哲学的过程，是中国人鲜明的主体意识和主动精神实现的过程。西方哲学中国化的进程不是简单的对异质文化的单纯借鉴和接受，更多的是一种文化形态在新的语境下的再检释和再创造，体现了西方哲学自身所具有的生命力和活力，展现了中华文化独具的包容性和创造力，显示出中国人对外来文化的检视能力和理论把握能力。因此，西方哲学中国化

---

　　① ［英］汤因比、［日］池田大作：《展望二十一世纪》，荀春生、宋继征、陈国梁等译，北京国际文化出版公司 1989 年版，第 294 页。

　　② ［德］韦伯：《社会科学方法论》，李秋零、田薇译，中国人民大学出版社 2009 年版，第 7 页。

不仅是一种事实行为，更是一种理论行为和研究范式，故"西方哲学中国化"已展现了自身的基本规律，已顺应了西学东渐的发展态势，已提升了研究者的理论自觉和文化自信。

以我为主体的主体性意识是西方哲学理论界已经具有的基本情怀，以西方哲学审视中国问题是这一主体性意识的鲜明呈现。在西方哲学研究领域，人们始终立足中国社会的发展进程、始终关注中西哲学的比较、始终强调实现中国哲学自身的理论创新，西方哲学"中国化"的独特魅力，体现了"中国化"理论与实践紧密结合的特点。西方哲学在中国的"西学东渐"尚未明晰地体现"中国化"的理论自觉，尚未上升到理论自觉的层面加以进一步研究，尚未作为系统、完整、全面、动态地审视中国的西方哲学研究的理论范式。而任何研究都需要确立鲜明的理论范式和思想理念，更是哲学社会科学研究所必需和必要的。"根据理论界概念被设想或者能够被设想的东西，只有凭借清晰的、即理想典型的概念才能够真正清楚明白地予以澄清；无论如何，对抽象理论的'鲁滨逊式虚构'所做的嘲笑，只要它不能用更好的东西、即更清晰的东西取代之的话，就应当考虑到这一点。"① "西方哲学中国化"作为理论研究范式能够给理论研究提供某种"理念"式的东西，能够对实践中形成的经验性认识上升为理论性、规律性认识——将西方哲学研究中形成的经验、概念、意识、准则、思维、话语等结合为具体关联的共同体，构成概念体系的逻辑结构。"如果奠基性的原理一开始就不完全或者根本没有被意识到，或者至少是没有获得清晰的想象的形式，那么，我们创造的一个'理念'的综合特征就表现得更加鲜明了。"② 如果我们能够确立起研究的理念，以此引导我们展开理论自觉的研究，在这一过程中一方面通过研究不断接近理想典型概念所设想的理论前景——西方哲学中国化是实现中国自身哲学理论的创新，另一方面也能使研究所生发出来的理论意义更加自然，为理论研究灌注新的意义价值。"西方哲学中国化"的研究范式提升着理论与实践相结合的理论自觉；检视着中国式立场、中国式思维和中国式话语在西方哲学研究领域中的必然性、必要性和合理性；说明着中国人所理

---

① ［德］韦伯：《社会科学方法论》，李秋零、田薇译，中国人民大学出版社 2009 年版，第 36 页。
② ［德］韦伯：《社会科学方法论》，李秋零、田薇译，中国人民大学出版社 2009 年版，第 37 页。

解的西方哲学是经我们自己理解的西方哲学，是转基因的西方哲学。运用解释学的观点"对传承物的每一次占有或领会都是历史地相异的占有或领会，这并不是说，一切占有或领会只不过是对它歪曲的把握，相反，一切占有或领会。都是事物本身某一'方面'的经验"①。理解的过程就是"再诠释"的过程。西方哲学无论作为历史性的思想或思想性的历史，始终是不可完全还原的，对于中国人无法还原，对于西方人自身同样也是无法还原的。因此无论是中国人还是西方人，理解"真正"的西方哲学同样是不可能完成的，因为理解本身并不是通过"重构当初那个自我的意见"才得以历史的、具体的还原的。对于这样一种不可还原、但可以理解和解释的理论用"西方哲学中国化"的研究范式就是必要的且可行的：必要性在于中国的"西方哲学"研究必然需要用中国式思维和中国式表达予以理解其"前背景"，并给予其"效果"历史的现实性；可行性在于西方哲学在中国一个世纪以来的漫长发展历程提供的历史事实与理论研究意识所创生的理论前提，以及西方哲学研究同仁所具有的理论自觉和理论自信。

　　"西方哲学中国化"的研究范式能够给哲学理论创新带来新的视角和生机。在西方哲学研究中已经用中国式立场审视西方哲学并将实现哲学理论创新作为西方哲学研究的重要任务，如何在理论研究中将这一立场凸显出来是关键问题。"西方哲学中国化"的研究范式能够有助于我们打破思维定式，克服思维习惯，以自信的方式自觉理解"西方哲学"，西方哲学自身所内含的概念、命题、推理、方法等所具有的清晰性、"为知而知"的追求真理的非功利性、在无疑处寻找问题的批判、反思和追问的执着性等都会作为一种基本精神融入中国哲学，变成对中华文化既具有刺激作用又具有源头活水的融汇作用的新生力量，实现哲学理论的创新。具体说来，在"西方哲学中国化"研究范式和思想理念下，可以探索哲学理论创新的理论构成——思考西方哲学特别是现当代西方哲学如何解决与中国社会相类似的时代问题，结合中国哲学自身所做的理论努力描述和勾勒出现当代哲学总体所具有的思想倾向；反思和体察当代中国社会发展的现代处境，把握和洞见时代特点，为哲学理论建构的思想任务和精神诉求以时代性、民族性等方式实现理论的

---

① ［德］伽达默尔：《真理与方法》，洪汉鼎译，商务印书馆 2010 年版，第 664 页。

创造；审视中国哲学自身具有的优势特征，站在时代发展和文化融合的立场上，对传统文化进行现代理解（其中也包含西方式理解）；切实有效地分析中国社会所面临的具体问题，如消费异化问题、文化异化问题、生态问题等，创新理论与实践结合的路径和方式。

马克思说："理论在一个国家实现的程度，总是取决于理论满足这个国家的需要的程度。"① 西方哲学无疑是中国现代社会发展所需要的思想文化之一，但如何满足这一需要就成为问题的关键。目前西方哲学的"讲坛哲学"和"论坛哲学"——后者研究主题的专业化和多样化，不易形成学术交流和学术对话的条件；前者更因为在讲台上"说"西方话语为学生们理解"西方哲学"带来一定的困难，使学习的好奇被理解上的困难泼上冷水，加之总是以"外来的"描述西方哲学使其在"讲坛"中的重要性和普及性大打折扣，难以实现西方哲学对中国人思维方式和创新意识的影响。在论坛哲学中，用"西方哲学中国化"的研究范式，学者们可以自觉的从中国社会发展的问题出发，以西方哲学为理论资源，用中国式话语和中国式表达来阐释自身对问题的理解，同样的问题，不同的路径能够有效达到彼此之间的融通和交流，正如黄梨洲云："学问之道，以各人自用得著者为真，凡倚门傍户，依葫芦画瓢者，非流俗之士，则经生之业也。"（《明儒学案发凡》）如此一来，才能在哲学理论的研究过程中做到研究者有己之"见"，又能理解和了解他人之"见"，在己与人相互切磋和互补中实现哲学理论的创新；在讲坛哲学中，以中国式语言来讲述西方哲学的故事，能够有效消弭地域和空间带来的"陌生感"和"疏离感"，从时代特点和问题意识出发，让学生们思考这类问题在何种程度上具有一定的普遍意义——中国社会是否有类似的问题、面对这样的问题我们应如何解决，对照西方哲人的思考我们能够获得何种启示。在用"西方哲学中国化"的研究范式理解西方哲学的过程中，让学生更好地理解和认识西方哲学，也能进一步深刻把握马克思主义哲学，在马克思主义及其哲学中国化意义上有效把握西方哲学中国化，提升对学科专业的把握与认知，利于在打破学科边界意识前提下明晰学科边界，提升研究问题和解决问题的能力，提升理论学习和研究的兴趣，达到哲学思维方式

① 《马克思恩格斯文集》第 1 卷，人民出版社 2009 年版，第 12 页。

的训练和获得。

总之，西方哲学中国化的研究范式可以让我们重新审视西方哲学研究的历史和现实，发现新问题、扩展新视域而形成一定程度的理论创新。让我们再次重温马克思的名言：未来的哲学是世界的哲学，未来的世界是哲学的世界。

三

1912 年，北京大学建立"哲学门"，以此事件为标志，哲学这一古老的学科正式在中国创设。① 继此以来，中国哲学学科设置、研究主题、学术思想的成长之旅，同西方哲学在中国的传播发展及其中国化成就始终相伴而行、彼此助益，殆无疑问。早在清季，于西学东渐时潮之中，有识之士已开始接触西方哲学，汲引域外新泉，以应历史世变，此即西方哲学中国化的前奏与萌芽。在此之间，国人以求索中主体自觉的姿态完成从物质力量诉求到精神文明觉醒的跨越，实现从民族政治诉求到社会问题关切的跳跃，达至从文化经验借鉴到哲理自觉融通的飞跃。在这一段筚路蓝缕的漫漫求索征途中，来自西方的科学、技术、文学、宗教源源不断地输入中国，并开始其民族化陶贯熔铸的创新发展历程。正是在这一过程中，漫长曲折的"东渐"生发出多样的中国化样态——西方文学中国化、西方宗教（基督教）中国化、科学技术中国化。凡此种种，无不证明中华文化兼收并蓄、包容共鉴、博采众长的开放品格，也给西方哲学中国化以支援背景与经验启示，即显示"和而不同"的能"化"根据，提供"异曲同工"的成"化"参照，树立"循道而趋"的经验典范——马克思主义中国化。尤为重要者，中国学者在此时以西方哲学的问题意识和发展形态不断建构中国哲学的理论系统，开放中国哲学的思想观点，比照中西哲学的文化差异，形成文化交流的思想碰撞，让世界两大文化系统在中国土地上积极交汇，使西方哲学在中国呈现为中国的西方哲学。五四运动以后，国人进一步以理论自觉与主体自觉开启西方哲学研究的新转变，不仅以西方哲学作为中国人叩问现代与改造社会的思

---

① 谢地坤：《如何构建中国特色哲学社会科学体系》，载《文史哲》2019 年第 2 期。

想资源，更一再使之融入本民族文化，逐渐形成了从"传统知识型"到"文化比较型"再到"融合创新型"的认识跃迁轨迹；呈现出以"时代性内容""民族性形式""个体性风格""人类性问题"为关键指向与鲜明特质、以"视域融合""结构突破""未来启思"为构成要件与核心内容的西方哲学中国化研究范式；揭示了西方哲学如何在"基因植入""融通对话""文化创造"中实现中国化的内在逻辑；彰显出西方哲学中国化从"彰显主体自觉"到"扎根理论自信"、从"追求实践自觉"到"触动文化自信"的理论特质，从而在多维、广阔、整全的视角中将西方哲学中国化的概念积极澄明出来，在文化思想的多重比照阐发中将西方哲学中国化的理念再度勘辨出来。

西方哲学中国化的序曲唱响于"西学东渐"，绵延至中华人民共和国成立。西学东渐是人类历史上一次大规模的东西方文化交往互动——当然存在着从西方主导到东方（中国）主动、从西方主持到东方（中国）主演的更替演化历程——的文化实践与文明实践。从明末时期士大夫阶层接受西学的主动性蜕变为闭关锁国后不得不被动敞开大门以向外求索，这是民族危亡的时代呼声向中华民族提出的迫切要求。对于中国而言，这一"别求新声于异邦"的探索历程是漫长的，更是艰辛的；是被动的，更是主动的。这一历程既显示出国人对西学由"器"而"道"的认识递变，也呈现出古今中西之争的时空张力；既反映出中国向异邦文明借鉴的阶段发展与层级跃升，也表现为中国"以坚持自己的方式进行的自我改变"的"回心"运动。① 它在整体上表现为中国在世界性的"遭遇"情景②中现代性追求的奥德赛，这是基于自身、超出自身又重返自身的辩证之旅，由此抵达文明层次的主体"觉悟"。我们从中可以见到这样一种历史的"心态"：中华民族在危机意识与问题意识不断转换中展示出的对现代化发展的渴望追求，对先进异质文化的开放寻求，对新型人类现代文明的积极探求。在此过程中，西方哲学在中

---

① "回心"的概念出自竹内好，它与"转向"相对。竹内好在《何谓近代》中说："在表面上看来，回心与转向相似，然而其方向是相反的。如果说转向是向外运动，回心则是向内运动。回心以保持自我而反映出来，转向则发生于自我放弃。回心以抵抗为媒介，转向则没有媒介。"详见［日］竹内好：《近代的超克》，李冬木、赵京华、孙歌译，生活·读书·新知三联书店2005年版，第211—213页。

② 许纪霖、刘擎：《新天下主义》，上海人民出版社2015年版，第60—62页。

国的传播就不再是简单的"东渐",而是西方哲学不断与中国社会相互融合的过程。其一以贯之的逻辑主线是适应中国社会的时代语境,揭示中国社会的现实问题,助推中国社会的主动变革,内在于中国社会面向新型现代文明可能性的实践。可以说,西方哲学中国化的最初发展是对中国社会问题有效回应中的"积极应变"。

中国社会现实问题的实践活动一直以来都是西方哲学中国化的向导,中国社会发展的需要构成我们选择、借鉴西方哲学的依据,也决定了何种西方哲学能够成为中国的西方哲学并自觉实现中国化,这是理解西方哲学中国化最重要的思想语境。西方哲学在中国的传入、演进和发展总是围绕着这一向导而发展变化的,这一时代语境既需要西方哲学始终做出回应——反映,更需要西方哲学适应中国社会的发展变化而实现"积极应变"——对话,使得西方哲学在中国社会发展的不同阶段有所侧重地完成自我发展。

西方哲学中国化的起点应体现在历史观上。随着中国社会救亡图存根本任务的提出,中国社会应往何处去的问题成为最为关键的理论问题,这一问题从根本上说是历史观的问题,是历史以何种方式实现自我运动的问题。马克思主义的唯物史观,以生产力与生产关系、经济基础与上层建筑之间的矛盾运动关系说明社会历史发展动力,进而阐释社会历史发展规律,体现出极为严谨的科学性,逐渐成为新文化运动以来的主要历史观。与马克思主义唯物史观一同出现的还有西方的进化论史观,进化论史观将世界历史的运动理解为逐渐进化的过程,对于马克思主义唯物史观为中国社会理解、接受起到推动作用。进化史观往往与西方的民约论思想一同出现。正如陈旭麓所指出的那样:"'五四'以前的几十年中,对中国思想界影响最大的有两论。一是进化论,一是民约论。前者以生存竞争的理论适应了救亡图存、反对帝国主义的需要;后者以天赋人权的观念适应了要求平等、反对封建专制主义的需要。两论的传播,在观念形态上是区分先前与近代中国人的重要标志。"①在历史的节点中,五四运动之后,中国人在现实中与心理上都有了一定程度的觉醒,一些致力于改变民族意识、改变社会制度的知识分子更是选择了对"进化论""民约论"进行自我解读而展现他们从思想深处发生的觉醒。由

---

① 《陈旭麓文集》第4卷,华东师范大学出版社1997年版,第206页。

此，在思想舆论的兴起中，科学主义、民主社会思潮的产生便不言而喻了。这些前提无疑在一定意义上成为西方哲学中国化发展的序曲。

　　西方哲学中国化为中国社会出现以"科学"实现启蒙的现代化目标提供助力。1896年严复翻译《天演论》，为中国人启蒙了科学主义思维。严复赞许西方学者在心理学、社会学、政治学等诸多领域的科学研究方法，认为这是一种前所未有的做法，而这种做法对于中国文化、中国思想界的启蒙是大有进益的。"天演论"揭示了中国传统文化中尚未明晰的认识事物的诸方法，以及以此方法透视出的可用于救国图存的启蒙民智、启蒙民德、启蒙自由的思想依据。严复指出："百年来欧洲所以富强称最者，其故非他，其所胜天行，而控制万物前民用者……吾胜天为治之说，殆无以易也。是故善观化者，见大块之内，人力皆有可通之方，通以愈宏，吾治愈进，而人类乃愈享。"① 严复给予"天演论"很高的评价，"天演之学，将为言治者不祧之宗"②。严复认为进化论能够作为谈论治国之道的合理基础，而肯定了进化论中的科学实证思维，推进了中国人对于西方文化的自我解读。在此基础上，近代中国开启了世界观的变革，在科学主义中发展出来的思维方式西方哲学中国化在最初社会历史阶段还为中国社会带来"实验主义"的研究方法。瞿秋白曾指出："中国五四运动前后，有实验主义的出现，实在不是偶然的。中国的宗法社会因受国际资本主义的侵蚀而动摇，要求一种新的宇宙观新的人生观，才能适应中国所处的环境，——实验主义的哲学，刚刚能用他的积极方面来满足这种需求。"③ 实验主义的哲学无疑指的即是实验主义的西方哲学，中国学者对这种西方哲学的青睐源于其哲学认识观提供的对时代问题的科学指导意义。正如胡适指出，实用主义中显现的科学方法是最为受用的、中国人最为缺少的一种哲学方法，即"大胆假设、小心求证"。胡适认为实验主义方法可以解决中国文化发展中只顾发展目的，缺少正当方法的问题，即"用这个方法去解决我们自己的特别问题"④。张君劢也曾就杜里舒访华事件指出："自杜氏东来，所以告我国人者，每曰欧洲之所以贡献

---

① ［英］赫胥黎：《天演论》，严复译，商务印书馆1981年版，第93页。
② ［英］赫胥黎：《天演论》，严复译，商务印书馆1981年版，第94页。
③ 瞿秋白：《实验主义与革命哲学》，载《新青年》1924年第3期。
④ 胡适：《杜威先生与中国》，载《觉悟》1921年第7期。

于中国者，厥在严格之论理与实验之方法，以细胞研究立生机主义之理论，可谓实验矣。哲学系统，一以论理贯串其间，可谓严格矣，此则欧人之方法，而国人所当学者也。"① 实用主义的方法是在中国人对历史发展与现实需求的自我理解的基础上，对西方哲学积极应变的典型事例。因而，这一方面体现了中国人试图改良西方哲学或曰实用主义的方法，另一方面是在进行西方哲学的中国式研究与发展，而这种方式无疑对中国文化的发展起到了重要作用。

西方哲学中国化在这一阶段还完成启迪中国传统文化自我反思的使命。新文化运动开启了对中国传统文化"重估一切价值"的探索，中国传统文化需要变革，旧的封建思想需要剔除，中国传统文化面临着重新树立发展目标的问题。而这恰好是中国哲学如何转变思维方式，如何在合理的、自我理解的层面发展中国哲学的问题。许多学者将眼光投射到西方哲学的研究上，以西方哲学的实用主义、分析哲学等方法应变中国传统文化发展之需求；以学习西方哲学努力建构中国哲学为己任。如冯友兰在20世纪30年代时就曾指出，西方哲学的主要贡献便是其分析的方法。他讲在中国："佛家和道家都使用'负的方法'。西方哲学的'分析方法'正好是'负的方法'的反面；因此，也许可以称之为'正的方法'。负的方法致力于消泯差别，告诉人：它的对象不是什么；而正的方法则致力于突出区别，使人知道它的对象是什么。对中国人来说，佛学带来的负的方法并不十分重要，因为中国人在道家思想里已经有了负的方法，佛家思想只是加强了它。而从西方引进了正的方法却有十分重大的意义，它不仅使中国人有一种新的思维方法，还改变了中国人的心态。"② 可以说，20世纪上半期西方哲学一些方法在中国的引进，直接影响着西方哲学中国化发展的现实情况。包括冯友兰在内的许多大思想家，都在积极尝试以西方哲学方法的自我解读推进中国哲学的整体发展。冯友兰著名的论著《新理学》可以说就是这种尝试的优秀成果。冯友兰毫不避讳地指出："在《新理学》一书中，我使用的方法完全是分析方法。"③ 同时代的中国学者梁漱

---

① 张君劢：《杜里舒教授学说大略》，商务印书馆1923年版，第2页。
② 冯友兰：《英汉中国哲学简史》，江苏出版社2012年版，第299页。
③ 冯友兰：《英汉中国哲学简史》，江苏出版社2012年版，第306页。

溟、张东荪、熊十力、贺麟、金岳霖等都在以西方哲学为思想参考和方法借鉴而积极建构中国哲学新形态。

西方哲学在中国是在对中国社会发展有效回应，并提供对于特殊时代的中国社会有力的思想启发的过程中开始自身的"中国化"过程。其自身也不断实现由依据历史现实需求进行的自我解读方式拓展到依据掌握西方文化诸方法而进行的文化本身的积极应变，西方哲学中国化的研究也随之在内容上丰富起来，包括对西方哲学史的研究，对西方哲学具体派别、问题的研究，西方哲学中国化在整体文化发展的现代化维度上具有了进一步发展的空间。比如在西方哲学史的研究方面，20 世纪 30 年代至 40 年代，在不到 20 年的时间里便出版发行了十多种版本的中国人自主编写的西方哲学史类书籍。包括 1921 年刘伯明编写出版的《近代西洋哲学史大纲》；1923 年李石岑编写出版的《西洋哲学史》；1930 年瞿世英编写出版的《西洋哲学的发展》；1933 年洪涛编写出版的《西洋哲学》；1934 年全增嘏编写出版的《西洋哲学小史》；1937 年黄忏华编写出版的《西洋哲学史纲》；1940 年李长之编写出版的《西洋哲学史》；1941 年张东荪和姚璋合撰的《近世西洋哲学史纲要》；1942 年詹文浒编写出版的《西洋哲学讲话》；1947 年冯友兰参照西方哲学史编写出版的《中国哲学小史》；1948 年侯哲庵编写出版的《西洋哲学思想史论纲》等。这些出自中国人自我解读方式的西方哲学史研究成果表达了中国学者以总体性的认识眼光主动接纳西方哲学的情况，而这种主动接纳的目的是明确的，就是将西方哲学史看作是人类认识史，视之为哲学史就是哲学的典型教科书，认为其是现代化、知识化的优势资源，这就将西方哲学进行了中国式研究，代表了中国学者自我解读西方文化的重要路径。正如 1940 年由正中书局出版发行，李长之编写的《西洋哲学史》序言中说："我们现在所急需的是要把中国彻底现代化。敌人打击我们，不也是因为见我们现代化快要完成了，而眼红，而妒忌么？我们的吃亏，不也就因为我们现代化得不早么？我们的牺牲，说简单了，不是也就在争一个'完成现代化'的自由和时间么？什么是现代化？简言之，现代化乃是西洋化。详言之，便是由西洋近代科学、技艺、思潮、精神所缔造之整个文化水准，从而贯通于今日最进步的社会组织、政治结构、生活态度之一切的一切，我们中国都能迎头赶上之谓。然而文化是整个的，枝叶重要，源头更重要，西洋哲学就是近代西洋文化一切成果的总源头。"① 中国学者意识到的西方哲学作为一个我们需要重要参考的环节，就是西方哲学中国化发展的源头和动力，而对这种源头和动力的发展构成了中国人实现现代化的关键途径之一。更进一步，也就是西方哲学中国化成为实现中国文化现代转型的不可或缺的因素之一。

历史推动了西方哲学中国化的现实进程，也打造了西方哲学中国化的基底。除了那些被人们津津乐道的民族进取精神之外，蕴含在中国人探索思想理论所沿用的思维方式、分析方法之中所发生的转变也成了奠基西方哲学得以中国化发展的基础要素。因此可以说，在五四运动之后的一段时期，酝酿在中国人心中的对西方哲学研究方式的转变正在发芽，而最适宜西方哲学在中国进行研究的土壤却是在经历了一段复杂的建构之后才逐渐具有了催生的肥力。

新中国成立以后，西方哲学中国化真正进入了它的主题演奏。首先，西方哲学中国化的发展，经历了从"哲学史就是哲学"的传统知识型形态到"哲学史就是认识史"的文化比较型形态，再到"哲学史就是哲学思想理论创新的发展史"的当代阐释型形态。这一西方哲学中国化"三跃迁"的历程，既契合了西方哲学递嬗的内在理路，亦体现了中国哲学界对哲学本性认识的发展过程。

黑格尔曾经在《哲学史讲演录》中谈到，"哲学是理性的知识，它的发展史本身应当是合理的，哲学史本身就应当是哲学的"②。自西方哲学在"西学东渐"的浪潮中进入中国伊始，其就是以西方哲学的历史知识面貌呈现在中国人民面前。但由于从苏联那里沿袭而来的教科书式哲学产生的影响，日丹诺夫在《关于西方哲学史座谈会上的发言》的性质判定，新中国成立初期根据自身的需要做出的哲学选择倾向，以及马克思主义哲学在中国的主导地位，多种视阈交织中的西方哲学历史知识的引介与研究，具有了明显的宣扬唯物主义、批判唯心主义的倾向。"从西方哲学研究而言，……凡是被我们视为唯物论和辩证法的哲学家、哲学流派及其著作，我们就予以肯

---

① 李长之：《西洋哲学史》，正中书局 1940 年版，第 10 页。
② ［德］黑格尔：《哲学史讲演录》第 1 卷，贺麟译，商务印书馆 1981 年版，第 13 页。

定；凡是被我们认为唯心论和形而上学的哲学家、哲学流派及其著作，我们就予以批判。再进一步，即使是被视为唯物论和辩证法的哲学，如果它们被标上'机械的'唯物论和'唯心主义'的辩证法，我们也只能进行所谓的批判学习和研究。"[1] 以胡适的实用主义哲学为例，这个曾占据中国文化领域核心地位并产生深刻、久远影响的哲学理念，因其资本主义唯心主义的色彩而在新中国成立初期遭到了猛烈"炮轰"。这就是刘放桐在《新编现代西方哲学》序言中所强调的，"从 50 年代初起的 20 多年内，……除了因政治需要发表的批判文章及为批判的目的而出版的少量西方哲学家的论著外，极少有深入系统的研究之作；各大学哲学系均不系统开设本学科课程"[2]。所以在西方哲学中国化第一阶段的"知识型"旅程中，是马克思主义哲学唯物主义的前提、苏联教科书式的知识型体系，以及坚持一切从中国实际国情出发的意识形态建设，赋予了西方哲学知识型研究的内在逻辑与事实依据。但值得庆幸的是，西方哲学在第一阶段中国化的历程中始终未离开对西方哲学发展历史的追寻、触摸与反思，始终是在对西方哲学的发展脉络中梳理并建构中国语境下的西方哲学形而上轨迹。由于坚持汲取与参照西方哲学的思想资源，坚持在西方哲学历史脉络的开采、发掘中延展自身的思想，西方哲学中国化的旅程在众多思想家坚定持守与辛苦付出的基础上绽放出灿烂思想之花——《资产阶级哲学资料选辑》《西方古典哲学原著选辑》《近代西洋哲学史大纲》《西洋哲学史》《西洋哲学的发展》《西洋哲学》《西洋哲学小史》《西洋哲学史纲》《近代西洋哲学史纲要》《西洋哲学讲话》《西洋哲学思想史论纲》，等等。总的来说，在马克思主义哲学引领下的西方哲学研究取得了丰富成果，但也呈现出更多值得探索与开辟的研究空间。故此，由知识型的引介认识迈入下一阶段的比较研究，将西方哲学中国化的研究推向有思考、有比较、有发展的文化比较型样态，势在必行。

随着 1978 年真理标准问题的大讨论，这个具有分水岭意义的标志正式宣告着西方哲学中国化的研究从第一阶段走进第二阶段，从"传统知识型"跨越至"文化比较型"，从"哲学史就是哲学"跃升至"哲学史就是认识

---

[1]　谢地坤：《西方哲学研究 30 年（1978—2008）的反思》，载《安徽师范大学学报》（人文社科版）2008 年第 4 期。

[2]　韩震：《中国学术 70 年回顾与前瞻》，载《社会科学战线》2019 年第 9 期。

史"。列宁曾经指出，学习哲学的关键恰恰在于将哲学视为一种关于认识的历史，因为只有在主动认识历史的过程中主体自觉思考的维度才得以彰显，主体在自我觉解中对哲学形态与哲学历史的再次建构才得以可能。因而对西方哲学在中国的发展彰显并植入中国人自己的思考，使西方哲学在比较中进一步获得中国化发展的空间，进一步凝聚成推动西方哲学中国化走向深层认识、走向文化比较的内在动力。从改革开放到 20 世纪末的 20 多年里，西方哲学在中国的研究发展正是因为主体意识能动性的觉醒与介入，开启并实现了"认识论"的转向以及"文化比较型"的西方哲学中国化新形态的建构。可以看到，西方哲学在中国的发展既能够深入到西方哲学内部展开多向度的有突破性认识的研究，又能够以中国当下的问题意识与时代脉动对其展开甄别、对话、融通，实现西方哲学中国化在第二阶段的重大转变与快速发展。从对时代性问题研究来看，"主体性黄昏"的降世促就了"存在主义""人本主义""人道主义"话语与意识的盛行，如何从"上帝死了"之中借鉴与张扬主体性力量，是那个时代对哲学追思与人之本质追问的共同意识；从不同时期哲学研究来看，古希腊哲学、中世纪哲学、近代哲学、德国古代哲学得到诸多专家的关注；从具体人物研究来说，康德哲学研究、黑格尔哲学研究这一时期出现了在美学、宗教哲学、自然哲学、精神哲学等诸多领域展开更专注、更深入的认识与研究；从哲学研究的全面铺展来看，西方马克思主义哲学、科学哲学、语言哲学、心灵哲学、价值哲学、历史哲学、政治哲学、文化哲学、管理哲学、后现代哲学都呈现出雨后春笋之势；在中西文化与哲学的比较上，不仅在宏观层面对两种哲学的性质、演进与发展脉络做了对比，更在微观上展开了人物与人物之间思想观点的比照、挖掘；从研究成果上来看，各个时期、各个主题、各个人物、各个派别的著述颇丰、成果斐然，例如《苏格拉底及其哲学思想研究》、《亚里士多德范畴学说简论》、《柏拉图哲学述评》、《西方著名哲学家评传》（第一卷）、《希腊哲学史》（第一、二卷）、《古希腊哲学》、《西欧中世纪哲学概论》、《托马斯·阿奎那的基督教哲学》、《中世纪"上帝"的文化》、《笛卡儿的天赋观念论》、《休谟及其人性哲学》、《培根及其哲学》、《贝克莱思想研究》、《批判哲学的批判——康德述评》、《建构与范导》、《费希特青年时期的哲学创作》、《绝对主体的建构》、《谢林》、《逻辑经验主义》、《维也纳学派》、《分析哲学及其在美国的发展》、《当代英美语言哲学》、《哥白尼式的革命——哲学中的语言转向》、《萨特及其存在主义》、《萨特研究》、《于无深处——重读萨特》、《思·史·诗——现象学和存在哲学研究》、《现象学及其效应——胡塞尔与当代德国哲学》、《意义的探究——当代西方释义学》、《扑朔迷离的游戏——后现代哲学思潮研究》、《西方马克思主义》等等。总的来说，这一时期自由探讨、全面铺展、多维研判的宽松局面已开始形成，并在认识方式转变的基础上研究的问题意识进一步打开，研究的视域空间进一步敞开，研究思路与研究方法也在实现着对西方哲学的创造性解释、创新性研究。

西方哲学中国化第三阶段旅程以当下中国所发生的现实问题为导向，对西方哲学展开进一步创造与阐释。德勒兹说："哲学在本质上是创造的，甚而是革命的，因为哲学不断地创造新的概念。"① 进入 21 世纪的西方哲学中国化研究在"照着讲""接着讲"的基础上开始转向"自己讲"。"自己讲"的独立之精神、自由之意志赋予西方哲学在中国境遇下的研判方式不断创新，以不断更新的概念化、理论化的思想表达，实现着中西方哲学的融会贯通。进入 21 世纪之后的西方哲学在中国不再是简单意义上的介绍与认识，而是在更深层的文化融合与主体自觉的双重交织中开启中西文化的交融与创新，即西方哲学中国化的第三阶段是在"哲学史就是哲学"和"哲学史就是认识史"基础上进一步取其精华而提炼出的"哲学史就是哲学思想理论创新的发展史"。叶秀山说过，中国人研究哲学有其与众不同的长处，就是能够结合自身五千年文明历史与对马克思主义哲学的积累创新，跳出作为历史与存在本身的哲学，透彻把握哲学存在的本质，做出更新与创造。在这里，中国学者审慎地运用与发展了现象学，使德国哲学在中国变成了为中国社会服务——"现在德国人很羡慕中国现象学的发展，他们说'德国哲学在中国'，'现象学在中国'，我不敢说中国现象学的研究已经超越了德国，但是中国现在对现象学感兴趣的人数肯定超过德国"②；中国研究者用分析

① 韩秋红、史巍：《西方马克思主义研究的方法论价值与局限》，载《马克思主义研究》2014 年第8 期。
② 张庆熊：《中国现象学研究四十年——基于个人经历的回顾》，载《天津社会科学》2017 年第5 期。

哲学追踪与捕捉着国外社会科学发展的前沿，并通过民族化的改造使得分析哲学中国化得到了世界的关注与认可——"经过40年的工作，我国的分析哲学研究已经取得了举世瞩目的成果，无论是在国内哲学研究领域还是在国际哲学界都得到了很高的关注和评价"①；中国哲学利用西方哲学提供的思想资源与时代背景，助力马克思主义哲学的发展，更助推三种哲学理念、范式的借鉴创新——乌克兰汉学家维克多·基克坚科指出："毫不夸张地说，中国是非西方国家中研究西方哲学的佼佼者。近几十年来，大量西方哲学的名著被翻译成中文。如今，中国正在认真学习，吸取西方世界、包括西方哲学的精华。但这一切仍然发生在马克思主义哲学占主导地位的条件下。"②除此之外，更有英文版的《中国哲学前沿》（*Frontiers of Philosophy in China*）杂志不断发表中国哲学研究者的英文论文，"表现了中西哲学家们双向的交流互动，已经成为一个颇有影响的中外哲学家讨论学术问题的平台"③。西方哲学中国化第三个发展形态是坚持以一种平等对话、互相融涵的姿态展开交流，更为注重从中国当下出发，以自身发展的眼光对西方哲学进一步借鉴性创造，使西方哲学主动参与到中国现代化发展之中，参与到为中国社会发展贡献思想力量之中，参与到多元文化深度交流融合之中，参与到中国当代哲学新形态的建构之中，也参与到西方哲学自身的革命性创新体现在为人类文明新形态贡献中西马的共同体意识之中。

总而言之，西方哲学中国化的理论体系就是在"哲学史就是哲学""哲学史就是认识史"以及"哲学史就是哲学思想理论创新的发展史"的过程中确立的，也是在积极引介、主动认识与深度融合的创新中完成的。这一进程清晰地将"西方哲学中国化"发展历程呈现出来：以往将西方哲学的研究作为马克思主义哲学的思想基础加以剖析，"西方哲学中国化"重在强调在中国的西方哲学是不断被中国化的西方哲学，是某种契机下哲学元素的供给；以往对西方哲学的研究注重对文本翻译的准确性与对人物学派介绍评述的客观性，"西方哲学中国化"强调西方哲学在中国社会中所发生的文化变

① 江怡：《40年来的中国分析哲学研究：问题与挑战》，载《北京师范大学学报》（社会科学版）2018年第5期。
② 韩震：《中国西方哲学研究70年》，载《社会科学战线》2019年第9期。
③ 韩震：《中国西方哲学研究70年》，载《社会科学战线》2019年第9期。

异和形成的"中国式"形态；以往对西方哲学的研究体现为对某一人物学派或某一文本著作的点位式挖掘，"西方哲学中国化"强调总体性和整体性研究方式，努力摆脱"学徒式"的研究方式，而努力体现"自我主张"的研判方式，为西方哲学研究提供更为清晰的立场、态度，形成有"中国特色"的西方哲学研究。

其次，西方哲学中国化命题本身在一定意义上就构成了其研究范式，凸显出"时代性内容""民族性形式""个体性风格""人类性问题"的鲜明特质，释放出"视域融合""结构突破"和"未来启思"的范式蕴涵，在实现西方哲学中国化的基础上，更进一步实现西方哲学与中国哲学、马克思主义哲学的一体化。哲学是时代精神的精华，是时代脉搏的直接表征，是时代呼声的直接回应。西方哲学中国化绝非简单意义上的西方哲学在中国的"在场"，"在场"一定是要在当下时代性问题的对话中实现与中华文化的思想融合，关怀现代化过程中已经生发的潜在可能生发的各种问题，即现代性问题与可能困境，成就中国走出现代化"陷阱"的重要思想指导与方法论引领。西方哲学中国化通过对时代性更替的敏锐察识，对时代性问题的及时捕捉，对时代性症结的及时救治，以此彰显出紧密围绕"时代性内容"展开研究，成为这一研究范式成立的重要前提与首要特质。至于对于现代化问题的理解与解决，对现代性困境与陷阱的有效规避跨越，正是因为西方民族不一样的、独特的生命体验与生存意志，才形成了他们在更好地经历现代化过程中的"个体性风格"。比照而言，中国人也形成了自身与众不同的理解方式与阐发形式。各具特色的民族风格使现代化的道路出现了多样性选择、多元化路径、多向度可能，只不过这些众多选择在一个共同的指向上实现了殊途同归，人如何更好地走在现代化历程之中。中国人以自身的解读回应了人类性问题与世界性难题，既为自身找到了现代化的民族式出路，也为那些渴望保持本民族特色而走出现代化困境的国家地区提供有效的参照借鉴。由此，无论是"民族性形式"的相互映照，还是"个体性风格"的无限彰显；无论是民族式发展的别样经历，还是个体自我式独特的心路历程，西方哲学之所以能够中国化的重要原因，就在于二者对现代化问题有着统一性的理解，即面对共同的问题形成了不同话语声音都落在了为民族乃至全人类发展贡献智慧，为整个星球朝向一种更加和谐舒适共享的新形态文明延拓生命力，铺展发展空间。这样的思想共识与民族特色便在深层的意义上为西方哲学中国化研究范式的形成创造了更多可能。"民族性形式"与"个体性风格"并非是要阻碍中西方哲学不同生命体验的交流互动，而是要在尽显民族特性的基础上实现进一步融会贯通，即以西方哲学中国化的研究范式实现对现代化问题的更好理解。当然，对于现代化这一人类无法规避的共同问题，二者能够得出统一性或相近性的结论，至少也验证了二者在对于更多人类性问题的关注与谋求解决道路上存在着合作与互动的可能性，因而对"人类性问题"——关于人与自然如何和谐相处，完成人化自然与自然化人的复归性统一，关于人之存在与发展的本质追问，关于社会关系如何去民族等级划分走向和谐共生，关于科学技术如何去意识形态化、如何不作为宰制人类的工具而真正造福社会，关于以人为中心的诸多问题——的探讨，也是西方哲学中国化研究范式得以继续开展的现实支撑。无论是从"时代性内容"的前提出发，还是充分考虑"民族性形式""个体性风格"的可能性，以及"人类性问题"给予的现实解答，西方哲学中国化研究范式都在各个层面找到了可能，展示了不同侧面的鲜明特质。

"视域融合""结构突破"和"未来启思"进一步架构了"三位一体"的稳固的西方哲学中国化研究范式。作为一种"化"的研究范式，西方哲学中国化既是一种在"视域融合"与"结构突破"中业已形成成熟稳定的研究范式，又是一种能够面向未来继续生成，"未来启思"的发展范式，是一种完善成熟与逻辑进步的辩证统一。首先，从"视域融合"的范式意蕴来看，西方哲学中国化鲜明深刻地彰显了当代解释学的方法论经验。在当代解释学的意义上，西方哲学中国化的过程就是在中国哲学与中华文化的视域下，在马克思主义哲学中国化的视域中，积极对话西方哲学、努力陶贯西方哲学、不断熔铸西方哲学、有效创新西方哲学，从而实现"中西马"三家汇通，助力马克思主义哲学中国化进程，助推中国哲学世界化进程的过程。一方面，中华优秀传统文化作为一种本土视域，是民族精神与民族性格的集中阐释与充分表达，在这一视域融合中的西方哲学更能展现对中华文化的参与和理解，明晰我们所具有的研究西方哲学中国化的能力和所要达到的研究领域；另一方面，马克思主义哲学中国化是西方哲学中国化获得指引与导向的方向性视域。马克思主义哲学中国化在中国已经是一种成熟的研究范式，树立了众多成功典范与有效经验。如何在对西方哲学的研究理解中加入马克思主义哲学中国化的经验因素，如何使西方哲学中国化的进程在马克思主义哲学中国化的参照、引领中少走弯路，沿着正确方向前进，马克思主义作为历史与人民的必然性选择，是西方哲学中国化无法缺席的内在导航视域。我们对西方哲学加以体认、把握与再释的过程就是如何以中华文化与马克思主义再度解释西方哲学的过程，也就是"西方哲学中国化"的过程。伽达默尔曾经说过，从理解的本质属性与内在规定出发，理解本身应被看作是一种"视域融合"，即从文本本身和理解者各自存在的历史背景、思想传统、文化语境和现实生活出发，在思想性历史与历史性思想的辨识、融通中形成一种新的文化样态和理论结晶。但由于意见和偏见的存在及其对真理的遮蔽和阻碍，"理解其实总是这样一些被误认为是独自存在的视域融合的过程"①。理解者的"意见"在不断地校正中超出了其原有的知识范围和思想语境，使其所触及的范围不断得到延拓。在这一外延不断增扩的过程中，理解者本身和文本本身的解释力都得到了新生，新的研究视域和解释方式构筑了新的理解地基。由此，历史事件的演历与解释者视域的融合勾勒出新的历史故事与历史样态，历史不仅涵括着自身逻辑演进的内在理路，更展示出解释者为其赋予的主题语境和自我阐发，历史是一种故事与解释共建共享的最终成就。当我们审查、考辨与研判西方哲学时，"西方哲学中国化"就成为西学文本与中国人独特阐释有机结合的理论形态与研究范式。其次，从"结构突破"的范式意蕴来看，一方面，西方哲学中国化的发生逻辑与运演理路逐步突破了新中国成立以来苏联教科书式的哲学样板。在新中国成立后直至改革开放以前的很长一段时间里，以日丹诺夫讲话为标杆的苏联教科书式哲学建设成为我们沿袭与发展的标尺。这就是孙正聿所认为的，"建国以来前30年的哲学有一个突出的特征是，人们把通行的哲学原理教科书当做模式化的马克思主义哲学理论体系，以它为标准来区分马克思主义哲学与非马克思主义哲学，并以它为指导来构建哲学的各二级学科（如中国哲学、外国哲学、伦理学、美学、逻辑学、宗教学、科技哲学等），还以它为根据来规

---

① ［德］伽达默尔：《真理与方法》上卷，洪汉鼎译，上海译文出版社 2004 年版，第 393 页。

范人们的政治生活、经济生活、文化生活、精神生活和全部社会生活"①。
当然,这种有限的研究思路与研究范围也为日后进一步延拓、推进与深化西
方哲学中国化发展敞开了众多重要的发展空间。对苏联教科书式哲学的反思
与矫正在 20 世纪 80 年代后得到改善,并在 90 年代后形成了以哲学的自我
理解为核心的开放性、反思性研究。这一阶段的西方哲学中国化也就真正在
马克思主义哲学与西方哲学思想理论之间可以平等与合理对话的有效沟通。
这一点,张世英说得很清楚,"马克思主义哲学和其他诸多现代哲学派别都
是从 19 世纪中叶开始产生,都是这一个时代的产儿,都具有上述反形而上
学性和抽象性、主张具体性和现实性的特征。可以说,时代决定了他们是天
生的盟友"。"这些流派所讲的主—客体融合论,是其重人生、重现实生活、
反对离开人生抽象谈论哲学的思想表达,同时也是其注重人与人之间互为主
体而非以己为主、以他人为客的平等互尊的思想表现。我们的马克思主义哲
学研究应当吸取这些思想以丰富自己的哲学和人生意义。这也需要从西方现
当代哲学那里得到启发,才能对马克思主义哲学的原本原义深深地加以发
掘、发挥和发展。"② 另一方面,西方哲学中国化在动态演历中重新确立起
"实践"的根本旗帜,以实践的方式探索出西方哲学中国化新的生长空间。
马克思主义哲学以实践语境中重新开辟与西方哲学的对话,成为助力马克
思主义哲学中国化发展、当代中国哲学新形态建构,与西方哲学中国化自身展
现的新型基石。80 年代末,改革开放的历史性变革与时代性创造使马克思主
义哲学与西方哲学站在交流对话的平台上开启新的视界融合与思想创新。
在这一时代背景下,关于"实践唯物主义"的问题再次进入人们的视野并
成为时代的焦点。人们开始以正确的实践姿态反思马克思主义哲学的创新,
推进不同哲学之间的平等互鉴、交流对话。"在关于'实践唯物主义'的讨
论中推进了哲学自身的思想解放,出现了当代中国哲学史上重新理解马克思
主义哲学的理论热潮,形成了关于世界观、认识论、历史观和价值论的一个
又一个的'热点'问题和'焦点'问题,理论地表征了当代中国实行改革

---

① 孙正聿:《当代中国的哲学历程》,载《教学与研究》2001 年第 8 期。
② 张世英:《必须发展马克思主义哲学——谈中国的马克思主义哲学和西方现代哲学的关系》,载
《学术月刊》2001 年第 8 期。

开放的历史进程和当代中国人思想解放、观念更新的心路历程。"① 90 年代后，在热点问题与焦点问题中萌发的崭新哲学思考便是，如何在理论融合与事业创新中延展西方哲学与马克思主义哲学的关系、现代西方哲学与传统西方哲学之间断裂与传承的关系、马克思主义哲学与现代西方哲学之间的"握手言和"与"分道扬镳"。进入新世纪以后，马克思主义哲学中国化与西方哲学中国化的新的生长点在三个维度上进一步彰明出来，即如何更好地对西方经典哲学文本形成创造性解读与创新性阐发，如何在植根于实践的过程中对马克思主义哲学形成创新性发展，如何在西方哲学的现代转向中找寻其与马克思主义哲学的"同与异"，以助力马克思主义哲学中国化、西方哲学中国化与当代中国哲学，即人类文明新形态的建构与发展。上述问题的思想来源、理论支援、文献资源等无不以"西方哲学"为基底。最后，从"未来启思"的范式意蕴来看，第一，西方哲学中国化未来发展仍然要"面向事情本身""面向西方哲学本身"与"面向中国事情本身"。回到西方哲学文本中扎扎实实地研究，借助西方哲学的思想资源与人文智慧为现代性文明与现代化发展做出贡献。西方哲学中国化的顺利推进需要不断本真地理解西方哲学向人类提出的世界性问题，本色地用中国人民族化的方法去完成这一形而上学的追问，本来地用中西思维方式、生命体验、手段方法的差异去启发彼此的智慧，在互通有无、交流借鉴中激发更多思考。这就是"面向我们自己的事情和问题，在不同的学术传统、文本的视域中会有不同的事情和问题呈现"② 所彰显出的重要意义所在。第二，西方哲学中国化的发展推进与完善提升仍然要坚持在平等互敬、和睦共处的原则下进行。彼此尊重是双方能够展开合理有效的对话的前提，只有互敬互爱才可消除偏见歧见，才能实现更好的合作融通。"谈话中的互相理解，既包含使谈话伙伴对自己的观点有所准备，同时又要试图让陌生的、相反的观点对自己产生作用。如果在谈话中这种情况对谈话双方都发生，而且参加谈话的每一方都能在坚持自己理由的同时也考虑对方的根据，这样我们就能在一种不引人注意的、但非任意的观点交换中（我们称之为意见交换）达到一种共同语言和共同意

① 孙正聿：《当代中国的哲学历程》，载《教学与研究》2001 年第 8 期。
② 孙利天：《让马克思主义哲学说中国话》，武汉大学出版社 2010 年版，第 444 页。

见。""谈话中的相互理解不是某种单纯的自我表现和自己观点的贯彻执行，而是一种使我们进入那种使我们自身也有所改变的公共性中的转换。"① 第三，西方哲学中国化将会是一个漫长的实践过程。西方哲学中国化作为一个仍在交流对话、融涵创新中的事实，作为一个仍在不断自我反思、自我批评、自我革新、自我超越的研究范式，必然要经历一个漫长曲折的辩证发展历程。这一历程的起点是实践，终点也是实践。只有在实践中才能彰显马克思主义哲学的科学真理光辉，释放马克思主义哲学的生命力，只有在实践中才能真实地、真正地、真切地撷取西方哲学的理论资源，只有在实践中才能完成对中国哲学新形态的升格建构，只有在实践中才能促进三种哲学的对话融通，也只有在实践中才能切实提升马克思主义中国化与中国哲学世界化的话语权而共建人类文明新形态。

必须证明的是，西方哲学中国化研究范式并不是简单意义上的中华文化对西方哲学甄别、吸收、融合、创造的过程，而是在中国思想、文字以及语言的表达中使西方哲学具有更强适应力，使马克思主义更好中国化，使中华文化在世界范围内更显生命力的过程。这种适应力不仅体现为西方哲学在中国更好地融入中国语境，为中国所用，更体现中国哲学与西方哲学在世界舞台上展示中国哲学的汉语世界。西方哲学中国化以西方哲学为更广阔的背景以及更坚实的载体，将中华优秀文化、中国人的精神气质灌注其中，使中华文化以西方人可理解的方式、可接受的形式、可表达的方式，在"愿意听、听得懂、传得开"中开启中国哲学的汉语世界，使中国哲学介入世界哲学建构的意见表达中，在多元并存的思想格局中使汉语哲学在世界化、全球化中攫取并占据一席地位。由此，西方哲学中国化的研究范式便不仅仅是西方哲学以中国的语言方式、思想形式、精神气质融汇于中国，助力中国现代化发展，更是中华文化在对西方哲学的改造、吸收与吐故纳新中向世界展示中国的精神风貌与人文涵养，开启中国哲学的"世界化"旅程。所以在此借用黑格尔写给 J. H. 沃斯的书信中的话语："路德让圣经说德语，您让荷马说德语，这是对一个民族所作出的最大贡献，因为，一个民族除非用自己的语言来习知那最优秀的东西，否则这东西就不会真正成为它的财富，它还将

---

① ［德］伽达默尔：《真理与方法》下卷，洪汉鼎译，上海译文出版社 2004 年版，第 500 页。

是野蛮的。现在我想说，我也在力求教给哲学说德语。如果哲学一旦学会了说德语，那么那些平庸的思想就永远也难于在语言上貌似深奥了。"①"西方哲学中国化"这一命题范式不仅为自身规定了明确的内涵，更为自己找到了实现的方式——西方哲学思想在中国人主体意识觉醒前提下的引入、辨识与融通，应当是西方哲学思想在中华文化元素的甄别、吸收与再诠释中的发展，应当是互为载体、互为中介的共同开启中国哲学"世界化"的历程。

再次，西方哲学中国化在"基因植入""融通对话""文化创造"中实现中国化的内在逻辑。西方哲学中国化内在生成演历的第一个逻辑——"基因植入"——就是能够主动参与到中国现代化进程之中，与中国现代化发展的历史使命与民族目标相契合，与马克思主义中国化的历史发展进程相互映照，在马克思主义中国化的导引之中释放应有作用。对这一"基因植入"的内在逻辑理解至少可以从理论与现实两个层面加以展开。从理论层面来讲，包括马克思主义哲学在内的西方哲学对于中国哲学乃至中华文化而言，都是一种来自异域的前史资源，是一种生发于异邦的对人类生活体验、生命结构、生存样态、生命价值的精神反思。西方哲学、马克思主义哲学与中国哲学在各自民族化的创造中形成了独特别样、与众不同的研究范式、理论蕴涵、思想轨迹与价值旨趣。如何将这三种资源有效融合在一起为中国现代化建设服务，为中华民族现代化进程贡献新的智慧，为新时代中国人类文明新形态展现思想力量，便首先要在理论的前思中找到三种思想资源对接的"熔点"所在之处，即他们作为人类哲思的现实形态，都是对于生命体验、理想旨趣的终极追索与终极解读，是对现代性文明的共同探索，是对现代化发展的共同追求，是对人类整体性文明的独特贡献。这是他们存在的共性，也是能够以不同哲学思想补益自身、相得益彰，以西方哲学智慧为中国现代化发展做出一定贡献、为我所用的理论对接的基点所在。伽达默尔曾不止一次谈到，"精神科学中的本质性东西不是客观性，而是同对象的先前的关系。……在精神科学中衡量它的学说有无内容和价值的标准，就是参与到人类经验本质的陈述之中"②。这就表明，对西方哲学种种思想资源的审查并

---

① ［德］黑格尔：《黑格尔通信百封》，苗力田编译，上海人民出版社 1981 年版，第 202 页。

② ［德］伽达默尔：《赞美理论——伽达默尔选集》，夏镇平译，上海三联出版社 1988 年版，第 69 页。

不是简简单单地回到它的语境中加以还原，而是要思考西方哲学乃至种种异域资源与我们自身理论建设、思想发展之间的再释与创新关系，思考如何将这些前史资源纳入到自身文明繁荣的进程之中，即"在所有历史解释学一开始时，传统和历史学之间的对立，历史和历史知识之间的抽象对立必须被消除，……继续存在的传统的效果和历史研究的效果形成了一个效果统一体"①，才是思想支援。由此，关于民主、科学、自由、平等、正义、解放等带有众多西方哲学内涵的概念进入中国并为广大人民所采纳、接受，就不难理解了——它有效回应了中国人民渴望进步的呼声，快速适应了中国社会现代化发展的进程，积极助推了中华文明在世界进程中的步伐。当然，像理性主义、存在主义、分析主义等西方哲学乃至现当代西方哲学概念的快速基因融入与合理释放效用，也证明了这一内在规律的合理性。同时，西方哲学基因融入的顺利进行也离不开马克思主义中国化的合理导引与彼此助推。从一定意义上讲，西方哲学中国化成为马克思主义哲学中国化的历史前奏，而马克思主义哲学中国化的顺利推进又为西方哲学中国化的进一步开展提供了规范性意义有迹可循。马克思主义哲学中国化是对西方哲学基因顺利融入的有效牵引。当然，西方哲学中国化与马克思主义哲学中国化之间更都是存在吸收异质文明、实现自我更新优良传统的历史延续；都是中华民族借鉴国外文化以创造中国哲学新形态的努力尝试；都积极与时代发生同频共振，时刻把脉时代脉搏，做出时代性回应；都以中华民族伟大复兴为根本立足点的共同之处，所以西方哲学中国化才能顺利展开，西方哲学的基因才能在异质文明的交融中有效融入，西方哲学"化"中国与中国"化"西方哲学有机融通于"西方哲学中国化"之中。从现实层面来看，西方哲学中国化仍然需要紧密结合中国现实的土壤之中，适合于中国社会现代化的进程之中。马克思主义哲学作为西方哲学的一部分之所以能够顺利实现中国化发展，正是因为其从一开始就结合中国社会的革命实践。"在十月革命的影响下，一批中国的先进知识分子转向了马克思主义，力图运用马克思主义解决中国问题，这样，马克思主义就与中国人的现实生活发生了密切的关联，从此也就开始

---

①　[德] 伽达默尔：《真理与方法》，洪汉鼎译，商务印书馆 2010 年版，第 400 页。

了马克思主义哲学中国化的进程。"① 西方哲学要想将自己的基因融入中国文化，就首先要在深刻的社会生活、社会实践、社会变革中找到自己的关键立足点与能够植根的新生"土壤"，即中国社会的现代化进程。有学者将近代以来中国社会的现代化变迁历程和实践轨迹大体划分为四个阶段：现代化的初探、现代化领导权的确立、现代社会的转变、现代社会的整合。西方哲学只有在深刻思考中国现代化的不同经历，考察不同阶段自身不同基因的不同介入，不断融合中国社会问题、呈现中国时代需要、展示中国诉求的过程中将自身的生命力延展，完成基因的融入、改造与进化。这就是汤一介所一再强调的，"接着西方哲学和马克思主义哲学讲，就必须使它们中国化，站在中国传统和现实的基础上面向世界，解决我们自身和世界所遇到的哲学问题"②。

　　"融通对话"是西方哲学中国化参与当代中国哲学新形态建设，助力马克思主义哲学中国化进程的又一内在基本逻辑。在融通对话的过程中，西方哲学中国化不断明晰对话的基点，澄清对话的立场，以使西方哲学中国化的发生机制、运演机理与价值意义更有效彰显。从对话的基点来看，中华优秀传统文化中所蕴含的鲜明民族特质是这一过程的前提基础，西方哲学中国化是在中华文化与民族特性展开积极对话的。历史学家汤因比曾经在与池田大作对话时谈到，"就中国人来说，比世界上任何民族都成功地几亿民众，从政治、文化上团结起来。他们向世界展示了这种政治、文化上的统一本领，具有无与伦比的成功经验。这样的统一是今天世界的绝对要求"③。西方哲学中国化的历史进程就是在现代化发展背景下与中国传统文化不断寻找对话基点、思想熔点的过程。从过去近百年的"西化"来看，乃至此后的若干年的"化西方"的努力尝试探索，都将始终遵循以中华文化"化他国"，以中国人的民族资源"化他人"，才能走出一条以我为主的中国化道路，实现文化的现代转型与重建。④ 从中国传统文化对西方哲学中国化的影响来看，

---

　　① 王南湜：《马克思主义哲学中国化的历程及其规律研究》，北京师范大学出版社 2012 年版，第14 页。

　　② 汤一介：《西方哲学冲击下的中国现代哲学》，载《文史哲》2008 年第 2 期。

　　③ ［英］汤因比、［日］池田大作：《展望二十一世纪》，荀春生、宋继征、陈国梁等译，北京国际文化出版社 1989 年版，第 294 页。

　　④ 曹顺庆：《文学理论的他国化与西方文论的中国化》，载《湘潭大学学报》（哲学社会科学版）2005 年第 5 期。

西方哲学中国化必然在与中国哲学的对话中展开创造性继承与创新性发展，以现代性精神的独特气质重塑当代中国哲学新形态，以西方哲学的诠释方法阐发中国哲学的思想底蕴与时代价值，以世界性视野审视中国哲学的人类旨趣与未来指向，以民族性差异理解并彰显中国哲学的独有魅力。从对话的立场来看，西方哲学中国化则不断突出与呈现中国立场的身影。西方哲学中国化的历史进程就是被中国人以自己的思维方式、价值旨趣、学术立场与表达手段所影响与改铸、重释与创新的历史，是西方哲学在马克思主义哲学中国化与中国哲学的彼此激荡、相互创生，以熔铸当代中国特色新哲学的历史。这一历史的标尺与标准就是中国人与众不同的民族性情、别样眼光、价值需求与社会现实。对此，陈卫平的《西方哲学的中国化与当代中国哲学的建构》、谢地坤的《西学东渐与现代中国哲学》、邓晓芒的《让哲学说汉语》，乃至更多思想理论家及其作品所表达与反映的正是这一论题：中国哲学家面临的历史性与时代性重任是，在吸收西方文明的同时避开全盘西化的陷阱，从自身传统哲学中提炼出特有的概念和问题，形成当代中国哲学的话语系统，建构中国特色的哲学形态。

　　"文化创造"是西方哲学中国化坚持与时俱进、创新发展的又一内在逻辑。"对西方哲学进行重新审视，才能更加符合西方哲学的问题本身。"[1] 这一回答正是新时代赋予西方哲学"中国化"的特征及思维方式以新理解。在新时代背景下，"西方哲学中国化"需要转换思维方式和展开自我批评，如何走出西方哲学镜式反映而体现思想力的迸发与思想本身的创造，如何在中国学者的解读中走进中华文化影响的西方哲学重新"在场"，如何彰显西方哲学研究中的主体意识与自觉精神，如何将哲学从知识认识史跃迁进创造生发史，对这些理论问题的思索构成西方哲学中国化运演的逻辑理论，突出地呈现为四个方面的蕴涵：创新促就的理论形态变迁、创新开启的形而上学批判史审视、创新实现的研究范式转化、创新催生的演历样态呈现。首先，从创新促成的理论形态变迁来看。一部西方哲学中国化的历史就是理论与实践、知识与行动之间"由历史发展、历史演进、历史逻辑等方面"编织而成的有机的历史。正在这一由被动到主动再到积极反思创新的历史过程中，

---

　　① 韩秋红：《西方哲学中国化历程》，载《社会科学战线》2012 年第 11 期。

西方哲学不断生发出中国化的理论形态，即从"哲学史就是哲学"的传统知识型到"哲学史就是认识史"的文化比较型再到"哲学史就是哲学思想理论创新的发展史"的当代阐释型。西方哲学中国化理论形态的跃迁是在简单引介、逐步认识与深度融入的创新中完成的，表明了任何一个历史发展阶段与理论形态都必然是紧密立足于中国现实国情，从中国的实际与正在做的事情出发，从中国已有的理论资源出发，以中国人的眼光对西方哲学做出进一步创造性转化与创新性发展出发，使西方哲学主动参与到中国现代化发展进程之中，参与到中国现代性文明的融合创新之中，参与到当代中国哲学、中国新时代文明新形态的建构之中，参与到马克思主义哲学中国化的发展完善、接续再释与创新发展之中。其次，从创新开启的形而上学批判史审视来看。西方哲学中国化总是在建设自身的理论形态中实现变革，可以说不理解西方哲学在试图建构自我新形态的征程中所表达的变革内涵，就无法真正从哲学内部透视西方哲学中国化的内在发展逻辑，也就无法提升规律性的认识。这就需要在西方哲学自身作为批判的逻辑和其实现中国化过程中以批判性实现创造性之间建立起某种理论关联。所以西方哲学的批判式无论在本体论意义上还是在方法论意义上都澄清了一个至关重要的问题，即西方哲学的发展始终是在"描述"与"修正"的辩证统一中推动着自身变革、演进。"形而上学往往是修正的，而很少是描述的。描述的形而上学满足于我们关于世界的思想结构，修正的形而上学则关心产生一种更好的结构。"① 西方哲学中国化的发展进路契合了形而上学批判史的历史轨迹与发展转向。这种进路就是从一种本体论的认识走向认识论转向，达成多元共识性的形而上学存在形态。西方哲学中国化走出的这一形而上学批判轨迹，便是从最初侧重于静态独断转向积极主动打开视野，在主体觉解中谋求新的发展向度与理论增长点，再到努力建构一种融通的思维向度和和谐共存的价值取向。可以看出，西方哲学中国化在承认传统分歧的基础上努力反映时代心声，最终不断实现多元融合共生。再次，从创新实现的研究范式转化来看。1979 年之前，西方哲学中国化体现为极富中国特色的唯物主义与唯心主义辩证对立；20

① ［德］彼得·F. 施特劳森：《个体：论描述的形而上学》，江怡译，中国人民大学出版社 2004 年版，第 1 页。

世纪最后 20 年，西方哲学中国化展示出以客观性评述与主体性自觉相统一的方式勘察西方哲学；21 世纪开启之后，西方哲学中国化走进了具有中国特色、中国风格、中国气派的个体性挖掘与整体性对话相统一的崭新阶段。最后，从创新催生的演历样态呈现来看。西方哲学中国化在演进过程中催生诸多各种样态，集中体现为"讲坛哲学""论坛哲学"与"实践哲学"。就讲坛哲学而言，是在 20 世纪 50 年代之前形成的。这一时期中国对西方哲学的研究内容、研究精神与研究方式受到苏联哲学教科书的影响。例如我国曾在 1950 年、1951 年连续两年时间里请苏联著名哲学家尤金来华讲学；50 年代初北大教研设置中哲、外哲哲学教研室的确立，这是讲坛哲学的典型代表。就论坛哲学来说，李大钊与胡适之间的白热化论辩是突出表现。20 世纪 60 年代提出"百花齐放、百家争鸣"的学术观点与思想氛围后，哲学家张岱年在研讨会上提出积极主动地发掘西方哲学与马克思主义哲学、中国哲学之间的勾连意义，在"辩证的综合"与"创造的综合"中走向"综合创新论"，也就成为论坛哲学的典型表达。就实践哲学而言，20 世纪 70 年代末以后，西方哲学的研究注重回归到现实生活之根本处展开研究。无论是讲坛哲学、还是论坛哲学，抑或是实践哲学，其在不同时期所研讨的主题、所采取的形式以及所呈现的样态，都与西方哲学中国化的发展历程和研究范式前后一致、相辅相成。

最后，西方哲学中国化拥有"问题意识"与"创造转换"的思想特质。这样的问题意识与创造转换集中呈现在四个方面，即在从求取真知到有变而化中彰显主体自觉、在凸显中国语境与问题意识中扎根理论自觉、在创造性转化与创新性发展中追求实践自觉、在由自觉走向自信的征途中触动文化自信。在这样辩证统一的问题意识与创造转换中，西方哲学中国化所要展示的文化自觉与文化自信、理论自觉与实践自觉，就是在新时代、新方位、新矛盾、新征途中继续以中国社会的发展、现实问题与时代吁求，对人类性文明与现代性发展形成积极有效的回应。其一，以求取真知到有变而化彰显主体自觉。以西方哲学中国化的研究范式审视西方哲学发展的历史轨迹，可以看到西方哲学在中国化的历程中经历了从"知"到"识"、以"真"渐"理"、有"变"而"化"的转化过程。这一过程一方面体现了中国人研究西方哲学是对西方哲学合理内核的继承与发展，另一方面又体现出中国人以

"化"的方式实现对西方哲学的中国式理解与中国式诠释。无论是对西方哲学理性形而上学精神的接续承扬，还是立足中国场域做出独具中国特色的创造性转化与创新性发展，这些中国风格、中国特色、中国气派背后所凝聚与升华出的正是中国人面向人类文明做出的具有主体意识的积极自觉。所谓从"知"到"识"，即是西方哲学中国化强调站在中国人的主体立场上，在中华文化的接续弘扬中，以中国特色的思维方式、理论特点、实践要求来把握西方哲学，以此推进思想进化、观念整合、文化升级，融汇创生出新的世界性哲学。这一点，赵敦华在《西方哲学的中国式解读》中讲得很清楚，"西方哲学当然是西方人发明创造的，但这并不意味着西方人对他们自己的理论具有优先的、终审性的解释权，更不意味着只能按照西方人的眼光看待西方哲学"[1]。中国学者应当以自己的民族利益为基本立场、以民族风格为基本格调、以民族需求为基本取向，对西方哲学做出深刻的反思、批判与超越。如果说，西方哲学中国化至少包含了"传入—认知—辨识—反思—融合"的步骤过程，那么就可以做出这样的理解，即从"传入"到"认知"是对西方哲学"知"的静态认识阶段，从"认知"到"辨识"是对西方哲学"识"的动态发展过程，而进一步的"反思"与"融合"则深刻地表征着中国人主体意识的觉解与文化自觉的觉醒。所以西方哲学中国化就是恩格斯所说的，"在社会历史领域内进行活动的，是具有意识的、经过思虑或凭激情行动的、追求某种目的的人；任何事情的发生都不是没有自觉的意图，没有预期的目的的。"[2] 所谓以"真"渐"理"，我们将"求真"视为一种价值论层面的向善取向，在这一取向之内包含的是"求理"的实在路径。"求真"是一种外显的骨肉，"求理"是内在的基因与血液。西方哲学中国化经历的文化旅程是一种以"真"涵"理"、以"理"求"真"的思想进程。"理"就其含义而言，可以是一种标准、根据，也可以是一种层次和道路。西方哲学中国化中的"理"强调的就是中国学者对西方哲学所应具有的态度和方式。作为一种态度，"理"呈现出的是中国学者对西方哲学所具有的反思性认同和超越性批判的意愿；作为一种处理方式，"理"表征了中国学

① 赵敦华：《西方哲学的中国式解读》，黑龙江人民出版社 2002 年版，第 3 页。
② 《马克思恩格斯文集》第 4 卷，人民出版社 2009 年版，第 302 页。

者在促进西方哲学中国化的过程中做出的一种层次划分和路径选择。抑或说，"理"既代表在内容上对异质思想的判断、解读和加工处理，又表示在形式上所倾向的取舍标准和批判立场。西方哲学中国化的"理"一方面表现为中国人对待西方哲学的理性态度和辩证精神，另一方面表现为研究者对中西哲学在交流碰撞中的学理思辨和理论融通。因此，以"真"渐"理"作为西方哲学中国化的一个重要认知阶段，同样是一种逻辑与历史的必然选择。"真"是"理"之大厦的架构图和地基，在真知、真识、真解的基础上，实现西方哲学中国化的进一步创新发展，确保西方哲学中国化"求真"的学理自信和价值自信。"理"则规约了西方哲学中国化的基本理论态度和批判精神，即客观辩证地辩理、梳理、处理西方哲学的思想内容和思维形式，为"化"提供正确的理性道路。"真"与"理"二者是辩证统一的关系，是逻辑必然性同一过程中的两个方面，在结构上是相辅相成的互通性表现方式。西方哲学中国化深蕴着以"真"渐"理"的思维创新发展过程，"真"与"理"作为"化"之过程的两个方面，前者体现为一种整体之"化"，后者表征为一个层级与路向之"化"。在二者的相互作用中开启有"变"而"化"的真相揭示。所谓有"变"而"化"，就是将"变"作为西方哲学中国化的必要步骤，将"化"视作"变"的必然结果与逻辑延伸；西方哲学中国化的"变"是一种手段，"化"就是"变"的目的。无论是精神追求上的转变，还是现实实践基础的变化，无疑都是力求将西方哲学转变为中国思想文化的一部分，成为中国化的存在。中国特色社会主义文化的繁荣发展，既要牢牢坚持马克思主义中国化的众多成果，又要继承和弘扬中华优秀传统文化，同时对世界文化中有益于中华文化的部分兼收并蓄、博采众长。西方哲学无疑饱含着这样的成分。由此，西方哲学的"化"就是要将西方哲学中的积极"营养"与中国文化的过去、现在和未来相结合，西方哲学与中国文化的新时代融会贯通与未来汇通"化"的方向和趋势。

其二，以凸显中国语境与问题意识扎根理论自觉。在中国特定时空下推进西方哲学中国化，关于问题意识的萌发，关于主体意识的萌动，要坚持在"他者"中突出主体，在历史传承中凸显中国语境，在理论自觉中突现当代问题。一方面，在"他者"中突出自我意识，就是强调人作为一种对象性存在，在互相中介中确证自身，发生关系中彰显自我，通过对象化活动认识自己。关于为何要援引西方哲学资源的追问，其实源出于一个真切的时代发展语境，诉诸直接而强烈的生存论目的。西方资本主义文明是现代文明的先行者与引路人，"它使未开化和半开化的国家从属于文明的国家，使农民的民族从属于资产阶级的民族，使东方从属于西方"①。在这种被动状态下，对西方思想的直接引用借鉴就迅速成为追赶时代脚步并提升自身发展水平的最迅捷的方式。费孝通曾做出如此评价，作为中华民族发展的必然要求，文化自觉要求正确处理本民族文化和其他文化之间的关系，要接受外来文明的考验，有以我为主、文化融通的意识。②"他者"的存在为我们提供参照系和发展前进的外在威胁与动力，为我们打开视野、摆脱文化习俗与惯性思维提供丰富资源和视路，在一种克服不适应感和积极主动求变中提升文化理解力、批判反思意识和融合创生能力。所以，越是在发展的转折期和社会变革的关键期，越是要求思想文化的兼收并蓄意识，吸收借鉴各个民族国家的优秀精神文明成果，在和而不同的融合创生中包容各有侧重的文化思想内容，在自省更新中创造时代所需的新文化精神架构，锤炼本民族文化的时代适应性和实践功效性。一方面，在历史传承中突显中国语境，意在明确，从西方哲学进入中国大地开始，西方哲学作为一种新鲜思想和文化便不断经受着中国人的辨识、接受、认同、融通。中国人以何种致思方式研究西方哲学，在何种程度注重对其思想成果的继承与接受，在怎样的方式中对其问题加以批判与反思，都展示出中国人面向世界文明时所具有的自我觉醒和哲学建设姿态。所以西方哲学中国化从最初的知识性引介传播到历史性与思想性融会贯通的领会习得，都带有鲜明中国人主体意识的开拓创新。另一方面，在理论自觉中突现当代问题。立足中国现实问题对外来文化借鉴是我国思想文化包容性的基本准则和发展导向。无论是解救民族危亡问题的早期西方思想在中国的理论研究，还是随着现代中国社会发展模式的变革而突出的解决现代化道路选择的问题，再到新中国成立确立社会主义制度条件下现代化建设进程中现代性问题的理论反馈和理论思考，都明显地呈现出鲜明的问题意识，在问题指针和向导下探寻思想启蒙的具体路径。与这一过程伴随始终的便是西

---

① 《马克思恩格斯文集》第 4 卷，人民出版社 2009 年版，第 36 页。

② 费孝通：《百年中国社会变迁与全球化过程中的"文化自觉"》，载《厦门大学学报》（哲学社会科学版）2000 年第 4 期。

方哲学在中国的被认知、被辨识、被选择、被阐释、被融贯。因此，中国问题导向的经验指引是西方哲学中国化呈现出的最核心、最重要，也是最基本的经验启示。在这一经验的运用与彰显中，西方哲学中国化得以在提供问题解决方案中实现自身，推动中国哲学学术研究与理论创新的现代化。

其三，以创造性转化与创新性发展追求实践自觉。实践自觉进一步彰显在从"齐一性"到"多样性"、从"否定式"到"否定之否定"、从"人的手段化"到"人的目的化"之中。西方哲学的发展历程，可以是由众多知名哲学家建构起关于"一"的形而上学体系。作为哲学思想智慧张力的开放性标志的"多"，容易被自我体系的封闭性吞噬。他们将自身的认识与其形而上学体系相融合，成为坚不可摧的"一"的存在，"存在存在""非存在不存在"使"齐一性"的要求成为西方哲学自身牢不可破的躯壳，固化了西方哲学精神所内在的流动性，僵化性和二元对立成为其典型特征。这种关于"一"的封闭体系，即是德勒兹一再批判的"树—根"模式。即便它展现出多样性，也不过是"伪装的多样性"，是"不断地基于一种更高的、中心化或节段化是统一性来模仿'多'"①，而非真正的多元体。西方哲学中国化所要实现的就是走出"西方"的单一性范畴，走出更多可能的发展道路，呈现出哲学本身的不断丰富与发展。由此，使西方哲学走进中国，在接受马克思主义哲学的指引下，在展开与中国优秀传统文化的对话中，以及在三者融涵创新的转换中使西方哲学突破其由"一"所包围的坚硬外壳，敞开其多样性的无限可能，便是西方哲学中国化的重要实践自觉之表征。"西方哲学中国化"不断彰显实践自觉的第二个表征是以"否定之否定"的发展意识与致思路向完成了对单向度的"否定式"发展路径的超越、创新与提拔。西方哲学的动态演进是以众多的"一"的形态来完成绝对化的确立的，但每一个新的"唯一"体系的确立又是在批判与超越前人的基础上来完成的，因而西方哲学的发展是以更新的"一"来破除之前"一"的体系来向前推进，而并非是以众多"一"的排列组合所成为的多元化融合发展态势。可以说，西方哲学对"一"的坚持是以否定的形式出现的，但这一

---

① ［法］德勒兹、［法］加塔利：《资本主义与分裂精神》，姜宇辉译，上海书店出版社2010年版，第20页。

否定却也使得应该得到"肯定"的东西晦暗不清。换言之，西方哲学这种单向度的"否定"发展模式遮蔽了本应得到"肯定"的诸多智慧光辉。但值得庆幸的是，西方哲学终极追问、不断追索的形上理念承续了反诘、质疑、批判与超越的精神，在否定模式基础上作出再度否定，在更高阶段的辩证走向中超越了以往思想认知和理论体系，推动了形而上学的持续跃迁与脉动发展。由此，"否定之否定"的发展范式超越于或更高于"否定式"发展路径的重要之处正在于其将吸收借鉴与辩证批判融为一体，在肯定中否定，在否定中肯定，既是对否定的回应，也是对肯定的回护，既是更高阶段的"否定之否定"的回答，又是更深层次的肯定与否定的双重回响，是肯定与否定的辩证统一，而并非简简单单地"丢弃"或是"拒斥"。这种"否定之否定"的研究范式是在超越与传承中合理铸就着哲学的"扬弃"，表面上是否定，内里则蕴含肯定；表面上是不断倒退，实则是波浪式前进与螺旋式上升。当然，"西方哲学中国化"的实践自觉除了鲜明地表征在"多样性"与"否定之否定"的发展态势、审视路向与研究范式之外，也在将人逐渐凸显为目的性存在而非工具性手段的过程中，进一步确认人是终极追求目标而不是过程运用手段，完成着从"人的手段化"向"人的目的化"的否定之否定转化，实现了西方形而上学的推进与发展，回答了西方哲学中国化进程的重要课题。不过，西方哲学关于人之主体作为目的而非手段的哲思之路也是漫长曲折的，直到康德才开始真正向内求解，开启对人自身的目的性探索，追问启蒙怎么了，强调把人当作目的，而非手段。可以说，西方哲学从苏格拉底、柏拉图、亚里士多德，到笛卡尔、康德这样划时代的标志性发展，是以否定之否定方式曲折完成了人是目的的合理合法论证，为中国人之思想启蒙与合理审视西方哲学，创造性转化与创新中华优秀传统文化，建构新形态的中国哲学，创新马克思主义哲学提供了诸多思想启示与观念启迪。所以，中国社会对西方哲学的拯救、重塑、转化、创新的重要一环就是实现对其"手段性"认知的否定性发展，使这种"人是手段而非目的"的颠倒关系再度颠倒过来，改变头足倒立的"人"，将人从牢牢框囿的"手段"囚禁中解救出来，重新走上人之为人、人是目的性存在的"自由"之路。因此，西方哲学中国化的推进路向便合理地彰显为中国学者在坚持马克思主义哲学的牵引下对西方哲学"人是手段而非目的"做出否定之否定的解答："人变成对自己来说是对象性的，同时，确切地说，变成异己的和非人的对象；他的生命表现就是他的生命的外化，他的现实化就是他的非现实化，就是异己的现实。同样，对私有财产的积极扬弃，就是说，为了人并且通过人对人的本质和人的生命、对象性的人和人的产品的感性的占有，不应当仅仅被理解为直接的、片面的享受，不应当仅仅被理解为占有、拥有。人以一种全面的方式，就是说，作为一个完整的人，占有自己的全面的本质。"①

　　其四，以自觉走向自信触动文化自信。"西方哲学中国化"归根到底体现了中国人在面对世界性语言、世界性理论、世界性视域的中国眼光，关乎在哲学领域中建立文化自信的重大课题。而文化自信的建立并不是简单的丰富文化资源的问题，恰恰是以中国的问题、中国的事情、中国的实践、中国的发展为导向的中国化的努力方向。习近平在哲学社会科学座谈会上的讲话中指出，"我们哲学社会科学应该以我们正在做的事情为中心，从改革开放的实践中挖掘新材料、发现新问题、提出新观点、构建新理论，加强对改革开放和社会主义现代化建设实践经验的系统总结"②。"西方哲学中国化"理论的自觉研究以及经验借鉴实际上就是构成中国文化自信的重要组成部分。西方哲学在中国的研究范式之不断转变，明晰了要在解决中国人自身理论问题、思想意识问题的层面构建中国化的西方哲学，这就是文化自信的自觉体现，也是不断推动文化自信的重要保障。首先，努力体现新特征。与中华民族从站起来、富起来到迈向强起来的伟大复兴时代脉动相吻合，"西方哲学中国化"以清晰的理论自觉与学术自信形成了具有中国特色社会主义学术自信的研究话语。近年来，许多学者对于西方哲学研究之于中国学术发展的意义进行了反思。江怡指出，无论是改革开放之初的 20 世纪 80 年代，还是进入 21 世纪的今天，我们对曾经影响了中国人哲学观念一个世纪之久的西方哲学进行了全面而深刻的反思，形成了一些前所未有的理念。这些理念包括以主体意识活动对抗客观主义的刚性规律，以一元论的思维方式代替二元论的思维定式，以哲学思维的学术话语弱化意识形态化的政治批判；还包括我们百年西方哲学研究中文化错位的反思，对西方哲学文化背景的重新思

---

① 《马克思恩格斯文集》第 4 卷，人民出版社 2009 年版，第 189 页。
② 习近平：《在哲学社会科学工作座谈会上的讲话》，载《人民日报》2016 年 5 月 19 日。

考，对西方哲学与中国哲学互动关系的重新梳理。^① 其次，努力挖掘好经验。回馈现实问题是西方哲学中国化的必要前提，与此同时，西方哲学在中国的另一个成果就是理论自我完善与发展，体现为西方哲学中国化的理论路径、思维成果。西方哲学在中国的发展不可能总是原生态的重现，总要带上中国化的气息和特点，即便是通过译介的方式将西方哲学作品引入到中国，用中国语言表达出的西方哲学也带上了中国人思维方式与话语风格。更遑论在这一过程中中国人做出的进一步解释与创新，所形成的方法论的新生、思维范式的启新、理论内容的再解、哲学向度的重生。当然，新时代关于中西哲学比较的研究发出了更为重要的声音，也为中国理论形态的自我发展提供了宝贵经验。21世纪以来，我国对作为西方哲学发展前沿的分析哲学做出了及时跟进与适时研究，以促进当代中国哲学的新发展。所以从西方哲学中国化着眼民族问题的适时性到关涉世界潮流的共时性的发展转型，都体现出西方哲学中国化自身内含的宝贵经验。再次，努力总结真教训。在西方哲学中国化研究不断深入的过程中，"国内哲学界完成了由'破'到'立'的转变。追求'纯'哲学的诉求作为有积极意义的征兆构成其标志。对启蒙情结的超越是决定这一转变的重要原因。其优点是冷静地处理问题，使之不再过多地受到价值偏好的干扰；其弱点是学问有可能沦为价值无涉的工具性规定，以致变成'炫技'式的杂耍，从而丧失应有的担当，而内在地凸显了学问的合法性危机"^②。也就是说，在中国哲学研究和思想理论借鉴的过程中，对西方固有的一以贯之的形而上终极价值追索的崇高精神的忽视，成为一个主要的严峻问题和向度遗失，由此可能带来学术研究领域中工具理性压制价值理性，使理论工作呈现异化畸形状态，构成西方哲学中国化进程中一个主要教训。最后，努力选择好路径。西方哲学中国化历程中的一个关键问题在于如何对待西方哲学？采取什么样的态度？以什么样的具体方式？选取什么样的阐释路径？对这一问题的回答基本表现为中西哲学关系的处理问题，即到底采用以我为主带有某种前设"偏见"的姿态进行"我注六经"

① 江怡：《共时性哲学空间中的中国与世界——反思30年来我国的现代外国哲学研究》，载《哲学研究》2008年第11期。
② 何中华：《近年来国内哲学研究状况检讨——一个有限的观察和评论》，载《文史哲》2007年第3期。

的理论注解方式，还是选取某种本义还原基础上拿来主义的"六经注我"的糅合方式？无论哪一种路径，其相对独立性都非常明显，关键在于对内容的精神实质的真正探得。中国学者在西方哲学中国化进程中逐渐彰显出的方法论自觉与路径成熟就是"追求本义呈现"与"加强中国式解读"的相辅相成、辩证统一。"追求本义呈现"不仅体现为关键词的梳理，西方哲学英文文本的原汁原味的引入，更体现在对西方哲学语境的还原和追溯的努力上。这一努力呈现出哲学研究的双重本性：一是回溯性的，尝试着回到西方哲学的源头；一是异质性的，探讨中西文化差异之外的可通约性。① 对此，何中华曾经谈到，呈现哲学本义涉及古今、中外、思想、语言等多重差异和不同层面，全息性地成为哲学之为哲学的首要问题，体现出在西方哲学研究中本真地把握西方哲学精神和实质的冲动。这一讨论折射着西方哲学研究范式的转换，即通过对基本范畴的词源学追溯，重新将其置入它的原初性语境中，以便再现性地生成其应有之义。② 而肯定"中国式解读"，就是用中国人的眼光审视西方哲学成为西方哲学研究者的学术共识。赵敦华指出，在中国，西方哲学研究的主体是中国人，而不是西方人；使用的语言主要是汉语，而不是西文。中国人能够根据政治形势、社会改革以及文化建设的需要，有选择地而非盲目地，有重点的而非面面俱到的纳入、研究、吸收和创新西方哲学。所以对于西方哲学的梳理和编译，并非只是机械地停留在复刻与搬套，而是在于寻求让西方哲学说中国话，让哲学讲汉语的理论自觉与学术取向。

至此，经过对西方哲学中国化学术前奏、发展历程、理论形态、阶段跃迁、研究范式、思想特质的剖析与澄清，可以看到：西方哲学中国化的提法不仅是一种理论范式的转换，更是以文化自觉、理论自觉与实践自觉愈发突出地表征中国人的本质特征、生命结构、思维模式、价值旨趣与历史实践。可以说，在中国其实没有严格意义上的西方哲学，有的只是中国人理解、解释的西方哲学，是外国或西方不同国家或民族的哲学经过我们的翻译理解、思想加工出的中国

---

① 何中华：《近年来国内哲学研究状况检讨——一个有限的观察和评论》，载《文史哲》2007 年第 3 期。

② 何中华：《近年来国内哲学研究状况检讨——一个有限的观察和评论》，载《文史哲》2007 年第 3 期。

化的西方哲学。西方哲学已逐渐脱离开它的母体，成为中华民族文化的外来基因，成为中华文化的重要组成部分，其在中国的传播过程是不断被中华文化所包容、改造、吸收和诠释的过程，是中国人立足于中国式思维和中国化立场不断去解读西方哲学的过程，体现了鲜明的主体意识和主动精神。

四

回溯西方哲学中国化百余年的历程，其发展变化无时或已，自有其内在演进逻辑，又每与中国命运若合符节，同本土实践息息相关，并贯穿着中国人"积极应变、自觉反思、主动融入"的自我觉解，实乃中国追求现代性的表征之一，故称其为"思想之史诗"亦不为过。今之视昔，居间的精髓还堪深味重思，以求充分汲引，踵事增华。而经此再识，我们对西方哲学研究的认识须重做检讨，做出改变。此一改变，不唯对后续西方哲学研究大有裨益，亦蕴含着自我与世界在新历史条件下的互动之道。

西方哲学在中国的发展与研究，体现着"中国化"的总体逻辑：适应中国社会的时代语境，创新中国化的话语体系和表达方式，使其呈现为"中国的西方哲学"，区别于"西方哲学"原初形态。这一总体逻辑，使其既在历史维度上努力凸显中国社会的现实情况，又在发展维度上努力表达其与中国文化的内在融通。此一主动融入，有以下四重体现。

西方哲学中国化的主动融入之一：体现在主动融入哲学新形态建构中，成为中国哲学新形态的主要研究对象。中国哲学新形态的发展就如同它所面临的现实环境一样，确实具有复杂性。但促使其发展的要素总是可以确定的，即中国传统哲学、西方哲学和马克思主义哲学。对中、西、马三种哲学形态如何进行考量，并以何种姿态对待文化融合中的中国哲学发展始终是促进中国哲学新形态生成的重要路向。以北京大学哲学系发展为缩影可以看到，最初的北大哲学系只有中国哲学门，在对中国哲学的研究中中国传统哲学的研究占了较大比重。1952 年北大哲学系进行调整，确立了以意识形态发展为宗旨，大学制度全面向苏联学习的基本方向。此时，北大云集了如金岳霖、冯友兰、宗白华、张颐等许多著名的哲学大师，他们都对中国哲学形态的发展具有自我见解。正如王博教授总结的："张岱年曾经评价说，熊十力、金岳霖和冯友兰三家学说都体现了中西哲学的融合，三者中西的比重是不同的，熊十力是中九西一，金岳霖是西九中一，冯友兰的哲学体系则是中西各半，是比较完整意义上的中西结合。此三家中西结合的比例和效果如何，学者自然可以有不同的判断，但中西融合的趋势是任何的哲学思考和创造都无法回避的。"① 正是在 20 世纪 50 年代，北大哲学系开始实行教研室制度，陆续成立了辩证唯物主义历史唯物主义、中国哲学史、外国哲学史、逻辑学、自然辩证法、美学、伦理学等教研室。西方哲学才具有了独立的研究阵地。许多学者开始接受马克思主义，注重在马克思主义指导下研究哲学。如冯友兰重新撰写中国哲学史，名为《中国哲学史新编》，鲜明地站在马克思主义立场上进行新撰。对这一时期中国哲学形态发展状况，出现的说法是："冯定先生有一体两翼的比喻，用来说明马克思主义哲学和中西哲学的关系。马克思主义哲学为体，中西是两翼。"② 不可否认的是，西方哲学对于中国哲学形态的作用已经逐渐在自觉认识中走向了自觉实现。改革开放之后，由西方哲学在中国研究的反响而引发的具有中国方式的西方哲学研究也引起了中国哲学新形态建构的现实关注。一些学者开始自觉地、开拓性地运用西方哲学知识背景、思维方法、问题意识等进行西方哲学对中国哲学的理解以及中国哲学对西方哲学的新解。在中国哲学新形态的新视角上，西方哲学才真正以中国人主动融入的态势成为中国哲学新形态的研究对象之一。

2003 年在广西桂林召开了"全球化语境中的文明冲突与哲学对话学术研讨会"，会上许多学者提出，当代形态的中国新哲学需要在打破中、西、马学科限制的研究范式中，吸收不同文化的优秀资源，实现思想的真正交流与对话。中国哲学、西方哲学、马克思主义哲学，简称"中、西、马"，这三个对象恰恰构成了中国文化的整体格局。因此，"对话"或"会通"以正的方法加入到中国文化的现代化时，西方哲学的中国式发展具有了更加合理的意义。有学者认为："中西马哲学对话与建构中国化的马克思主义哲学形态关系到中华民族的命运。马克思主义哲学对于中国而言，承担着当代中国

---

① 何民捷：《百年冷暖看哲学——访北京大学哲学系主任王博》，载《人民日报》2012 年 9 月 13 日。

② 何民捷：《百年冷暖看哲学——访北京大学哲学系主任王博》，载《人民日报》2012 年 9 月 13 日。

人的文化命运，它不能孤立发展，马克思主义哲学研究者必须要懂一些西方哲学和中国哲学。"①西方哲学的研究在中国哲学、马克思主义哲学发展中具有的重要地位被凸显，多少意味着西方哲学的理论研究被寄予了创造性的发展中国文化的厚望。因此有的学者指出，"中、西、马"互动中的哲学理论的当代发展可以看作是"一门创造性的学问"②。创造性的学问也恰恰体现了西方哲学中国化建构发展的旨趣——主动融入，即在西方哲学中国化的研究中，努力实现反思传统形态的西方哲学研究范式，建构西方哲学中国化的新形态。贺来在反思中国哲学传统形态发展时指出的，西方哲学不仅在知识体系、方法论上对中国哲学的传统构造具有补充意义，在以"价值信念"为核心的现代性沟通中更加具有综合、创造的发展中国哲学新范式的重要作用。他指出："中西马哲学都源于对人的生命价值的自我理解和自觉领会，它们从不同视域出发，对合理的生活样式和理想的人生境界提供了其独特的生命智慧与价值理念，这是它们所贡献的最为重要的思想财富。因此，从价值信念的层面进行中西马哲学的对话与融合，将为我们今天立足于中国人的现实生活世界，创造性地综合三种哲学形态的生命智慧与价值理想，拓展和丰富我们对于人的现实生命存在的自我理解，开辟关于人的生命价值创新性的思想视域提供内在的结合点与深层的基础。"③中国学者已经开始从多个角度反思西方哲学能够为中国哲学的新形态做出怎样的贡献，比起西方哲学刚刚在中国的起步研究阶段，内置于西方哲学之中的文化精神、道德向度、价值信念等方面的挖掘超越了人们对于西方哲学研究的工具性认识，形成了真正文化意义上的主动融入。这样的西方哲学在中国的发展才能够回答 20 世纪杜威访问中国时留下的一句感慨："中国是东西文化的交点"；才有刘放桐组织翻译出版的《杜威全集》及实用主义在中国的现代研究；才有赵敦华在近几年提出的中国如何真正读懂实用主义的思想主张及其面对西方哲学在中国的处境所做出的研究。

---

① 孙正聿主编：《中国高校哲学社会科学发展报告：1978—2008》，广西师范大学出版社 2008 年版，第 216 页。

② 叶秀山、王树人：《西方哲学史》学术版，江苏人民出版社 2004 年版，第 2 页。

③ 贺来：《中国哲学、西方哲学、马克思主义哲学：价值信念层面的对话》，载《中国社会科学》2008 年第 5 期。

西方哲学中国化的主动融入之二：体现在主动融入传统文化中，在实现传统文化现代化过程中发挥作用。汤一介曾在研究中国传统哲学中的"真善美"问题时指出："对历史上的哲学，如果要使它具有现代意义，能以在现实社会中发生作用，就必须给以现代的解释。……对孔子、老子、庄子思想的解释只能是'既是孔子、老子、庄子的哲学，又不是孔子、老子、庄子的哲学'……只有这样，我们才扩大了孔子、老子、庄子哲学的意义。也正因为它是我们现时代'根据孔子、老子、庄子哲学引发出来的'，所以它才有现代意义，哲学才有发展。当然，价值论上的取向不同，除了说明'多元化'对文化和哲学的发展意义之外，可以为我们提供不同类型的哲学体系的式样和不同取向的人生价值的追求；又可以表示我们今天的一种对'真'、'善'、'美'的意义的关注和了解。这无疑对我们今日的哲学研究是有意义的。"① 西方哲学在中国主动融入传统文化的意义，也正在于西方哲学确实在对中国传统文化自身的现代化发展构造中起到了关键的影响。许多学者也注意到了这种影响，并积极寻求西方哲学在中国传统文化现代化意义维度上的具体内涵。张世英曾经提出，中国传统文化的继承与发展需要"和而不同"，所谓的"和而不同"就是指在思维方式上，西方哲学总是体现着"主客二分"的基本逻辑，而中国哲学主张"天人合一"的思想境界，这种不同、差异性需要得到重视，也值得我们进一步深入研究，这便是对西方哲学中国化之"和"的肯定。在这个意义上，"和"与"不同"具有了辩证的统一，"不同"之处体现着"和"的可能，而"和"的内容恰恰正是这种"不同"。比如将中国传统文化中的经典概念与西方哲学概念相比较，许多学者发现中国传统文化中的"道"与西方哲学中的"逻各斯"具有比较研究的重要意义，启示中国传统文化概念的现代意蕴。张廷国在《中国社会科学》2004 年第 1 期撰文指出："从'道'的观点看，中国的传统哲学之所以更加强调实践性和具象性的一面，其根本原因就在于对'道'的背离。在老子那里，虽有'尚象'思想，但也坚持'尚象互动'。到了后来，'尚象'的思想越来越浓，以致中国传统的思想虽然很深邃，但在概念上却不够清晰和明白；传统哲学还没有上升到理论化的高度，或者说，还停

---

① 汤一介：《当代学者自选文库·汤一介卷》，安徽教育出版社 1999 年版，第 344 页。

留在'宗教—实践'的维度。"① 西方哲学提出的"逻各斯"正好为中国传统哲学的这种尴尬提供出路，也就是说对于论道的超越是在塑造一种新的中国哲学形态，这其中不能忽视西方哲学的助推力。俞吾金也曾指出中国传统哲学的一个基本特征就是欠缺"严密的认知理论"，也就是"知性思维"。"举例来说，在中国传统哲学中，'（人）性'、'心'、'天'、'善'、'恶'这些基本概念出现的频率非常之高。在关于人性与善恶关系的讨论中，既关涉到心，如孟子所说的'四心'或'仁心'，也关涉到'天'，如孔子的'天命'、墨子的'天志'、张载的'天地之性'等。然而，迄今为止，中国哲学界对这些基本概念的含义始终难以形成共识。事实上，在不同哲学家的语言游戏中，这些基本概念显现出完全不同的含义……"② 而这些没有做出明确界定和区分的方面往往能够通过西方哲学特有的确定概念、明晰判断的研究得以解惑，这是中西哲学能够进行互通研究的可能性与必要性，也是我们进一步展开中国传统文化、哲学研究的路径之一。

西方哲学中国化的主动融入之三：体现在以融入方式开显自身的理论方向。"对中国来说，选择'哲学'概念来理解自己的某些传统学问，无疑是以西释中的思路。这门学科即使不叫'哲学'，而叫道学、道术、义理之学，也不可能回到与西方接触之前的状态。这不仅是因为西方哲学背景会影响到这门学科的选材，更重要的也是因为我们的语言体系和思维方式已被'哲学'地定型了。其实，择出经学、子学的某些部分作为一个学科的思路本身，便是西方哲学的投射。这种'哲学地'思考的过程，使得中国哲学研究一定程度上也是一种'建构'，或在某种意义上，是用'哲学'整理中国材料的'先天局限'。"③ 可见，对中国文化的补充使得中国人的眼光不得不放在西方哲学的研究方面，而西方哲学也确实在补充中国文化的意义上形成了一种独特的自我表达方式，只不过这种表达方式隐性地存在于西方哲学中国化的发展线索之内，造成了我们首先更加能够接受西方哲学有违中国文化的表达的异质性分析，而不能接受正是在这种差异性的补充中实现着中国文化现代性的表达。实际上，我们应该大胆地承认西方哲学中国化的研究在

---

① 张廷国：《"道"与"逻各斯"：中西哲学对话的可能性》，载《中国社会科学》2004年第1期。
② 俞吾金：《论中国哲学中知性思维的欠缺与重建》，载《哲学研究》2012年第9期。
③ 乔清举：《中国哲学研究反思：超越"以西释中"》，载《中国社会科学》2014年第11期。

中国已经在新的形态发展之下初具成果。

西方哲学中国化研究的成果当然不能说具有专门化的分类，它往往就是中国人以现代视角、比较视域、发展眼光研究西方哲学的基本现状。而对于西方哲学研究的自我超越和反思总是能够使我们真切地感受到西方哲学研究正在以中国化的方式成为一种现代的理论形态。比如我们在对美国实用主义研究的历程中，经历了对实用主义的引进、论战、拒斥、反思，到现代寻找以不同的视角解读实用主义，挖掘实用主义对于中国文化发展的现实意义。实用主义实际上也同样随着这样的多种历程不断在自我修正完善，只不过这种完善更多的是以中国学者为思考主体的完善。2009 年上海社科院哲学所召开了纪念杜威诞辰 150 周年的学术研讨活动，中国学者在对杜威哲学贡献的纪念和反思中进一步实现了对实用主义现代发展的积极推进。以往一些被忽视的，甚至是没有被挖掘出来的杜威哲学思想引起了中国学者的关注，进而指出，杜威的科学研究方法毋庸置疑在世界范围内都具有重要的影响，而我们还应该努力看到杜威研究的一些新方向，如杜威的女性主义研究、生态主义研究等。这次会议开放性地就杜威哲学的贡献以及现代性研究的前提内容做出的研讨，这些都预示着中国的实用主义研究正在以现代性的角度贴近西方哲学的自我发展逻辑。同时也可以看出，中国学者已经看到了努力实现西方哲学自身理论方向的扩充是能够解决这些适应时代问题，促进中国文化发展的重要维度。

透过西方哲学在中国理论研究与发展的事实可以看到，西方哲学中国化的研究一方面区别于西方哲学的研究，仍然延续着历史发展中所展现的适应中国社会的基本理念成为中国化的理论，另一方面，西方哲学中国化又的确不能离开西方哲学本身研究所带来的创造性启示。因此："原封不动地把西方哲学搬到中国，这是西方哲学在中国；西方哲学在中国取得新形态，这是中国化了的西方哲学。前者是对西方哲学的译述，后者意味着西方哲学在中国获得了发展和出新，表现了中国哲学家在建构自身理论时的创造。"[1] 所谓的西方哲学中国化创造性地表达着中国文化主要还是指在西方哲学中国化的发展中，自觉地将西方哲学的现代性思路以及有别于中国方式的合理因

---

[1] 陈卫平：《西方哲学的中国化与当代中国哲学的建构》，载《学术月刊》2004 年第 7 期。

素，以准确定位中国社会的现实境遇为前提的理论形态建构。在这个意义上，中国人研究西方哲学的特色，就成了西方哲学中国化发展的一部分，它与西方哲学中国化自身表达的中国文化的现代性要素共同构成了西方哲学中国化的精髓。

西方哲学中国化的主动融入之四：体现在开创西方哲学中国化的诸多理论成果。在中国哲学新形态建构中，实现中国化的西方哲学对中国哲学新形态提供了诸多可选择的参照和路径。比如早在 20 世纪 30 年代，张岱年就曾提出"创造的综合"和"辩证的综合"，而在当时正值东西方文化论战之时，这种观点没有得到继承和进一步发展。但张岱年提出这样的观点意在说明：我们需要主动看到西方哲学研究对于中国哲学方法论创新方面的积极意义，并且不能片面地总结西方哲学与中国哲学之间的关系。1987 年，张岱年再次提出"综合创新论"，即"综合中西文化之长而创建新的中国文化"，在思想全面解放的局面下得到了一定程度的反响。"综合创新论"真正意义上地表达了中国学者通过自觉运用西方哲学可中国化的优长方面发展而来的中国思想方法方面的创新成果。换句话说，是将西方哲学中国化看作是合理融入中国哲学发展的重要因素。他通过八个命题的论证整合了西方哲学与中国文化，形成了一个完整的体系。这八个基本命题是："一、物我同实；二、物统事理；三、一本多级；四、思成于积；五、真知三表；六、充生达理；七、群己一体；八、兼和为上。"[1] 张岱年提出的"综合创新论"鲜明地展现了他在对西方文化的深入辨识中，在西方哲学研究的合理基础上实现的以补给中国传统文化为目标的西方哲学中国化。除"综合创新论"之外，人生价值论、广义认识论、转识成智论等都蕴含着西方哲学原本之思维方式、精神气韵对于中国社会的借鉴意义，更蕴含着西方哲学以中国化的形态融入中国哲学建构、融入中国社会，通过诠释中国社会问题实现自身形态的转换，这是西方哲学中国化最重要的意义所在。

鉴于诸上，重新省察西方哲学研究的理解方式，当有以下三个改变。其一，改变将西方哲学研究看作是对中华文化外在和异质的元素，将西方哲学研究看作是文明的对话与思想的创造。首先，西方哲学作为重要的文化资源

---

[1] 《张岱年全集》第 7 卷，河北人民出版社 1996 年版，第 399 页。

被整合入民族文化当中，其不再被看作是外来的、异质的、与中华文化毫无共同性甚至老死不相往来的"另类"文化，而是自觉地以平等"对话"的态度审视西方哲学——"对话"的方式是真正的思想交流和理论探讨，"对话"的结果是两种不同文明形态的融通，"对话"的核心话题是文明的未来走向和民族的未来前景。我们可以看到中国的西方哲学研究已经自觉或不自觉地把自己的民族需要包括自己民族哲学的发展与创新当作引进西方哲学的主要参照系，这是针对中国传统哲学中所缺乏的现代意识而进行的"盗西方哲学之火给国人工作"。我国的西方哲学工作者在这十年当中始终是在批判借鉴中进行着创造，是在中国传统哲学的基础上进行着再建。因此，这十年的西方哲学中国化自始至终贯穿着对中国传统哲学的继承发展，自始至终贯穿着对西方文明的自我反思，这样的精神与品格反过来又塑造了中国西方哲学研究的现代气质。

其二，改变以往注重中国的西方哲学研究如何"西方化"，将中国的西方哲学研究如何"世界化"作为新的主体。以往西方哲学研究的主体意识不强，想要达到的结果就是如何成功地复制在西方的"西方哲学"。而伴随着哲学理论的主体自觉，人们日益认识到，西方哲学不仅是事实上"在中国"，而且更为重要的是通过"在中国"所浸染的中国式气质使其重返世界，进而实践中国式思维的世界化、人类化和大众化。因此，我们不仅看到西方哲学在"中国化"的过程中必然为中国的语言、文字、思维所表达和理解，又必须使自身为中国文化所接受，如此一来其西方哲学自身的改造和再诠释便产生了强有力的适应性。可以说西方哲学中国化的历程无疑是西方哲学世界化的重要组成部分。这仅仅是问题的一个方面，另一个更为重要的方面在于，我们更可以借助他国文化为载体，灌注于中国式的精神气质，进而使其重返世界。因此，西方哲学的中国化就是哲学理论形态的重建或重塑，它是在他民族的哲学思想进入本民族之后，经过改造、吸收等吐故纳新的过程，使他民族的思想成为本民族的思想，也使本民族的思想融入他民族的过程。也就是说，当西方哲学被中国化而成为中国哲学形态重要因子的同时，中国哲学也因其自身对西方哲学的解读而日益为人们所接受，不断的"西方化"乃至"世界化"，即中国哲学理论的创新，实现文化的繁荣与发展。这是中国的哲学或"哲学在中国"能够更快、更好实现"世界化"的有益探索。

其三，改变以往对西方哲学研究的"哲学就是哲学史"理解方式，将"哲学就是哲学思想理论创新的发展史"作为中国的西方哲学研究的崭新姿态。以往的西方哲学研究是缺少足够的民族文化自信的研究，因此西方就是西方，西方哲学就是西方哲学发展的历程，人们尊重西方哲学研究所应具有的历史感，却只将西方哲学理解为历史性的研究。伴随着近十年来国人主体意识和民族自信的增强，特别是伴随中国特色社会主义理论和实践的不断完善，国人已经有了足够的自信在历史的基础上进行理论创造。在西方哲学理论界，人们认为研究必须突破编年体式的哲学复制而实现哲学形态的更迭、哲学内容和形式的创新，而创新关键在于主题意识和精神自觉。于是西方哲学的研究开始转变为突出主题意识和精神自觉，呈现以中国人对哲学的当代理解去解读和解释西方哲学的新形态。这种对西方哲学根本理解方式的转变，使国内的西方哲学研究一改以往标准化的书写方式，而能够呈现为具有"时代性内容"——哲学以理论的方式关怀当前中国现实的时代问题、生成具有历史感的思想；"民族性形式"——以中西哲学不同民族性特点相互映照的方式表达对统一性问题的理解；"个体性风格"——读者研究立场、研究旨趣和思想背景的不同使得其西方哲学研究成果彰显出贴有自身风格特征的个性化标签；"人类性问题"——对意义性和价值性的挖掘说明中西哲学史和文化史上的各种哲学思想以及对这些思想的研究成果都是人所共同面对的人类性问题，因而也具有人类性价值。这一研究方式充分展示了理解的先在性和成见的必然性，不再以相对狭隘的目光力图还原，而始终以建构和创造为自身的理论旨趣。

在中国特色社会主义现代化建设中，我们自然不必以西律中，对其理论巨擘亦步亦趋、奉命唯谨，但亦须正视西方哲学的思想成就，重视其中国化的历史经验与理论精髓。今日有识之士欲别立新宗，在世界舞台上确立中国学术典范，西方哲学仍是不可或缺的参照与反复辩证的起点。唯其如此，在继续引介与探求西方哲学妙谛的同时，中国学者在对西方哲学的解读中应始终坚持"面向中国事情自身"，让西方哲学"讲汉语""培育中国问题意识"，藉此使其内化为中国人重塑自身与应对世变的重要精神力量，使其为21世纪中国马克思主义理论建设、中国当代哲学新形态构建及中国特色社会主义现代化建设实践服务。

第　一　章

西方哲学中国化的萌发阶段：
求索中的主体自觉

　　西方哲学中国化是指西方哲学的思想理论、哲学著作和哲学思潮被中国人知晓、理解、接受、辨识并不断成为中国文化现代元素的历史进程，是西方哲学在中国传播过程中不断被中华文化包容、改造、吸收和诠释的过程，是中国人立足于中国式思维和中国式立场不断去解读西方哲学的过程，是中国人鲜明的主体意识和主动精神实现的历程。从时间上看，西方哲学中国化历程以新中国成立为肇端，渐次呈现三大阶段的嬗演轨迹：1979 年之前为第一阶段（以知识型为主导），1979—1999 年为第二阶段（以比较型为主导），2000 年至今为第三阶段（以阐释型为主导）。而这一历程的开启与递嬗，自非凭空而来或一蹴而就的断裂性转折，而是有着较深的历史传承、思想资源、精神准备与经验累积，这来自近代以来的西学东渐史。对于西方哲学"中国化"思想资源的开掘与历史传衍的探寻，与整个西学东渐史有着时代背景的重叠。自西学（特别是西方哲学）以文化形态传入中国之后，已有诸多学者以敏锐的触觉把握这一变化，并开始思考如何看待西学、如何藉西学变革中国，怎样处理中学与西学之关系等问题，为此后探讨西方哲学中国化之话题提供了重要向度、线索及前提性理据。与此同时，中国学人在追求独立解放、国家富强过程中充分释放主体精神与求新精神，主动使西方文化内化为中国人建构社会与文化新形态的内在精神力量。这种主动应变、革故鼎新的精神延续并发展于新中国成立以后的文化创新、文化融通与文明再造的历史性活动之中。新中国成立以来西方哲学中国化强调的主体性和主动性，在清季士人与民国学人身上体现不已；其彰显的主体自觉与文化自觉，在西学东渐的求索历程中既已萌生。由"西学东渐"而"西方哲学中国化"，可觅得绵延不辍的历史脉络与精神谱系。从鸦片战争到五四运动，从新中国成立到改革开放，再至 21 世纪中国的蓬勃发展，西方哲学正是在"西学东渐"的起点上一步步走向"西方哲学在中国"、走进"中国的西方哲学"、不断形成"西方哲学中国化"的。每一次历史嬗变中均见其历史连续，主体精神一以贯之。

汤一介认为："文化有种种定义，但无论如何文化包含哲学，就一定意义上说哲学是文化的核心。"[1] 这表征着两重意涵：其一，对一种个别文化的深层理解须建基于对其哲学内涵的深入探索；其二，一种具有鲜明特色的哲学是背靠着相应文化资源背景、反映着相应文化核心内容的。故此，既言"西方哲学中国化"，则其前史必追溯至西方文化在中国的传播。而通过对这一前史逻辑进路的回溯，则有利于全方位知晓西方哲学中国化的整体趋向、演进规律，在归纳总结以往发展经验的基础上，分析推断未来的可能路向。

从历时性角度看，西方文化在中国的传播可以追溯至发轫于晚明时期的西学东渐。"这一时期中国人看待欧洲文化主要是以一种文化的眼光，在接受西学上有着很大的主动性"[2]。从主动求索的内容来看，该时中国不仅引介西方自然科学知识，亦推进哲学、史学、社会学、政治学、伦理学、法学、文学、语言学等多方面的学习，形成"众学者分三家而各行其志矣，或从法律之学，或从医学，或从格物穷理之学"的局面。而"所谓格物穷理之学，就是'费罗索菲亚'（今译'哲学'），它'名号最尊'，具体又分为五家'一曰落热加，一曰非西加，一曰玛得玛弟加，一曰默大非西加，一曰厄第加'，用今天的术语，也就是逻辑学，广义物理学、数学（几何、算学）、形而上学和广义伦理学"[3]。其中，中国学者对起源于亚里士多德、

① 黄见德：《20 世纪西方哲学东渐史导论》，首都师范大学出版社 2002 年版，总序第 5 页。
② 邹振环：《晚明汉文西学经典：编译、诠释、流传与影响》，复旦大学出版社 2011 年版，第 10 页。
③ 黄与涛、王国荣：《明清之际西学文本——五十种重要文献汇编》第 1 册，中华书局 2013 年版，第 5 页。

经由欧几里得发展、最终至笛卡尔成为体系的逻辑学尤为重视，尤其是演绎推理方法对中国人的逻辑思维训练、问题分析能力提升有重要助益，正如"传教士与中国士大夫合作，将西方形式逻辑体系及其运用成果创造性地传播到中国来，对中国日后近代性的发育和成长，实不乏一种积极的学术文化建设意义"。① 从一定意义上讲，晚明对西学的引介与运用正是当时中国人（主要是士大夫阶层）对西学有"所必资"，"寸有所长，自宜节取"② 的心态表现。这一引介虽具有开端的意义，但其作用效果微乎其微。不仅因为其影响范围仅限于士大夫阶层，而且其应用价值未得到广泛认同。囿于时代性、地域性、民族性等局限，异质文化间交流的积极效应在政权更迭与政治封锁中不幸"流产"。不过，这样的开端却昭示着如下事实：其一，文化交流势在必行；其二，文化交流发挥积极效用的可能性取决于时空适用性；其三，文化交流必将历经曲折艰难的具体过程。

及至近代，随着紧闭的国门被西方的坚船利炮冲破，西方文化也势如破竹奔涌进来，我国在被动抵御外侮与主动寻求助益的交织中展开了中西文化的大交流。上述三个事实也逐渐在西方文化的中国传播中体现。一方面可以通过民族的现实发展需求穿针引线，从现实性出发把握西学东渐基本脉络；另一方面能够彰显仁人志士在融贯中西文化过程中的思想进路，探赜其在丰富繁杂"西学"中抽丝剥茧，提炼哲学核心并使之专门化的过程，从理论角度体察哲学在现代中国的学理路向。近代中国自闭关锁国之后的江河日下不仅与世界发展脱轨，抑或且愈益远离世界文化发展主流。如何将时代的发展与中国的现实以理论化形式表达出来，如何用合理的理论将中国社会面临的问题困境揭示出来，如何使中国在隔"世"有年之后与世界接轨并重返国际舞台，如何使中国快速接受世界先进文明以助力自身发展？深重的危机意识、强烈的求生欲望、祈盼发展的民族精神，推动着中国人睁眼看世界，在"向外求"内生动力与问题意识催逼下拉开了通向世界舞台的帷幕，开启了一段"别求新声于异邦"的艰辛探索历程。这一历程正是伴随着中华

① 黄与涛、王国荣：《明清之际西学文本——五十种重要文献汇编》第1册，中华书局2013年版，第17页。
② 黄与涛、王国荣：《明清之际西学文本——五十种重要文献汇编》第1册，中华书局2013年版，第12页。

民族救亡图存之需要和彰显文化启蒙之主体自觉的西方哲学中国化的学术前史而逐渐铺陈展开的。

一、从物质力量诉求到精神文明觉醒

罗素曾指出："不同文化的接触往往能够成为人类历史进程上的里程碑。"① 文化共同体总是处在与"他者"遭遇（encounter）过程中，此系文化的本体论特征，而文化主体间"每一次新的遭遇都可能形成新的冲击或启发，发现新的参照和视域，并引导再次澄清和认识自我的过程"。② 异质文化间的切磋交融是推动文明前进的关键路径。然而，文明的交流过程并非一律平稳和谐与平等对话，而多是艰辛曲折、激荡起伏甚而命途多舛，居间常伴随文化主体间为争取承认的斗争。纵观人类文明史，众多里程碑式的文明交流与成就常起始于战争，尤其在信息闭塞、交通不便、分散封闭的时空条件下更是如此。开放性、进取性强的文明常主动向外拓展自身的普及度与影响力，这种扩散指向会伴有侵略性气质，不免造成现实冲突。文明虽无优劣之分，但确有先后之别。近代以来，西方国家的资本主义工业文明为其带来生产力的巨大发展，率先表现出人类文明的新跨越。这种新的文明形态没有以平等对话方式进入与之截然相异的中华民族文化腹地，而是在资本对空间的拓展要求中以侵略方式来到中国大地，造成中西文化在民族矛盾中的激烈碰撞。尽管西方的科学技术、社会理论、宗教思想早在明末时期即已传入中国，且受到士大夫阶层的欣赏与接纳，但其影响规模甚小，交流持续性不足，甚至由于历史偶然因素而被迫中断。直到鸦片战争伊始，才真正开启西方文化与中华文化大规模、深层次、体系化的交流史。西方现代文明在中国传播与交流的过程伴以尖锐的民族矛盾，这也奠定了中西文化交融的历史背景与逻辑前提。近代中西文化交流高潮临至，无疑与西方列强对华侵略关系莫大。人们普遍承认，我国仁人志士对西方先进科学技术与思想文化的主动关注与积极引介，多源于对国家危亡的深度忧思。中华文化对西方文化的包

---

① 《罗素论中西文化》，杨发庭等译，北京出版社 2010 年版，第 79 页。
② 许纪霖、刘擎：《新天下主义》，上海人民出版社 2015 年版，第 60 页。

容贯通也经历了一个由被动变主动、由浅入深、由表及里、由外而内的过程。该过程的演进不可避免地围绕民族救亡的中心目的,逐步深入到民族文化性格的深思,激发民族精神文明的觉醒。这一文化交流演进历程一方面彰显了现实形势的客观必然性需要,另一方面体现了本土思想家的研究自觉。

首先,民族危机带来的救亡图存任务,使有识之士率先以科学技术为切入点开启对西方文化的引进与运用。而国人对西方科学技术的认识经历一个由表及里、由器物直接引入到思想动因分析的过程,充分体现国人对西方文化接纳、辨识的认知过程性。近代受列强侵略而危在旦夕的现实国情,迫切需要在器物、军备方面予以有效反馈,短期内对"外夷"先进武器力量的直接需求与引进是救亡的首要路径。显然,这种器物层面对西方科学技术的引进,带有应急特征,反映出通过经验直观对物质力量的直接体认,是对西方文化先进性的浅层次理解。鸦片战争像水闸开启一样,造成 1840 年之后中国人的思想激荡与激情释放。"救亡图存""自强保种""国富民强"的时代主题与历史使命推动着"西方哲学中国化"走上历史舞台。经过鸦片战争惨痛洗礼,国人清醒认识到西方列强坚船利炮为自身打造的强大军事甲胄与形成的显著经济优势。是故,如何在内忧外患双重催逼下,在牢牢秉持"中体西用"与"师夷长技以制夷"的态度中探寻出一条救亡图存的发展之路,便是中国人要回答的时代之问与肩负的历史担当。随着洋务运动轰轰烈烈地掀开向西方先进科学技术学习借鉴的序幕,以维护中华民族血脉传承的民族使命在一定意义上促使这场"西方哲学中国化"的探索有了由被动转入主动的意味。在这场洋务运动中,江南制造局译书馆和京师同文馆的设立为翻译出版西学著作提供了重要保障,为国人研究西方文化和哲学思想奠定了基础。该时对西方文化在中国的传播历史逻辑的延续以及现实问题的契合,初步展现中国化的特征。最先开眼看世界的林则徐、魏源等人提出"师夷长技以制夷"的主张,是对西方先进科学技术的引进需要。魏源作为开启向西方学习、又内化为中国人自身思想与技术的典型代表,可视作西方思想文化在中国早期发展的一个重要缩影。魏源早年时期将春秋公羊学与王阳明心学作为自身志业与学习重点。随着民族危亡的不断加重与社会危机的日益暴露,经世致用的理念逐渐成为其致思方向与实践目标。所以经历过鸦片战争与《南京条约》的屈辱,魏源接过林则徐手中的"接力棒"并传承发扬了他的意志，将学习西方先进科学技术与拯救清王朝的意愿融入《海国图志》这一鸿篇巨制之中。可以说，在近代中国历史中，魏源奠基性地使对西方知识与自然科学技术的学习提高到了国家战略高度。这是那一时期具有资本主义倾向的地主阶级知识分子"欲制夷患，必筹夷情""不善师外夷者，外夷制之"[1] 心态观念的集中体现与直接表达。魏源在《海国图志》里所学习与介绍的"师夷长技以制夷"[2] 等思想，其"长技"主要是指战舰、火器与养兵练兵之法，并未重视对西方社会人文思想的学习。受限于当时时代背景对中国人提出自强保种、国富民强的要求，中国人对西方自然科学技术与养兵练兵之法的重视与学习远远超过了对思想文化的学习。由于落后挨打、丧权辱国的现实被动性与紧迫性直接体现在军事器物层面的望洋兴叹，为迅速建立起有效的防御力量，就必须"以夷制夷"，以先进的西方战斗武器来抵制西方的战争侵略。因此，这种在器物方面上对西方军事武器和相关科学技术的引进是肤浅表层、直观经验的，其被动性要远大于变革社会的主动性，可以说是一种受困于危局的无奈之举。但是，魏源等人求取西方先进科学技术的态度及思想意识，已经在一定意义上开启了西方思想文化在中国传播利用的先河，奠定了中国人继续推进西方思想文化在中国的思想与实践基础。可以说，"师夷长技以制夷"的学习心态在此后二十余年的发展中早已超出单纯向西方求取先进自然科学技术"真经"的器物层面，而是深深地影响并成为那个时代中国人学习转化西学以为我所用的时代意识的真实写照。所以此后接续涌现出李善兰的《几何原本》《谈天》，揭出的"人人习算，制器日精，以威海外各国"的主张，冯桂芳倡导的"采西学""制洋器"理念，以及更多学者对学习、转化与创新西学的观点学说、著书立作，使得那个风雨飘摇、委曲求全的旧中国在众多专著与新思想的层出不穷中重新焕发出以西学为学习标的、求新求变的萌动与生机，从而逐渐完成了近代初期西学观念演进的集大成[3]与再创造。

　　值得注意的是，这一时期对西学的求取意识虽已开启，却只限于刚刚起

---

①　侯外庐：《中国近代哲学史》，人民出版社1978年版，第56页。
②　王晓明、周展安：《中国现代思想文选》上，上海书店出版社2013年版，第5页。
③　郑师渠：《思潮与学派：中国近代思想文化研究》，北京师范大学出版社2005年版，第9—24页。

步，以寻求物质层面的直接挪用为需求，在深层的文化追因方面尚未成熟。19 世纪 70 年代的早期改良派，如王韬、郑观应、胡礼垣等人同样主张学习西方的先进科学文化，但已不单指器物层面的引进，而有了文化层面的思考和国情民意的考量。受西方列强日益深重的侵略影响，国人对西方文化多有抵制情绪，但一部分知识分子仍然意识到要想摆脱西方帝国主义的抢掠，不得不学习西方先进的科学文化。于是，在激烈的思想矛盾碰撞和现实必要性的需求中，一部分士人便寻求一个调和之道，提出"西学中源说"，即西方先进的科学技术发明都源于中国古已有之的文化传统。可见，出于现实国情的新状况，思想家们已开始关注科学技术背后的动因问题，因为只有解决这一背后的根据问题，才能使中西文化在激烈碰撞中继续以一种新的有益于本民族发展的方式交流下去。郑观应指出："今之自命正人者，动以不谈洋务为高。见有讲求西学者，则斥之曰名教罪人，士林败类，噫！今日之缅甸、越南，其高人亦岂少哉！其贤者蹈海而沉湘；不贤者觍颜而苟活耳。沟渎之谅，于天时人事何裨乎？且今日之洋务，如君父之有危疾也，为叫臣孝子者，将百计求医而学医乎？抑痛诋医不可恃，不求不学，誓以身殉而坐视其死亡乎？然则，西学之当讲不当讲，亦可不烦言而解矣。"[1] 可见，当时出现了许多抵制西学的声音，但出于解救民族危机之目的西学引进又是毋庸讳言的事实。鉴于后者的紧迫性与必要性，便出现了早期改良派所提出的"西学中源说"的提法，提倡"以中国本有之学还之于中国"。此时关于学习西方科学技术的思想认识已不同于器物层面的阶段，而在形势所迫下开启了新的解读路向，人们开始将中西文化间的深层内在关系纳入考察范围之中，不再仅仅停留在表层的认可和需求上，而渐趋关注由科学技术反映出其背后的文化渊源和融合可能，进一步推动对西方文化的认识深入。但显而易见未可动摇的是，其一以贯之的逻辑主线及主要任务仍然是立足于危机意识上的救亡图存的现实需求。

　　随着西方文化源源不断地涌入与爱国志士和现代思想家对西方文化认识的加深，对待西方科学技术的态度与认知层次也更上一层，渐趋由表象的器物力量探究深入到科技强大的背后动因追根，逐渐将研究对象转移到对西方

---

① 陈卫平：《第一页与胚胎》，上海人民出版社 1992 年版，第 224 页。

哲学思想内容、思维方式的提炼和关注上来。甲午战争的告败与民族危机的加重表明，仅仅在器物层面引进西方的物质文化力量是远远不够的，探究西方之所以能铸造拥有强大力量的科学技术的思想文化原因更为关键。由此，国人对西学的态度发生了从知其然向知其所以然的转变。严复指出："东土之人，见西国今日之财利，其隐赈流溢如是，每疑之而不信；迨亲见而信矣，又莫测其所以然；及观测其治生理财之多术，然后知其悉归功于亚丹斯密之一书，此泰西有识之公论也。是以制器之备，可求其本于奈端；舟车之神，可推其原于瓦特；用电之利，则法拉第之功也；民生之寿，则哈尔斐之业也。而二百年学运昌明，则又不得不以柏庚氏之摧陷廓清之功为称首。学问之士，倡其新理，事功之士，窃之为术，而大有功焉。"① 严复指明西方国家的昌盛富强在于科学技术的发明运用，而科学技术之所以能得以创新与应用，则在于西方对经验观察与实验的英国经验论哲学有密切关系，正是在科学实证思维方式的指引下，西方国家才能够实现科技创新与工业革命。严复在认识到科学技术对国家繁荣的重大影响的同时，深度指出其背后经验论哲学思维的重要作用，从对科技力量的简单承认转向对科学方法的集中关注，实属一种认识上的深入。对待西方科学技术的问题上，胡适更为关注"假设"在科学研究中的重要作用。他认为科学发明大多源于对自然现象的合理假设，他以"大胆假设，小心求证"总结注重假设的科学方法，指出，"演化论的思想侵入了哲学的全部，实证的精神变成了自觉的方法，于是有实验主义的哲学"②，所以他认为"我的思想受到两个人的影响最大：一个是赫胥黎，一个是杜威先生"③。作为杜威的学生，其将老师实用主义思想做出了更具方法论方面的发展。他首先提出，"实用主义自然也是一种主义，但实用主义只是一种方法，只是一个研究问题的方法"④。因而"杜威先生不曾给我们一些问题的特别主张，他只给我们一个哲学方法"。这个哲学方法在胡适看来就是"历史的方法"与"实验的方法"。至于"实验的方法"，胡适认为"一、从具体的事实与境地入手；二、一切学说理想，一切

① 《严复集》，中华书局 1986 年版，第 29 页。
② 《胡适全集》第 2 卷，安徽教育出版社 2003 年版，第 381 页。
③ 《胡适全集》第 4 卷，安徽教育出版社 2003 年版，第 658 页。
④ 胡适：《实验主义》，载《新青年》1919 年第 6 卷第 3 号。

知识，都是待证的假设，并非天经地义；三、一切学说和理想都须用实情来实验，实验是真理的试金石"。① 胡适所重视与强调的正是——对于中国人而言最为受用（即指当时而言）的一种哲学方法——实用主义中显现的科学方法，即"大胆假设、小心求证"。胡适以中国人喜闻乐见、深入浅出的语言方式不仅清楚地指明了"实验是检验真理的重要标准"的思想，对五四时期科学精神的弘扬与中国人精神力量的增进产生启蒙之效，另一方面也澄明了"用这个方法去解决我们自己的特别问题"② 而多研究些问题。使实用主义哲学的思想理念与方法手段，在改造中照顾到中国人的思维方式与话语模式，使异质哲学思想的"它在"能够转化为"自在"的"在"。胡适毕生倡导杜威的实用主义哲学，既传播继承英国实证主义哲学的经验论传统，又克服以往实证主义哲学经验静态的缺点。胡适曾写道："经验全是一种'应付的行为'，思想知识就是应付未来的重要工具。向来的哲学家不明白经验的真性质，所以有些人特别注重感觉，以为细碎散漫的感觉为经验的要义；有些人特别注重理性，以为细碎的感觉之上还应该有一个综合组织的理性。前者属于经验主义，后者属于理性主义。近代生物学和心理学发达的结果，使我们明白这种纷争是不必有的。"③ 这一从科学技术的维度对西方文化的过程性认识只是众多西方思想在中国传播历程中的冰山一角，但已显示出一定的理论意义与时代价值。可见，此时的我国思想家，已从对西方文化进行简单粗暴的认可与引入转向站在自身的立场上对西方思想文化进行批判性的分析与借鉴，具有相当程度的自我精神意识的觉醒和对现代思想文化的觉悟。

其次，对西方宗教伦理思想的嫁引构成救亡的另一路径，这充分反映出不同阶层群体在面临中国社会前所未有之变局和中华民族前所未有之危机时，对西方文化借鉴与运用的不同角度、不同方式与不同程度。农民群体在采用西方宗教伦理思想的过程中另辟一条助推国人精神文明觉醒的道路，与器物力量引介并列同行，在宗教伦理维度开启西方思想文化援引的可能向度——即便其中具有某些不可避免的历史偶然性与阶级局限性，但其影响价

---

① 《胡适文存》第2卷，上海亚东图书馆1921年版，第380—381页。
② 胡适：《杜威先生与中国》，载《觉悟》1921年第7期。
③ 《胡适哲学思想资料选》上，华东师范大学出版社1981年版，第249页。

值与重要意义毋庸置疑。可以说，"四千年来未有之创局"给予中国社会各个阶层、各个方面的震撼是广泛而持久的。随着对西学学习的深入与拓展，不仅自然科学技术得到引介、创新，西方社会科学思想文化也开始受到关注与学习。这一主动借鉴的主体也由最初的知识分子逐渐扩展至农民阶级。受限于阶级意识局限性的农民群体，出于爱国卫国热情，通过引取西方宗教伦理思想与传统文化相适应、与农民利益相一致的内容，集结起自发的社会团体进行反帝反封建的斗争，打开了另外一条促进精神文明觉醒的道路。他们更注重以观念的力量统摄人心，通过核心主张的普适性来纽结团体，这一思路对引介西方思想文化为我所用起到了一定程度的开端作用。在我国发展历史上，以农民群体为核心的义和团和太平天国运动是其中的典型代表，两者对西方文化的相反态度使两者的结局各有不同。义和团盲目排外、一概拒斥，全盘否决西洋文化的行为——不仅"挑铁道，把线砍，旋在毁坏大轮船"，甚至"洋灯、洋瓷杯，见即怒不可遏，必毁而后快。于是闲游市中，见有售洋货者，或紧衣窄袖者，或物仿洋式，或上有洋字，皆毁物杀人"，[①]最终革命效果甚微，无论从起义规模或影响范围，还是持续时间都难成气候。相反，太平天国运动能够以更大规模产生覆盖面更广、更有效的革命影响，则与其领袖洪秀全借鉴西方基督教思想以为我所用有着重要关联。1843年，一个偶然的机会使洪秀全打开了迟来已久的与《劝世良言》的历史性会面。正是这次命中注定的相见，不仅使得洪秀全的思想世界与人生经历发生了重大转变，更使中国吸收借鉴西方思想义化的历史进程得到再次改写，使农民阶级在这民族文化交融的推进与完成中画下了浓墨重彩的一笔。当然，这一笔的背后正是以洪秀全为代表的、思想开放的农民阶级对西方思想文化吸收积极借鉴、主动融入中华文明，从而创造出适合中国人自身需要的思想文化与精神引领活动的重要体现。洪秀全认真剖析了《劝世良言》中九种小册子的各自思想内涵，以其敏锐的革命家意识戳破了西方侵略者为推进统治而将自身意图与中国传统纲常礼教加以缝合的虚伪本质，褪去其草草披上的儒家思想外衣，直截了当地指明其侵略与奴役中国人民的本质，从而

---

① 苏生文、赵爽：《西方物质文明与晚清民初的中国社会》（上），载《文史知识》2008年第1期。

选择性地吸收、借鉴基督教哲学思想中"神天上帝"这一理念与反对偶像崇拜——这里正是用于反对清王朝皇帝残酷的独裁统治——的"独一真神"思想,使基督教关于"爱"与"平等"的理念在农民中快速传播、得到接纳。因此,能够看出洪秀全站在农民阶级立场上接过反帝反封的历史使命,并以吸收、转化西方基督教哲学思想文化推进这一进程的历史性活动主要包含了以下意蕴。第一,洪秀全从半殖民地半封建社会农民遭受无情压榨与盘剥的悲惨处境出发,在坚决护卫农民阶级利益的起点之处振臂高呼出要求阶级平等与财富平均分配的心声,而这一观点的形成也正是深刻汲取与借鉴转化了西方基督教哲学思想文化反对压迫剥削和要求财产公有的思想。正如恩格斯所指出的那样,基督教"在产生时也是被压迫者的运动:它最初是奴隶和被释奴隶、穷人和无权者、被罗马征服或驱散的人们的宗教"。[①] 洪秀全依据中国国情与农民处境选择性地撷取了早期基督教中关于反对奴役、摆脱压迫、求得自由解放的思想,将其与中世纪农民关于朴素平等的吁求结合起来,有效塑造了一个能够充分表达中国农民关于革命、权利与利益诉求的"皇上帝"形象。借助"皇上帝"的权威,洪秀全进一步创立"拜上帝会",并在宣传革命、推翻压迫统治的思想中迅速地动员和组织起广大农民群众、烧炭工人和手工业者,积极准备武装起义。[②] 可以说,洪秀全在借鉴西方基督教哲学思想文化的过程有效融合了中国农民阶级惨遭压迫、阶级不平等的国情,使以基督教哲学为思想基础的"拜上帝会"能够在农民中快速传播开来。此后,以《天朝田亩制度》为代表的、具有资产阶级性质的社会改造方案提出了基于平均主义的社会主义空想,同样与基督教的平等思想一脉相承。第二,洪秀全清楚看到基督教在一神论的意义上是如何与中国社会传统封建迷信的大相径庭之处,以及"一神"对于凝聚与团结农民思想的形上功能,将这一"批判的武器"用于"武器的批判"的过程中所形成的物质力量和对农民的凝合力作用。洪秀全巧妙地借用"独一尊神皇上帝"的名义,直接将清朝统治者、地主豪绅和封建社会的统治思想全部宣判为"妖魔鬼怪",强调必须以诛伐降服,甚至从这个世界上铲除。洪秀全

---

① 《马克思恩格斯文集》第4卷,人民出版社2009年版,第475页。
② 侯外庐:《中国近代哲学史》,人民出版社1978年版,第72页。

认为"皇上帝天下凡间大共之父也，近而中国是皇上帝主宰理化，远而番国亦然……上帝原来是父亲，水源木本急寻真。"[①] 在这段话中，其将拜上帝会至高无上的一神地位凸显出来，不仅为其在意识形态领域的统治地位奠定牢不可破的基础，更加有效排除其他思想体系对农民争夺的功能释放出来。可以说，正是以人妖对立的宗教神话方式，生动形象地描绘了地主阶级与农民阶级之间一触即发的阶级矛盾与尖锐对立，从而有效地唤醒、组织与号召起广大农民坚决铲除"阎罗妖"，以捍卫自身阶级利益的决心与勇气。第三，洪秀全将基督教哲学思想文化中的平等理念、中华优秀传统文化以及太平天国的革命主张有机统一，建立起稳固的"三位一体"的思想系统，构筑起一个具有世界性意义的革命憧憬与远大理想。洪秀全提出"天下多男人，尽是兄弟之辈，天下多女子，尽是姊妹之群"的伦理道德畅想，正是以"孔子大同理想+基督教平等理念"的方式所塑造的易于中国农民接受的道德理想与伦理图景。洪秀全在构筑这一伦理体系与革命理念时，充分考虑了中华民族传统文化、中国社会现实以及中国农民思想基础与接受性，而这一"前在"的理解视野恰恰成为洪秀全将西方基督教哲学思想文化加以体现的方式。当然值得注意的是，洪秀全在对基督教哲学思想文化做了中国式改造后仍然没有逃出走上封建专制的"老路"，其对西方哲学思想文化的贡献也不断在其重蹈覆辙的历史轨迹中逐渐消失。就西方哲学思想文化的学习与探索而言，洪秀全确实做出了一定的付出与努力，其在中西结合、转化西方哲学思想文化为我所用上做出的贡献也值得肯定的同时，共囿于时代背景与阶级局限，注定其不能在西方哲学思想文化在中国发展及借鉴的路上迈出更大步伐。

最后，在五四时期，中国知识群体为激发国人"伦理的觉悟"、建构中国现代精神乃至创造未来世界新文明，以国内辛亥革命后的政治现实与国际上第一次世界大战为认识起点，借镜西方现代文明的自由、民主、独立、博爱等思想，使西学东渐在这一阶段抵达这样的层次：第一，国人对西学的引进与研习已延伸到现代性价值体系层面，实现了由"器"而"道"、由"物"及"心"的认识递变；第二，西学在中国的传播已进入

内在化过程，触及民族文化心理层面，冲击了传统的思想体系与意义系统，激发了国人重新估定一切价值的批判目光，促进其在思想观念、情感态度与价值信仰上的变革。同时也表明了中国在东西方文化互动过程中开始走向精神思想层面的自觉，即在比较与反思东西文化范式的基础上重构现代文明的自觉。

一方面，五四时期的知识分子继承了清季士人的"新民"思想，以西方现代性价值体系为重要参照，在精神文化层面展开了深刻的民族反思，并通过文化启蒙不断把新主体生产出来，如"五四"诸健将提出了"改造国民性"的命题。1922 年，梁启超在《五十年中国进化概论》中说："这二十年间，都是觉得我们政治法律等等，远不如人，恨不得把人家的组织形式，一件件搬进来，以为但能够这样，万事都有办法了。革命成功将近十年，所希望的件件都落空，渐渐有点废然思返，觉得社会文化是整套的，要拿旧心理运用新制度，决计不可能，渐渐要求全人格的觉醒。"① 这充分说明了从"维新""革命"之制度求索转向五四之文化变革的原因，即旧心理与新制度的矛盾所导致的政治危机，使思想界意识到须着眼于文化根本，以"全人格的觉醒"为现代中国确立精神根基。同样地，孙中山在《致海外国民党同志函》（1920）中指出新文化运动最大的价值在于"革心"，而"欲收革命之成功"必有赖于"革心""攻心"。②

在五四新文化诸健将看来，"革心"之道须取法于西方内在精神，以西方思想文化作为"攻心"之策。唯其如此，陈独秀在《吾人最后之觉悟》（1916）中指出，自西洋文明输入中国，国人在中西文明矛盾之间日趋觉悟之途，首先是科技上的觉悟，其次是政治上的觉悟，但还独缺"最后之觉悟"，即伦理的觉悟。"继今以往，国人所怀疑莫决者，当为伦理问题。此而不能觉悟，则前之所谓觉悟者，非彻底之觉悟。盖犹在惝恍迷离之境。吾敢断言曰：伦理的觉悟，为吾人最后觉悟之最后觉悟。"③ 在陈独秀的认识中，伦理问题乃"根本""基础"问题，而科技与政治皆属"枝叶"问题，

---

① 《梁启超全集》第 7 卷，北京出版社 1999 年版，第 4030 页。
② 《孙中山全集》第 5 卷，中华书局 1985 年版，第 140 页。
③ 《独秀文存》，安徽人民出版社 1999 年版，第 41 页。

因此伦理问题之解决"应在国体宪法问题解决之先"①。如果器物与制度上的进步不是出于多数国民的思想自觉，只由少数人经营或操纵，那么这只是表面一时的舍旧谋新，非但不是根本、彻底的进步，反而有旋踵复旧之虞。可见，相较于其他觉悟，伦理之觉悟（根本思想之自觉）具有逻辑上的优先地位。那么，伦理之觉悟究竟所指为何，该问题根本解决的路径为何？陈独秀说："儒者三纲之说为吾伦理政治之大原……近世西洋之道德政治，乃以自由、平等、独立之说为大原……此东西文化之一大分水岭也。"②伦理之觉悟既是对"儒者三纲之说"的自觉反思，也是对西方"自由、平等、独立之说"的自觉输入。在他看来，人权平等、人格独立与思想自由，这三者是欧洲现代国家的坚实基础，也是欧洲文明进化的根本原因。因此，国人在向西方寻求真理时，不可不首先输入新的价值信仰。也就是说，觉悟之根本途径是以欧洲现代文明核心价值作为"攻心"的精神武器。中国对西方文化的接受，以及中西文化的比较与碰撞、交锋与交换，已由器进于道、由物及于心、由形而下臻于形而上。正是在这一背景与前提下，西方哲学作为西方文明深层价值的理论表征，顺理成章地成为中国知识分子的目光焦点。在这一时段前后，国人对西方哲学的输入，在深度与广度上均得到极大扩展。从古希腊哲学、德国古典哲学到当时各主要现代哲学流派，尽皆传入中国。据黄见德考察，从取得的成果来看，该阶段引介与研习的重点是康德、杜威、罗素、尼采、柏格森与杜里舒等。③总的来说，此时西方哲学的输入主要围绕着思想启蒙这一中心问题，且已体现出"西方哲学中国化"的鲜明特质——这些引介与研究不（只）是将西方哲学单纯地看作一种理论形态，以纯学术、专业化的方式进入其中；而始终是以中国社会为主体，以中国问题为出发点，以如何吸纳西方哲学有益成果来解决问题为理论旨趣。

另一方面，五四时期对西方现代文明的弊端亦有全面审视，而不再盲从轻信，不经怀疑地拿来作为救国的文化方案。晚近以来，王汎森、汪晖、许纪霖等学者纷纷指出：在五四前后，中国知识群体面临着双重危机，即中国

---

① 《独秀文存》，安徽人民出版社1999年版，第73页。
② 《独秀文存》，安徽人民出版社1999年版，第41页。
③ 黄见德：《20世纪西方哲学东渐史导论》，首都师范大学出版社2002年版，第77页。

文化危机与西方文化危机，抑或说中国共和危机与欧洲战争危机。^① 在双重危机的背景下，思想界产生了另一重意义上的精神文明觉醒："重新估定一切价值"的怀疑与批判态度不仅指向中国文化，也指向西方文化。也就是说，国人在"别求新声于异邦"的过程中也产生了对异邦新声的质疑，须跳出西方思想的金科玉律，在"彷徨于无地"中另辟现代文明的道路。当此之时，即或有人重新肯定中国传统思想，如杜亚泉、章士钊等，也是基于对西方文化与欧洲战争的深切反思，目光自不同于清季士人的"中体西用"。欧洲第一次世界大战给西方文明典范的形象投下巨大的阴影，也给国人带来剧烈的思想震荡，让其意识到西方资本主义文明的种种流弊，促使其重新审视西方思想文化，尤其是 19 世纪盛行的主要学说与思潮。梁启超在《欧游心影录》中指出，欧洲经济上的自由主义埋下社会祸根，并由 19 世纪中叶两大学说推波助澜，一个是达尔文的生物进化论，一个是自我本位的个人主义。前者"和穆勒的功利主义、边沁的幸福主义相结合，成了当时英国学派的中坚。同时士梯尼（Max Stirner）、卞戛加（Soren Kiergegand）盛倡自己本位说，其蔽极于德之尼采，谓爱他主义为奴隶的道德，谓剿绝弱者为强者之天职，且为世运进化所必要。这种怪论，就是借达尔文的生物学做个基础，恰好投合当代人的心理"^②。这种思想观念在私人方面造成人们对力量与金钱的崇拜，在国家方面则导致军国主义与帝国主义高涨。有鉴于此，梁启超主张既不菲薄孔子，亦不抹杀柏拉图，在中西思想化合中别创一种新文化系统，对内可挽救国家，向外扩展则有益于人类全体。1917 年，杜亚泉在《战后东西文明之调和》中说："此次大战（第一次世界大战——引者注），使西洋文明，露显著之破绽，此非吾人偏见之言，凡研究现代文明者，殆无不有如是之感想。"^③ 从思想观念的角度来看，西洋文明在欧战中暴露了哪些问题？杜亚泉站在现代文明省思的角度指出，西方文明发生发展于希腊思想与希伯来思想两者的此起彼落与冲突融会，但及至 19 世纪，

---

① 参见王汎森：《思想是生活的一种方式：中国近代思想史的再思考》，北京大学出版社 2018 年版，第 101 页；汪晖：《文化与政治的变奏：一战和中国的"思想战"》，上海人民出版社 2014 年版；许纪霖、刘擎：《中国启蒙的自觉与焦虑》，上海人民出版社 2016 年版，第 7—8 页。

② 梁启超：《欧游心影录》，商务印书馆 2014 年版，第 14—15 页。

③ 《杜亚泉文存》，上海教育出版社 2003 年版，第 345 页。

物质主义炽盛，加之达尔文生存竞争说与叔本华意志论的流行，"推而演之，为强权主义、奋斗主义、活动主义、精力主义，大而张之，为帝国主义、军国主义"①。在这一时期，希腊思想之理性本位与希伯来思想之宗教本位，俱已为权力本位、意志本位所取代和破坏。杜亚泉将此一思想变异比喻为航船失去罗盘，"惟恃机力以冲越障碍，自成航路，虽舵折桅摧而不顾"，遂有生灵涂炭、流血漂橹的欧战。他提出的解决方案与梁启超庶几近之，即调和东西文明，取长弃短，藉此创造战后之新文明。表明五四时期在启蒙与救亡的背景下，也肩负起重建世界文明的责任，力图超越西方现代性困境而别开生面，充分彰显主体之自觉。

中国现代性的激进发展始终伴随着西潮的全面冲击与深刻影响，始终贯穿着国人对西方现代文明的学习，这是中国的历史与现实需要造成的。"因为中国的现代化既然属于后生型，就决定了它的新的生产力和文化因素，都需要从外域，即从已经实现了现代化的西方国家移植或输入。西学作为西方现代化的成果体现和理论总结，在中国被动地卷进世界现代化潮流后把它移植到中国来，即东渐的发生便是必然的事情。"② 这也是非西方世界遭遇西方现代性自我扩张时的普遍的历史宿命。不过，诚如沟口雄三的深刻论断：中国的现代化如同"蟒蛇蜕化"，"蜕化是一种再生，换个角度，也可以视为新生，但蛇不会因为蜕了皮就不再是蛇"，这是"以基体自身的内因为契机的辩证法式的展开"。③ 这并非是否定或忽视西潮的冲击作用，费正清的"冲击—反应"论仍值得重视，毋宁说是强调中国的现代化亦有其内在规定，亦有主体自觉作为前提，这一意义在全球化时代的中国叙述中更为凸显。诚如罗志田所言："在很长的时间里，必须向西方（及其变体日本和俄国）学习，已成朝野一致的共识。20世纪的几次政权转变，都没有影响这一基本的思路和走向。所改变的，只是向谁学和怎样学一类面相。"④ 不过，此一论断并未说明中国的主体自觉。自五四始，西学东渐抵达内在精神层

①　《杜亚泉文存》，上海教育出版社2003年版，第347页。

②　黄见德：《20世纪西方哲学东渐史导论》，首都师范大学出版社2002年版，第25页。

③　[日]沟口雄三：《作为方法的中国》，孙军悦译，生活·读书·新知三联书店2011年版，第55页。

④　罗志田：《道出于二：过渡时代的新旧之争》，北京师范大学出版社2014年版，第13页。

次，古今中西的张力在形而上层面展开，西方哲学译介高涨。但与此同时，国人也开始省思18、19世纪西方现代文明样板，认识到舶来的学说与思潮的严重偏颇。在整个20世纪，必须向西方学习的确是国人共识，但所改变的，不只是"向谁学"和"怎样学"的"面相"，更是有无自觉与自觉怎样的"根本"。有无自觉与自觉怎样，是"向谁学"和"怎样学"的决定性因素。

以鸦片战争为标志开启的中国近现代史，一方面是帝国主义侵略下中华民族受压迫、被剥削的屈辱史，另一方面是中西文化激烈冲撞的争鸣史。鸦片战争也奠定了现代中西文化交流的历史背景与逻辑前提，即以救国保种、求生图存为出发点的"救亡"与"启蒙"并行的社会大变革的现实。其奠定了一切文化领域的新动态都围绕着这一主旨中心而展开。在展开的具体过程中，体现了我国仁人志士对西方思想文化的认知敏锐度、层次性、过程性。在社会变革激烈动荡的近代起步阶段，面对西方文化的霸凌与传播，我国有识之士能够在被动接受和主动迎接的结合中，始终从本民族的生存与发展出发看待西洋文化在中国的输入。从对科学技术简单粗浅的器物层面的认可与引进，到深究推动西方科技创新背后的精神文化原因；从单纯对西方科技文化的接纳接受，到批判性的分析、筛选、批判与重组西方哲学思想的逻辑思路；都体现出面对救亡的现实需要，中华文化在接收西方文化过程中从物质力量渴求向精神文明觉醒过渡的认识历程。而同样以反帝为起义宗旨的农民运动，与士人阶层开启的器物革新相并行，从宗教伦理思想维度接纳西方文化的冲击，并为我所用，同样可以视为一种国人在精神思想方面的觉醒。这一觉醒一是体现在民族矛盾冲突中依然给予西方文化以认同的冷静理性态度；二是体现在对西方文化的借引与运用总立足于我国民族生存发展的现实需求这一出发点，在文化探索中有鲜明的逻辑旨向，而非漫无目的的人云亦云；三是体现在对外来文化和社会突变的认识的过程性上，即精神意识的觉醒不是一蹴而就的，而是在对突发巨变的现实危机的应激反应和对文化的不断深入探索的过程中建立起来的认识层级的跃升和认识对象的转变。因此，无论是以士大夫、知识分子，还是以农民群众为主体发起的一系列以中西文化为内在逻辑引线的救亡运动，都具有国民迅速从被动接受向主动求变的思想解放过程中的自我主体意识。这些均构成"西方哲学中国化"的精神资源与历史基础。

二、从民族政治诉求到社会问题关切

由于中国整个近现代史始终围绕着解救民族危机的中心主旨，无论是资产阶级领导的旧民主主义革命，还是无产阶级领导的新民主主义革命，革命任务都是反帝反封建以建立独立的民族国家。因此，这一时期的历史文化传播、思想交流争鸣，也始终以这一政治性任务为关注焦点与探讨根基。也就是说，当封建制度在帝国主义侵略中行将寿终正寝时，在政治制度方面借鉴西方先进理念以为我所用，便成为对民族未来发展道路和新型国家组织形式探究之必然。因此，我国资产阶级革命的外在受迫性因素要远大于自我社会发展进程中自发而生的历史必然性因素，其变革的阵痛期、激烈性、曲折性也格外强烈。从资产阶级改良派发起的从政治改良的角度"以西为师"建立君主立宪政体的维新运动，再到孙中山领导的以辛亥革命为标识、以"三民主义"为指导思想建立资产阶级民主共和国的努力，最后到确立马克思主义的指导地位，由无产阶级领导夺取全国政权的新民主主义革命。可以说，在巨大的民族危机形势逼迫下，我国经历了一个政治试错期，经由这一试错期寻找到适于本国国情与民族性格，更加科学、合理而长效的以马克思主义为指导的革命道路。同样，正是在这一政治试错期中，中西文化间的碰撞起到一定的决定性的作用、发挥了内在逻辑脉络的牵引功能，且伴生着国人对西方文化由此及彼、由表及里、由异邦借镜到文明自觉、由"西化"到"中国化"的认识递嬗。而这一系列政治试错的实践活动，是今时推动西方哲学中国化犹须认真审视的前车之鉴，其遗产与债务需要不断清点。其中牵涉的语境适存问题——譬如某一西方理念能否及如何结合到中国实际，汇入本土文化，为中国人所化——乃是"西方哲学中国化"题中应有之义。

随着甲午战争告败和民族危机进一步加深，有识之士开始寻找新的政治革新道路，以康有为、梁启超等为代表的民族资产阶级改良派力排众议，力图从政治改良的角度"以西为师"，学习西方君主立宪制的政体形式以改良封建君主专制。民族资产阶级改良派直接表达了西方哲学思想文化对中国人自强保种的重要性以及向之积极学习借鉴、为我所用的态度。自 19 世纪 70

年代开始，改良主义的思潮迅速登上中国历史舞台并急不可待地揭开了会演
的序幕，这一典型代表便是甲午战争的告败与民族危亡的加重所直接催生的
戊戌变法、维新运动。毛泽东曾在论述 19 世纪 40 年代至 20 世纪初期中国
人学习外国的情形时指出，"学了这些新学的人们，在很长时期内产生了一
种信心，认为这些很可以救中国，除了旧学派，新学派自己表示怀疑的很
少。要救国，只有维新，要维新，只有学外国"①。"要救国，只有维新"，
这就是当时资产阶级维新派的共同呼声和共同信念；"要维新，只有学外
国"，在他们心中，西方资本主义国家和东方的日本是进步的，中国在变法
中发奋图强必须"以西为师"。既在不断地学习西方先进制度中完善自身，
更在充分发扬主体精神中使西方先进制度与社会理论为我所用，融入中国人
的思想文化之中，从而在融涵创新中成为中国人发展自身的理论资源。此时
开始，我国思想家和革命家等有识之士便开始关注有关"现代"的发展问
题，对于政体组织有了全新的认识和谋划，更加关注政治体制本身的现代化
革新可能。这种现代化的转变规划来自对西方先进政治组织形式的关注与借
鉴。与此同时，资产阶级改良派采用西方"进化论"等哲学思想为政治的
"西化"（也即现代化的代名词）进行说明与辩护。正是在这个意义上，维
新运动才起到思想解放、思想启蒙的重要作用。

　　康有为对西方"进化论"思想极为重视，率先开启了对西方"进化论"
思想的学习、发展与运用。他以"进化论"思想对人类社会历史观的比附
与阐发来解释进化论思想的基本内涵与积极效用，从而为变法革新寻找思想
理论支撑。康有为通过建立起公羊"三世"说与《礼记》中"大同""小
康"社会的联系，证明人类历史的不断进化、人性自身的不断进化以及由
此达至的人类社会"大同"的理想状态。在公羊"三世"说方面，康有为
主张人类历史是从据乱世不断发展至升平世，也即"小康"社会的状态，
最终发展至太平世，实现真正的"大同"。为此，康有为在《春秋董氏学》
中说过，"所传闻世为据乱，所闻世托升平，所见世托太平。乱世者，文教
未明也。升平者，渐有文教，小康也。太平者，大同之世，远近大小如一，

---

① 《毛泽东选集》第4卷，人民出版社1991年版，第1470页。

文教全备也"。① 又在《礼运注》中说，"大道者何？人理至公，太平世大同之道也。三代之英，升平世小康之道也。孔子生据乱世，而志则常在太平世，必进化至太平世，乃孚素志"②。不难看出，康有为主张，人类历史从据乱世到升平世再到太平世的发展规律正是进化论思想的有力体现，而这种人类历史的进化论思想也正是其在政治上积极推进变法的重要理论支撑，即通过变法从君主专制走向君主立宪，在顺应人类历史不断前进的发展潮流中面向未来，"以为文明世界在于他日，日进而日盛"③。不得不说，这是康有为在封建时代为中国人引领了一次重要的世界观变革。

　　同样，作为进化论思想的翻译引介者，严复极其重视进化论思想对社会变革的重大精神文化作用。在《论世变之亟》中写道："呜呼！观今日之世变，盖自秦以来未有若斯之亟也。夫世之变也，莫知其所由然，强而名之曰运会。运会既成，虽圣人无所为力，盖圣人亦运会中之一物。既为其中之一物，谓能取运会而转移之，无是理也。彼圣人者，特知运会之所由趋，故后天而奉天时；惟逆睹其流极，故先天而天不违。于是裁成辅相，而置天下于至安。后之人从而观其成功，遂若圣人真能转移运会也者，而不知圣人之初无有事也。即如今中倭之媾难，究其所由来，夫岂一朝一夕之故哉！"④ 这一写于1895年的著作将甲午战争的失败归于"天演"的结果，认为当时的中国早已不适应列强林立纷争的世界，要想求存保种，只能进化自身，"全盘西化"，以西方的先进价值观来强民力、开民智、新民德，从而使本民族适应当下世界秩序与环境，增强国家的政治竞争力。这正是其对"物竞天择，适者生存"的进化论思想的政治变革合理性与历史必然性的解读。此后，梁启超、章太炎等人沿着借进化论思想开辟君主立宪制政治变革的这一路向进行理论研究与政治主张，结合晚清时局提出了对当时中国思想界产生深远影响的诸多主张——梁启超在进化论的思想中加入了改革的观念，提出"革者也，天演界中不可逃避之公例也"⑤，欲以改革、革新之理念推动社会

---

① 《康有为全集》第 2 集，中国人民大学出版社 2007 年版，第 324 页。
② 《康有为全集》第 5 集，中国人民大学出版社 2007 年版，第 554—555 页。
③ 梁启超：《饮冰室合集》文集之六，中华书局 1986 年版，第 72 页。
④ 《严复集》，中华书局 1986 年版，第 1 页。
⑤ 梁启超：《饮冰室合集》专集之九，中华书局 1932 年版，第 41 页。

进化发展；章太炎更提出"人心进化，孟晋不已。……公理之未明，即以革命明之；旧俗之俱在，即以革命去之"，从而以人心之进化来助推社会之变革，以社会之变革推动旧制度之去蔽与新世界之创造。这些晚清思想家以积极主动的姿态在进化论的吸收、借鉴与转化上为中国人的世界观、人生观、价值观以及科学观做出选择与变革，其思想是启发民智、自强保种、推进中国人哲学观变革的重要思想导源，更是西方哲学思想文化在中国得到吸收、转化、为我所用的突出表现。然而，众所周知的是，资产阶级改良派的政治主张仅仅在百日之后便被统治者残忍打压，归其原因，除了本阶级力量赢弱、封建保守势力强大、阵营内部发生背叛等原因以外，重要的还在于其思想主张的激进化和不适应。维新运动的主要领导者对西方思想文化和政治制度采取"全盘接受"的态度，将中华民族的出路寄希望于迅速移植西方现有的政治现代化进路，没有认清当时的国情民情，具体改革措施过于冒进，如裁撤以六部为代表的传统官僚机构，在自己并未掌握实权的情况下，大规模牵涉掌权者和保守派的既得利益，脱离人民群众而倚仗皇权力量，没能建立起同盟，只限于维新派内部的自说自话，改革过程中未引来一呼百应的社会支持，反招致强大阻力，并最终以悲惨的结局收场。可以说，改良派的极端性、盲目性特征终致引火烧身，虽然其看到了西方政治制度的优势和先进思想文化引介融汇的可能性与积极意义，更开启了西方哲学（以进化论为代表的对西方科学方法论意义上的借鉴）在中国的传播、交流、融合的历程，但其主张未能充分认识国情，在地域适用性方面仍有失水准。

当改良派君主立宪制的主张流产之后，民族资产阶级起而力求通过建立民主共和政体以实现推翻封建专制统治的彻底革命。此一过程中也展现了中国人在对西方政治哲学的积极借鉴和实际应用中有一定的自主意识。如果说近代西方资本主义市场经济的入侵使本已贫瘠不堪的中国土壤中注入了民族资产阶级得以成长的因子，那么西方哲学思想文化以及众多价值观的引入便逐渐奠定了民族资产阶级吸收西方现代价值观的心理环境。但 20 世纪革命民主派向西方求取发展经验的历程却选择了一条与 19 世纪末维新运动领袖们大相径庭的道路。他们决绝地抛开了维新派的"托古改制"形式，在远离孔丘，不靠经书，大胆公开地运用"欧洲思想"武器来武装自己头脑的信心上另辟蹊径，从西方资产阶级革命时期的武器库里搬来了更多的反封建的思想武器。邹容在《革命军》一书中写道："吾幸夫吾同胞之得卢梭《民约论》、孟德斯鸠《万法精理》、弥勒·约翰《自由之理》、《法国革命史》、《美国独立檄文》等书译而读之也。是非吾同胞之大幸也夫！"[1] 革命民主派的先驱们不仅对进化论进一步传扬，更在天赋人权观的基础上建立资产阶级共和国的政治方案一并引入中国，以之为蓝本规划中国的现代化文明，设计中国的民主化道路。孙中山在 1904 年发表的《中国问题的真解决》一文中指出："把过时的满清君主政体改变为'中华民国'的计划，经慎重考虑之后，早就制定出来了。"[2] 孙中山在美国檀香山期间充分利用向西方寻找救国真理的机会，认真研习并广泛翻阅了资产阶级革命时代的理论文库，从中认真精选出进化论、天赋人权学说、资产阶级共和国治国方案等政治思想理论武器来论证其推翻清王朝统治并建设他心目中的"中华民国"。可以说，林肯那段在葛底斯堡的著名演讲不仅奠定了孙中山对人民权利至上思想的认识基础，也成为其三民主义学说的理论导源。1863 年 11 月 19 日，林肯在葛底斯堡发表的著名演说："That we here highly resolve that these dead shall not have died in vain; that this nation shall have a new birth of freedom; and that this government of the people, by the people, for the people, shall not perish from the earth." 其中 of the people, by the people, for the people 不仅激发了孙中山有对如何将其有效译介至中国、使中国人理解接纳的思考，更直接勾勒出"三民主义"的基本蓝图。孙中山在 1919 年，把这句话译作"为民而有，为民而治，为民而享。"1921 年，孙中山又改译为"国为民有，国为民治，国为民享。"1922 年，孙中山再一次对该句的汉译做了修订，正式定为"民有（of the people），民治（by the people），民享（for the people）"。这三个词，以后遂成为 of the people, by the people, for the people 在华的官方译文。孙中山在《三民主义之具体办法》中详释了他的译法："回想兄弟从前在海外的时候，外国人不知道什么是叫三民主义，总拿这个意思来问我。兄弟在当时苦无适当底译语回答，只可援引林肯底主义告诉他们，他们才完全理解我底主义。由此更可知兄弟底三民主义，不但是专为迎合现代底潮流，并且

---

① 侯外庐：《中国近代哲学史》，人民出版社 1978 年版，第 274 页。
② 《孙中山选集》上册，人民出版社 2011 年版，第 71 页。

是很有来历的。"用 of the people, by the people, for the people, 来对应其三民主义——民有（民族主义）、民治（民权主义）与民享（民生主义），以接通西方的思想脉络，为辛亥革命争取西方支持。

民族主义是在中华民族面对外敌入侵、封建统治的内忧外患中被推向历史前台的。"驱除鞑虏，恢复中华"作为它的鲜明标志，力图将反抗封建王朝贵族的残酷压迫，以及努力夺回主权的民族革命任务揭示得淋漓尽致。但孙中山在倡导这一理念时并非怀着狭隘的民族主义仇恨以及盲目的排满情绪，而是在清醒地认识到清政府腐朽无能，又不断沦落为帝国主义的傀儡，从而陷人民于水深火热的生灵涂炭之中的社会现实前提下，作出的一种判断。所以民族主义是以孙中山为代表的革命民主派爱国主义思潮的集中释放与有效彰显，是以西方天赋人权哲学思想为促进中国现代化进程而加以吸收借鉴、运用的西方哲学思想文化为我所用的典范。民权主义是孙中山"三民主义"学说的核心内容。"推翻帝制，建立民国"的口号作为这一理念的集中表达超越了历史上任何一个半截子"民权主义"运动——维新派的君主立宪制和太平天国运动的新君主专制。所以民权主义是西方启蒙思想与资产阶级人权学说在中国创造性地转化与创新性发展的典范。在这里，孙中山曾不止一次强调过"民权就是人民的政治力量"，"今以人民管理政事，便叫做民权。"[1] 也正是在阐述民权主义的过程中，孙中山对不同思想家的民权学说都做出了历史性与时代性考证，不仅提出了对卢梭民权学说历史依据不足的批驳，更指出了其从时代出发回应时代发展与社会问题的合理之处。在这里，孙中山反复强调卢梭所说的人类初期的自由状态并不存在，"推到进化的历史上，并没有卢梭所说的那种民权事实，这就是卢梭的言论没有根据"[2]。而对这一思想的批判不仅使孙中山与马克思主义的论述有所契合，也使其关于原始社会当中存在着"自由孤立的农夫、渔人、樵夫"的认识远超过斯密、李嘉图。但值得注意的是，孙中山并非高举反对与批揭的口号摇旗呐喊，而是在否定卢梭的同时又辩证地指认了卢梭民权理论的时代合理性，即"因为他当时看见民权的潮流已经涌到了，所以他便主张民权"[3]。

---

[1] 《孙中山选集》下册，人民出版社 2011 年版，第 719 页。

[2] 《孙中山选集》下册，人民出版社 2011 年版，第 730 页。

[3] 《孙中山选集》下册，人民出版社 2011 年版，第 731 页。

由此不难看出，孙中山以辩证眼光审视西方哲学思想文化的众多学说过程中是审慎而严谨的，其不仅深入到历史语境中考辨不同学说的理论与现实依据，更在现实生活与社会问题的土壤中再深刻分析，使其民权主义思想既具有西方思想文化背景与依据，更具有中国特色。民生主义是关于"社会的生存、国民的生计、群众的生命"的学说，其内涵在一定意义上与"社会主义""共产主义""大同主义"有相通之处。① 从孙中山民生主义的实质来看，其走的是一条与马克思主义的社会主义，以及与资本主义既有区别又有联系的"第三条道"，即将这二者加以折中、调和基础上的空想之道。民生主义以"平均地权"为核心思想，力求实现"核定天下地价，其现有之地价，仍属原主所有；其革命后社会改良进步之增价，则归于国家，为国民所享"。由此可知，孙中山认识到将大地主大资产阶级的土地财产全部没收，重新加以分配，以消除贫富差距，实现平等民生民权的可行性不大，只好试图通过国家按核定地价征收土地税的办法来限制地主对于土地的垄断，创造一个有利于"土地国有"的方案。这一举措也直接展示了"三民主义"学说的西方思想文化属性及努力在中国加以运用的样态。

孙中山领导的民族资产阶级掀起的辛亥革命运动，对于西方政治哲学的引进借鉴、创新发展，对于西方哲学思想文化在中国的发展具有重要推动作用。首先，孙中山等人较为精准地研判和把握了资产阶级民主革命在世界中扩散的时代潮流，并且，立足于中华民族顺流而入、民族独立的救亡任务，提出资产阶级民主革命的中国式纲领，即三民主义。实际上，孙中山领导的资产阶级民主革命是将西方传来的政治民主思想同中国寻求民族复兴、摆脱外侮、获得独立的现实需求和历史任务结合起来的努力。其次，孙中山等人立足于中国社会现实与时代呼求向西方政治哲学开启学习路向是以鲜明的问题意识与时代发展为导向的。三民主义一方面作为资产阶级民主革命理论的彰显，集中将西方启蒙哲学思想融入中国社会，另一方面三民主义是根据具体国情而提出的救国方案，在一定时期内不仅有效推动中国社会的发展进程，更使西方哲学思想文化在中国结出一些"果实"。辛亥革命使民主共和观念较为深入人心，革命的思想准备和理论发挥，达到了西方哲学思想文化

---

① 《孙中山选集》下册，人民出版社 2011 年版，第 832 页。

在中国发展历史进程的高峰。然而，众所周知，革命的结果是民主共和国的萌芽在袁世凯的复辟中化为云烟，其中的文化因素仍然有很大一部分原因在于资产阶级民主政府的政治组织形式在中国的不适用性。由于我国的资本主义经济发展历程极短，资产阶级作为一支独立的历史力量并没有完全形成整体的阶级属性，而且力量十分有限，加之伴随着大资本、大买办的牟取暴利的私心，资产阶级的革命属性远未达到彻底性或成熟的水平，尤其当以个体或家族经济利益为行动根据的大资本家们遇到帝国主义的资本和贸易资源时，其更倾向于同后者的同流合污，而不是出于民族大义的敌对反抗。而民族资产阶级和小资产阶级在帝国主义和封建主义的长期压迫下发展缓慢，无论在财力、物力、人力上，革命力量都十分有限。因此，就阶级内部的现实力量、思想状态等情况可见，在中国当时的国情民情下，根本不存在建立资产阶级民主政府的客观环境或主观条件，导致一切仿效西方资产阶级民主制度的政治制度变革或革命尝试都将走向失败的结局。

在一系列的政治试错中，领导核心所采取的主要指导思想都围绕着对西方先进思想理念的引介，然而却始终没有解决本土适用性的问题。努力借鉴西方政治哲学和社会法律制度，试图以资产阶级君主立宪政体改良封建君主专制的改良主义脆弱不堪，他既没有认清封建君主的顽固保守性，也没有观照广大人民群众的社会实情与政治需求；资产阶级革命派尝试借用西方民主共和政体革新中国面貌，虽然取得阶段性的反封建的胜利，但同样被冥顽不化的封建专制思想反噬，其反封建的任务完成得并不彻底，其反帝的任务尚未起步。资产阶级革命派存在的一大问题在于阶级力量的薄弱和阶级意识的不成熟，并且没能在政治制度方面充分调动基数与力量更强大的无产阶级和农民群体。因此，由一系列政治试错可见，近现代中国的社会变革发展离不开西方哲学思想文化要素；而带给人们的思考则是，如何有效引借和运用之，使其与中国国情相契合、相适应，成为推动中国社会发展变化的一种力量，化为中国文化背景的一部分。

正是经由政治试错期的阵痛，尤其在民初共和危机之后，国人在对西方文化和哲学思想的不断深入理解过程中，发生"危机意识"向"问题意识"的过渡，表现为由政治问题转向社会与文化方方面面的问题，亦即不再仅仅以一元视角关注政治救亡的中心任务，而是从多元维度开始发散性地关心社会现代化与现代性精神建构的诸多重要的社会与文化问题。换言之，在中西文化持续性深入的碰撞交流中，以问题为思想的指引，国人不再仅仅在政治制度上追问民族危亡的出路，同时开始关切普遍的现代发展问题，询问诸如经济模式、民生民计、教育实践、女性地位、伦理道德及文学艺术等改善路径和未来走向。这一全面的问题意识在五四时期真正确立起来。历史学家王汎森已清楚论证，五四"不只是一个反传统的运动，同时也是一个无远弗届的、将一切都'问题化'的时代"[1]。这也意味着五四是一个"觉悟"与"自觉"的时代，"觉悟"与"自觉"的字样在当时的各类印刷物上俯拾即是。[2] 因此可以说，依然是在民族危亡的大历史背景下，西方文化思想在中国的影响进路呈现出从国家政治制度问路向普遍现代问题觉悟的演化，再次集中体现了国人对待西方文化的自主意识、民族立场与文明觉悟，也彰显出一种视角的转换——在文化认同的角度，从"西化"的客体意识向"中国化"的主体意识转变。

及至五四前后，先进人士"觉悟"到仅靠政治制度问路不足以解救民族危机，甚至认为这无济于中国政治问题本身，遂产生反政治心理，如傅斯年所说："所以在中国是断不能以政治改政治，而对于政治关心，有时不免是极无效果、极笨的事"[3]；于是将目光转向广泛的文化与社会问题。杨念群指出，在五四前后，中国知识人追求变革的初衷既脱胎于对晚清民初政治改革失败的反思，也来自对"欧战"中西方民主国家的怀疑，因此，五四中心话题便从政治关怀转向"文化问题"与"社会问题"。[4] 以《新青年》杂志为例，其探讨问题之广，从女性问题、婚恋问题、青年问题、教育问题、农工问题到人口问题，不一而足。再如，毛泽东在《问题研究会章程》（1919）中提出其认为有研究价值的问题多达 71 项 144 个。尚需指出的是，文化问题与社会问题并非与政治问题无关，彼此画野分疆、互不联通。恰恰相反，在汪晖看来，它们既激发了一种新政治，也通过新政治将自身提升到

---

[1]　王汎森：《思想是生活的一种方式：中国近代思想史的再思考》，北京大学出版社 2018 年版，第 101 页。

[2]　汪晖：《文化与政治的变奏》，上海人民出版社 2014 年版，第 8 页。

[3]　《傅斯年自述》，安徽文艺出版社 2014 年版，第 16 页。

[4]　杨念群：《五四的另一面："社会"观念的形成与新型组织的诞生》，上海人民出版社 2019 年版，第 17—20 页。

更高的高度。汪晖认为，五四时期社会问题之所以能够浮现，就在于悬置了原有的政治问题——国家政治、政党政治、议会政治等。通过对前述政治问题的悬置，而非对政治本身的悬置，五四扩大了政治的边界且改变其含义——"家庭、性别、阶级、语言、文学、劳动等，都成了新政治的题中应有之义，用一个时髦的话说，微观政治出现了，不是否定国家政治，不是否定政党政治，而是通过有关家庭、个人、阶级、婚姻、劳工、人口、教育等等的讨论，重新划定新政治的地基"①。五四运动超越了此前"国家"与"政党"这一政治的单一、局部视角，已然把视野拓展到普遍的"现代"问题。而"问题之研究，须以学理为根据。因此，在各种问题研究之先，须为各种主义之研究"②。国人不论是寻求"就问题解决问题的主义"，还是"就全盘解决问题的主义"③，均导致西方林林总总的"主义"纷至沓来，而西方哲学上各类"主义"自在其中。可以说，在五四这个"重新估定一切价值"的时代，西学在中国的传播不仅进入了内在化过程，也介入了（文化、社会与人）全面问题化与整体现代化的过程，参与国人对具有普遍性的现代问题的关心与解答之中。

　　上述问题意识的觉悟不仅表现为对中国的社会、文化与人生现实的深广批判与全面求索，也表现为对西方现代性问题的深刻反思，以及在融合中西基础上探寻中国与世界未来方向的努力。这种"反思"与"融合"的思维方式与自觉意识，及其表现出的中国视野与世界视野的互动，使这一时期西方哲学中国化的萌芽特征彰显淋漓。中国的现代性追求始于民族生死存亡的临界点，亦即鲁迅所说的方死方生的"大时代"。这种危急的历史态势造成了中国士人的新的思想转变。罗志田认为，这一转变之所以"新"，是因为它超出了"在传统中变"（change within tradition）的模式，显著地表现出在"传统之外变"（change beyond the tradition）的特征，亦即循"西"而变。④

---

① 汪晖：《文化与政治的变奏》，上海人民出版社 2014 年版，第 124 页。

② 《毛泽东早期文稿（1912·6—1920·11）》，湖南出版社 1990 年版，第 401 页。

③ 王汎森指出，在"问题"与"主义"论战中，双方的分歧可以"归结到一个根本差异，即中国社会所需要的是就问题解决问题的主义，还是就全盘解决问题的主义呢？……李大钊与胡适之争论，其关键差异在此，而李大钊等对此争端坚决不让，其根本原因也在此"。详见王汎森：《思想是生活的一种方式：中国近代思想史的再思考》，北京大学出版社 2018 年版，第 164 页。

④ 罗志田：《变动时代的文化履迹》，复旦大学出版社 2010 年版，第 23 页。

但也正是这种充满危机的历史情势，促成了国人思想转变的另一种"新"，即中国的文明"觉悟"。既如所述，这一文明"觉悟"既表现为在现代性追求上由器物表象抵达价值核心，更表现为对 18—19 世纪西方现代性典范的反思，以及走出主流现代性困境的思想努力。可以说，这一文明"觉悟"是对普遍的现代性问题的省思，是试图调和并超越东西方文明模范而重建新的普世现代文明的自觉。经此"觉悟"，中国才开始真正地以主体姿态参与到现代性普遍价值的建构当中，真正"作为文化主体和价值主体的新的主权国家，加入到世界历史的辩证运动中去"①，而再不是被迫接受与被动适应，以致陷入"中国性"与"现代性"的分离与两难。唯其如此，许纪霖认为，"传统的天下主义到了五四时期获得了新的生命形态"②。作为西学东渐的深层发展，西方哲学在中国的传播与接受，自然内在于中国由传统而现代的历史嬗变，并集中反映国人有关"现代性"问题的种种关切、探索与省思，并逐步彰显出国人的文明"觉悟"。

正如马克思所说，"任何真正的哲学都是自己时代的精神上的精华"，"是自己的时代、自己的人民的产物，人民最精致、最珍贵和看不见的精髓都集中在哲学思想里"。哲学作为文化的核心，代表着某地域某民族一个时代的基本精神状态和思想气质，反映着时空交错中的社会现实。如果把学习西方先进的社会经济生产方式，即工业化作为现代化的标志，那么如何对待西方思想文化和价值就成为如何看待"现代性"这一问题的核心内容。现代化是一个社会变迁发展过程，代表着一种人类历史运动，在生产领域可以视为向工业化的文明形态转变，在政治方面可以看作是向民主化的过渡，在思想文化方面可以归为向理性化的发展。而现代性则是一种时代属性或时代特征的概括，它包含着如何理解和定义现代。然而，无论如何，现代在通常的理解中普遍被认为是由西方社会开启的一个人类文明史的新进程。因此，当封闭的中国被迫打开国门的那一刻，如何对待西方的经济模式、政治组织形式及文化思想，就彰显了国人对现代性的态度，尤其是对西方思想文化与价值观念的取舍看法更是构成了对中国现代化过程中的现代性问题的不同理

---

① 张旭东：《"五四"与中国现代性文化的激进诠释学》，载《现代中文学刊》2009 年第 4 期。
② 许纪霖、刘擎：《中国启蒙的自觉与焦虑》，上海人民出版社 2016 年版，第 7 页。

解。"对于全盘西化论者来说，西方的文明和文化，从物质文明到精神文明，无疑是一种'放之四海而皆准'的现代性，所以必须全盘引进；而对于中体西用者来说，现代性既然是指思想与价值观念，属于一种精神气质或心理类型，则它更多地与一个民族的历史文化联系在一起，故其心目中的现代性其实是对民族文化的传承；至于'中西文化合璧'论者，他们认为现代性不是固定的，而是流动的概念，因此，主张因地制宜，既考虑中国的国情，同时又参照西方的文明与文化，来塑造一种全新的现代性。"① 既如前述，自五四始，不论国人在现代性问题上怎样众说纷纭、歧见纷呈，其皆在不同维度与程度上体现出文化与文明的"觉悟"。因此，在国人如何看待西方哲学的问题上，不论是"全盘西化"，还是"以中拒西"，抑或"援西入中""中西调和"，无不以此"觉悟"为基本前提，也无不内在于这一"觉悟"。

胡适是全盘西化的典型代表，他从对科学方法的重视方面指出中西的根本差异在于指导科技现代化的思维方式的有无。他毕生宣传杜威的实用主义思想，认为只有杜威的实用主义适合中国当时急于在实业方面有所突破、有所建树的国情。与以胡适为代表的"西化派"不同，还有思想先进人士持"中西调和"之说，甚至"以中拒西"，他们认为即便在现代化进程之中，即便需要现代性精神的塑造与指引，也要始终保持本民族的传统根基不动摇，可以借鉴西方之学以作为工具，但在涉及人生价值引导、人与自然和谐关系等根本性、关键性问题上仍以中国传统儒学更为适用。梁漱溟曾抨击西方的现代性哲学："西方哲学是偏于向外的，对于自然的、对于静体的一面特别发达。这个结果就是略于人事；所以在他人生哲学好像不是哲学的正题所在，而所有其人生哲学有自古迄今似乎都成了一种特别派头。什么派头？一言以蔽之，就是尚理智：或主功利，便须理智计算，或是知识，便须理智经营；或主绝对又是严重的理性"。② "机械实在是近世的恶魔；但他所以发现的，则为西方人持那种人生态度之故。从西方那种人生态度下面定会发生这个东西：他一面要求物质幸福，想利用自然征服自然，一面从他那理智剖析的头脑又产生科学，两下要凑合起，于是机械就发明出来。"③ 在梁漱溟

① 胡伟希：《中国本土文化视野下的西方哲学》，首都师范大学出版社 2002 年版，第 10 页。
② 《梁漱溟全集》第 1 卷，山东人民出版社 1989 年版，第 482 页。
③ 《梁漱溟全集》第 1 卷，山东人民出版社 1989 年版，第 489 页。

看来，正是西方哲学没有对人本身的价值存在与生命生存给予足够的合理的重视，而片面追求人的理性力量所带来的对自然的开掘的物质财富，这种向外求利而不向内求己的片面化的哲学思维，必然存在着功利主义弊端和反噬自身的危险。相比之下，中国传统儒家思想对人生路向的指引、人生价值的关怀与教导则更能在"理智运用直觉"中彰显一种"价值合理性"，更加有利于人与自然、人与人的和谐相处。与之相似，熊十力同样从以人生哲学为根本的角度认为中国哲学高于西方哲学。"中国哲学有一特别精神，即其为学也，根本注重体认的方法。体认者，能觉入所觉者，浑然一体而不可分，所谓内外、物我、一异、种种差别相，都不可得。唯其如此，故在中国哲学中，无有像西洋形而上学，以宇宙实体当作外界存在的物事而推穷之者。西洋哲学之方法，犹是析物的方法……都把真理当作外界存在的物事，凭着自己的知识去推穷他，所以把真理当作有数量、性质、关系等等可析。实则……真理非他，即是吾人生命所以生之理，亦即宇宙形成之理。故就真理言，吾人生命与大自然即宇宙是互相融入而不能分开，同为此真理之显现故。但真理虽显现为万象，而不可执为万象，以为真理即如其所显现之物事。真理虽非超越万象之外而别有物，但真理自身并不即是万象。真理毕竟无方所、无形体，所以不能用知识去推度，不能将真理当作外在的物事看待。哲学家如欲实证真理，只有返诸自家固有的明觉（亦名为智），即此明觉之自明自了，浑然内外一如而无能所可分时，方是真理料现在前，方名实证"。①熊十力通过中西思想特征之比较，认为真理不能以外物的理解方式通过科学知识加以把握，而只能是以体认的方式才能真正领悟。因此，基于一体化认知模式的中国哲学的"性智"要高于偏重于科学知识"析物"化模式的西方哲学的"量智"，前者为"体"，后者为"用"。熊十力诉诸中国传统儒家思想解决现代化进程中关于人的"安身立命"问题，在西方思想的冲击下，国人更应该坚定对传统文化的信念，不可为西方文化的物力优势所蒙蔽而不见其背后深藏的人的危机。还有的思想家相对中立，认为现代性有其普遍相通的气质特征，但在具体客观环境中也要适应地区文化表现出地域性的殊相，否则只能在精神与时代、思想文化与社会现实的错位中产生

---

① 熊十力：《十力语要》第2卷，湖北十力丛书印本1947年版，第21页。

激烈的矛盾，比如，近代我国在政治制度方面的种种试错例证。他们持一种
"中西会通"论，即对中西文化尝试一种中和开新的努力。他们关注讨论中
国的现代化进程如何展开，如何从传统社会迈入现代社会，文化的现代性是
否应完全以西方为标准，如何看待西方哲学的本土适用性，如何融汇中西文
化。冯友兰、金岳霖、张东荪、贺麟等人通过对普遍性与特殊性之间的关系
问题的阐释表达中西文化、中西哲学相融通的重要性，并在各自的研究方向
上尝试打通中西哲学交汇的通道。冯友兰指出："如果事实上哲学家受所谓
民族性的拘囿，哲学的目的，正是要打破这些拘囿，而求普遍底公共底义
理。如果有所谓民族性，哲学家于讲哲学的时候，正要超过之。我们认为，
未必有所谓民族性。民族哲学之所以为民族底，未必是由于有民族性的缘
故。即令其是如此，如此底民族哲学亦是哲学的进步的阻碍，亦正是这些所
要超过底。"① 同时，他也主张中西哲学融汇的学术理想："我们期望不久以
后，欧洲的哲学思想将由中国哲学的直觉和体会来予以补充，同时中国的哲
学思想也由欧洲的逻辑和清晰的思维来予以阐明。"② 在此理想下，冯友兰
将西方哲学的逻辑分析方法同宋明理学基本观念相结合，创立了"新理
学"。在《新理学》中，冯友兰以经验事实为出发点，坚称共相与外在事实
的实在性，讨论了以分析的方法获得关于外在世界的知识问题，在对经验事
实做出逻辑分析与"逻辑底释义"过程中，"由分析实际底事物而知实际，
由实际而知真际"③，建构起新的形而上学。《新理学》成为冯友兰努力建构
新的形而上学体系的重要成果。特别是在《新理学》中他明确提出的："我
使用的方法完全是分析方法。"④ 由于"佛家和道家都使用'负的方法'。西
方哲学的'分析方法'正好是'负的方法'的反面；也许可以称之为'正
的方法'。负的方法致力于消泯差别，告诉人：它的对象不是什么；而正的
方法则致力于突出区别，使人知道它的对象是什么。对中国人来说，佛学带
来的负的方法并不十分重要，因为中国人在道家思想里已经有了负的方法，
佛家思想只是加强它。而从西方引进正的方法却有十分重大的意义，它不仅

① 冯友兰：《三松堂学术文集》，北京大学出版社 1984 年版，第 431 页。
② 冯友兰：《三松堂学术文集》，北京大学出版社 1984 年版，第 289 页。
③ 冯友兰：《三松堂全集》第 4 卷，河南人民出版社 1986 年版，第 12 页。
④ 《冯友兰文集》第 6 卷，长春出版社 2008 年版，第 219 页。

使中国人有一种新的思维方法，还改变了中国人的心态"①，所以"就我能看出的而论，西方哲学对于中国哲学的永久性贡献，就是逻辑分析法。它给予中国人一个新的思维方法，使其整个思想为之一变"②。贺麟则以西洋文化之"华化"用度作为思考的进路，进一步具体地提出了儒家思想能否具有新展开的探讨。贺麟在《儒家思想的新展开》一文中指出："成为儒家思想是否能够翻身、能够复兴的问题，也就是中国文化能否翻身、能否复兴的问题。儒家思想是否复兴的问题，亦即儒化西洋文化是否可能，以儒家思想为体、以西洋文化为用是否可能的问题。中国文化能否复兴的问题，亦即华化、中国化西洋文化是否可能，以民族精神为体、以西洋文化为用是否可能的问题。"③ 贺麟从文化的论域中所不断对儒家思想的"华化"做出的甄别探讨实质上就是在引起我们对它的重视与反思：一方面"在思想和文化的范围里，现代决不可与古代脱节。任何一个现代的新思想，如果与过去的文化完全没有关系，便有如无源之水，无本之木，绝不能源远流长、根深蒂固。文化或历史虽然不免经外族的入侵和内部的分崩瓦解，但也总必有或应有其连续性"④。另一方面，"儒家思想，就其为中国过去的传统思想而言，乃是自尧舜禹汤文武成康周公孔子以来最古最旧的思想；就其在现代及今后的新发展而言，就其在变迁中，发展中，改造中以适应新的精神需要与文化环境的有机体而言，也可以说是最新的新思想。在儒家思想的新开展里，我们可以得到现代与古代的交融，最新与最旧的统一"⑤。"就个人而言，如一人能自由自主，有理性、有精神，他便能以自己的人格为主体，以古今中外的文化为用具，以发挥其本性，扩展其人格。就民族而言，如中华民族是自由自主、有理性有精神的民族是能够继承先人遗产，应付文化危机的民族，则儒化西洋文化，华化西洋文化也是可能的。如果中华民族不能以儒家思想或民族精神为主体去儒化或华化西洋文化，则中国将失掉文化上的主动权，而陷于文化上的殖民地。而我们却不归本于儒家思想而对各种外来思想加以

①　冯友兰：《冯友兰文集》第6卷，长春出版社2008年版，第214页。
②　冯友兰：《中国哲学简史》，北京大学出版社1995年版，第378页。
③　贺麟：《文化与人生》，商务印书馆2005年版，第6页。
④　贺麟：《文化与人生》，商务印书馆2005年版，第4页。
⑤　贺麟：《文化与人生》，商务印书馆2005年版，第4页。

陶熔统贯，我们又如何能对治这些分歧庞杂的思想，而达到殊途同归、共同合作以担负建设新国家新文化的责任呢？这个问题的关键在于中国人是否能够真正彻底、原原本本的了解并把握西洋文化。因为认识就是超越，理解就是征服。真正认识了西洋文化便能超越西洋文化。能够理解西洋文化，自能吸收、转化、利用、陶熔西洋文化以形成新的儒家思想、新的民族文化。"①所以"欲求儒家思想的新开展，在于融汇吸收西洋文化的精华和长处"②。故求儒家思想的新开展，第一，必须以西洋的哲学发挥儒家的理学。第二，须吸收基督教的精华以充实儒家的礼数。第三，须领略西洋的艺术以发挥儒家的诗教。可以看出，"儒化""华化"西洋文化的问题，便是如何将中华优秀传统文化的继承、创造、创新、发展与西方哲学新思想的引介、传播、容纳、出新做一有效汇通融合的问题。文化论域中的"华化"当然包括对传统连续性的发展视角以及对西方新思想融合的视角。如今，西方哲学中国化也正是在这两个维度上具有了再论的合理性和必要性。可见，20世纪30—40年代的一批思想家已经有了打造世界性哲学的超前意识，对哲学的普遍性和特殊性有深刻的体察，他们不仅积极引介西方哲学思想入华，而且努力在中西文化内涵或中西哲学精神的差异中求同存异，尝试在贯通中西下启新中国现代哲学。

　　总之，随着中国近现代社会在历史进程中具体现实情况的变化，和中西文化交流程度在发展中的不断加深，人们的关注焦点同样经历了相应的转变，从政治道路试错到社会与文化的全面探讨，国人不断根据现实所需寻找国家未来发展的正确进路。思想家们也从一种以危机意识为主导下的实业救国、经世致用的基本理论取向，转向更加学理化的融汇中西、聚焦问题的问题意识。比如，对现代社会人的安身立命问题的思考，对现代社会生产方式和生活方式的思索，对科教文化、政经理论、日常生活的新悟与察省，等等。人们不再仅局限于对政治危机的迫切应急，而是更加深入关注整个中国社会的现实出路，在寻求民族解放的正确道路的同时，开始叩问现代化的民族进路，寻找现代性的民族品格。在这一转变过程中，显而易见西方哲学从

---

① 贺麟：《文化与人生》，上海文艺出版社2001年版，第4—5页。

② 贺麟：《文化与人生》，上海文艺出版社2001年版，第5页。

广博的西方文化中脱颖而出，成为人们寻找现实问题答案的思想依据。我国思想家也在对西方哲学的品读鉴别、对中国传统文化的反躬自省、对近现代中国现实问题的反思深虑中逐步深化对中西文化交融的思索。人们不再单纯地在西方先进文明的猛烈冲击中迷失自我、迷失民族性格，一味地拒斥本民族文化，要求全盘西化。而开始发现西方社会的不足、批判西方文化的缺陷，客观分析中西文化的差异，寻找二者之间取长补短、合流融汇的创新可能。中西哲学对话在每一阶段的深入，都同时代现实密切相关，充分反映出国人的问题意识、时代意识，以及对本民族现代化进路和普遍现代性出路的持续关注。

三、从文化经验借鉴到哲理自觉融通

今日谈"西方哲学中国化"的命题，始终是建立在西方文化在中国传播的历史基础上的。"西方哲学中国化"同样经历了从一个幕后助演角色走向前台独立成剧的过程，这一过程既是我国思想家在探求中西文化异同过程中逐渐深入并聚焦哲学思想而提炼哲学学科的过程，也是思想家们立足我国社会现实国情的更变而回应时代社会问题的学术理论反思与新建的过程。这一具有鲜明过程性特征的重大问题的形成，集中体现了国人思想文化在近现代的剧烈变迁与迅速适应，反映出我们对西方文化在中国传播的作用地位的态度转变，即从一种"开民智"的思想启蒙走向哲学研究的学理自觉，从笼统地撒网式索取西方文化的经验借鉴，走向系统化、专门化的哲学理论探讨与创建。因此，正是伴随着近现代我国社会所面临的种种困难与问题，受到西方文化的剧烈冲击和影响，在仁人志士的忧国忧民、反躬自省的努力中，在人民群众的革命实践和思想解放中，完成了在西方文化中对哲学中心的提炼，实现了哲学学术研究的专门化和学科的独立化。整个"西方哲学中国化"的前史，就是西学东渐的文化史，是国人对西方文化的接纳向哲学反思迈进的思想发展史。

西方国家对中国的文化殖民一手绘就了"西方哲学在中国"的最初画面。明末清初的"西学东渐"在借助耶稣会士传播自然科学技术知识的同时也将亚里士多德哲学与天主教哲学一并输出到中国。西方人在殖民主义利欲熏心的主宰下假借"孔子+耶稣"的外衣，试图以宗教传播扫清中国人的文化传统与思想基础，在重新构筑思想地基过程中使中国沦为他们的殖民地与附属品、原料来源地与商品倾销市场。所以尽管西方哲学在这一时期就在传教士的宗教活动中进入中国文化语境，但被动接受的局面与中国社会发展和国情需求并不吻合，因而西方哲学并没有成为中国人积极应对自身发展的思想资源，反而成为西方统治者用以海外扩张的思想工具。而这一点，利玛窦的一段话为我们提供了有力证明："中国偶像崇拜这个三首巨怪较之莱恩纳湖的蟒怪更为恐怖……而我们耶稣会本着自身的宗旨，奋起与之战斗，跨越千山万水，穿过许多王国，从遥远的国度来此拯救不幸的灵魂，使之免遭永恒的天谴。"[1] 由此观之，西方传教士传播"人文主义"福音的外表下实质上隐藏着以西方哲学为代表的、在意识形态层面逐步占领中国人思想文化的动机。但历史的巧合之处正在于中国社会的阶级不平等与对抗封建统治束缚的强烈吁求，使得西学东渐的传播回应了中国社会的现实问题与实际需要。所以也正是在历史机缘巧合下西方哲学向外扩张的思想与中国现实问题需要求得思想武器护佑的逻辑发生了时空共构、同频共振，这种在侵略野心驱使下中国人不得不被动接受的西方哲学并没有发生过多化学"催化效应"，只是在被动接受的初级发展阶段上满足了各自需求——生存与殖民——即便后来洋务运动掀起了一轮看似具有主体意识、主动精神的新的学习高潮，其实质也没有发生太大的变化，只不过是从另一个历史事实中展示了西方哲学在中国被动发展的最初形态。

而从戊戌变法的告败、在封建势力的绞杀中退出历史舞台，直至五四运动时期中国人思想意识的逐步觉醒，20 世纪最初 20 年的西方哲学和西方文化的学习研究则展现了由制度层面的学习向精神文化层面研究的意识转变。诚如梁启超指出，"求文明而从形式入，如行死港，处处遇窒碍，而更无他路可以别通"，"求文明而从精神入，如导大川，一清其源，则千里真泻，沛然莫之能御也"[2]。陈独秀在《吾人之最后觉悟》中说："最初促吾人觉悟者为学术，相形见绌，举国所知矣；其次为政治，年来政象所证明，已有不

---

① 裴化行：《利玛窦评传》上册，管震湖译，商务印书馆 1993 年版，第 9 页。
② 梁启超：《饮冰室文集》卷一，中华书局 1989 年版，第 362 页。

恪守缺抱残之势。继今以往，国人所怀疑莫决者，当为伦理问题。此而不能觉悟，则前之所谓觉悟者，非彻底之觉悟，盖犹在惝恍流离之景。吾敢断言曰：伦理的觉悟，为吾人最后觉悟之最后觉悟。"① 因此，在西方哲学领域中快速涌现了一批最早挖掘此精神文化之觉悟的有识之士。严复、王国维、章太炎、蔡元培等人都意识到要想使植根于半封建半殖民地土壤的中国人的思想意识获得新生，使本土哲学表现出新的状态，就要"运用西方哲学来解读中国哲学的概念与观点，或者吸收西方哲学的某些思想与原理融会到中国哲学中来，从而使中国传统哲学走上了变革和转型的阶段"②。正是在这种契机之下，"西方哲学中国化"成为了助推中国人思想变革、观念更新，以及使中国哲学迈上转型之路的重要助力与有效动力。由此，新文化运动以来试图以西方科学与民主精神填充中国文化的意图便成为推动西方哲学融入中国社会，推动中国社会发展的一条合理途径。

可以说，中国近现代思想文化发展的基本目标在于开启民智以救亡图存，在这一目标的引领下，随着对西方思想文化和科学技术的不断学习借鉴，实现了对国人世界观的逐步重塑。"近世文明之特征，最足以变古之道，而使人心社会划然一新者，厥有三事：一曰人权说，一曰生物进化论，一曰社会主义"，如果说人权与社会主义的文化经验更侧重于助推政治现实的革命活动的话，对生物进化论思想的探究则可以视为探索社会现实背后的哲学文化内涵的最初认识。进化论在 19 世纪 90 年代中叶至 20 世纪最初的10 年里是思想主流，它的输入"标志着中国近代哲学革命的开始"。由于"从戊戌变法时期到五四前夕，整整一代的革命者都信奉进化论"，③ 这就一方面使得进化论哲学在中国得到推进、发展，一方面又为西方哲学思想文化与科学在中国的传播、使用的历史进程奠定了基础。严复作为进化论的直接翻译引入者，不仅对进化论本身的发展作出了突出贡献，更以自身融合创新的独特"天演论"哲学观对近代中国社会的发展起到了积极的影响与助推之效。可以说，严复站在民族自强的高度积极主动地对进化论哲学做出的发展在很大程度上启迪了中国人的民智并助推了西方哲学在中国传播运用的发

① 陈独秀：《独秀文存》，安徽人民出版社 1999 年版，第 41 页。
② 黄见德：《西方哲学东渐史》上，人民出版社 2006 年版，第 6 页。
③ 《冯契文集》第 7 卷，华东师范大学出版社 2016 年版，第 6 页。

展进程。首先，从严复译介这部著作的重要目的来看。严复致力于以顺应自然变化而寻求生存空间的道理启示中国人应在理解历史规律的基础上不断为自身发展不懈斗争。严复在《译〈天演论〉自序》开门见山地指出，此书"于自强保种之事，反复三致意焉"①，所以将此书翻译引介至中国的目的正是在顺应"天道"而不违背自然发展规律的前提下激发中国人民族自强，实现自强保种。其次，从严复有选择性地翻译、传播赫胥黎的《进化论与伦理学》来看。严复是立足于民族国家需要、中国社会发展境遇而对赫胥黎的作品做出取舍，并没有生吞活剥、照搬照抄。严复在接触赫胥黎的 *Evolution and Ethics* 并决定将其翻译、引介时已经经过了慎重的思考与认真的甄别选择，即从挽救民族国家危亡、力图实现民族自强保种的立场撷取了该作品的前半部分，主张在中国积极广泛宣传自然科学的唯物主义，唤醒中国人的民族意识与生存竞争观念，在反对神学统治中为自身存在争取发展空间，从而形成了戊戌变法时期借鉴西学以补充完善中学的又一新高峰。② 最后，从严复利用赫胥黎之口来表达自己的哲学观点来看。赫胥黎虽然在这本书中将达尔文的自然科学唯物主义置于前半部分，将调和人际关系、提倡美德的伦理观点放在后半部分，以体现该书的重点之处是自身观点的阐述与发挥，以及在人类历史领域对社会达尔文主义的批驳。显然，严复主动忽略赫胥黎书中的某些内容并对其后半部分作了一个符合自身需要与别样化理解与解读，即在中国充分宣扬与提倡社会达尔文主义的伦理观。严复对进化论的引介起到了开启民智的作用，可以说，严复与众不同的为我所用，正是立足于中国社会发展需要，以一种近乎极端的方式彰显了西方哲学思想文化在中国的样态。但显而易见的是，其对进化论及相关思想的转译与解读有不恰当之处，如瞿秋白批判严复时说："简直是拿中国的民众和青年开玩笑"；傅斯年则嘲讽说："假设赫胥黎和孟德斯鸠晚死几年，学会中文，看看他原书的译文，定要在法院起诉"③。可见，当时对西方思想著作的翻译与解读的不成熟，也注定当时对西方文化只能做以经验式的移用，而无法做到真正的本土化。

---

①　［英］赫胥黎：《天演论》，严复译，译林出版社 2011 年版，第 6 页。
②　侯外庐：《中国近代哲学史》，人民出版社 1978 年版，第 242—243 页。
③　岳鹏星：《严复的谎言：〈天演论〉如何改头换面》，载《中华遗产》2015 年第 3 期。

　　严复之后，在进化论思想上体现国人的批判反思精神的进步思想家是章太炎。马克思曾指出，理论满足现实的程度取决于理论满足这个国家需要的程度。近代中国以来，中国先进知识分子向西方寻求真理、又时刻以中国社会现实为根基、以为我服务为主轴的治学立场。虽然这一立场的实现经历了一个思想解放与进步的历史过程，但并不影响它的一以贯之。章太炎通过"俱分进化论"对西方进化论学说进行改造与拓展。有学者曾这样评论道：19 世纪末 20 世纪初的中国，绝大多数人并没有对进化论进行深入思考并提出深度质疑，只有章太炎的"俱分进化论"摆脱了传统单向度认同进化论的框囿，敢于跳出唯进化论马首是瞻的肯定性思维，对进化论提出不一样的观点。这便是章太炎反对"直线进化论"和"终局目的论"，提出"俱分进化论"的与众不同的价值所在。[①]　所以章太炎在《俱分进化论》中明确指出："近世言进化论者，盖昉于海格尔氏。虽无进化之明文，而所谓世界之发展，即理性之发展者，进化之说，已蘖芽其间矣。"[②]　显然，自黑格尔将历史理解为一个直线进化的过程伊始，达尔文、斯宾塞等人也是从生物界和社会界循着黑格尔的路子接续论证了"直线进化论"的合理性与合法性。但章太炎则大相径庭地提出了反对意见，并认为进化（实质只是演化）是朝两个方向同时进行的，即在社会的进化过程中，善和恶、苦和乐是"双方并进"的，"进化之所以为进化，非由一方直进，而必须由双方并进"[③]。依据章太炎的观点，历史并非像黑格尔绝对理念中所推演与规划的那样只是从一极到另一极的、单向度绝对化行进，而是辩证的双向性发展，即有一方在向前进展的同时必然存在着另一方的向后倒退。这样的发展规律与变化轨迹才能对喜怒、哀乐、善恶、苦乐的同时出现做出合理解释，进而"进化之实不可非，而进化之用无所取，自标吾论曰《俱分进化论》"[④]。章太炎有选择、有保留、有转化地吸收与创新了进化论的方法，为中国人确立了"惟择其最合者而倡行之"的主张。[⑤]　使之涌现出中国学者对这一思想的更

① 王向清：《章太炎独特的"俱分进化论"》，载《北京日报》2014 年 12 月 22 日。
② 王晓明、周展安：《中国现代思想文选》上，上海书店出版社 2013 年版，第 50 页。
③ 王晓明、周展安：《中国现代思想文选》上，上海书店出版社 2013 年版，第 51 页。
④ 王晓明、周展安：《中国现代思想文选》上，上海书店出版社 2013 年版，第 51 页。
⑤ 王晓明、周展安：《中国现代思想文选》上，上海书店出版社 2013 年版，第 36 页。

多翻译文本。其中马君武在 1902、1903 两年间选择性摘取了达尔文巨著《物种起源》中的"生存竞争""自然选择"两章加以翻译，并以《达尔文物竞篇》《达尔文天择篇》为题进行出版。1903 年，李郁翻译了《达尔文自传》第 3 卷。直至五四运动之后，对进化论相关书籍的选取翻译与引进仍然被视为中国思想发展的重要阵地。1920 年，马君武全面译出达尔文的进化论巨著《物种起源》。当然"1922 年以后，又有许多进化论的经典著作如达尔文的《人类原始及类择》、黑格尔的《生命之不可思议》《自然创造史》，以及进化论通俗读物如《进化论十二讲》《进化论发展史》等书先后在国内出版发行，推动了进化论的普及。"① 以进化论为代表的这一时期西方哲学思想文化的摘取是中国人在近代民族危亡的情况下主动做出的一种认识与选择，中国人的慎重选择与反复忖度不仅使得对西方哲学思想文化资源的选取越来越具有针对性，更促使在吸收借鉴后能够有效融入中华民族的语境中，使其适合中国人的思想传统与社会现实，在有效解决中国现代化发展困境的同时推进了西方哲学思想文化的中国化。

　　进化论思想的引介过程给我们带来如下几点启示：其一，中国学者在这一学习借鉴进化论的过程中彰显了主体选择性特质。中国学者立足于国家发展与社会现实对西方哲学思想文化及其资源做出选取，而不是不假思索地"全盘西化"与机械单调的"拿来主义"。面对形形色色的社会思潮席卷而来，中国学者以民族发展的需要亮出鲜明的主动甄别的"底牌"，而非轻信盲从，被动接受灌注。当时进化论思潮被广泛引入，"物竞天择，适者生存"的理念也就此深深地扎根于中国人心中，证佐了中国人面向西方哲学思想文化时主动做出的有效选择。所以也才能看到诸如胡适、鲁迅等一批又一批知识分子在学习与改造进化论思想过程中如何一步步推动中国人的思想启蒙，使中国的现代化逐渐发展起来。由此，面对进化论这一 19 世纪末 20 世纪初的时代文化强音，感受着其之于中华民族精神解放、社会开化、文明进化，乃至激发民族进取精神、力争摆脱亡国奴命运的救亡心理的重要作用，对于进化论的自主选择在一定意义上体现了中华文化在面对危机之时能够主动向外部文化学习借鉴，而体现"穷则思变"的大道智慧。俄国十月

---

① 　王晓明：《西方进化论与近代中国社会》，载《教学与研究》2005 年第 10 期。

革命之后中国先进分子对于马克思主义的接受，正是这种自主自为地选择性吸收外来文化的历史活动的承继。其二，对于进化论的选择开启了中国人对于西方哲学思想文化的"创造性转化"之先河。达尔文的进化论既是自然科学的伟大成果，也是一种全新的哲学世界观。恩格斯在肯定达尔文进化论积极意义的同时又指出，"达尔文的全部生存斗争学说，不过是把霍布斯关于一切人反对一切人的战争的学说和资产阶级经济学的竞争学说以及马尔萨斯的人口论从社会搬到生物界而已"①。马克思主义经典作家并不认同一种将自然生存法则简单运用到人类社会发展规律的公式性定义之上，他们反对社会达尔文主义以抽象历史哲学公式的形式将人类社会的一般规律概括为动物性生存斗争行为的必然结果。恩格斯指出："把历史看做一系列的阶级斗争，比起把历史单纯归结为生存斗争的一些没有多大差异的阶段，内容丰富得多，而且深刻得多。"② 因此，马克思主义始终坚持唯物史观的思维方式认识人类社会生活，坚持阶级分析的方法，坚持对人的理解建立在生产实践的社会历史属性的观点上。从纯粹学理与具体实际的双重层面来考察，虽然可以看出严复的观点由于囿于抽象历史哲学范畴的"泥淖"而无法自拔；但也能够看到其坚持立足于中国具体国情而有针对性、有选择性地吸收借鉴进化论思想的态度与其理论背后所展示出的时代合理性，清晰地展现了理论与实践统一中思想理论的无限张力与可能。其三，对于进化论的吸收改造使中国人"对话性反哺"的主体姿态与精神气质不断被释放与彰显出来。中国先进知识分子在对西方哲学思想文化接纳的基础上实现了创造性转化与创新性发展。西方哲学思想文化在中国的发展历程中，中国学者提供了大写哲学的重要"反哺性"回馈与馈赠。譬如章太炎在以辩证态度反思线性进化论的突破性贡献上与历史上众多群星璀璨的西方哲学思想家异曲同工。如果说卢梭在《科学与艺术是否有助于使风俗日渐淳朴》一文中敏锐而审慎地察识了现代性文明所具有的两副面孔，并在《论人类不平等的起源和基础》《社会契约论》等著作中进一步澄明；如果说西美尔清晰地将其洞察到的资本的双重逻辑，以及市场经济在塑造现代文明中作用的双重影响展示在

---

① 《马克思恩格斯文集》第 9 卷，人民出版社 2009 年版，第 548 页。
② 《马克思恩格斯文集》第 9 卷，人民出版社 2009 年版，第 549 页。

《货币哲学》之中；如果说霍克海默和阿多诺在《启蒙辩证法》中批判的资本社会所极力打造的"同一性"，试图通过否定辩证法还原世界多样性，展示多姿多彩的"星丛"；那么章太炎在这里所做的恰恰也是将那种线性发展的历史观就地粉碎，以辩证法为地基重构起一个新的"唯物史观"。正是在这个意义上，以章太炎为代表的中国先进知识分子以"对话反哺"的姿态向西方乃至世界彰显了中国人对人类现代性文明所贡献的独特智慧。

如果说 20 世纪最初的十年里，西方哲学思想的引介、传播与转化是与民族主义、进化论的传播紧密结合在一起，那么 1919 年以后在中国人积极求知与民族自强心态的推助下促就的三位重要西方哲学家访华活动，则对西方哲学思想文化在中国的传播发展产生新的影响，推动着西方哲学思想在中国传播的多元性，并开阔国人视野，为寻求中西文化的和解和西方文化的中国适用性开拓新途径，提供更多可能性。瞿秋白曾指出："中国五四运动前后，有实验主义的出现，实在不是偶然。中国的宗法社会因受国际资本主义的侵蚀而动摇，要求一种新的宇宙观和人生观，才能适应中国所处的环境——实验主义的哲学，刚刚能用他的积极性来满足这种需求。"[1] 在引介杜威实用主义哲学的过程中，对其作出较好本土化发展的当然是胡适，兹不赘述。同时，陶行知研究与传播了实用主义的教育观，提出"注重从中国实际出发改造旧教育，发展新教育"[2] 等思想观点；蒋梦麟研究与发展了实用主义伦理观，在实用主义"有用就是真理"思想观点基础上探讨真理的实用价值与伦理价值，进一步引发关于"德先生"与"赛先生"问题的讨论。

1920 年 6 月，英国著名哲学家、社会活动家罗素接受北京大学傅铜、尚志学会、中国公学等团体邀请，开启为期一年的来华讲学活动。同年 10 月，罗素抵达上海时，得到中国知识界的热烈欢迎与较高期待。《申报》在《欢迎哲学家罗素记》一文中指出，"中国今当改造之日，愿以罗素先生坚强不屈之精神与精审切当之学说为师"；《新青年》对罗素生平与来华访问

---

[1]　瞿秋白：《实验主义与革命哲学》，载忻剑飞、方松华编：《中国现代哲学原著选》，复旦大学出版社 1989 年版，第 196 页。

[2]　杨寿堪、王成兵：《20 世纪西方哲学东渐史——实用主义在中国》，首都师范大学出版社 2002 年版，第 83 页。

事宜加以积极宣传介绍，使得人们对其开创现代数理逻辑、运用逻辑分析方法为分析哲学做出的奠基有了初步了解；韦君在《欢迎罗素》一文中也谈道，罗氏"预料于社会改造论一面，我们将大得益处"。所以对于罗素到来的殷切期盼与对其哲学理念积极学习的心态，鲜明表征了此时中国人积极主动地吸收借鉴西方哲学思想文化的求知精神与为我所用的实用方法。罗素以《哲学问题》《心的分析》《物的分析》《数学逻辑》《社会结构学》的五次演讲而系统呈现其思想观点与方法的。中国学者围绕罗素以逻辑分析方法对哲学本体论、认识论问题的研究展开积极讨论并形成诸多成果，如王星拱的《罗素的逻辑和宇宙观之概说》、钱穆的《读罗素哲学问题论逻辑》、潘公展的《罗素论哲学问题》以及张申府等人的诸多研究。不得不说，当时中国人的思维方式中缺少这样的知识基础与训练过程，尚未对分析哲学与充满数学技术性特点的哲学方法有更多理解，但罗素的到来与系列演讲，使分析哲学与数理逻辑得到中国知识界的热切关注，开启了中国分析哲学研究的先河，也为后来继续研究罗素的哲学思想奠定了基础。自 30 年代开始，在冯友兰、金岳霖、张岱年与洪谦等人的努力下，罗素分析哲学的影响与效应开始释放。冯友兰作为积极提倡与运用分析哲学方法的中国哲学家，其以逻辑分析方法铸就了《新理学》一书，成为分析哲学在中国发展的重要代表。同时代的知名学者金岳霖以西方哲学为参考，以分析哲学为方法，以建构中国哲学新体系为追求，在积极建构中国哲学新形态方面作出的努力与贡献中，罗素哲学思想的影响当然不可或缺。正如他写道的："民国十一年在伦敦念书，有两部书对于我的影响特别大：一是罗素底 Princiles of Mathematics，一部是休谟底 Treatise。罗素底那本书……使我想到哲理之为哲理不一定要靠大题目，就是日常生活中所用的概念也可以有很精深的分析，而此精深的分析就是哲学。从此以后我注重分析，在思想上慢慢与 Green 分家。"① 而其回国后对逻辑分析的继续研究也使其在数理逻辑的引进与建构新的形而上学体系，推动分析哲学在中国的传播与发展方面作出贡献。从数理逻辑的引进来看，金岳霖所作的《逻辑》一书是中国最早引入并系统介绍数理逻辑的教材，其在此书中对传统演绎逻辑的介绍与批判，对

---

① 金岳霖：《论道》，商务印书馆 1987 年版，第 3 页。

新的逻辑系统的引入与反思提出了诸多重要观点，尽管这些观点尚未成熟系统化，但这已经是中华大地上最早对数理逻辑、分析哲学做出的具有自我批判、创新意识的系统介绍与积极发展，而这一重要成果与努力尝试也在30—60年代之间直接影响了几代逻辑工作者。而从对数理逻辑与分析哲学的中国化创造发展来说，金岳霖在《论道》一书中对"分析就是哲学"做出了"逻辑哲学论"的完美演绎，创建了具有中国特点的形而上学体系。在《论道》中，金岳霖以"能"与"式"作为万事万物的始基，阐发"能"由于不具备性质，无法构成可感对象而需借助"式"之"可能"，使"式"成为容纳"能"的框架、"析取地、无所不包的可能"①，从而将"式"界定为逻辑的根源——"'式'就是逻辑底源泉"②。在此基础上，金岳霖通过对式、能、共相、具体、特殊化个体、可能性、必然性关系的论述进一步证明"式"与"能"在万事万物发展中的基础地位，即形而上学的本体论地位，以此证明自身建构的新的形而上学体系充满逻辑结构主义、逻辑分析方法的色彩。但更为重要的是，金岳霖在以分析哲学建构新的形而上学体系过程中以中国哲学"道"的概念对西方分析哲学做出了在中国的"典型发展"。金岳霖指出，古希腊以来Logos总带有一种冰冷僵硬的感觉，这使人觉得有些沉闷、直冷、不自由、不舒服，而中国哲学的"道"却不仅没有这样的感觉，反而在使人修道、得道的过程中让人感觉怡然自得、通畅明快，所以"道"应当是哲学中"最上概念与最高境界"③，应当是对"式"与"能"的综合，"式"与"能"都应处于"道"的统摄之下。这样一来，金岳霖在以分析哲学建构新的形而上学体系中以"道"的至上顶点不仅实现分析哲学研究中"求理智的了解"，也达成了"在研究成果上求情感的满足"④，用中国的"道"将古希腊Logos的演绎推向新的高峰，以"道"对分析哲学做出中国式改造，助推西方哲学在中国的发展。无论是冯友兰还是金岳霖等一批大哲学家都是秉持着积极主动的精神与姿态将西方哲学纳入中国社会现实的发展轨道上，使其在吸收、转化中不断助益中国哲学

---

① 金岳霖：《论道》，商务印书馆1987年版，第22页。
② 金岳霖：《论道》，商务印书馆1987年版，第24页。
③ 胡军：《分析哲学在中国》，首都师范大学出版社2002年版，第228页。
④ 胡军：《分析哲学在中国》，首都师范大学出版社2002年版，第229页。

的建设与发展，成为中国人在认识世界、推进实践、建设现代化进程中的重要致思向度与思想资源。在 2020 年 11 月 14—15 日结束的第十二届全国分析哲学学术研讨会上开展的"探索分析哲学中国化的合理路径"，围绕着分析哲学的中国化和中国哲学的分析化、分析哲学研究在中国的未来走向等议题。所以分析哲学在中国的发展路向在 21 世纪已经鲜明彰显出"中国化"的发展之路。

　　如果说杜威与罗素的访华为西方哲学思想文化在中国的传播发展开辟了一个新的时期，那么以杜里舒访华为节点，其对生机论哲学的阐发则掀起中国人对西方哲学研究的另一股浪潮，使得西方哲学思想文化在中国的发展进入一个新阶段。1920 年，时任财政部部长的梁启超偕同中国民主社会党领袖、当时国内哲学界对杜里舒哲学有一定理解和研究的张君劢等人有过一次欧洲之行。在维也纳，经诺贝尔文学奖获得者、德国哲学家鲁多夫·奥伊肯的引荐，梁启超等人以中国讲学社的名义正式邀请杜里舒来华讲学。杜里舒于 1921 年底来到中国，并于 1922 年在上海、南京、杭州、汉口、北京等地讲学，系统阐述自己的实验主义哲学思想。而从当时中国学界的积极准备与学习热情来看，国人对于这种实验主义的西方哲学思想确实产生了一定的学习兴趣：《东方杂志》刊出了"杜里舒专号"，登载了瞿菊农的《杜里舒学说的研究》、秉志的《杜里舒生机哲学论》、张君劢的《关于杜里舒与罗素两家心理学之感想》、费鸿年的《杜里舒的著作》、周建人的《生机定义》；上海亚东图书馆出版了杜里舒著作《实生论大旨》，系统介绍了命根与物质及能力的关系、实生论的名理、实生论与一元玄学的思想；商务印书馆于1923 年出版了《杜里舒讲演录》。这些都为中国学者进一步研究与创新生机论哲学，使生机论思想在中国的改造利用奠定了良好基础。为此，张君劢曾就杜里舒访华事件说："自杜氏东来，所以告我国人者，每曰欧洲之所以贡献于中国者，厥在严格之论理与实验之方法，以细胞研究立生机主义之理论，可谓实验矣。哲学系统，一以论理贯串其间，可谓严格矣，此则欧人之方法，而国人所当学者也。"① 所以对于实验方法与生机哲学的学习正是新文化运动时期科学主义大旗下中国人求知若渴的心理展现，是中国人将西方

---

　　① 张君劢：《杜里舒教授学说大略》，商务印书馆 1923 年版，第 2 页。

哲学思想文化为我所用，努力对中国历史与现实需求的自我理解的基础上对西方哲学思想文化做出主动应变的积极反应。当然，在五四运动前后的十年时间里，众多西方哲学思想在中国学者的积极引介中络绎不绝地来到中国并产生了显著影响，而对其作出具有中国人主体意识的创造性转化与创新性发展也是当时中华民族走向民主科学，推动社会发展，实现民族自强的精神展现。在对众多西方哲学在中国的发生、发展及创新性转化中，成为西方哲学思想文化在中国发展的有力证明与重要彰显，为此后西方哲学在中国的理论接续传播与实践创新发展提供了重要的历史经验借鉴。

可见，西方哲学逐渐从广博的西方文化中脱颖而出，成为独立的学科关注点与学术聚焦点，西方哲学中国化也在西方文化在华的传播深入过程中从幕后走向台前，成为文化问题核心。从思想启蒙到学理自觉的转变不是断裂式偶发，而是在潜移默化中转变与贯穿西方文化在华传播、西方哲学在华影响变化的全过程，而集中表现为人们对待西方文化及其哲学在不同时期的不同态度。国人对西方文化的认识、辨别、援引与评介在价值归旨上体现为文化经验借鉴的思想启蒙作用向学理自觉融贯的理论影响的转变，并非一种割裂的、截然二分。相反，在中西文化交流碰撞的全过程中，思想启蒙与学理自觉是相辅相成、相互依存、相互促进的关系，只不过在不同的历史时期，侧重点有所不同，有时前者为显性目的，有时后者又走上前台。由于近代中国历史是在受西方殖民文化侵略而具有突发性开端，因此，在以民族矛盾为主要矛盾的中国近代社会的发展始终离不开"开民智""解放思想"的思想文化任务。近代中国的文化主题也始终围绕着"思想启蒙"而展开，只不过过程基本上以中西文化碰撞，中国人对西方文化所采取态度的体系与脉络为表征。当国情发生巨大更变，尤其是新中国成立，社会主要矛盾变更，思想启蒙的任务早已在文化交流与学术自觉的探索中实现了阶段性胜利，加之新的哲学研究对象与研究方式的诞生与深化，中西文化或言中西哲学的交融毋庸置疑迈上一个新台阶，走向以学者为主体的学科性探索和学术性发展方向。从直观现象层面上集中体现在西方哲学课程与教材的使用情况和对西方哲学相关外文著作的翻译引介情况上；在思想层面上则多由博学专家开启对西方哲学中国化的新认识、新论述、新判断。

西学东渐的文化现象发生于中国现代化的历史进程，既促进了这一进程的急遽发展，形塑了中国现代性的某些特征和向度；也被这一进程所规定，是在中国特定的文化基体、历史条件与现实实践中生发、展开与变化的，内含着中国人的决断、想象、选择、抵抗与创造，体现着中国人主体意识和主动精神。这一文化现象既显示了国人对西学由"器"而"道"的认识递变，也呈现出古今中西之争的时空张力；既反映出中国向异邦文明借鉴的阶段发展与层级跃升，也表现为中国"以坚持自己的方式进行的自我改变"的"回心"运动①。总之，西学东渐现象在整体上映射出中国现代性追求的"奥德赛"，这是基于自身、超出自身又返回自身的辩证历程，由此抵达主体觉醒。求索中的主体自觉推动着西方哲学思想在西学东渐的过程中逐渐从隐性潜在的幕后走向台前，在不失中华民族气质性格地引参西方思想文化过程中成为中西文明间争鸣的焦点与核心。"西方哲学中国化"作为一个晚于"西学东渐""西方哲学在中国""中国的西方哲学"等概念才出现的新兴范畴，其历史脉络却始终绵延在中华民族自近代以来所开启的逐步探索现代化的道路之中。所以无论是"睁眼看世界"还是"自强保种"，无论是"君主立宪"还是"民主共和"，无论是"资产阶级救国路线构想"还是"社会主义道路前途光明"，西方哲学在中华民族伟大复兴的征途中从未缺少，始终"在场"。

---

　　①　"回心"的概念出自竹内好，它与"转向"相对。竹内好在《何谓近代》中说："在表面上看来，回心与转向相似，然而其方向是相反的。如果说转向是向外运动，回心则是向内运动。回心以保持自我而反映出来，转向则发生于自我放弃。回心以抵抗为媒介，转向则没有媒介。"参［日］竹内好：《近代的超克》，李冬木、赵京华、孙歌译，生活·读书·新知三联书店 2005 年版，第 211—213 页。

第　二　章

西方哲学中国化的发展历程：
知识型、比较型与阐释型

　　西方哲学一向被视为影响中国思想的异质文化，并经历着对其好奇、接受、批判与省思的过程，经历着由"贵妇人"的王者至尊（科学知识崇拜意义上）地位向世人皆知的"过客"转变的过程。此一过程，固然包含着西方哲学作为一种外来文化对中国的影响，却也绝非一个对异质文化单纯借鉴、机械挪移的过程，而更多的是一种文化形态在新的语境之下的再诠释和再创造的过程。这一方面体现了西方哲学自身具有的生命力和活力，另一方面更展现了中国文化独具的包容性和创造力，显示出中国人对外来文化的检视能力和理论自觉。在此意义上，我们更愿意把西方哲学在中国的发展过程理解为西方哲学的中国化历程。

　　西方哲学的中国化历程，顾名思义，是指西方哲学在中国传播过程中不断被中华文化包容、改造、批判吸收和诠释的过程，是中国人立足于中国式思维和中国式立场不断去解读西方哲学的过程，体现了鲜明的主体意识和主动精神。西方哲学的中国化历程使中国人认识到：中西方哲学之间既存在文化冲突，亦存在"杂色共生"——以中华文化的血脉骨骼为生命线是杂色共生之灵，西方哲学紧紧贴服在这一骨骼上是杂色共生之肉，建构了属于中国人自己理解西方哲学的自主品格和特定方式。恰似伽达默尔的解释学对"成见"的认识："成见"意味着我们不可能以纯然中立的立场去解释一切，"成见"构成理解与解释的"前结构"，系理解和解释的先决条件，所以历史不属于我们，而是我们隶属于历史；有"成见"才是我们存在的历史实在本体。如果亚里士多德不用自己"实体是是其所是"的"成见"去解读理解柏拉图的"理念"，则无法成为集大成者。同理，中国人如果不用自己的"成见"去解读西方哲学，就等于中国人永远没有理解西方哲学，西方哲学的历史不属于我们，我们要隶属于西方哲学的历史，就必须有"成见"——即有我们中国人自己的理解能力、思维方式、问题意识、主体精神、自主品格等。这是我们理解西方哲学、不断使西方哲学中国化的"中国化视角"，或曰"中国人眼光"。"这里说的中国人眼光，有特殊的含义，指的是一种文化意识和理论标准，它决定着我们观察问题的角度、解释模式和表达方式，以及选择素材和审视结论的价值取向。中国学者为什么要用中国人的眼光看待西方哲学，如何学会用中国人的眼光看待西方哲学？这是需要首先解决的问题。"① 赵敦华提出的对西方哲学的中国式解读，此一理解和解释方式同著名解释学大师伽达默尔如出一辙。解释学问题不仅涉及文字，更涉及语言；不仅涉及原文和它的客观含义，更包含讲话人和作者个性，故解释就是"去理解一系列既作为一种迸发出来的生命环节，又同时作为一种与许多其他人甚至以不同的范式相联系的活动的思想"②。话语和文字不唯是思想的直接显现，亦包括思考的过程。同一问题，言人人殊，阐释相异，岂能一律，可谓共同的话题，不同的话语；共同的文本，不同的阐释；共同的历史，不同的理解。故此，西方哲学在中国的发展——无论是教材编写，还是著作出版；无论是阶段性研究，还是通史性把握；无论是思想性提炼，还是人物性挖掘——都始终围绕着两个相互缠绕的问题不断前行：其一，尊重西方哲学内在的发展轨迹——有的学者对西方哲学发展历程作出概括，有的学者从西方哲学概念流变作出阐释，有的学者从思想性与时代性的相互结合进行理解，这其中包含着不同研究个体所形成的"哲学观"或"哲学史观"；其二，尊重西方哲学与中国哲学之间的相互观照。西方哲学的理解与解释毕竟不是要还原历史。历史无法还原，只能以各自的方式"重现"，而"重现"的过程就包含历史故事叙述者的自身理解。在此意义

---

① 赵敦华：《西方哲学的中国式解读》，黑龙江人民出版社 2002 年版，第 13 页。
② ［德］伽达默尔：《真理与方法》，洪汉鼎译，商务印书馆 2010 年版，第 268 页。

上，我们才隶属于历史，隶属于西方哲学中国化的历史。

以这样的目光审视西方哲学中国化的总体过程，可以从三个维度或三个阶段来把握，即以知识形态为核心的引进与译介（传统知识型）、以文化比较为特征的概念体系与思想特质的研究（文化比较型）、以主体性理解和重释为标志的文化创造（当代阐释型）。我们认为，传统知识型、文化比较型与当代阐释型三者之间既具有共时性的彼此隐蕴关系，也体现为总体意识或认识能力在微弱的历时性差异之中彼此影响、互相生发。概而言之，三者的逻辑关系可以视为一种历时—共时交叉式的因果联系。在此首先要强调的是，思想文化的发展演变（或两种异质文化的交锋融合）并非纯粹历时性或纯粹共时性的单一维度，而是两相叠加、彼此穿插的多维并进。以传统知识型为主导的引介阶段为例，对西方哲学知识的引介包含两层意思：第一，从历时性的角度而言，确有一些具体的历史阶段对西方哲学的研究以引进和翻译为首要目的和任务，但是"翻译也是创造"，在译介的过程中是囊括着国人对现实思想文化状况的认识与把握，和以哲学研究的现实需求为基础的主体性选择。对西方哲学著作与教材的知识型译介不是漫无目的的，而是为现实服务、为哲学思想研究的具体需求服务的。第二，从共时性的角度而言，知识型引介是我国对西方哲学展开研究的所有阶段所先要的基础性前提。作为一种异质性文化或舶来文化，对西方哲学的研究必然要以翻译和引进为基础，这是一个从无到有的前提性准备。翻译引进是要完成将两个彼此独立、不相关联的哲学思想放在同一语言表述空间之中，使之形成对话的可能平台，进而促进思想研究的进一步深入进展。如果失去这种语言上的交流互通，即便研究成果看上去再丰富再深奥，也只能产生自说自话的结果，在达成共识上不易建树，也就缺少了文化思想研究的世界性、人类性的意义。基于这两重含义，对西方哲学知识的引介、比较与阐释也就更加关心它所反映的时代问题需求与人文思想价值，而不单单只是史料的描述性堆砌。

一、递变的起点：异质文化在知识引介中会面交流

大抵一种外来文化要融入本土，先行的知识性介绍似乎是不可省略的历史必然。是故，西方哲学中国化最初呈现为一种"传统知识型"的传播和

研究特征。"传统知识型"的特点在于将西方哲学看作类似自然科学一般的知识，对其进行知识化、模块化、结构化的认识。知识的特点是"是其所是"，内涵明晰、简单明了，讲求确定性、规范性，便于学习，所以对知识型科学的认识和传播只能够按照其本来所有的面貌力求原封不动地移植和描画，争取做到"形神兼具""形象逼真"。传统知识型的西方哲学研究本质上是将其看作一种异质文化，讲求单向的"还原性"，以实现西方哲学"在"中国的空间移植。

在西方哲学传入中国的早期，"传统知识型"呈现为重视知识性介绍、历史性梳理的方式，注重对西方哲学各个历史时期出现的代表性人物、学派、标志性事件和思想进行一种直观朴实的描述和线性的分界。这种方式要求史料的丰富翔实，强调史料的真实纯粹。为此，以引进、介绍、翻译和传播西方哲学为主旨的学术成果风生水起，汗牛充栋，为西方哲学中国化奠定了非常重要的前提性基础。这一良好的基础表现在两个方面：一方面对哲学"史"上的"哲学"知识有较为全面的占有，在完成对"哲学"知识，即各个历史时期丰富多样的"哲学"内容相对全面了解的基础上，才有可能将其串联成一部源远流长、一以贯之的哲学"史"；另一方面"传统知识型"不仅仅是对思想家和哲学知识进行简单介绍或排列组合的罗列上，而是力争在此基础上实现整合、在断代的基础上实现史通，以呈现对西方哲学理解与解释的蚂蚁、蜜蜂到蜘蛛的方法逻辑，以实现对西方哲学作为史学意义完整性和系统性的把握，展现西方哲学从古至今发展而来的知识系统。

西方哲学传入中国首先是由社会发展的现实需要所决定的。救亡图存的根本任务与民族使命使向西方学习先进的科学技术、社会制度和文化理念成为中国学界的自觉选择。而在一切西方文明之中，哲学思想和理念是一切文化进入的前提，这就使西方哲学从整体上影响国民思维方式与创新中华文明成为一种必然。实际上，西方哲学中国化的准备阶段，与以"传统知识型"为核心的初始阶段具有不可分割的连续性，后者的进程始终以西方哲学中国化发展的前提准备为依据，同时充实着西方哲学中国化的最初形态。只不过我们以传统知识型为核心的引进与译介，欲凸显的是西方哲学中国化在这一历史时期更鲜明地表现为对西方哲学知识形态的传播，即对西方哲学历史历程和发展脉络的历史性译介、对西方哲学发展各阶段的主要思想、主要流派、主要代表性人物的介绍，以及对西方哲学史及现当代西方哲学中重要概念、论断等的翻译和传播。这些被看作西方哲学中国化初始阶段的主要理论表达。可以说，西方哲学中国化遵循了这样一种一般性规律：一种理论进入一种异质文化，只有先对其产生感性认识、线索理解等初步体会，才能形成对该种理论的基本认识、基本判断，并形成基本观念，从而对其加深认识，形成史与论的相互结合与相互印证。同时要说明的是，这一时期以知识形态为核心的引进和译介不仅是简单的翻译和传播的过程，也是在人物流派思想观点基础上形成理论逻辑的过程，是在断代史基础上形成通史的过程，是在西方哲学基本思想的基础上进而把握西方哲学整体精神的过程，这就使其具有超出简单的知识引介的理论深蕴。

　　早期传教士传播和推广的西方哲学，自然是按照西方哲学的本来面目引入，希望通过对"原汁原味"的西方哲学的引介和传播，弘扬西方文化精神，实现文化入侵。"他们不只为了寻找财宝和权力，而且一心要传扬征服者先辈的西方基督教。他们传扬基督教的热情是狂热的。"[①] 例如，利玛窦就曾经说过："我们耶稣会同人，依照本会成立的宗旨，梯山航海……做耶稣的勇兵，替他上阵作战，来征讨这崇拜偶像的中国。"[②] 由此可见，"传教士来华传教的根本目的，在于使中国皈依基督教，进而使中国成为西方国家的殖民地"[③]。自洋务运动到新中国成立前的西方哲学东渐，虽然某种程度上已开始与中国人救亡图存的客观实际相迎合，但是也正因为中国人有转变落后挨打局面的主观愿望，在向西方学习方面，也更加努力去描摹西方文化的"真精神"，力求以西方先进文化拯救中国传统文化，进而"师夷长技以制夷"。魏源在《海国图志》中就曾经表达过这样的观点："同一御敌，而知其形与不知其形，厉害相百焉；同一款敌，而知其情与不知其情，厉害相百焉。"[④] 中国人本着了解西方、学习西方的目的，从西方引进技术、引进制度、到引介与传播西方哲学及西方文化，至少在扩充知识的层面上，使中

---

　　① ［英］阿诺德·汤因比：《一个历史学家的宗教观》，晏可佳、张龙华译，四川人民出版社1990年版，第173页。

　　② 裴化行：《利玛窦司铎与当代中国社会》第一册，河北献县传教团理财书店1937年版，第1—2页。

　　③ 黄见德：《西方哲学东渐史》上，人民出版社2006年版，第34页。

　　④ 魏源：《海国图志·原叙》，中州古籍出版社1999年版，第67页。

国人更加了解世界。20 世纪上半叶（尤其是五四之后），我国西方哲学研究进入全面翻译引进西方哲学经典著作的阶段。对西方哲学各个哲学流派、哲学思潮、哲学阶段的相关著作的译引，我们试举几部便可管中窥豹：比如在古希腊哲学方面，有杨伯恺译《赫拉克利特哲学思想集》（辛垦书店，1934年）、《德谟克利特哲学道德集》（辛垦书店，1934年）、《学说与格言》（辛垦书店，1934年），陈康译《巴曼尼德斯篇》（商务印书馆，1982年），等等；近代西方哲学方面，有关琪桐翻译的培根《新工具》（商务印书馆，1936年）、巴克莱《人类知识原理》（商务印书馆，1936年）、休谟《人类理解研究》（商务印书馆，1936年）、笛卡儿《方法论》（商务印书馆，1936年）、《哲学原理》（商务印书馆，1936年）、《沉思集》（商务印书馆，1936年）等等；德国古典哲学方面，有胡仁源翻译的康德《纯粹理性批判》（商务印书馆，1931年），张铭鼎翻译的康德《实践理性批判》（商务印书馆）、黑格尔《论理学》（1935年），王造时翻译的黑格尔《历史哲学》（商务印书馆，1936年），等等。

在现代西方哲学方面，对尼采、柏格森、萨特等人的思想著作的译介也有突破性进展，单从对尼采的著作译介状况即可看出当时中国思想界对西方哲学思想的求知若渴的态度：郭沫若译《扎拉图士特拉如是说》、梵澄译《朝霞》和《快乐的知识》等。现代西方哲学关于人的意志、生命哲学、存在主义等生存论方面的思想内容为当时我国思想界所广泛关注。

在西方哲学史研究方面，这一时期的编译成果同样彰显出对西方哲学思想全面梳理介绍的欣欣向荣的研究状态：刘伯明编写《近代西洋哲学史大纲》（中华书局，1921年），李石岑编写《西洋哲学史》（1923年），瞿世英编写《西洋哲学的发展》（神州国光社，1930年），洪涛编写《西洋哲学》（1933年），全增嘏编写《西洋哲学小史》（商务印书馆，1934年），黄忏华编写《西洋哲学史纲》（岳麓书社，1937年），李长之编写《西洋哲学史》（1940年），张东荪和姚璋合撰《近世西洋哲学史纲要》（1941年），詹文浒编写《西洋哲学讲话》（1942年），冯友兰参照西方哲学史编写《中国哲学小史》（商务印书馆，1947年），侯哲庵编写《西洋哲学思想史论纲》（黎明书局，1948年），等等。

这一系列成果都是我国研究者以自我理解的方式进行的对西方哲学史的

自我解读，其中冯友兰的《中国哲学小史》，更是在对西方哲学史理解的基础上，对中国哲学史做出的一定创造性的文化成果。因此，中国学者并非只是简单的西方哲学著作与西方哲学人物流派思想引介，而是在知识传播的基础上，以总体性的立场和理论视野主动接受并自觉再释西方哲学，其明确的目的性在于将西方哲学史看作人类认识史，将西方哲学史视为现代化、知识化的优势资源；而在这一传播引介过程中自发开启的对西方哲学的中国式研究，则在一定程度上表露出中国学者对西方哲学解读过程中的主体自觉意识，即一种自主立场的理论彰显。李长之在《西洋哲学史》中写道："我们现在所急需的是要把中国彻底现代化。敌人打击我们，不也是因为见我们现代化快要完成了，而眼红，而妒忌么？我们的吃亏，不也就因为我们现代化得不早么？我们的牺牲，说简单了，不是也就在争一个'完成现代化'的自由和时间么？什么是现代化？简言之，现代化乃是西洋化。详言之，便是由西洋近代科学、技艺、思潮、精神所缔造之整个文化水准，从而贯通于今日最进步的社会组织、政治结构、生活态度之一切的一切，我们中国都能迎头赶上之谓。然而文化是整体的，枝叶重要，源头更重要，西洋哲学就是近代西洋文化一切成果的总源头。"[①] 中国学者们自觉认识到西方哲学可以作为中国社会现代转型的重要思想资源，成为现代化的动力，这就使对西方哲学的翻译传播，对其做出的中国式解读创造始终与中国社会不断走向现代化的征程相伴而行。

几乎与此同时，生命哲学顺应中国社会文化发展需求和机理被引入中国。柏格森的哲学于1913年经钱智修介绍被进入中国，其后，关于其思想内容的介绍和哲学著作的译介就一发而不可收拾。由于其哲学思想内容与我国传统哲学的主要主张有理论契合之处，尤其是中华传统文化中的天人合一的主要思想观点，为柏格森生命哲学在中国的理论影响力奠定了一定的本土人文情怀和心理基础。因此，加之时代的现实所需，柏格森关于生命哲学的思想观点就更为当时所格外关注，这也充分体现了我国知识界对学习西方哲学的自主选择性。在梁启超、李大钊、张东荪、张君劢、冯友兰、熊十力等众多中国哲学大家和西方哲学研究先驱的著述中，都能寻到柏格森哲学思想

---

① 李长之：《西洋哲学史》，正中书局1941年版，第1页。

的踪迹，体会到其理论影响力。如，像"生命之流""绵延"等柏格森哲学中的一些哲学专门词汇和特有概念在当时被广泛应用于各西方哲学研究著述之中。西方哲学思想内容和思维方法对我国相关学科与学术研究的理论影响在东西方文化论战、科学与人生观讨论、现代新儒家思想体系的建构过程中均有所体现。由此反映出当时人们对中国现实社会问题——战火纷飞的革命年代，面对参军报国和个体生命之间的矛盾，不免对人生价值和生命意义产生观念性的追问，以此需要对生命意义的有力解读与重释，以启蒙人们重新认识社会秩序的规律性与现实存在的规定性和发展性，启发人们从全新的宇宙观看人生轨迹的选择，从而向大众普及科学与民主的现代性精神内核。这实际上是为中国在战火中向现代化的精神层面的涅槃重生而努力——的独特把握，即以问题和政治与社会需求为导向对西方哲学思想进行筛选式的引进。在关于柏格森生命哲学的引进、学习、阐释、转化的研究方面，张东荪、李石岑和朱谦之的贡献极大。张东荪是最早翻译柏格森著作的学者，其翻译的《创造进化论》《物质与记忆》等柏格森的经典代表作为柏格森哲学思想研究奠定了知识资源基础。而且，他在译介柏格森著作的同时，更为关注对其思想的重新理解和整合，重新思考并集中关注科学与哲学的关系问题，并创造性地提出"架构论"的宇宙观思想，进而主张以此推论和指导一种理智化的人生观，指导实践行为。张东荪是自觉从西方哲学史中寻求思想理论资源的先行者，在其中发掘有助于新思想诞生的西方哲学理论依据，为丰富我国的思想理论观点助益。柏格森的直觉主义对朱谦之的影响较大，这种影响贯穿于其思想历程和思想体系之中，无论是其学术生涯早期的虚无主义思想体系还是20世纪20年代他的"唯情论"思想体系，都有直觉主义的影子。朱谦之赞成柏格森对个人生命意志的强调，认为科学理性思维不是人类认知能力提升的标志，相反，却是阻碍人类理解世界和自身的消极力量。科学不能解决所有问题，甚至不能解决根本性问题，宇宙的本体不在于超验存在或理性本质，而是由表现"情"的"生命之流"所成全。另一名柏格森哲学的著名研究者李石岑同样接受柏格森的哲学意见，将人的生命意志的地位推至高峰。可以说，以上三位学者将柏格森的思想从"理智""意志""情感"等三方面加以自我阐释，并不同程度地参与了科玄论战，影响力甚广甚深。可见，中国知识界在译介西方哲学的基础上，能够主动尝试对其进行整体性与创造性的解读，译介之中包含着我们作为主体的创新创造。

不难看出，20世纪初期的中国社会各种思潮碰撞、思想交锋异常激烈，恰恰促成了西方哲学流派的生长土壤。存在主义成为另一个被重视、被聚焦的现代西方哲学思潮一支。从哲学史历时发展的角度而言，生命哲学生发于存在主义之前，可谓后者的前驱，在西学东渐的历史上，存在主义同样也紧随生命之后来到中华大地谱写出一部生存论的中国式篇章。存在主义思想内容的巨大影响力在钱钟书那里得到典型代表，许多存在主义的观点主张通过钱氏的文学著作得以全面彰显。钱钟书在文学创作中对存在主义的借鉴与运用极为广泛，"钱钟书虽然没写过有关尼采哲学的专论，但他对尼采哲学的论述实在不少"①。钱钟书的《围城》与萨特的《墙》有着极为相似的表现手法和观点一致性。他们都试图通过描述某种事与愿违、阴差阳错的矛盾悖论事实和现象，力图表征世界的无序性、无理性、偶然性的特征，以此批判一种理性中心主义的主张。总之，"它们运用了相近乃至同类的方法，表现了世界的不可知性和异己性，人的处境的荒谬性"②。加缪曾指出："荒谬不在人，也不在外界，而在于两者的共存"，正如萨特的"半是受害者，半是同谋"的名言，悲剧的生成是关系的交错结果。钱钟书对存在主义理论观点与思想方法的文学性发挥给予我们关于西方哲学中国化的相关启示：第一，要从为救亡图存现实目标寻求出路的实践功效性维度引进西方哲学相关理论，为现实所需提供理论经验借鉴；第二，要注意挖掘西方哲学思想背后的逻辑思维精华，不仅在内容上择取有利有益的养分，也在形式与框架上进行学习与借鉴，挖掘有潜在发展力和典型代表性的著作和内容。第二点并未在西方哲学进入中国之初成为显学，而这一现象是理论存在与现实状态之间微妙关系的结果。

及至新中国成立后到改革开放前的一段时间，我国的西方哲学研究呈现出向苏联学习"一边倒"的情况，苏联哲学几乎成为我国西方哲学研究的衡准，甚至将西方哲学等同为苏联式的哲学，几无删改地"拿来"，将"还原西哲"推向极致。譬如，日丹诺夫《在关于亚历山大洛夫著〈西欧哲学

---

① 钱碧湘：《钱钟书散论尼采》，载《文学评论》2007年第4期。

② 林初阳：《因果悖离，事愿乖违——钱钟书的〈围城〉和萨特的〈墙〉在表现荒谬方面的契合》，载《中山大学学报论丛》2001年第6期。

史〉一书讨论上的发言》的讲话精神俨然彼时研究的"圣经"。1950年，李立三翻译的《苏联哲学问题》一书中就引述日丹诺夫讲话中对西方哲学的批判："把那些原来是黑暗势力和僧侣们所穿戴的破盔烂甲：梵蒂冈和人种论，搬了出来——都搬出来当作武器。"[①] 也批判了现代西方哲学，认为"现代资产阶级已变成了反动阶级，因而它的哲学也和哲学理论以往发展的成就断绝了关系。这就决定了现代资产阶级哲学的基本内容和社会使命乃是为资本主义关系充当辩护者"[②]。批判美国实用主义哲学也是当时较有影响的哲学理论事件。这些思想实践表达了理论界渴望努力学习和尽快掌握马克思主义与西方哲学真面目的强烈愿望。然而不得不说，当时"在我们的哲学界，旧的被否定了，新的尚未能掌握，颇有茫茫然之感"[③]。在这一段时间里，中国的西方哲学研究一直是处在遭受排挤与不公正的、冰冷意识形态对面的边缘化状态。政治上的"一边倒"政策加上苏联哲学模式的钳制与框囿，使得西方哲学像单摆一样徘徊于严厉批判与简单否定之间，使西方哲学在中国的研究发展步履维艰。但也没有停止关于西方哲学著作与教材的翻译、引进与编纂，只是其具体表现形式和书目的选择受到了一定程度的限制。这种局面直到"真理标准问题大讨论"的开展才得以转变。可以说，西方哲学东渐是一部对西方哲学知识进行引介与推广的历史，是按照西方哲学的"本来面目"试图不断"还原"和"回归"的历史。当然，任何外来的东西最初在他国、他地的发展大抵如此，当属正常。只不过我们是在比较的意义上对之加以总结与概括。

20世纪50—60年代，中国学者对于西方哲学的诸多思想性、资料参照的材料显现出较大的关注。北大哲学系组织编写的《西方古典哲学原著选辑》，是典型的历史逻辑与理论逻辑相结合的编著，在历时性维度对西方哲学进行分期介绍的同时，注重思想内容的逻辑串理，既体现史料性，又彰显出问题性和思想性。而1960年中国社会科学院现代外国哲学研究组组织编

---

① ［苏联］日丹诺夫：《在关于亚历山大洛夫〈西欧哲学史〉一书讨论会上的发言》，李立三译，作家书屋1950年版，第29—30页。

② ［苏联］日丹诺夫：《在关于亚历山大洛夫〈西欧哲学史〉一书讨论会上的发言》，李立三译，作家书屋1950年版，第14页。

③ 郑昕：《送车思科洛夫、阿斯凯洛夫两教授南下讲学》，载《新建设》1950年第5期。

纂了《资产阶级哲学资料选辑》，更为集中地凸显了一种主题统摄的逻辑集中意识。在分类归拢与史料整合方面，这一时期的成果也有质性的飞跃。一是因为意识形态主流铺展辐射力的需要，二是缘于提升理论思辨水平和能力，增强理论斗争的实力的需要。于是，大量与马克思主义哲学的思想来源有关的西方哲学著述被译引进来，构成新一轮的翻译编汇高潮。其中有：王太庆译，萨波日尼科夫《哲学史》（北京大学哲学系，1957 年）；洪谦译，费尔巴哈的《未来哲学原理》（生活·读书·新知三联书店，1955 年）；王造时译，黑格尔的《历史哲学》（上海三联书店，1956 年）；顾寿观译，拉美特利的《人是机器》（商务印书馆，1956 年）；贺麟、王太庆等译，黑格尔的《哲学史讲演录》（1、2、3 卷，商务印书馆，1956、1957、1959 年）；陈修斋等译，狄德罗的《狄德罗哲学选集》（商务印书馆，1956 年）；吴献书译，柏拉图的《理想国》（译林出版社，1957 年）；戴镏龄译，莫尔的《乌托邦》（商务印书馆，1957 年）；方书春译，亚里士多德的《范畴篇·解释篇》（商务印书馆，1957 年）；唐钺重译，康德的《道德形而上学探本》（商务印书馆，1957 年）；蓝公武译，《纯粹理性批判》（商务印书馆，1957 年）；关文运译，休谟的《人类理解研究》（商务印书馆，1957 年）；关文运译，贝克莱的《柏克莱哲学对话三篇》（商务印书馆，1957 年）；吴绪译，卢梭的《人类不平等的起源和基础》（商务印书馆，1957 年）；贺麟译，斯宾诺莎的《伦理学》（商务印书馆，1958 年）；关文运译，笛卡尔的《哲学原理》（商务印书馆，1958 年）；关文运译，贝克莱的《人类知识原理》（商务印书馆，1958 年）；水天同译，培根的《培根论说文集》（商务印书馆，1958 年）、何新译，《新大西岛》（商务印书馆，1959 年）；吴寿彭译，亚里士多德的《形而上学》（商务印书馆，1959 年）；关文运译，洛克的《人类理解论》（商务印书馆，1959 年）；荫庭、荣震华等译，费尔巴哈的《费尔巴哈哲学选集》（上、下卷，生活·读书·新知三联书店，1959、1962 年）；方书春译，卢克莱修的《物性论》（商务印书馆，1959 年），《知性改进论》（商务印书馆，1960 年）；关文运译，康德的《实践理性批判》（商务印书馆，1960 年）；范扬等译，黑格尔的《法哲学原理》（商务印书馆，1961 年）；贺麟、王玖兴译，黑格尔的《精神现象学》（上卷，商务印书馆，1962 年）；陈修斋等译，《自然宗教对话录》（商务印书馆，1962

年）；严群译，柏拉图的《泰阿泰德·智术之师》（商务印书馆，1963 年）；
管士滨译，霍尔巴赫的《自然的体系》（商务印书馆，1964 年）；宗白华等
译，康德的《判断力批判》（商务印书馆，1964 年）等等。除此之外，还
有很多关于教材的译著，如李立三译，日丹诺夫的《日丹诺夫在关于亚历
山大洛夫著〈西欧哲学史〉一书讨论会上的发言》（人民出版社，1954
年）；北京大学哲学系译，亚历山大洛夫的《哲学史教学大纲：未定稿》
（高等教育出版社，1955 年）；乐峰译，奥伊泽尔曼的《高等学校用哲学史
教学大纲：初稿》（高等教育出版社，1956 年）；中国人民大学哲学系哲学
史教研室译，凯列的《外国哲学史讲义》（中国人民大学，1959 年）；何兆
武、李约瑟译，罗素的《西方哲学史》（商务印书馆，1963 年）等等。

　　同一时期，对现代西方哲学的关注度也在迅速提升，包括对实用主义、
马赫主义等现代西方哲学思潮的相关思想译著和研究著作有批量性的增加。
整体上采取的是批判其建基于阶级立场的反动性的敌对态度，认为大部分现
代西方哲学思潮的理论内容都是在为资产阶级统治提供辩护和支撑，而在理
论特质上的唯心主义倾向更是在关于世界观的"元叙事"的理解根基就产
生了错误倾向。比如，在对实用主义进行批判时，陈元晖的《现代资产阶
级的实用主义哲学》具有一定代表性。其收录的文章分别从真理观、方法
论、道德观、社会观、宗教观等不同角度对实用主义进行了全面而系统的批
判，认为实用主义是具有相当的反动性和荒谬性的西方资产阶级哲学。这一
时期的相关文章都体现出在对西方哲学理论进行研究时的单元否定性的特
点，很少分析其理论内容或思维方式的可取之处，或试图去挖掘一下其理论
的逻辑思辨性的优长。再如，对新黑格尔主义的研究同样呈现类似的状态。
作为曾在西方资本主义世界风起云涌一时的新黑格尔主义曾在旧中国产生过
很大影响，但新中国成立之后，对其所进行的批判就不曾中断。20 世纪 60
年代，对新黑格尔主义的研究和批判进入一个新的阶段、呈现新的模式，尤
以黑格尔研究专家贺麟为代表。他撰写的《新黑格尔主义的几个主要代表
人物的思想及其著作》在介绍和梳理相关人物及思想内容后，对整个流派
进行了整体的全面的彻底清算和批判。由于其所占有的理论资料的翔实、多
元、完整，使其进行的理论批判更有说服力，更富思想性，更显可读性和丰
富性。

　　新中国成立初期在引进、介绍和翻译国外学者的西方哲学著作方面，曾取得了阶段性进展，是可喜可贺的学术进步，至少做到了开阔视野和近距离面对西方哲学本身，为未来的哲学研究做好充分的积淀和准备。但客观地说，这一时期西方哲学的研究主要侧重在史料方面，加之当时苏联哲学的影响，在一定程度上具有教条性倾向是一种必然情况。虽然这一时期的西方哲学研究，在占有一定思想资源的基础上，也试图在哲学史的历史现象中，寻找哲学史内部所内在蕴含的深层规律，而努力把西方哲学理解为探究世界普遍性知识的理论体系，便具有了"知识型研究范式"的特点。在当时的这种知识论的研究范式更容易按照真与假、对与错的"真理"标准明确把西方哲学规定为唯物主义与唯心主义斗争的历史，辩证法与形而上学对立斗争的历史，可知论与不可知论明辨的历史。这样的西方哲学研究方式在新中国成立初期西方哲学研究还处于起步和基础阶段时，为在思想理论上形成对西方哲学较为形象的认识，为对西方哲学的发展脉络获得较有系统性的把握，甚至为西方哲学研究在我国能够获得一种接纳，提供了一种较为可行的研究方式。

　　既如前述，"传统知识型"可在历时与共时双重维度上来理解。在历时之维，确有具体的历史阶段以对西方哲学的引进和翻译为首要目的和任务；但在共时之维，知识型引介是对西方哲学展开研究的基础性前提，贯穿于西方哲学中国化整个历程之中。因此，改革开放之后，虽然"文化比较型"日渐凸显，但"传统知识型"犹在延续，并获得了新的发展。以西方哲学史研究为例，1978年和1979年中国外国哲学史学会与全国现代外国哲学学会的成立，标志着西方哲学史的研究在新的历史条件下获得更大的发展空间。这一时期，国内学术界对西方哲学史的研究较之以往有了相当程度的提高。一方面体现在西方哲学史的研究史料方面获得了较大创获，对西方哲学家及其思想理论的文献掌握越来越翔实和全面，如汪子嵩著《欧洲哲学史简编》（人民出版社，1972年）、上海外国自然科学哲学著作编译组著《外国自然科学哲学资料选集》（1—9）（上海人民出版社，1974—1976年）、汝信著《欧洲哲学简史上的先验论和人性论批判》（人民出版社，1974年）、刘世栓著《西欧哲学史讲话》（人民出版社，1974年）、上海《哲学小词典》编写组著《哲学小词典：外国哲学史部分》（上海人民出版社，

1975 年）、上海外国哲学历史经济著作编译组著《外国哲学历史经济》（上海人民出版社，1975—1976 年）、邬昆如著《西洋哲学史话》（三民书局，1977 年）、毅耘著《欧洲哲学简史》（河北人民出版社，1980 年）、李志达著《欧洲哲学史》（中国人民大学出版社，1981 年）、车铭洲著《欧洲中世纪哲学概论》（天津人民出版社，1982 年）、李震著《希腊哲学史》（三民书局，1982 年）、洪耀勋著《西洋哲学史》（中国文化大学出版部，1983年）、文秉模著《欧洲哲学发展史》（重庆出版社，1984 年）、范明生著《柏拉图哲学述评》（上海人民出版社，1984 年）、叶秀山著《苏格拉底及其哲学》（人民出版社，1986 年）、丘振英著《西洋哲学史》（北京师范大学出版社，1986 年）、张尚仁著《欧洲哲学史遍览》（江苏人民出版社，1986 年）、马小彦著《欧洲哲学史辞典》（河南大学出版社，1986 年）、黄澍霖著《欧洲哲学史简明教程》（山东人民出版社，1986 年）、李武林等著《欧洲哲学范畴简史》（山东人民出版社，1986 年）、谢庆绵著《西方哲学范畴史》（江西人民出版社，1987 年）、张传有著《欧洲哲学史教学辅导提纲》（湖北人民出版社，1987 年）、李武林著《西方哲学史教程》（山东大学出版社，1987 年）、高清海著《西方哲学史百题探释》（福建人民出版社，1987 年）、杨适著《哲学的童年：西方哲学发展线索研究》（中国社会科学出版社，1987 年）、林树德著《西方哲学通史简编》（河南大学出版社，1987 年）、邬昆如著《西洋哲学十二讲》（东大图书公司，1987 年）等的诞生，汪子嵩等著《希腊哲学史》（一）（人民出版社，1988 年）、陈乐民著《"欧洲观念"的历史哲学》（东方出版社，1988 年）、任厚奎著《西方哲学概论》（四川大学出版社，1988 年）、冒从虎著《欧洲哲学明星思想录》（中国青年出版社，1988 年）、钱广华著《西方哲学发展史》（安徽人民出版社，1988 年）、夏人龙著《欧洲哲学史》（东北财经大学出版社，1988 年）、张宝印著《欧洲哲学史简明读本》（陕西人民出版社，1988 年）、李志奎著《欧洲哲学史》（上、下）（中国人民大学出版社，1988 年）、李培湘著《西方哲学思想要义》（西南交通大学出版社，1988 年）、于凤梧著《欧洲哲学史教程》（福建人民出版社，1989 年）、李培湘著《西方哲学史纲要》（西南师范大学出版社，1989 年）、陶济著《欧洲哲学史著名命题史话》（北京出版社，1989 年）、霍方雷著《哲学史专题教程》（黑龙江科学技术出版社，1989 年）、田崇勤著《简明西方哲学手册》（南京大学出版社，1989 年）、盛晓明著《古今西方哲学教程》（浙江大学出版社，1989年）、布鲁格著《西洋哲学辞典》（台北华香园出版社，1989 年）、蒋永福著《西方哲学》（上、下）（中共中央党校出版社，1990 年）、黄美来著《"哲人之石"探综：西方哲学命题史》（清华大学出版社，1990 年）、朱德生著《西方哲学名著菁华》（中国青年出版社，1991 年）、吴汝钧著《西方哲学析论》（文津出版社，1992 年）、褚朔维著《中外社会科学名著千种评要：西方哲学》（华夏出版社，1992 年）、谭鑫田著《西方哲学词典》（山东人民出版社，1992 年）、吴汝钧著《西洋哲学析论》（文津出版社，1992年）等一大批著作的出版，标志着对西方哲学各个历史时期思想发展轨迹和代表人物思想观点的研究达到了相当程度的认识，较之以往有相当程度的提升。另一方面，许多西方哲学史教材的重写在探索西方哲学的发展规律和使其研究进一步深化等方面作出了重要贡献。如辽宁大学哲学系哲学史教研室著《欧洲哲学简史》（辽宁人民出版社，1976 年），北京大学外国哲学研究所著《外国哲学资料》（第 1—6 辑）（商务印书馆，1976—1982 年），吉林市第一建筑工程公司理论组、吉林大学哲学系哲学史教研室编著《欧洲哲学简史》（上、下）（1977 年），武汉大学哲学系哲学史教研室编著《欧洲哲学史：试用讲义》（1977 年），北京大学编写组编写《欧洲哲学史》（商务印书馆，1977 年）、复旦大学哲学系外国哲学史教研室编著《欧洲哲学史讲话》（上海人民出版社，1978 年），中国社会科学院哲学研究所西方哲学史研究室著《外国哲学史研究集刊》（第 1—6 辑）（上海人民出版社，1978—1984 年），朱德生等编著《简明欧洲哲学史》（人民出版社，1979年），高清海等编著《欧洲哲学史纲》（吉林人民出版社，1979 年），《哲学研究》编辑部《外国哲学史论文集》（一）（山东人民出版社，1979 年），《哲学研究》编辑部《外国哲学史论文集》（二）（山东人民出版社，1981年），北京大学哲学系外国哲学教研室《西方哲学原著选读》（商务印书馆，1981 年），上海师范学院选编《欧洲哲学史原著选读》（福建人民出版社，1981 年），《外国哲学》编委会著《外国哲学》（第 1—2 辑）（商务印书馆，1981—1982 年），陈修斋、杨祖陶编著《欧洲哲学史稿》（湖北人民出版社，1983 年），全增嘏主编《西方哲学史》（上、下）（上海人民出版社，1983

年)，《欧洲哲学史教程》编写组编写《欧洲哲学史教程》(福建人民出版社，1983 年)，冒从虎等编著《欧洲哲学史》(上、下)(南开大学出版社，1985 年)，全国二十二所师范院校著《西方哲学名著介绍》(上、下)(华东师范大学出版社，1988—1989 年) 等著述相继问世。这些著述在史料考证、学派介绍、人物评价、思想分析、文本挖掘等方面克服了以往"斗争化"倾向，力求客观化，避免主观化；力求学术化，避免政治化，使西方哲学在一定意义上面对哲学本身、面对文本本身、面对事实本身。同时，这些著述伴随着改革开放而走进高校、研究院所的课堂教学中，进入哲学学科建设与发展的学术问题讨论中，在培养哲学学科的学术型人才及学科团队中，均起到切实有效的作用。正如苗力田在对其主持编译的《亚里士多德全集》(中国人民大学出版社，1990 年) 中提出的要求一样，"确切、简洁、清通可读"。黄见德曾对此做过较为精准的理解："'确切'，就是既忠实地传达彼时、彼地的原作的本意，又使此时、此地的我们能无误地把握其原意；所谓'简洁'，就是不能把翻译变成一种引申，除非在不增加时词义不全的情况下才能增加，更严禁任意引申铺陈，尽力保持亚里士多德原来的文风。提出这些要求的目的在于使译文更加接近亚里士多德的原意，使它在词义上确切可信，在文风上也简洁可信。"[1] 符合作者的原意、表达客观的思想、回归事实本身似乎是这一时期西方哲学研究的学术追求。如苗力田的《亚里士多德全集》就是在培养改革开放以来的一批批研究生及其讲课过程中，不断形成与完善的；高清海的《形而上学的憧憬》是一边读着亚里士多德的《形而上学》，一边给研究生们讲课，一边不断形成此书的。

西方哲学中国化表征为一种知识性的特征和还原性的倾向，大致基于以下两个原因：首先，任何一种异质学问的引入，开始之初都要体现为一种知识性的引进。"用哲学语言表述，要认识一个事物，就是要把这个事物对象化，然后才有可能正确地认识它。"[2] 美国学者宾克莱在《理想的冲突》一书中也提出："一个人在对他能够委身的价值进行探索时，要遇到许多竞相争取他信从的理想，他若要使这种探索得到满足，就必须对各种理想有所了

---

[1]　黄见德：《西方哲学的传入与研究》，福建人民出版社 2007 年版，第 304 页。

[2]　黄见德：《西方哲学东渐史》上，人民出版社 2006 年版，第 5 页。

解。"① 即在引进知识初期,必然体现为对知识确定性、规范性的尊重。西方哲学的引进、传播和发展亦是如此,只有先对西方哲学历史上的代表人物、代表观点、学派分类、思想特点都进行知识化、模块化的介绍和梳理,才能对整部哲学史有一个相对清晰的总体认识,并最终串联出一部逻辑严密、一以贯之的哲学史,因为"一部哲学史,虽然是史,但也必须是哲学"②。西方哲学进入中国时首先体现为一些人物史、学派史、断代史等方面的知识系统的出现,这为日后进一步的研究奠定较为坚实的基础。其次,以一种知性思维和"如其所是"的态度对待西方哲学,还因为自洋务运动后西方哲学进入中国始,最初引进和接触的多是西方近代培根的哲学思想。中国学者王韬先后写作《西学原始考》《英人培根》等著作介绍培根。培根批判亚里士多德以来西方哲学始终惯用的逻辑推理法,认为科学研究应该从经验事实出发,对经验及实需采用"三表法""经验归纳法",才能认识自然与改造自然。王韬认为,正是培根的新科学方法推动了西方科学的发展和文明的进步,为"后二百五年之洪范",进行科学研究也应该"实事求是,必考物以合理,不造理以合物"③。这种"务在实事求是"的态度也被中国学者继承,用以改造中国以往的文风和学风。近代中国思想界的先驱郭嵩焘在去英国考察后,于 1877 年的《日记》中就写道:"英国讲求实学自毕尔庚(作者注:培根)始。"④ 接着指出培根开启了西方格物致知的新方法,因而西方社会在认识自然规律、推动科学发展方面进展迅猛。有感于此,他沉痛谴责:"中国章句之儒,相习为虚骄无实之言,醉梦狂呼,顽然自至……中国之所以不能自振,岂不由是哉!"⑤ 其实,中国语言讲求微言大义、意在言外,重体悟和觉解;而西方哲学重概念,讲逻辑,分条缕析,层层推进,易将事物的内涵和道理讲清楚,但也容易由于缺乏诗意而陷于抽象概念的王国。中西哲学思维方式、话语方式的不同不从优劣讨论可按相互借鉴对待。所以希望通过刚刚接触到的西方哲学来学习西方人概念式、规范化

---

① [美]宾克莱:《理想的冲突》,马元德等译,商务印书馆 1983 年版,第 1 页。
② 劳思光:《新编中国哲学史》,广西师范大学出版社 2005 年版,第 1 页。
③ 王韬:《西学原始考》,载《西学辑存》光绪庚寅刻本版,第 31 页。
④ 《郭嵩焘日记》三,湖南人民出版社 1981 年版,第 268 页。
⑤ 《郭嵩焘日记》三,湖南人民出版社 1981 年版,第 789 页。

和重视逻辑推演的研究方式成为可能。这种尊重知识、重视科学的治学精神也被用于西方哲学的引进和研究本身，试图以一种科学主义、实证主义的方法对待西方哲学，旨在对哲学"材料"先充分占有再"归纳"，对其进行"素描"式的刻画，"务在实事求是"地"还原"西方哲学的本来面目。

二、嬗变的推进：多源文脉在比较参照中碰撞交锋

黑格尔在 19 世纪上半叶就指出，西方哲学是人类文明的核心，是西方文化的代表。因此，西方哲学是知识史，更是文化史、思想史。西方哲学能如此，中国哲学何以如此？由是，对中西方哲学进行"文化"意义上的比较成为时尚，遂有"文化比较型"。文化比较型即将西方哲学作为西方文化的典型代表在与中国文化进行相互比照的意义上理解两种文化各自的优长，实现取长补短，相互融通，共同推进。文化比较型一方面关注西方哲学在逻辑性、思辨性、体系性上的优长，将此与其奠定的整个西方文化的思维方式、行为方式和生活方式关联起来理解，力图实现与中国文化的一种嫁接；另一方面也在比较的过程中对中西方哲学给予一定程度上的评介，如 1990 年直到 21 世纪初一直探讨的中国"有无哲学""中国哲学究竟是一种哲学还是一种思想"的大讨论，就是文化比较意义上对中西哲学特点加以把握的重要问题。这一问题的探讨加深了人们对中西哲学特质的认识，在尊重文化差异的基础上对两者各自的优长有了更鲜明的体悟——中国哲学关注伦理生活，西方哲学重视本体世界；中国哲学看重感悟和体验，西方哲学依靠逻辑和演绎；中国哲学讲究意在言外，西方哲学倡导语言与存在的统一。本体论、认识论和语言学等方面的比较使西方哲学与中国哲学之间的相互差异、各有优长在相互融通的可行、可信与可能性增加。文化比较式研究尊重了中国人和中国文化特有的"成见"，在自我理解的基础上赋予西方哲学某些特征（这些特征也许在西方文化当中是没有被意识到的），突出体现了西方哲学中国化的典型特质。

随着改革开放和"真理标准问题大讨论"的开展，国内学术界对学术研究所应秉持的态度和方法不断进行反思，从以往那种仅仅将西方哲学看作是"固化"状态的知识，转变为将西方哲学看作是一部活生生的、灵动变

化的思维能力发展的认识变迁史。这样，西方哲学便不再只是一些生硬呆板的"人物""学派""原理""概念""命题"的集合体，而是表征着各个时期西方人对世界独到的理解方式和阐释方式。列宁在《哲学笔记》中所表达的观点："哲学的历史，因此：简单地说，就是整个认识的历史。"①　一部西方哲学的历史，就是展现思维和存在关系的历史。西方哲学的历史是能够体现西方人个性化的思维特点、不同历史时期阶段化的历史文化认同方式、文化品格和未来社会差异化的价值诉求的学问。这样，西方哲学的历史就由以往的"知识史""科学史"转变为"认识史""文化史"。我们研究西方哲学就是进一步实现马克思恩格斯所说的"通晓思维历史及其成就"②，以一种更加科学和包容的态度吸纳一切优秀文化。甚至于正是因为有不同时期、不同地域、不同民族对认识世界有不同的认识和阐释方式，即不同的哲学样式，所以才会衍生出各时代、各地区、各民族不同的文化样式。我们将这样的哲学研究称为"文化比较型"。在此意义上，20 世纪后 20 年的西方哲学研究才如雨后春笋般蓬勃发展。几代学者汇聚成一支重新引进、传播、发扬和反思西方哲学的生力军；中华外国哲学史学会和全国现代外国哲学学会等专业研究会纷纷成立并召开学术讨论会；《哲学研究》《哲学译丛》等刊物纷纷恢复或创刊；"西方哲学讨论会"等各种全国性或地方性的西方哲学讨论会纷纷举行；理论研究中出现了"萨特热""弗洛伊德热""尼采热"等热潮；特别是关于德国古典哲学与马克思哲学关系问题研究，即黑格尔与马克思、康德与马克思哲学思想关系问题的研究是热中之热。另外，现象学、后现代主义、分析哲学和美国哲学等学派的研究也推向纵深。毫不夸张地说，20 世纪后 20 年的西方哲学研究成果，无论是专著还是译著，论文还是译文，都远远超过了前面整个时期的总量。因为此时中国学者研究西方哲学，已不再满足于翻译、译介等传播西方哲学的工作，而是在已占有相对较为丰富史料的基础上，更加关注研究西方哲学历史上思想家之间观点的比较研究，西方哲学与中国哲学的相互参照研究，在古今对话和中西对话的互为参照中加深彼此之认识。因此，20 世纪 90 年代以来的西方哲学研究呈

---

① 《列宁专题文集·论辩证唯物主义和历史唯物主义》，人民出版社 2009 年版，第 146 页。
② 《马克思恩格斯文集》第 9 卷，人民出版社 2009 年版，第 460 页。

现为"文化比较型"的研究范式。

　　我们以西方哲学历史分期观察的方式来关注这一时期西方哲学研究的新转变、新成果、新方式。首先，在古希腊哲学方面有：北京大学哲学系外国哲学史教研室《古希腊罗马哲学》（商务印书馆，1961 年）、严群《分析的批评的希腊哲学史》（商务印书馆，1981 年）、叶秀山《前苏格拉底哲学研究》（生活·读书·新知三联书店，1982 年）、汪子嵩《亚里士多德关于本体的学说》（生活·读书·新知三联书店，1982 年）、杨寿堪《亚里士多德范畴学说简论》（福建人民出版社，1983 年）、范明生《柏拉图哲学述评》（上海人民出版社，1984 年）、吴康《西洋古代哲学史》（台湾商务印书馆，1984 年）、杨寿堪《苏格拉底及其哲学思想》（人民出版社，1986 年）、叶秀山《苏格拉底及其哲学思想》（人民出版社，1986 年）、张传开《古希腊哲学范畴的逻辑发展》（南京大学出版社，1987 年）、杨适《哲学的童年——西方哲学发展线索研究》（中国社会科学出版社，1987 年）、王宏文和宋洁人《柏拉图研究》（山东人民出版社，1991 年）、吕详《希腊哲学中的知识问题及其困境》（湖南教育出版社，1992 年）、宋洁人《亚里士多德与古希腊早期自然哲学》（人民出版社，1995 年）、张继选《哲学的童年：古希腊哲学》（贵州人民出版社，1996 年），以及朱德生主编、赵敦华著《西方哲学通史》（第一卷古代中世纪部分）（北京大学出版社，1996 年），等等。属于编辑资料的文献有：叶秀山、付乐安编《西方著名哲学家评传》（第一卷）（山东人民出版社，1984 年）、汪子嵩编辑《希腊哲学史》（第一卷）（人民出版社，1988 年）、苗力田主编《古希腊哲学》（中国人民大学出版社，1989 年）、汪子嵩编辑《希腊哲学史》（第二卷）（人民出版社，1993 年）等多部作品。可以看到，这一时期关于古希腊哲学的研究所关注的研究对象依然是古希腊哲学具有经典性、代表性的人物及其思想，但研究的具体思想内容方面则有了新的侧重点，即开始以线索追寻的方式关注哲学属性的问题，和围绕如何理解古希腊人物、思想的历史价值与揭示古希腊哲学应有的科学精神、人文精神价值方面展开研究已成一种气候。

　　其次，关于欧洲中世纪哲学。中世纪哲学是 20 世纪 80 年代后才被重点关注的西方哲学历史中一大不可或缺的阶段。这一时期相关的代表性研究成果举以下几例：车铭洲《西欧中世纪哲学概论》（天津人民出版社，1982

年）、张绥《中世纪"上帝"的文化》（浙江人民出版社，1987 年）、付乐安《托马斯·阿奎那的基督教哲学》（上海人民出版社，1990 年）、汤用彤《西洋古代中世纪哲学史大纲》（上海书店，1990 年）、范明生《晚期希腊哲学和基督教神学——东西方文化的汇合》（上海人民出版社，1993 年），等等。特别值得一提的是，赵敦华于 1993 年出版问世的《基督教哲学 1500 年》一书，填补了中国西方中世纪哲学研究的空白。

　　由于对这一阶段思想的相关研究刚刚起步，中世纪哲学的研究特征体现为其他研究对象在研究早期所呈现的理论研究特征，即主要以翻译、介绍、归类、梳理、概论为主。比如较早问世的车铭洲所完成的《西欧中世纪哲学概论》基本按分期和代表人物的思想观点展开概论内容。付乐安的《托马斯·阿奎那的基督教哲学》以历史唯物主义分析方法，系统论述了基督教哲学思想的演变过程。他提出，"在中世纪转折时期，托马斯继承了公元初基督教哲学鼻祖奥古斯丁的思想，顺应时代思潮，扬弃柏拉图主义，采纳亚里士多德主义，修正奥古斯丁的光照论和哲学神学一体论，肯定理性知识，划分科学等级，使哲学既区别于科学又从属于神学，而成为论证神学的工具，为中世纪基督教又提供了一种辩护教义的哲学形态——托马斯主义"。[①] 该书弥补了我国中世纪哲学研究中的一个空白。而另一部以中世纪哲学为研究对象的专著《晚期希腊哲学和基督教神学——东西方文化的汇合》，则体现了这一时期对思想性关注的理论研究特点。范明生在书中以文化比较学的研究方法，以斐洛和普罗提诺为典型代表，分析希腊哲学思想和精神对基督教神学形成与发展的重大影响，从而进一步分析东西方文化的历史联系和思想理论联系。这种摆脱以往简单的实证性思想观点罗列的概要性著作，以比较的方法强调思想性的学术著作，对西方哲学中国化的自我进展和方法研究都有重要作用。

　　再者，关于经验论与唯理论。经验论与唯理论不同于中世纪哲学，由于它在西方哲学史中处于重要地位，并且对马克思主义思想理论的诞生具有思想支援和前史预备的意义，而被作为重点对象长期受到学术界、思想界关注。伴随改革开放，思想理论界进入新一轮百家争鸣的繁荣时期，西方哲学

① 任俊明、安起民：《中国当代哲学史》下，社会科学文献出版社 1999 年版，第 662 页。

研究经验论与唯理论的相关内容研究也在这一时期受到裨益，同样取得了许多进展。有关笛卡尔的研究专著有姚鹏的《笛卡尔的天赋观念论》（求实出版社，1986 年）等。对休谟哲学的研究，主要集中在所谓休谟问题和怀疑主义问题，此方面的研究专著有阎吉达的《休谟思想研究》（上海远东出版社，1994 年）和周晓亮的《休谟及其人性哲学》（社会科学文献出版社，1994 年）、黄振定的《通往人学途中——休谟人性论研究》（湖南教育出版社，1997 年）等。关于洛克哲学的研究，主要集中在如何理解洛克的"第二性质"及"反省"学说。起初，研究者们还是主要关注"第二性质"及"反省"学说的唯物主义与唯心主义的理解上。后来随着研究的深入，对之的理解也愈益深刻。邹化政《人类理解论研究——人类理解再探》（人民出版社，1987 年）是这方面的代表。此外，罗嘉昌《从物质实体到关系实在》（中国人民大学出版社，2012 年）一书虽然不是专门研究洛克哲学的专著，但该书从"关系实在论"这一独特的视角出发，结合现代物理学的研究成果，批判了传统的物质实体观，阐述了关系实在论的要旨，对理解洛克的"第一性质"和"第二性质"及其争论有重要的参考价值。此外还有关于培根、贝克莱等哲学家的研究专著，如余丽嫦的《培根及其哲学》（人民出版社，1987 年）、阎吉达的《贝克莱思想研究》（复旦大学出版社，1987 年）。

众多研究成果都彰显了这一时期相关研究的繁盛与热情，也在具体思想内容和思维范式方面体现出与前一阶段相比的进展。陈修斋所著《欧洲哲学史上的经验主义和理性主义》可以作为代表反映出上述研究的杰势与特征。这一著作集中反映了我国研究者在对西方哲学历史研究过程中已经有了反思性的特征，体现学者对西方认识论哲学研究的新进步，在比较中汲取其思想成果的养分和提取精神精华的过程。在陈修斋的著作中便是以思想史料梳理为基本框架，以系统整理经验论与唯理论的思想为逻辑进路，以唯物史观为基本立场，以相互比较的关系方法对经验论、唯理论在各自发展轨迹中的彼此关联、相互影响、相互成全以及彼此向对方提出问题、解决问题的矛盾运动过程展陈。特别是著者围绕当时我国哲学思想界所关注和争论的一些问题，通过对经验论和唯理论的历史性思想之研究，阐发出自己的思想性历史。这一对经验论和唯理论的研究直至今日也仍是杰作之一。

再次，关于德国古典哲学。毫无疑问，德国古典哲学向来是我国哲学研究领域的重中之重。无论是从哲学史的贡献方面，还是从其与马克思主义的关系方面，德国古典哲学都是哲学研究所不可忽略的重要内容。20 世纪 80 年代的思想文化繁荣期更是毫不例外。一是关于康德哲学、费希特哲学、谢林哲学、黑格尔哲学以及费尔巴哈哲学等研究成果都有所进展：其中，陈嘉明《建构与范导》（社会科学文献出版社，1992 年）一书可谓是从另一个角度来研究康德的一部专著。该书以范导原理为纲，通过分析《纯粹理性批判》与《判断力批判》中的目的论的不同用法、目的论与有机体、目的论与机械论的关系，发现了建构原理与目的论的统一，说明目的论的根据在于人对自然统一的追求。二是关于费希特哲学的研究。这一时期由梁志学组织了《费希特全集》的翻译工作。如程志民《绝对主体的建构》（湖南教育出版社，1990 年）、梁志学《费希特青年时期的哲学创作》（中国社会科学出版社，1991 年）、谢地坤《费希特的宗教哲学》（中国社会科学出版社，1993 年）三本著作从不同方面对费希特作了探讨。《费希特青年时期的哲学创作》一书系统地研究了费希特青年时代哲学的创作过程，阐释了他的哲学是马克思主义哲学的来源之一。该书认为，青年费希特的哲学创作有两项基本内容，即致力于建立知识学体系和批判地吸取天赋人权论。程志民《绝对主体的建构》从人的主体性角度探讨费希特哲学，其立意与李泽厚对康德主体性哲学的研究和构建当代中国主体性哲学的努力一致，都是在改革开放新时期通过哲学史研究的方式塑造时代精神的工作体现，彰显了西方哲学中国化的理论自觉。三是关于谢林哲学的研究。20 世纪 80 年代以来，谢林哲学的研究也得到了国内学术界的重视。其中，邓安庆的《谢林》（台湾东大图书公司，1995 年）一书堪称此方面的代表。作者认为谢林的独创之处在于其既不同于纯粹思辨的严格体系化的理性哲学，也不同于纯粹的不要体系的、以感想的、片段的、抒情的、形象的方式来表达的浪漫主义，而是在思辨与浪漫的张力关系中的一种融合。谢林哲学表现出了对个人本真生命价值的拯救及对富有诗意、神性的浪漫生活的向往。四是关于黑格尔哲学的研究。综观 20 世纪 80 年代至 90 年代的研究，可将国内黑格尔的研究概括为以下三个方面：第一方面是对黑格尔哲学的概念、命题和体系的重新理解和挖掘，以张世英对黑格尔《小逻辑》的解读阐释为代表，先后出现了对黑格尔的"绝对精神"、辩证法和主体性思想的解读理解。代表作有侯鸿勋

《论黑格尔的历史哲学》（上海人民出版社，1982 年）、薛华《自由意识的发展》（中国社会科学出版社，1983 年）、《黑格尔对历史终点的理解》（中国社会科学出版社，1983 年）、王树人《思辨哲学新探》（人民出版社，1986 年）、《历史哲学的反思——关于精神现象学的研究》（中国社会科学出版社，1988 年）、邓晓芒《思辨的张力——黑格尔辩证法新探》（湖南教育出版社，1992 年）、高全喜《自我意识——〈精神现象学〉主体思想研究》（学林出版社，1992 年）等。黑格尔研究的第二方面是对青年黑格尔哲学思想的研究和挖掘，以宋祖良《青年黑格尔的哲学思想》（湖南教育出版社，1989 年）为代表，其较为系统地探讨了青年黑格尔的政治、经济、宗教和哲学等方面的思想，使黑格尔的法哲学、政治哲学等方面的研究，越发走向黑格尔哲学与马克思主义哲学的关系研究、批判研究、超越研究，即黑格尔哲学与马克思主义哲学的比较研究成为黑格尔哲学研究的第三方面。且这一方面的研究在"中国化"范式下延续至今。五是关于费尔巴哈哲学的研究。主要有以下著作：乔长禄《谈谈费尔巴哈的哲学》（上海人民出版社，1956 年）、伊·马·叶辛《费尔巴哈的唯物主义哲学》（上海人民出版社，1956 年）、乐燕平《"费尔巴哈与德国古典哲学的终结"解说》（河北人民出版社，1960 年）、邢贲思《费尔巴哈的人本主义》（上海人民出版社，1981 年）、萧焜焘《从黑格尔、费尔巴哈到马克思》（江苏人民出版社，1982 年）、荣震华译，费尔巴哈《基督教的本质》（商务印书馆，1984 年）、荣震华、李金山译，费尔巴哈《费尔巴哈哲学著作选集》（上卷）（商务印书馆，1984 年）、董仲其《早期马克思与费尔巴哈》（四川省社会科学院出版社，1988 年）、许俊达《神性·理性·人性费尔巴哈三部曲》（中国工人出版社，1993 年）、李毓章《人：宗教的太阳》（远流出版事业股份有限公司，1995 年）、涂纪亮译，费尔巴哈《对莱布尼茨哲学的叙述、分析和批判》（商务印书馆，1998 年）、王太庆译，费尔巴哈《宗教的本质》（商务印书馆，1999 年），等等。

在新中国成立前，关于德国古典哲学的研究贺麟就展开了黑格尔哲学同朱熹思想的比较研究，认为两位在各自地域作为本土哲学思想的各自集大成者，在理论体系的总结和建构上都有着相似的伟大建树和学术影响力，而且在思想的立场角度上都体现为鲜明的客观唯心主义取向。贺麟关于黑格尔与朱熹的比较研究，且清晰揭示出两者的共同点与差异点，为在中西比较视域下进行的德国古典哲学研究。再如张世英等人在此基础上陆续形成了研究方法与奠定了思想基础；也着力于西方哲学代表人物的思想观点与中国哲学思想的比较研究。如张世英《论黑格尔的哲学》（上海人民出版社，1957年）、宋稚青《老庄思想与西方哲学》（三民书局，1971年）、张世英《欧洲哲学史简编》（人民出版社，1972年）、《论黑格尔的逻辑学》（上海人民出版社，1981年）、杨汝舟《道家思想与西方哲学》（中央文物供应社，1983年）、张世英《论黑格尔的精神哲学》（上海人民出版社，1986年）、赵德志《现代新儒家与西方哲学》（辽宁大学出版社，1994年）、王淼洋《东西哲学比较研究》（上海教育出版社，1994年）、谢龙《中西哲学与文化比较新论》（人民出版社，1995年）、王克非《中日近代对西方政治哲学思想的摄取——严复与日本启蒙学者》（中国社会科学出版社，1996年）、孙伯鍨《卢卡奇与马克思》（南京大学出版社，1999年）、蒋永福、吴可、岳长龄《东西方哲学大辞典》（江西人民出版社，2000年）、张西平《中国与欧洲早期宗教和哲学交流史》（东方出版社，2001年）、牟博《中西哲学比较卷——留美哲学博士文选》（商务印书馆，2002年）、韩钟文《儒学与西方哲学》（中华书局，2003年）、杜小真《远去与归来：希腊与中国的对话》（中国人民大学出版社，2004年）、梁漱溟《东西文化及其哲学》（商务印书馆，2004年）、李晨阳《道与西方的相遇：中西比较哲学研究重要问题研究》（中国人民大学出版社，2005年）、韩震《新时期中西哲学大论辩》（百花文艺出版社，2006年）、赵敦华《回到思想的本源：中西哲学与马克思哲学的对话》（北京师范大学出版社，2006年）、王寅《中西语义理论对比研究初探——基于体验哲学和认知语言学的思考》（高等教育出版社，2007年）、郭齐勇《中国哲学智慧的探索》（中华书局，2008年）、张汝伦《中西哲学十五讲》（上海书店出版社，2008年）、牟宗三《中西哲学汇通十四讲》（上海古籍出版社，2008年）、龚建平《中西哲学文献解读》（中国社会科学出版社，2008年）、陶秀璈《儒家哲学和西方哲学：它们的历史命运和当代相会》（中国社会出版社，2009年）、张西平《丝绸之路中国与欧洲宗教哲学交流研究》（新疆人民出版社，2010年）、武敬东和刘云卿以及郭美华《对话：东西方哲学》（上海三联书店，2010年）、林可济

《"天人合一"与"主客二分"——中西哲学比较的重要视角》（社会科学文献出版社，2010年）、张世英《中西文化与自我》（上海人民出版社，2011年）、张祥龙《德国哲学、德国文化与中国哲理》（上海外语教育出版社，2012年）、胡骄平和刘伟《中西哲学入门》（国防工业出版社，2012年）、黄平《中国"哲学"与西方哲学致思趣向歧异》（鹭江出版社，2012年）、张世英《美在自由：中欧美学思想比较研究》（人民出版社，2012年），等等。可见，中西哲学比较研究，德国古典哲学在中国的发展研究以及黑格尔哲学与马克思主义哲学的比较研究具有继续挖掘的空间。

最后，在现代西方哲学思潮方面。作为新时期的新理论增长点，现代西方哲学思潮作为西方现代社会新时代特征条件下的新哲学思想流派，其在中国的传入与研究同样经历了从知识型传入到比较型研究的过程。而20世纪80年代正是其在中国发展的幼年期，此阶段在中国的研究以人物流派为主要单位，以译介引入为主要方式，体现出相当程度的研究盛况。随着我国知识界、思想界对研究对象、思想内容、思考方法的深入挖掘，对现代西方哲学思潮的研究也迅速从知识型接收向比较型思想性研究转向，在思想理论研究成果上实现研究热点转移、研究热潮兴起的局面：一是分析哲学：20世纪80年代分析哲学研究方面比较有影响的专著是朱宝昌《分析批判罗素哲学的纯客观主义态度》（上海人民出版社，1957年）、洪谦主编《逻辑经验主义》（商务印书馆，1982年）、王浩《数理逻辑通俗讲话》（科学出版社，1983年）、吴牟人、张汝伦、黄勇翻译的 M. K. 穆尼茨《当代分析哲学》（复旦大学出版社，1986年）、涂纪亮《分析哲学及其在美国的发展》（上、下册）（中国社会科学出版社，1987年）、涂纪亮《语言哲学名著选辑》（生活·读书·新知三联书店，1988年）、洪汉鼎等人《当代西方分析哲学》（辽宁教育出版社，1989年）、涂纪亮主编《分析哲学》（新华书店上海发行所经销，1989年）、洪谦《维也纳学派》（商务印书馆，1989年）、文聘元主编《语言学的转向》（远流出版公司，1992年）、张家龙《数理逻辑发展史：从莱布尼茨到哥德尔》（社会科学文献出版社，1993年）、张志林和陈少明《反本质主义与知识问题：维特根斯坦后期哲学扩展研究》（广东人民出版社，1995年）、韩林合《维特根斯坦哲学之路》（云南大学出版社，1996年）、余文烈《分析学派的马克思主义》（重庆出版社，1996年）、陈友渔等人《语言与哲学——当代英美与德法哲学传统比较研究》（生活·读书·新知三联书店，1996 年）、陈波《奎因哲学研究》（生活·读书·新知三联书店，1998 年）、王路《走进分析哲学》（生活·读书·新知三联书店，1999 年）、文聘元《语词的透视：分析哲学》（鹭江出版社，1999 年）、《当代西方哲学画廊》（鹭江出版社，1999 年）。二是语言哲学：有刘增福《语言哲学》（东大图书有限公司，1981 年）、陈原《社会语言学》（学林出版社，1983 年）、涂纪亮《分析哲学及其在美国的发展》（中国社会科学出版社，1987 年）、《英美语言哲学概论》（人民出版社，1988 年）、杜任之和涂纪亮主编《当代英美语言哲学》（中国社会科学出版社，1988 年）、涂纪亮主编《语言哲学名著选辑》（生活·读书·新知三联书店，1988 年）、赵敦华《维特根斯坦》（三联书店香港有限公司，1988 年）、车铭洲编《现代西方语言哲学》（四川人民出版社，1989 年）、褚孝泉《语言哲学：从语言到思想》（上海三联书店，1991 年）、周昌忠《西方当代语言哲学》（上海人民出版社，1992 年）、尚志英《寻找家园：多维视野中的维特根斯坦语言哲学》（人民出版社，1992 年）、涂纪亮《现代欧洲大陆语言哲学》（中国社会科学出版社，1994 年）、徐友渔《哥白尼式的革命——哲学中的语言转向》（上海三联书店，1994 年）、涂纪亮《当代西方著名哲学家评传　第一卷：语言哲学》（山东人民出版社，1996 年）、《语言与哲学——当代英美与德法哲学传统比较研究》（生活·读书·新知三联书店，1996 年）、于根元等《语言哲学对话》（语文出版社，1999 年）、黄斌《语言逻辑哲学：难题与解析》（重庆出版社，1999 年）、王晓升《走出语言的迷宫：后期维特根斯坦哲学概述》（社会科学文献出版社，1999 年）、海然热和张祖建《语言人：论语言学对人文科学的贡献》（生活·读书·新知三联书店，1999 年）等著作。三是存在主义：中国科学院哲学研究所西方哲学史组编《存在主义哲学》（商务印书馆，1963 年）、李天命《存在主义概论》（学生书局，1976 年）、王克千《存在主义述评》（上海人民出版社，1981 年）、徐崇温《萨特及其存在主义》（人民出版社，1982 年）、柳鸣九《萨特研究》（中国社会科学出版社，1982 年）和《存在主义哲学》（中国社会科学出版社，1986 年）、黄颂杰《萨特其人及其人学》（上海复旦大学出版社，1986 年）、夏基松和段小光《存在主义哲学评述》（江苏人民出版社，1987 年）、杜小真《一个绝望者的希望——萨特引论》（上海人民出版社，1988年）、毛崇杰《存在主义美学与现代派艺术》（社会科学文献出版社，1988年）、翁绍军《人的存在——"存在主义之父"克尔凯戈尔述评》（文化艺术出版社，1989年）、罗克汀《从现象学到存在主义的演变：现象学纵向研究》（广州文化出版社，1990年）、杜吉泽《萨特：人的能动性思想析评》（石油大学出版社，1993年）和《海德格尔哲学概论》（生活·读书·新知三联书店，1995年）、李杰《萨特：荒谬人格（精装）》（长江文艺出版社，1996年）、万俊人《于无深处——重读萨特》（四川人民出版社，1996年）、熊伟编《存在主义哲学资料选辑》（上卷）（商务印书馆，1997年）、杨昌龙《存在主义的艺术大学：论文学家萨特》（西北大学出版社，1998年）、劳思光《存在主义哲学：思光学术论著新编（二）》（中文大学出版社，1998年）、李利军《萨特》（辽海出版社，1998年）、叶秀山《思·史·诗：现象学和存在哲学研究》（人民出版社，1998年）、高清海《萨特：存在给自由带上镣铐》（辽海出版社，1999年）、陈嘉映《〈存在与时间〉读本》（生活·读书·新知三联书店，1999年）、何林《萨特：存在给自由带上镣铐》（辽海出版社，1999年）、解志熙《生的执着：存在主义与中国现代文学》（人民文学出版社，1999年）、陈鼓应《存在主义》（商务印书馆，1999年）、郭华容等《外国现代派作品选（B卷）：意识流　未来主义　超现实主义　存在主义》（北京燕山出版社，1999年）、杨韶刚《寻找存在的真谛：罗洛·梅的存在主义心理学》（湖北教育出版社，1999年）、杜小真《存在与自由的重负——解读萨特〈存在与虚无〉》（山东人民出版社，2002年）等等。四是现象学。萧焜焘《精神世界掠影：纪念〈精神现象学〉出版180周年》（江苏人民出版社，1987年）、王树人《历史的哲学反思：关于〈精神现象学〉的研究》（中国社会科学出版社，1988年）、王逢振《意识与批评：现象学、阐释学和文学的意思》（漓江出版社，1988年）、叶秀山《思·史·诗——现象学和存在哲学研究》（人民出版社，1988年）、罗克汀《从现象学到存在主义的演变：现象学纵向研究》（广州文化出版社，1990年）、高全喜《自我意识论：〈精神现象学〉主体思想研究》（学林出版社，1990年）、倪梁康《现象学及其效应——胡塞尔与当代德国哲学》（生活·读书·新知三联书店，1994年）、涂成林《现象学的使命》（广东人民出版社，1994 年）、王炜《中国现象学与哲学评论（第一辑）：现象学的基本问题》（上海译文出版社，1995 年）、张灿辉《海德格尔与胡塞尔现象学》（东大图书公司，1996 年）、张庆熊《熊十力的新唯识论与胡塞尔的现象学》（上海人民出版社，1996 年）、《胡塞尔现象学概念通释》（生活·读书·新知三联书店，1999 年）、王岳川《现象学与解释学文论：现象学与解释学文论》（山东教育出版社，1999 年）、陈立胜《自我与世界：以问题为中心的现象学运动研究》（广东人民出版社，1999 年）、刘杰《科学的形上学基础及其现象学的超越》（山东大学出版社，1999 年）、《面对实事本身：现象学经典文选》（东方出版社，2000 年）。此外，胡塞尔的《逻辑研究》第一卷（上海译文出版社，1994 年）也相继得以翻译出版。五是解释学。李幼蒸在《现代西方著名哲学家述评》（1983 年）中的《伽达默尔》和《利科》两篇，姚介厚在《哲学动态》1985 年第 4 期上也简要地介绍了国外解释学理论。1986 年，《哲学译丛》刊发了解释学专辑，评介了部分重要的有代表性的论文。一些重要的代表作，如伽达默尔《真理与方法》、利科《解释学与人文科学》等相继有了中文译本。研究专著有张汝伦《意义的探究——当代西方释意学》（辽宁人民出版社，1986 年）、殷鼎《理解的命运》（生活·读书·新知三联书店，1988 年）、高宣扬《解释学简论》（生活·读书·新知三联书店香港有限公司，1988 年）、杨春时《艺术符号与解释》（人民文学出版社，1989 年）、施雁飞《科学解释学》（湖南出版社，1991 年）、郑涌《批判哲学与解释学》（中国社会科学出版社，1993 年）、严平《走向解释学的真理》（东方出版社，1998 年）、文聘元《理解的理解：哲学解释学》（鹭江出版社，1999 年），等等。六是后现代主义。有代表性的著作有：蔡源煌《从浪漫主义到后现代主义》（雅典出版社，1987 年）、王岳川《后现代主义文化研究》（北京大学出版社，1992 年）、《后现代主义文化与美学》（北京大学出版社，1992 年）、王治河《扑朔迷离的游戏——后现代哲学思潮研究》（社会科学文献出版社，1993 年）、柳鸣九主编《从现代主义到后现代主义》（中国社会科学出版社，1994 年）、王潮选编《后现代主义的突破：外国后现代主义理论：外国后现代主义理论》（敦煌文艺出版社，1996 年）、徐贲《走向后现代与后殖民》（中国社会科学出版社，1996 年）、刘宗坤《等待上帝，还是等待戈多：后现代主义与当代宗教》（中国社会出版社，1996 年）、段炼《世纪末的艺术反思——西方后现代主义与中国当代美术的文化比较》（上海文艺出版社，1998 年）、张国清《中心与边缘：后现代主义思潮概论》（中国社会科学出版社，1998 年）、王宁《后现代主义之后》（中国文学出版社，1998 年）、姜静楠《人类的另一种智慧：后现代主义与当代小说》（中国社会出版社，1999 年）、汪民安《尼采的幽灵：西方后现代语境中的尼采》（社会科学文献出版社，1999 年）、方汉文《后现代主义文化心理：拉康研究》（上海三联书店，2000 年）、赵光武编《后现代主义哲学述评》（西苑出版社，2000 年）。七是西方马克思主义哲学方面。如徐崇温的《西方马克思主义》（天津人民出版社，1982 年）、俞吾金和陈学明的《国外马克思主义哲学流派新编　西方马克思主义卷（上、下）》（复旦大学出版社，2002 年）、张一兵《当代国外马克思主义哲学思潮　上、中、下》（江苏人民出版社，2011 年），等等。在围绕早期西方马克思主义定性问题方面形成与发表了一系列学术论文，同时翻译了一批西方马克思主义者，如卢卡奇、葛兰西、安德森等人的著作。80 年代末，由徐崇温主编，重庆出版社翻译出版的一套西方马克思主义丛书，特别是 80 年代中期举行的第一届全国国外马克思主义研讨会的隆重召开与热烈讨论，使 90 年代以来我国对西方马克思主义哲学的研究深度加强、广度拓宽，在复旦大学西方马克思主义生态主义、西方马克思主义女性主义等方面的研究成果也层出不穷。

　　林林总总的研究成果（当然有挂一漏万的可能）表明，西方哲学在中国改革开放浪潮下迸发出的思想张力与研究活力，也说明这时期的西方哲学在中国的研究走向了面向西方哲学内在逻辑本身、问题本身以及发展本身的研究，成为西方哲学中国化在文化比较下的思想性展开的自觉动力。总的来说，这一时期西方哲学中国化注重挖掘西方哲学的历史性与思想性的内在关联，特别是在中西文化比较的意义上解释西方哲学的思想特质。对西方哲学面向事情本身的真实研究使这一阶段的研究呈现为两个方面的典型特质。其一，注重挖掘西方哲学的历史性与思想性的关联。研究者认为思想性以历史性为表现方式、历史性以思想性为承载，在历史的延展性与思想的时代性之间、历史的逻辑性与思想的丰富性之间、历史的规律性与思想的张力之间，共同构筑成人类文明史的重要组成部分，也展现出西方哲学作为人类文化样式中的重要内容的独有的文化魅力，具有思想性和文化性价值。其二，注重在文化的比较、文明的冲突的过程中揭示西方哲学对中国哲学或中国文化的参考价值。在这一理解的基础上，以往那种非此即彼、二元对立的学术研究成果渐渐淡出，而大量体现研究者学术思想视角的，以探究哲学史上具体、真实的哲学问题为核心的研究成果蓬勃生长，挖掘哲学史作为思想史的哲学特质的学术著述不断涌现，使西方哲学在中国的研究呈现为波澜壮阔的良好研究态势，也使西方哲学研究产生了丰富的成果。

　　"文化比较型"的西方哲学研究得以开展与国际和国内环境的变化密切相关。从国际环境看，新时期世界范围内普遍出现了跨文化研究的热潮，亨廷顿、斯宾格勒等人的思想被纷纷引介和翻译成多国语言，为人类认识世界提供了一种新的认识视角和解释原则，不同文化甚至不同文明之间的差异也逐渐获得认可；从国内环境来看，伴随解放思想、改革开放的不断深入，人们对世界范围内现代化的发展路径和现代文明的不同走向及其原因的探究越发产生兴趣，在文化比照中进一步思考中国社会未来的发展方向和中国文化的合理建构模式。因此，"文化比较型"的哲学研究范式从以往单方面"直观"西方哲学转变为在不同坐标体系中重新认识和解释西方哲学。如果说"传统知识型"的西方哲学研究是从"正"面探究西方哲学"是什么"，那么"文化比较型"的西方哲学研究则是从它的"反"面，即中西哲学比较与对话中探究它"不是什么"；如果说西方哲学东渐时期，中国学者还渴求以一种"考古学"式、"学徒式"的科学主义精神力求对西方哲学进行"复原"，追逐"原汁原味"的西方哲学，在哲学研究中更加强调研究客体的客观性，那么此时我国学者已开始有了研究过程中的主体意识，讲求的是主体与客体的对话，既包括古今对话——挖掘哲学史上各种哲学思想的当代价值，也包括中西对话——在对话中阐明各自的理论特质，还包括文本与读者对话——以研究者的思想解读文本的思想，实现思想间的互动与通达。由汪子嵩主持，范明生、陈村富和姚介厚参加编写的多卷本《希腊哲学史》就是这一转变的代表作。作者一方面对原著进行逐句逐篇的考据，挖掘各篇著作之间的相互联系，而且对希腊哲学史进行断代史意义上的精雕细刻和通史意义上的古今互释，既有肯定性评价，又有否定性批判。同时，作者还主动吸纳古今中外研究希腊哲学的成果于一身，从宏观上推动了古代希腊哲学的认识与研究，"使西方学者感到以不通中文为恨"①。赵敦华在执笔由朱德生主编的《西方哲学通史》第一卷时，也深感哲学研究要从以往那种"我注六经""六经注我"的研究中解脱出来，要既踏实地叙述史实，又对其进行客观评述。因此，有学者评论它"资料翔实，视野广阔，持论公允，融学院式理论探讨性与教材的理论规范性于一体，超越了西方哲学史两种通行的写作范式，标志着我国西方哲学通史撰写在学术水准和方法论上的重要突破"②。另外，王森洋与范明生写作的《东西哲学比较研究》、谢龙写作的《中西哲学与文化比较新论》等专门研究中西哲学比较的著作也都在这一时期问世。这些著作不再只局限于西方哲学本身，而是开始关注中西哲学的比较，在研究中渗透着研究者的独立思考和评判，彰显着西方哲学的中国化味道，并进一步影响着新世纪以来的西方哲学在中国的研究。

三、蜕变的趋向：中西文明在主体阐发中创新交融

"文化比较型"代表了一定时期西方哲学中国化的基本方式，但伴随对西方哲学研究愈益深入，人们开始逐渐思索一个问题：在中西二元对立模式下建构起来的西方哲学模式是否还是原本的西方哲学？这种建构究竟是对西方哲学的曲解还是再诠释？由是，人们日益对黑格尔提出的"哲学就是哲学史"的命题产生了疑问，难道哲学就是对历史的简单还原和复制吗？如果我们已经确定了历史无法还原，更无法复制，那么哲学与哲学史的存在还有意义吗？在对此类问题的追问过程中，人们修正了黑格尔的命题，"哲学研究要有历史感"——这是对哲学与哲学史关系的尊重、"哲学研究就是哲学理论的不断创造"——哲学研究在不断突破哲学形态的更迭、哲学内容和形式的创新上下功夫，而创新的关键在于主体意识和精神自觉。当西方哲学的研究转向突出主体意识和精神自觉时，当以中国人对哲学的当代理解去解读和解释西方哲学的思想观点及流派任务时，我们称之为"当代阐释型"。所谓"当代阐释型"是强调读者在解读思想史过程中的当下需求和当

---

① 黄见德：《西方哲学东渐史》上，人民出版社 2006 年版，第 1006 页。
② 汪正龙：《对西方哲学史两种写作范式的超越——由〈西方哲学通史〉（第一卷）说起》，载《哲学研究》1998 年第 2 期。

下意义，甚至对意义的重视更为突出。借用奥尔斯勒对哲学史三种写法的概括：一种强调思想诞生的历史语境，一种强调批判性态度，一种强调"以史论今"，那么当今在中国理论界出现的"当代阐释型"的西方哲学研究方式刚好是对这三者的囊括，即带着批判的态度对历史语境加以再诠释，又力图以古鉴今。

　　进入新世纪以来，西方哲学中国化别开生面，呈现出一轮新的发展态势。"中西哲学交流的历史告诉我们，今天谁也离不开谁，唯一的出路只能是以中国人的语言讲述世界的故事。"[1] 这便要求我们以一种人类性视野和世界性眼光重新看待西方哲学，在"大哲学"观意义上推动哲学创新发展。由是，中国人逐渐生发出一种以中国人的文化血脉、思维方式和话语方式来阐释西方哲学的新认识。所谓"阐释"，自是迥别于既往的"复制"与"还原"，其更加强调研究者的主体性，按照研究者的目的要求重新"创造"更具时代感和更符合中国人需要的新哲学。简言之，以"中国人的眼光"看待和研究西方哲学。"这里说的'中国人眼光'，有特殊的含义，指的是一种文化意识和理论标准，它决定着我们观察问题的角度、解释模式和表达方式，以及选择素材和审视结论的价值取向。"[2] 近 20 年的西方哲学研究，愈加强调在中西哲学对话基础上的融通，在引介、反思基础上的"奠基"与"重构"，在交流互动基础上的"创新与发展"，我们将这样的西方哲学研究方式称为"当代阐释型"。"当代阐释型"的西方哲学研究方式，在对西方哲学已占有相当容量的知识储备和对其哲学特质有相对明晰认识的基础上，中国人开始对已进入中国的西方哲学的地位、功能、性质进行再理解和再阐释，越来越带上中国人独特的理解方式、诠释方式，使"西方哲学在中国"转为"西方哲学中国化"。用中国眼光和现实问题研究西方哲学，使西方哲学成为中国学界进行中国理论和问题研究不可或缺的"生活世界"。正如今天学习西方哲学，一方面将其注入当代中国哲学的思想理论之中，构筑富有兼容并包、宽容大气的哲学品格的当代中国哲学新形态，另一方面是为了通过对西方哲学的再认识、再诠释和再创造，在世界范围内彰显当代中国哲学

---

① 楼宇烈、张西平：《中外哲学交流史》，湖南教育出版社 1998 年版，第 545 页。
② 赵敦华：《西方哲学的中国式解读》，黑龙江人民出版社 2002 年版，代前言第 3 页。

的理论水平以及当代中国哲学发展的新气象。所以，新世纪以来的西方哲学研究，既"求异"也"求同"，追求中西哲学在对话基础上的融通以及西方哲学在中国大地上的新生长和再创造。中国学者对待西方哲学也不再只是"如其所是"的"白描"，而是根据中国人的理解方式和发展需要进行全新的"写意"，推动西方哲学真正实现"中国化"。

以西方哲学史研究为例，我国的西方哲学史研究致力于从"历史性"向"思想性"转变，抑或说实现两者的统一，此间彰显的正是中国人对哲学的当代理解。西方哲学史研究可谓哲学研究中的"显学"，较之于以"注经"方式实现自我确证的中国哲学，西方哲学更重视自身的传承流变，始终沿着历史性的脉络与思想性的流变的双重维度实现不断跃迁。在对西方哲学史进行研究的过程中，历史性受到特别的重视。西方哲学史研究的历史性概指遵循历史的思路，注重对西方哲学史从发生学角度加以审视，自觉地作为西方哲学史中历史记录的编纂者和历史材料的研究者。立足于历史语境的还原曾经一度成为西方哲学史研究的关键，于是"设身处地地体察古人的内心世界并接受他们的标准，竭力排除我们自己的先入之见"，以历史的真实性保障研究的可靠性，成为西方哲学史研究的主要方式。著名历史学家斯宾格勒将历史理解分为系统的形态学和观相的形态学，"把世界看作既成的、自然的，所获得的世界图像便是无机的、因果地联系的，亦即系统的把世界看作是正在生成的、历史的，所获得的世界图像便是有机的、象征地表现的，亦即观相的"[1]。于是系统形态学意义上的西方哲学史研究就成为历史性研究的典型。如此一来，西方哲学史研究就成为"进行史学意义上的断代分别，按学派、人物、事件、思想观点进行历史性的描述，达到对其客观介绍、客观了解和客观把握"的科学。在不同时期将西方哲学史理解为阶级斗争的历史抑或"唯物"与"唯心"、"辩证法"与"形而上学"斗争的历史或者以人物、学派、时期的时间序列为依据的发展历程，抑或以探究世界普遍性的、多样的、丰富的知识而探求其背后所蕴含的确定性、独立性、模式化的知识体系的学问。诸如此类的西方哲学史研究背后所蕴含的都是对历史性研究的重视。

---

[1]　［德］斯宾格勒：《西方的没落》第 1 卷，吴琼译，上海三联书店 2006 年版，第 20 页。

　　注重文本的客观性、重视反映作者的原意、追求思想的真实性、讲究研究的排他性，曾使我国西方哲学史的学术研究获得重生和繁荣，在史料丰富和观点引进方面取得很大的进展。但是，如果历史的丰富性被还原为知识的单一性，那么这样的历史性研究恰恰丧失了历史性自身。西方哲学史毕竟是哲学的一个重要的组成部分——哲学史就是哲学，自然具有哲学的基本禀性。哲学作为爱智慧的学问，反思与批判是其最基本的特质。无论是爱智慧、反思，还是批判，都要求思维主体自我的思想理论上的自觉活动，要求研究者从思想性入手理解西方哲学史，从不同的思想理路和思想更迭中把握西方哲学史。西方哲学史研究的思想性强调对史实背后的文本思想挖掘，立足广阔的文本之意义说出一切可说之物，或是面向"某一思想"本身做西方哲学史内在发展轨迹的挖掘者。可以说，思想性本身昭示了西方哲学史研究的独有特征。西方哲学史研究之所以独立于种种史学理论研究之外，正在于"思想英雄较量""高尚心灵更迭"① 作为历史外壳的核心内容。除却内容的历史外壳可以说与其他诸如政治学说史、宗教史、科学史等处于同一时间与空间双重维度的交错之中，但拥有思想性内容的西方哲学史才使其以历史形式展现作为哲学理论形态的人类自我意识，才构成人类思想历程的不断更迭与与时俱进，才使历史成为哲学特别是西方哲学的历史。

　　真正的哲学家是一定要有原创性思想的，而哲学史的研究亦要求如此。俞吾今曾经说："真正的哲学史家和哲学家一样，也需要有原创性思想，需要有对哲学史的整体框架的宏观上的重新理解和把握。"② 一部洋洋洒洒的西方哲学历史正是一部人类永不停息的对生命之爱和智慧之思探究与追寻的历史。黑格尔曾把西方哲学史描述为"厮杀的战场"，思想的丰富性、理论的争辩性和批判的超越性正是西方哲学史的特质与灵魂。西方哲学史的研究就是要在重视思想性和批判性的同时，更应重视主体的自我思考和对哲学历史进行批判反思的理论自觉。只有以思想性研究为指导，以思想理论的主体自觉为使命，以哲学就是哲学史为前提，以中西哲学的比较研究与融会贯通为视阈，才能穿越西方哲学历史上各种纷繁复杂的哲学观点与哲学流派的限

　　① 孙正聿：《哲学就是哲学史的涵义与意义》，载《吉林大学社会科学学报》2011 年第 1 期。
　　② 俞吾今、林晖：《如何重写西方哲学史》，载《东南学术》2002 年第 2 期。

制，深入到哲学史内部挖掘西方哲学史生长的内在灵魂，反思西方哲学史独特的思想逻辑和发展轨迹，并能够有所根据地对各种哲学现象进行评述，达到"思想"与"文本"、"读者"和"作者"的真正互动，将哲学史的研究变成一个作者与读者、研究者与学习者相互激荡和相互创获的过程。新中国成立以来，西方哲学史的研究正是呈现为一个对此不断获得认同的过程。这既是哲学研究者主体意识的不断觉解，更是哲学研究在真正的对西方哲学不断接着写、自己写——自己在叙说着自己理解的历史——主体自觉的真正体现。也只有这样才能获得真正具有创见的西方哲学史研究作品，"因为没有新的观念和视角的引入，也就不可能写出新的哲学史"[1]。同时，单纯强调文本和"他者"、形成研究中的"主体空场"，也势必造成西方哲学史研究中目的性不凸显或不明确。新中国成立以来长期的西方哲学史研究中，越发感觉到研究西方哲学史，一方面是要了解西方文明的理论样式和发展脉络，对人类的整体文明有更为全面的认识；另一方面也更是为了在此参照系的对比中更好地认识中国哲学的独特性，挖掘中华文明的璀璨光辉，在引介与研究西方哲学、吸收其精华的基础上，创造出具有中国特色和时代特征的当代中国哲学，以及与中华民族、中华文化相符合的中国人的精神家园。从只见他者不见自我到对西方哲学史研究的主体自觉这一根本性的立场转变无疑是我国的西方哲学史研究的一项主要成就，是"当代阐释型"的一个显证。

在我国西方哲学史研究的进展中，中国社会科学院主持编写的多卷本《西方哲学史》（学术版）无疑代表了我国西方哲学史研究的新进展和高水平，全书共8卷11册，500余万字，纵论从古代希腊到当代西方的全部西方哲学历程，2004年7月至2006年3月由江苏人民出版社陆续出齐，可谓鸿篇巨作。学术版总主编在"前言"中，明确了这部西方哲学史的基调："学术版"只是指"这部书的各个部分都是作者经过独立研究的成果，是各位作者的研究心得"，重在"学术性和研究性"[2]，有沉实的学术含量。但这并不意味着它只供列于案头、为书斋研究所用。就全面理解推进学科建设的意义而言，它有着开阔的学术价值、社会价值，不只是面向少数研究者，对

---

① 俞吾今、林晖：《如何重写西方哲学史》，载《东南学术》2002年第2期。
② 叶秀山、王树人：《西方哲学史》学术版，江苏人民出版社2004年版，前言第1页。

于深化西方哲学史教学、对于广大读者深入理解西方哲学与文化传统，都有现实的参考价值。叶秀山、王树人在接受编纂八卷本《西方哲学史》任务之初，即提出"对于西方哲学的问题可以做出我们自己的创造性的阐释"①。叶秀山说："编写这部多卷本的西方哲学史，目的也在于把西方历史上那些载入史册的哲学大家们如何创造性—自由地'思想'哲学问题真正客观地介绍给大家，而要做到这一点，没有我们自身的创造性，是不可能的。只有'自由者'能够理解自由。"② 可见，西方哲学史研究内在地吁求研究主体的创造性解读。王树人说："所谓在异质哲学、文化间的融合，主要是在借鉴的意义上，包括观点、方法等借鉴。这种融合，既不是两种哲学、文化外在的凑合，更不是一种哲学、文化取代另一种哲学、文化，实行哲学、文化霸权主义，而是经过观点、方法等的借鉴，对于本土哲学、文化所做的扬弃、创新和发展。"③ 研究者并非在人们面前呈现一个已逝的知识世界，而是从西方哲学的真实研究出发的内在建构的"为我所用"，探索异质哲学融合、文化主体间遭遇之下的自我创新之路。其研究不再是"在心理上重建过去的思想"，而在于"把过去的思想融合到自己的思想当中"，"因为历史精神的本质并不在于对过去事物的修复，而是在于与现实生命的思维性沟通"。④这种研究方式正视历史的解释者、述说者在创造性重建历史和思想中的积极意义，重视研究过程中的主体及其思想碰撞，在理解、述说和碰撞中形成新的主体与新的思想。正是这样一部既具有思想性又带有"中国风"的学术巨著，一经问世即获得理论界广泛赞誉。各大重要学术刊物均给予颇高评价，如《哲学动态》特约评论员指出："作为中国学者在深入钻研基础上撰写的多卷本西方哲学史，这还是首次问世，堪称中国哲学界的一件盛事。它标志着在进入新世纪后，中国学者在深化西方哲学史的学科建设上取得出色成果，也将在推进学科建设、发展有中国特色与气派的西方哲学研究事业上，发挥其长久学术效益。"⑤

---

① 叶秀山、王树人：《西方哲学史》学术版，江苏人民出版社 2004 年版，前言第 4 页。
② 叶秀山、王树人：《西方哲学史》学术版，江苏人民出版社 2004 年版，前言第 3 页。
③ 叶秀山、王树人：《西方哲学史》学术版，江苏人民出版社 2004 年版，第 286—287 页。
④ Hans-Gadamer. *Wahrheit und Methode*, Tuebingen：J. C. B. MOHR（Paul Siebeck），1986：174.
⑤ 哲学动态特约评论员：《推进西方哲学史学科建设的一个硕果——概评多卷本〈西方哲学史〉（学术版）的特色》，载《哲学动态》2006 年第 4 期。

以"当代阐释"方式对待西方哲学，就是将西方哲学视为某种经历过的历史情境，乃至这一情境究竟应如何通过人们的解释才能不断证实或证伪，使其自身所具有的厚重感重现出来。循此，西方哲学即是人类向自身传达曾经发生过的某一段经历的过程。如此一来，这里就存在多重身份——历史本身、历史故事的创造者、历史故事的解释者。前两者是已经逝去的过去，而只有后者才能以自身的独到视角将意义赋予历史。理解不只是一种复制的行为，而始终是一种创造性的行为。我们理解西方哲学必然带着历史的解释者的身份予以考察，而且我们自身所带着的与生俱来的"标签"自然会对我们的解释产生影响。所以当代阐释必然是具有中国特质的意义建构，西方哲学在中华大地的研究也必然体现出典型的中国气质。在时代状况、哲学问题和读者需求三位一体的"当代阐释"中，国内的西方哲学研究一改以往标准化的书写方式，而能够呈现为具有"时代性内容"——哲学以理论的方式关怀当前中国现实的时代问题、生成具有历史感的思想；"民族性形式"——以中西哲学不同民族性特点相互映照的方式表达对统一性问题的理解；"个体性风格"——读者研究立场、研究旨趣和思想背景的不同使得其西方哲学研究成果彰显出贴有自身风格特征的个性化标签；"人类性问题"——对意义性和价值性的挖掘说明中西哲学史和文化史上的各种哲学思想以及对这些思想的研究成果都是人所共同面对的人类性问题，因而也具有人类性价值。这一研究方式充分展示了理解的先在性和成见的必然性，不再以相对学徒式的目光力图还原"本来面目"，而始终以建构和创造为自身的理论旨趣。

毫无疑问，在西方哲学中国化的历程中出现"当代阐释"的新视角表达了人们对哲学以及语言意义理解的新倾向。海德格尔曾经表达过"语言是存在的家园"的论断，因为语言是人类思想的集中体现，背后承载着丰富的意义内涵，那么人类如何占有和使用语言，就能够将世界揭示为何种存在，语言是人类精神世界存在的边界。对语言的分析和解释就是挖掘哲学家究竟想向我们展现出一个什么样的思想世界和表达一种什么样的价值追求的过程。同样，对语言内涵的把握和对语言背后的意义的再阐释，也是一种重新赋予其思想内涵和价值诉求的过程。因此，"当代阐释"强调作者与读者的互动，强调思想和意义的创生，在知识、思想和意义的三位一体中重塑西

方哲学。这种新生的哲学史就不是与己无关的"西方的""历史的"知识
汇、概念群和生硬的"逻各斯",而是恢复了哲学应有的"努斯"精神的
"存在"。如果说以往的西方哲学研究是将世界揭示为一个有机的因果关系
系统,使"哲学史成为哲学",那么"当代阐释"的西方哲学研究方式则将
世界揭示为一个生成性的无机的生命系统,进而将哲学看作是解答这一无机
生命系统所呈现出来的问题的历史。如果说以往的西方哲学更加注重思想的
历史价值,那么"当代阐释"的西方哲学研究则更加注重思想的现实意义。
如果说以往的西方哲学研究更加追求研究中的"是其所是"或"是其所不
是",那么"当代阐释"的哲学史研究则更多的是追求研究过程中的"是其
所应该是",即以意义性和价值性的追求为致思的主旨和努力的方向。所以
"当代阐释"的西方哲学研究更能够表征当代中国人的本质特征、生命结
构、思维模式和价值旨趣。它不是对历史的否定,而是能够真正体现哲学
"向上兼容"属性的当代成果,是以意义性的彰显体现拯救本体论和形而上
学的努力,是终极本体、终极解释和终极价值的三位一体。也是在此基础
上,我们有了自己解读哲学和哲学史的角度和方式,也生发出要在西方哲学
研究过程中体现中国化成果和展现中国气派的要求。

　　"现代性"哲学问题一度成为学界讨论热点,即是以"当代阐释"方式
对待西方哲学的又一生动体现,其更为关注"时代性内容",凸显西方哲学
的现实意义,时代性的需求要求哲学发展更加关注理论形态与时代形态的结
合。中国的现代性问题首先在社会现实基础上源于中国的社会主义现代化建
设。我国自新中国成立以来就着力于经济政治文化等各个领域的现代化建设
工作,在中国共产党的领导下不断取得现代化建设过程中阶段性显著成果。
及至改革开放时期,随着中国特色社会主义制度的确立,中国特色社会主义
现代化道路也进入了一个全新的发展时期和发展形态,中国社会现代化发展
进入了一个更为深入的转型期。这一时期,我国的现代化进程随着经济发展
速度的迅猛提升,伴生出许多普遍的和特殊的现代性问题,这一历史发展的
客观事实使思想家开启了相关问题的探讨和理论追问:如何开展中国特色的
社会主义现代化进程才最为合理,应如何看待中国的现代性问题并如何解
决,西方哲学对现代性问题的切脉诊疗的理论成果如何给予我们应有的经验
借鉴等,都成为理论界聚焦的有关现代性何去何从的问题。其次,我国现代

性问题的生发还与西方"后现代主义"思潮的传入有着密切的关系。后现代主义以纠正和拒斥现代性标榜自己的当代合法性，它彻底揭示现代性问题的"元叙事"错误，对现代性有相当的理论分析和把握，从批判的维度激发人们对现代性的普遍关注和研究兴趣。第三，"现代性研究本身就是'现代化'研究在哲学领域中的一种自然延伸，它在理论的深层次上为现代化建设贡献智力"①。这些现代性哲学的延伸研究都是立足于时代背景做出的时代性回答，更是西方哲学中国化以时代性的内容注入中国现代文化当中的合理因子。除此之外，近年来西方哲学当中道德哲学与政治哲学研究的兴起，再次引发国内学界对正义、权利、公平、道德等问题做出时代性考量，凸显出西方哲学中国化发展的现代形态。以中国人自觉的时代意识与发展诉求对西方哲学做出中国化发展，具有澄明当代理论诉求与回应社会现实要求的理论意义与现实价值。

中西哲学融通对话是"当代阐释"的题中应有之义，这是西方哲学中国化参与当代中国哲学新形态建设，助力马克思主义哲学中国化进程的又一内在基本逻辑。改革开放以来，西方哲学的译介性和知识型研究已多丰富经验，包括西方哲学各大流派和思潮的相关观点和代表人物及其思想的引介，且努力进入与西方思想理论家进行直接对话的程度。在此基础上，西方哲学中国化已经开始发生质的转变，即在比较的视域下寻求一种理论互相理解和融通的创新道路。譬如展开中西哲学的比较研究是一显性代表。比较研究的前提是反思对西方哲学曾经有过的简单粗暴的否定态度，和脱离现实维度而进行的单向度批判，认为哲学研究应该建基于中西比较的平等对话与思想交流的基底上，通过中西哲学的异同分析，寻找我国当代现实问题的理论依据和解决路径、寻找新理论的可能路向、发现理论增长点及其填补理论空白。如赵敦华等人在比较视域下尝试融会贯通的内容重组和理论创新的新研究路向，认为"中西马"在平等对话、多元共识之中有机融合、探讨共处之处境的不同语境，是未来新的世界性哲学理论形态的表征。

前面提到，近20年的西方哲学研究，愈发带上中国人独特的理解方式，

---

① 干成俊：《纪念芜湖会议30周年学术研讨会述要》，载《安徽师范大学学报》（人文社会科学版）2008年第5期。

愈趋强调在中西哲学对话基础上的融通，在引介、反思基础上的"重构"，在交流互动基础上的"再造与写意"。中国社会科学院、北京大学、复旦大学等哲学研究重镇纷纷推出能够体现独特思考的西方哲学史著作，诸多国内哲学研究人士也都形成共识，推出一系列能够代表其观点的论文或著作，彰显西方哲学中国化的新水准和新气象。赵敦华先声夺人地以"用中国人的眼光解读西方哲学"的倡议指明西方哲学中国化研究新进路的主体立场的重要性。"用中国人的眼光解读西方哲学，是基于五四运动以来中国现代文化建设的历史经验教训而提出的"，① 而从另一维度，用中国人的眼光解读西方哲学也体现出我们对人类文明成果的历史性意义的肯认和对历史传统的尊重。"我们不仅要在西方哲学的研究领域和西方学者竞争，更重要的是促进中西文化的互相理解。"② "运用中国人的眼光是中国文化意识的自觉，用中国人的眼光解读西方哲学，更是我们在文化建设中面临的新任务。"③ 李景源在《21 世纪的马克思主义哲学创新》一书中，同样强调西方哲学中国化的理论自觉和文化自信。将"西方哲学中国化"视作中国化形态的马克思主义哲学理论发展的先在性视域与必要性存在的理论资源支持，指出马克思主义哲学中国化是伴随西学东渐的历史过程，在中西哲学碰撞交融中激发的一种成功的理论创新和超越性发展。④ 进而指出西方哲学中国化对马克思主义中国化的理论助推作用和思想支援意义，从而，凸显了"西方哲学中国化"在接续文化发展使命上的幕后贡献，表达了一种在连续性的文化生成史中解读包括中国化形态的马克思主义哲学在内的理论形态的方式。陶德麟在谈论中国哲学与西方哲学的关系时指出："我认为，哲学诚然没有国界，但不等于没有民族特点。没有民族特点的哲学必不能对世界哲学作出贡献；而外来哲学如不与本民族的哲学传统结合，也必不能产生在本民族生根。开掘中国哲学的精华，是在中国发展马克思主义哲学、吸收一切外国哲

---

① 赵敦华：《西方哲学的中国式解读》，黑龙江人民出版社 2002 年版，代前言第 1 页。
② 赵敦华：《西方哲学的中国式解读》，黑龙江人民出版社 2002 年版，代前言第 4 页。
③ 赵敦华：《西方哲学的中国式解读》，黑龙江人民出版社 2002 年版，代前言第 11 页。
④ 李景源主编：《21 世纪的马克思主义哲学创新：马克思主义哲学中国化与中国化马克思主义哲学》，江苏人民出版社 2010 年版，第 92 页。

学积极成分的必不可少的工作。"① 在此，陶德麟强调了民族的哲学是以其特殊性为世界性与人类性的文明作出贡献的可能性，指出了中国哲学发展应当积极主动将西方哲学思想精华为我所用。陈卫平在 2004 年就较早使用了"西方哲学的中国化"这一概念，认为学术界出现的中国传统哲学、西方哲学和马克思主义哲学的对话是值得肯定的现象，而"西方哲学的中国化"则是建构当代中国哲学形态必要条件之一②，所以"原封不动地把西方哲学搬到中国，这是西方哲学在中国；西方哲学在中国取得新形态，这是中国化了的西方哲学。前者是对西方哲学的译述，后者意味着西方哲学在中国获得了发展和出新，表现了中国哲学家在建构自身理论时的创造"③。邓晓芒在 2005 年就强调按西方哲学的本真精神和理论进路学习西方哲学史，"西方哲学所独具的这种追求形而上学理想的超越性倾向和将知识本身作为终极目标的学术特点，是与中国文化语境中的哲学理解大相径庭的"。"当我们以中华文明是世界各大文明古国中唯一没有中断过的文明而自豪时，我们同时也应当意识到自己由此所带来的局限，即我们几千年来一直主要是靠吸收落后民族的新鲜血液来维持自己的发展和更新，而西方文明则是通过吸收几个不同的先进文明的营养……血液，来实现对这些文明的超越的。"所以"从这个文明身上，我们可以学习我们从任何其他民族身上所不能学到的新东西"。④ 邓晓芒从西方哲学不同于中国哲学的角度指出向西方哲学求取哲学本真精神以及不同研究方式对于中国哲学乃至中华文明的可资借鉴之处。欧阳康在 2007 年时也强调："近代以来中国社会的演变是在与世界现代化的互动关系中展开的，离开了与西方文化的互动很多问题都难以说清楚。从某种意义上说，关注国学的命运，其实质就是关注国学与现代化的关系，因为真正造成对于国学的强大冲击的正是中国和世界的现代化运动。"⑤ 所以"当

① 陶德麟：《也谈中国哲学和西方哲学》，载《东南大学学报》（哲学社会科学版）2003 年第 5 期。
② 陈卫平：《西方哲学的中国化与当代中国哲学的建构》，载《学术月刊》2004 年第 7 期。
③ 陈卫平：《西方哲学的中国化与当代中国哲学的建构》，载《学术月刊》2004 年第 7 期。
④ 邓晓芒、赵林：《与西方爱智者对话——按西方哲学的本真精神和理论进路学习西方哲学》，载《学习与探索》2005 年第 2 期。
⑤ 欧阳康：《当代中国文化构建的资源选择与价值取向——评有关"复兴国学"的争论》，载《哲学研究》2007 年第 10 期。

代中国哲学的实现""是当代中国人在与西方文化的碰撞中和对中国传统文化的重新理解中而得到实现的。"① 欧阳康以现代化发展离不开西方文明资源与现代性问题需要向西方借鉴思想理论的重要性指明了当代中国哲学、马克思主义哲学中国化的新发展需要向西方哲学敞开胸襟，勇于接纳、对话与创新。郭齐勇认为，"'中国哲学'学科的完善与发展仍然离不开中西哲学的多方面的更加广泛深入的交流、对话与沟通"，并且"中西哲学的交流互渗已是不刊的事实，且也有助于逐步发现'中国哲学'的奥秘"②。所以从当下来看，"在建构现代性社会、现代性的中国特色社会主义的过程中，要把百年以来的主流文化，马克思主义文化、底蕴层面的中国传统精神，和三百年来所学到的西方的那些真精神、真方法，在更广和更深的程度上结合起来，这样地面向未来，反思过去，来建设我们的社会主义新文化"③。谢地坤在把脉西学东渐与现代中国哲学的历史与当下时，指出了 20 世纪中国哲学学者应当在中西哲学对话融通中所展现出的特质与秉持的态度。"许多学者提出大哲学观念，使哲学研究成为跨学科的文化与学术，既广泛吸纳外国哲学的合理因素，又融合中国传统哲学的优秀遗产，使之成为构筑中华民族走向未来的哲学理念的组成部分"。可见，"中国学者开始自觉地立足于世界的现实，以世界眼光去研究西方哲学，从中寻求解决世界性问题和世界化了的中国问题的普遍原则，最终为中国积极参与国际秩序的构建提供思想资源。世界性视野与普遍主义立场是近 20 年来中国学者研究西方哲学最重要的特点"④。江怡在纵观 2011 年国内西方哲学研究的基础上指出当前西方哲学中国化的发展呈现出"新译与重译"并重、"请进来"与"走出去"并重、"专业研究与思想普及"并重的发展态势。而为了进一步助推西方哲学中国化的发展，江怡认为应当进一步赋予"让哲学说汉语"功能。⑤ 韩震在

① 林安梧、欧阳康、邓晓芒、郭齐勇：《中国哲学的未来：中国哲学、西方哲学、马克思主义哲学的交流与互动》上，载《学术月刊》2007 年第 4 期。

② 郭齐勇：《中国哲学：保持世界性与本土化之间的必要的张力》，载《天津社会科学》2004 年第 1 期。

③ 林安梧、欧阳康、邓晓芒、郭齐勇：《中国哲学的未来：中国哲学、西方哲学、马克思主义哲学的交流与互动》上，载《学术月刊》2007 年第 4 期。

④ 谢地坤：《西学东渐与现代中国哲学》，载《江西社会科学》2007 年第 1 期。

⑤ 江怡：《让哲学说汉语》，载《中国社会科学报》2011 年 12 月 17 日。

谈论中西马之间对话的必要性时强调："西方文化传入已经构成中国现代文化一部分。在全球化过程中，我们无法回避西方文化和中国文化的相遇。"所以"当前中国文化的重要任务是要进一步走向世界，融入到世界文化大潮、文明大道中去，要探索、揭示出具有世界意义的价值观点。"① 这便为进一步研究与推进"西方哲学中国化"指明了现代化发展潮流趋势下文化交流汇通的必要性与重要性。与此同时，赵敦华也以"20 世纪中国传统哲学与马克思主义哲学、西方哲学关系比较研究"为题获批国家社科基金重大项目（13&ZD056），体现出国家层面对该问题研究的高度重视，即体现出对该问题研究需要以高水平成果与成就来支撑。就此倪梁康以牟宗三对西方哲学中国化的贡献指出了将西方哲学引入中国哲学语境对于哲学本身的对话创造以及构筑当代中国哲学新形态的重要性。"现象学与本体论在当代中国哲学中的明确结合，是在牟宗三的哲学体系中才首次得以完成的。""在这个'本体论'与'现象学'的联姻中，以东、西方新康德主义的方式，当代的东西方哲学思考实际上走到了一起。牟宗三与胡塞尔是至今为止东西方哲学中的真正新康德主义，他们以各自的方式对康德做了方法论的接受和改造。"② 显然，倪梁康以牟宗三新康德主义式的中西哲学融通创造之成功典范为我们证明了西方哲学中国化的有效进程与对中国哲学新形态建构的有益助推。在这一思路方法原则下倪梁康写作的《性现象学》成功入选 2019 年国家哲学社会科学成果文库。张汝伦则在发问"中国哲学如何在场"的问题上指明了"当代中国哲学在当今世界哲学舞台上，基本没有话语权"的现状，并且"从这个在中国哲学界至今还居支配地位的对哲学本身的理解可以看出，现代中国哲学的发展不可能摆脱西方哲学的影响"③，所以才会出现中国人力图实现民族国家发展，合理走上现代化道路，而向西方学习借鉴先进社会思想，从而不断推进西方哲学中国化的脉动、欲望。此外，李佃来在马克思主义哲学中国化的坐标系上认真探查了西方哲学中国化的发展，始终坚持西方哲学中国化与马克思主义哲学中国化相伴而行④；张志伟

---

① 张学成、郭小说：《中西马之间的对话非常必要》，载《社会科学报》2013 年 1 月 31 日。
② 倪梁康：《东西方哲学思维中的现象学、本体论与形而上学》，载《哲学研究》2016 年第 8 期。
③ 张汝伦：《中国哲学如何在场》，载《中国社会科学评价》2018 年第 3 期。
④ 李佃来：《论马克思主义中国化研究方法论的两个问题》，载《江汉论坛》2011 年第 10 期。

则立足于反思西方哲学对中国哲学造成的科学思维模式的影响以及"纠正"中国哲学西方化局限等落脚点逐步厘清了正确的西方哲学中国化研究范式。[①]

　　在此过程中，我国的哲学思想研究也逐渐从"请进来"转向"走出去"，向世界思想界发出中国声音，从而为世界哲学的发展提供中国视野与中国智慧。既如前所述，"中国化"之鹄的亦在于实现"世界化"，须在中国视野基础上追求世界视野，实现一种更高远的视野转换。国际理论界对中国哲学家的世界地位也给予了重视和极大认可，关于中国哲学对世界的影响给予关注，并在实际工作中得以体现这种重视程度。国际哲学团体联合会为能积极筹备与成功举办第 21 届（2002 年）哲学大会，专门选取中国北京作为理事会议的地点，并借此机会举办了"世纪之交的哲学"的国际学术研讨会。而在 2018 年北京大学举办的第 24 届世界哲学大会上，中文不仅被固定为永久性工作语言（从而将原本的五种工作语言增加到六种，为中国哲学家参加世界哲学大会提供便利的机会），更为中文在世界顶级的哲学会议上争得一席地位，使中国哲学家在世界哲学大会舞台上能够勇敢发声、积极发声，为争夺新时代世界哲学话语权奠定坚实的基础。"中国哲学家的声音已经出现在世界哲学舞台上，在西方哲学家面前，中国哲学的形象开始丰满起来。"[②] "与世界历史进程相一致，未来哲学一定是世界性的哲学，对此我国哲学界获得了高度的自觉，并且怀着使命意识在创造着属于中华民族又属于世界文明的新哲学形态。"[③] 如此的中国哲学新形象、新形态当以新近（2020 年）召开的第十二届全国分析哲学学术研讨会为证。此次大会以"分析哲学的反思与展望"为大会主题，以分析哲学比较早地来到中国为反思前提，以分析哲学已深入到中国哲学的各个分支为广泛内容，以分析哲学在中国学年发展历程中所遭遇的三次重大转折为逻辑依托，而分析到哲学观念上的科学与玄学的对立使得中国传统文化出现了研究目标的两难选择；哲学

---

　　① 张志伟：《从"中外古今"之争看中国哲学的危机与出路》，载《北京大学学报》（哲学社会科学版）2013 年第 2 期。

　　② 江怡：《共时性哲学空间中的中国与世界——反思 30 年来我国的现代外国哲学研究》，载《哲学研究》2008 年第 11 期。

　　③ 陈少明、彭永捷、李维武、胡维希、周山：《创建中国哲学学科新范式与新形态专题讨论》，载《学术月刊》2006 年第 3 期。

方法上的实证与思辨的分歧早已在中国哲学界出现了研究领域的不同立场；哲学路径上的经验与先验的分歧，造成中国哲学家的对自己所选择路径的排他性辩护。而这些问题金岳霖早有对中国哲学的重新认识和理论的重新建构在于：这些问题的克服与解决并不可能在于分析哲学本身，而在于对中国哲学分析化与分析哲学的中国化。使本次大会几乎是就"分析哲学中国化"而围绕探索分析哲学中国化的合理路径而展开的学术探讨。

　　恩格斯说过："在社会历史领域内进行活动的，是具有意识的、经过思虑或凭激情行动的、追求某种目的的人；任何事情的发生都不是没有自觉的意图，没有预期的目的的。"①21世纪以来的西方哲学中国化之所以会体现为"当代阐释型"的理论形态，一是西方哲学进入中国后在时空转化过程中，已逐渐融入中国文化和中国社会，实现着自身的"基因改良"，有效实现着西方哲学在中国的"时间换空间"的"中国化"空间。二是伴随改革开放的不断行进，中国人越来越以一种开放的胸怀兼收并蓄，中国哲学文化理论界能够延续和发展出具有独立意识、独立品格的自身文化，向世界宣传中国的文化世界和价值观。为此，我国的西方哲学研究越发重视对西方哲学在新形势下的再创造和再发展，从"西方哲学东渐"转变为"西方哲学中国化"，从"还原西哲"到"中西哲学融通"，创造与新时期发展相匹配的，融涵中西哲学智慧的当代中国哲学新形态。

---

① 《马克思恩格斯文集》第4卷，人民出版社2009年版，第302页。

第 三 章

西方哲学形而上轨迹与西方哲学中国化历程

　　陈修斋曾指出:"既然今天仍旧甚至更加需要引进西方哲学,那么对于以往三百年或者至少一个半世纪以来引进西方哲学的历程进行一番回顾,总结其经验教训,探索其规律性,以做当前和今后引进工作的借鉴,就是很有必要,也是很有意义的事。这工作本来早就应该做了,可惜的是以往虽也有人在这方面尝试过,做过一些初步的或局部的工作,但在此以前还始终没有人来对西方哲学传入中国的过程,做过全面系统的考察,因而留下了社会主义文化建设中一块亟待填补的空白。"[1] 由今视昔,重审对这段历史并加以总结反思,发现中国人研究西方哲学的主动意识越发明确,迻译与研究西方哲学的目的愈益明晰,业已实现以下嬗变:从初时仅将西方哲学作为一种异质文化来知晓,对西方哲学与中国文化做外在嫁接,到后来主动在传播、研究西方哲学过程中打上中国人独异的思维印记与文化烙印,将西方哲学转基因而融入中国本土文化,不断生成"中国的西方哲学"。前文提到,这一转变经过了"传统知识型""文化比较型"和"当代阐释型"三部曲。而蕴含于"三步曲"之内的命题递嬗与逻辑发展,必须有所交代。

　　自西方哲学传入中国之始,其作为一种新知识和新文化便不断经受中国人的辨识、接受、认同与融通。中国人以何种致思方向进行研究,便决定了西方哲学以何种面貌展现。而中国人在思考和解答这个问题时,恰好经历

---

　　① 陈修斋:《西方哲学东渐史(1840—1949)》,武汉出版社 1991 年版,第 2—3 页。

"哲学史就是哲学""哲学史就是认识史"和"哲学史就是哲学思想理论创新的发展史"的三跃迁。每一"中国化"的思想之跃迁都翻转出西方哲学的新貌。在哲学/哲学史核心命题跃迁的视阈下，亦即对西方哲学中国化"三跃迁"演进轨迹的审视，有助于我们进一步理解由"传统知识型"、"文化比较型"而"当代阐释型"范式转换的历史规律。而我们又该如何把握"三跃迁"的思想轨迹呢？西方哲学中国化的"三跃迁"，既体现了中国哲学界对哲学本性认识的发展历程，也契合了西方哲学递嬗的内在理路，即由形而上学自我批判历程所代表的西方哲学的发展逻辑。换言之，西方哲学中国化"三跃迁"的演进逻辑与西方形而上学的自我跃迁理路正相契合。而对西方哲学形而上学的新理解也催生了西方哲学中国化的新范式。

在西方哲学自我衍生的历程中，形而上学始终作为其内在的思想逻辑、思维方式深刻地影响着西方哲学的进程。一部形而上学的批判史生动展现了哲学气质与精神在时空之中的转化——西方哲学的发展常常是对此前形而上学的批判和对形而上学新形态的建构，因而形而上学始终是西方哲学历史演进的中轴线，经常是哲学家们既竞相反对、又挥之不去的"幽灵"。故此，海德格尔说：不是本体论（形而上学——作者注）不是哲学。胡塞尔也说：哲学的奥秘在于人（形而上、本体——作者注），人的奥秘在于哲学。即哲学或曰本体、形而上、人之"幽灵"，在于人的有限性存在与无限性趋向之间的张力关系，在于形而上学的"人文精神"所具有的思想能量，在于西方哲学的人文精神将"形而上学"的使命不断彰显的文化实力。故此，我们既要对西方哲学形而上学的发展轨迹与逻辑进行理解与把握，更要思考西方哲学形而上精神对中国哲学的影响，在西方哲学形而上精神与中国哲学思想的双重交织中，挖掘西方哲学中国化的"形而上学"历程。从亚里士多德、笛卡尔、康德"形而上学"的现象学，可以看出对"形而上学"的解释学一直以来是在双重维度上发生——狭义的"第一哲学"的形而上学和广义的"未来形而上学"，如斯特劳森把形而上学理解为描述的形而上学和修正的形而上学。"西方哲学中国化"是在双重维度统一的意义上重建中国式的"形而上学"。因此，本章拟以西方哲学自身对"形而上学"维度的理解所发生的变迁与转化为依据，把握形而上学批判史与西方哲学中国化的同一性逻辑，为西方哲学中国化历程的梳理提供思想依据，并以此依据对西方哲学中国化的发展阶段及历程进行再诠释。

一、序曲中揭幕：形而上学自我
批判的历史回响与时代新声

"形而上学"（英文 Metaphysics，希腊文 tametataphysica，拉丁文 meta-physica）的词源也即本义，为"物理学之后"（的原理）。亚里士多德在吕克昂学院先讲授"物理学"再讲授"后物理学"，他说："自然哲学家应该研究和质料不分离存在的（虽然在定义里是可以分离的）形式……至于确定分离的纯形式的存在方式及其本质，这是第一哲学的任务"[①]，后者"是在寻取最高原因的基本原理"[②]。我国晚清学者严复（前有日本明治学者井上哲次郎）取《周易》（中国形而上学的祖本，其在中国哲学史上的地位与《形而上学》在西方哲学中的地位相当）系辞上传中"形而上学（谓之道）"对译亚氏"后物理学"，即超越有限自然的、探究宇宙最高原理的学说。这一译法直观而深刻，揭示了两种哲学传统之间的内在同一性。因此，从西方哲学一进入中国人的视野起，就已经被自觉地"本土化"了；但这种"本土化"不仅不是对西方哲学本质精神的误读，而恰恰是一种精确的彰显再现。

形而上学是哲学思想理论的全部基础，其作为一门相对独立或比较成熟的学科，缘于古希腊亚里士多德的形而上学。亚里士多德去世后的三百年左右，其再传弟子安德罗尼柯在其供职的罗马图书馆整理亚里士多德的手稿，使亚里士多德的手稿终见天日。在将亚里士多德论述较为集中的"超自然或超感觉的事物所共同具有的最为一般的特性"部分编辑为第十四卷，却找不到合适的名字时，使用了 tamatataphusika，即《物理学之后诸卷》（第十三卷为物理学）。之后为方便使用而去掉了冠词成为 metaphusika。在希腊语中 meta 有多重含义：元、超越、在后面等，这些含义恰好与亚里士多德使用的"第一哲学"的含义一致。亚里士多德将科学分为三类，着重论

---

① ［古希腊］亚里士多德：《物理学》，张竹明译，商务印书馆 2006 年版，第 49 页。

② ［古希腊］亚里士多德：《形而上学》，吴寿彭译，商务印书馆 1959 年版，第 56 页。

述理论科学时认为，理论科学主要包括物理学、数学、第一哲学（神学、智慧），在生产科学、实用科学基础上，理论科学便逐渐发展起来，物理学之后的第一哲学是寻求超越各种具体的"物理"的"统一性原理"，探讨最一般原因与原理的学问——形而上学。所以，亚里士多德首先明确了"第一哲学"亦即形而上学在人类知识系统中的地位，阐明了形而上学区别于物理学、数学等科学的特点：探讨最普遍适用的第一原因是最为一般的科学；这样的科学最困难、最精准，是因为第一因不可知和其涉及的原理最少；探讨每一事物的终极目的，是最具权威的科学、不具有功利性的唯一真正自由的科学。"存在着一种研究作为存在以及就自身而言依存于它们的东西的科学。它不同于任何一种各部类的科学，因为没有任何别的科学普遍地研究作为存在的存在。……既然我们寻求的是本原和最高的原因，很明显它们必然就自身而言为某种本性所有。……应当把握的是作为存在的存在之最初的原因。"① 可见，应当"有一门学术"，专门研究存在本身，这门学术就是第一哲学亦即形而上学。亚里士多德为形而上学确立了王者至尊的地位，使其在西方哲学后来的上千年历程中，始终以"贵妇人"的身份和地位彰显其霸道与霸权，始终致力于成为科学的哲学。

　　海德格尔在反思形而上学的基本形象时得出如下论断："一切形而上学（包括它的反对者实证主义）都说着柏拉图的语言。形而上学思想的基本语词，也即形而上学对存在者之存在的表达的基本词语，即相：是存在者作为这样一个存在者在其中显示自身的那个外观（Aussehen）。而外观乃是一种在场方式。"② 形而上学以物理学之后的形态出现，表达的尽是存在者的合理性以及终极性思索，即使是在巴门尼德乃至柏拉图那里瞥见的对存在的观照，也只是一种抽象实体的表达，传统形而上学始终在对存在者的执着之中缺失了"存在"的维度，或者更为准确地说是聚焦于存在的根基性，缺失了存在本身的现实样态——体系性或曰与其他表现形态的勾连性。在这一意义上，以笛卡尔为代表的形而上学体系建构方式的出现，打破了传统形而上学描述的永恒不变的实体形象的追求，将形而上学的重心转移至以体系的完

---

① 苗力田主编：《亚里士多德全集》第 7 卷，中国人民大学出版社 1993 年版，第 84 页。
② ［德］海德格尔：《面向思的事情》，陈小文、孙周兴译，商务印书馆 1999 年版，第 81 页。

整性和全面性来诠释形而上学之"在"的现实性当中，使得形而上学完成了其自身的第一次修正。

作为近代哲学造型者的笛卡尔，使西方哲学从古代本体论转向认识论的关键在于激活了亚里士多德的"第一哲学"概念，在哲学理论建构的意义上使用"形而上学"。"形而上学"一词在笛卡尔那里是与"物理学"相对应的"第一哲学"。1641 年笛卡尔用拉丁文写作发表了《第一哲学沉思集》，1647 年改用法文写作发表此书时，将书名改为《形而上学的沉思》。当笛卡尔用第一哲学与物理学相对应时，是恢复与描述亚里士多德的形而上学"作为研究存在之存在的学说"之传统。当 1644 年笛卡尔发表其重要的著作《哲学原理》时，又扩大了"形而上学"的使用范围，把探讨真理的本性和认识的起源置于形而上学之内，完成自己哲学的最终定型。在这部著作中，笛卡尔努力建构人类全部知识的大厦，为人类全部知识描绘了一幅颇具"生态意义"的知识蓝图——"哲学好像一棵树。树根是形而上学，树干是物理学，从树干上生出的树枝是其他一些学问，归结起来主要有三种，即医学、机械学和道德学，道德学我认为是最高的、最完全的学问，它以其他学问的全部知识为前提，是最高等的智慧"①。在笛卡尔看来，"哲学表示关于智慧的研究，至于智慧，则不仅指处理外部事物的机智，也指一个人在立行、卫生和艺术的发现方面所拥有的完备知识而言，至于达到这些目的的知识一定是要由第一原因推演出的。"② 这个第一原因就是亚里士多德的形而上学所要求的理论旨趣——寻求最高原因的基本原理。笛卡尔用形而上学指称自己的形而上学原理或知识大树的全部根基，并明确提出知识的起源、知识的结构、知识的真理性、普遍性、有效性等问题，把普遍怀疑当作寻找确实性的根据，把人类认识的目光从外部世界转向人的内在心灵，要求不仅认识知识大树的外部景观，还需认识知识大树的内在根据——"树之活"的生存论基础，"我甚至于宁愿先付出充分的时间为自己所要从事的工作拟出草案，为认识自己力所能及的一切事物寻找可靠的方法，而不一开始就大刀阔斧把过去未经理性指引潜入我心的一切意见完全抛弃"③。笛卡尔努力

①　[法]笛卡尔：《谈谈方法》，王太庆译，商务印书馆 2011 年版，第 70 页。
②　[法]笛卡尔：《哲学原理》，关文运译，商务印书馆 1959 年版，序言第 IX 页。
③　[法]笛卡尔：《谈谈方法》，王太庆译，商务印书馆 2011 年版，第 15 页。

用"我思"获得如此"阳光"——清楚明白、真实可靠的知识基础，使"我思"成为其活生生的知识大树（第一哲学）的思想核心和生存论根据——"我发现，'我想，所以我是'这条真理是十分确定、十分可靠的，怀疑派的任何一条最狂妄的假定都不能使它发生动摇，所以我毫不犹豫地予以采纳，作为我所寻求那种哲学的第一条原理"①。由此"我思故我在"成为笛卡尔形而上学的第一原理，笛卡尔以"我思"为清楚明白的认识出发点并建构概念、命题、推理的最一般、最系统的形而上学理论的基本形式，使 17 世纪以来的形而上学必须解决的知识的可靠性、确实性、可能性等问题得以保障，使探讨知识的确实性、可靠性的根据问题成为整个近代哲学的第一要务。如果说亚里士多德的形而上学是相对于物理学或具体科学而言的，那么，笛卡尔的形而上学则给自身提出了更高的要求与标准——为所有科学奠基，为所有知识立据。其生态意义的知识大树更具生态意义——形而上学的根基性（形而上学是树根），形而上学的现实性（树根基础上的现实具体科学），形而上学的理论性（形而上学与具体科学的整体性）。

所以，笛卡尔认为，这样的形而上学应该包括人类知识的一切原理：关于对上帝的再论证；关于人类心灵应有的清楚明白的观念的明晰；关于上帝和人之外的物体世界存在的一般原理以及对宇宙的构成做出的说明；关于物质与精神以及灵魂不死、意志自由的科学考证；关于人的本质、人的情感与道德的讨论；关于自然法与政治等问题的铺展等等。沃尔夫在笛卡尔形而上学"知识大树"的意义上进一步建构了"形而上学——沃尔夫体系"，将形而上学的知识范围进一步扩大，使形而上学在 17、18 世纪有了如下划分：普遍的形而上学（metataphysica generalis）和特殊的形而上学（meta-physica specialis）。普遍的形而上学系指亚里士多德形而上学的第一哲学，特殊的形而上学系指神学，包括宇宙论、理性心理学等不断扩展的形而上学。笛卡尔对亚里士多德形而上学的现象学描述与解释学"修正"，使形而上学的"知识大树"在树根处基础扎实、清楚明白，更使"知识大树"郁郁葱葱、蓬勃发展。

西方哲学从亚里士多德开始确立了形而上学的学以致知传统，获得普遍

---

① ［法］笛卡尔：《谈谈方法》，王太庆译，商务印书馆 2011 年版，第 27 页。

必然的知识是追求自由的目标。笛卡尔将这一传统贯彻下去，使"我思"为获得确实性知识的可靠保障。一方面，笛卡尔要为其全部认识论寻找合法性根据，有此根据才是形而上学；另一方面，在西语世界拉丁文还是学术语言时，笛卡尔已开始用法文写作哲学著作（法文相对于拉丁文而言易懂），大有让哲学讲法语之意，更有普及哲学知识的努力。如果，哲学知识可以普及的话，那么，在笛卡尔看来普及的力量有二，一是学以致知传统的重塑，二是人所具有的"我思"之根基。笛卡尔的"知识之树"再次确立了形而上学的优先地位，将"我思"置于整个"知识大树"的核心，认为理性是世界的本质，也是人的本性，这是对人类理性主义的形而上学传统的重塑。传统的重塑与重塑的传统，凸显了形而上学的本体论、生成论意蕴；我思之根基——笛卡尔对人的理性的大力推崇，展现出对自我意识的主导性、意向性、天赋性的坚定与自信，开启了认识论、思之形而上学——近代理性形而上学的先河。也许，这就是对斯特劳森所说的"描述的形而上学与修正的形而上学"的笛卡尔式的描述与修正吧。

历史地看问题，笛卡尔之后的西方哲学多有对形而上学、本体论、第一哲学的各种批评，但对哲学是一门存有基础性、保有合法性、具有根本性的学问的观点与认识坚定不移。以此为根基，西方哲学在近代的发展以追问知识的基础、探究认识的来源、确定知识的真实为发展的核心路线。只是这一路线在康德哲学那里发生了转变。

现实地看问题，至今我们面对的康德哲学，仍然是把形而上学作为自己哲学理论体系的坚实基础，在批判与超越传统形而上学（近代认识论）的基础上建构自己的批判哲学。所以，康德深信自己已经踏上哥白尼式革命之路。

在《纯粹理性批判》中康德认为，传统形而上学的问题在于其内容与目的的指向出现偏差而使形而上学不科学。"我所理解的纯粹理性批判，不是对某些书或体系的批判，而是对一般人类理性能力的批判，是就一切可以独立于任何经验而追求的知识来说的，因而是对一般形而上学的可能性和不可能性进行裁决，对它的根源、范围和界限加以规定，但这一切都是出自原则。"[①]问题在于，依据怎样的原则使形而上学得以科学？基于形而上学怎样的基础

① [德]康德：《纯粹理性批判》，邓晓芒译，人民出版社2004年版，第3—4页。

使形而上学更基础、更科学？即形而上学本身的合法性如何在科学的意义上加以捍卫？康德的理论自觉在于超越传统的形而上学而建立新的形而上学——科学的形而上学，而不是摈弃形而上学。"现在，形而上学，按照我们在此将给出的它的概念，是一切科学中唯一的一门这样的科学，它可以许诺这样一种完成，即在较短的时间内，只花较少的，但却是联合的力气来完成它，以至于不再给后世留下什么工作，除了以教学法的风格按照自己的意图把一切加以编排，而并不因此就会对内容有丝毫增加。因为这无非是对我们所拥有的一切财产的清单通过纯粹理性而加以系统地整理而已。我们在这里没有忽略任何东西，因为凡是理性完全从自身中带出来的东西，都不会隐藏起来，而是只要我们揭示了它的共同原则，本身就会由理性带到光天化日之下。"① 按照建构新的形而上学的思路，康德努力实现一种认识论革命——以"纯粹数学何以可能、普遍自然科学何以可能、科学的形而上学何以可能"为问题意识，以纯粹理性为动力杠杆，以解决经验论与唯理论的知识困境为基本路向，认为经验论对经验的归纳概括只是关于事实的知识——综合判断；唯理论坚持的知识只能由理性固有的天赋（我思）观念来推演，只是关于概念的知识——分析判断。新的形而上学的知识系统要求有两个必备要素："先天"要素——形而上学的知识只能来自纯粹理性提供的先天分析判断，才具有知识的必然性，"因为每一种据认为先天地确定的知识本身都预示着它要被看作是绝对必然的，而一切纯粹先天知识的规定则更进一步，它应该是一切无可争辩的（哲学上的）确定性的准绳、因而甚至是范本"②；"综合"要素——形而上学的知识必须扩大知识的范围，需要后天经验的综合，才具有知识的普遍性。"要求有凭借概念的那种推理的（逻辑的）明晰性，但然后也可以要求有凭借直观的直觉的（感性的［sthetisch］）明晰性，即凭借实例或其他具体说明的明晰性。"③ 把二者统一起来就是"先天综合判断"。"先天综合判断"是知识，知识的内容由先天直观、主体先验及其经验综合构成。所以，康德并没有痴心妄想，而是实现了对认识的常识理解方式的扭转，达成了主体的自在尊严："向来人们都认

①　杨祖陶、邓晓芒：《康德三大批判精粹》，人民出版社 2001 年版，第 44—45 页。
②　杨祖陶、邓晓芒：《康德三大批判精粹》，人民出版社 2001 年版，第 42 页。
③　［德］康德：《纯粹理性批判》，邓晓芒译，人民出版社 2004 年版，序言第 6 页。

为，我们的一切知识都必须依照对象；但在这个假定下，想要通过概念先天
地构成有关这些对象的东西以扩展我们的知识的尝试，都失败了。因此，我
们不妨试试，当我们假定对象必须依照我们的知识，我们在形而上学的任务
中是否会有更好的进展。这一假定也许将更好地与所要求的可能性即对对象
的先天知识的可能相一致，这种知识应当在对象被给予我们之前就对对象有
所断定。这里的情况与哥白尼的最初的观念是相同的……"① 对主体自身的
自信原则，不必苛求对象的客观性，主体自身所提供的能量足以使知识获得
牢靠的根基，余下的问题便是如何进一步分析主体自身的能量而使知识的必
然性与普遍性得以应答。这就构成了康德在《纯粹理性批判》中从人类主
体的三个层次——时空直观、知性范畴、理性背反建构知识的可能性，即在
形而上学的承诺下展开知识的证明，使知识具有坚实合理的科学合法性，
"形而上学知识这一概念本身就说明它不能是经验的。形而上学知识的原理
（不仅包括公理，也包括基本概念）因而一定不是来自经验的，因为它必须
不是形而下的（物理学的）知识，而是形而上学的知识，也就是经验以外
的知识。这样一来，它就既不能根据作为真正物理学的源泉的外在经验，也
不能根据作为经验心理学的基础的内在经验。所以它是先天的知识，或者说
是出于纯粹理智和纯粹理性的知识"②。"先天综合判断"具有形而上学的知
识基础性，"人是有限的理性""知性为自然立法"奏效。

　　康德将笛卡尔以来的西方近代哲学关于知识是如何产生的问题转换为知
识何以可能的问题，在主体认知与知识生成的关系中，用一系列关于概念、
原因的原理充实着人类主体先验理论的根基，认识论的知识塑造使哥白尼式
革命前所未有。康德的哥白尼式革命是以有限的自知为无限的前提，让人在
有限与无限之间寻找走出徘徊的思想张力，以不断彰显的无限性建构新形而
上学，是康德在《纯粹理性批判》中所体现的调和主义之主张。康德的调
和主义主要强调两个方面：一方面坚持先天综合判断是知识，真正的知识必
须是先天综合判断，使人类理性充分认识到人类的知识及其理性是有限的，
并非一切知识都是先天综合判断。另一方面，人类理性的本性在于"明知不

---

① ［德］康德：《纯粹理性批判》，邓晓芒译，人民出版社 2004 年版，序言第 5 页。
② ［德］康德：《未来形而上学导论》，庞景仁译，商务印书馆 1982 年版，第 17—18 页。

可为非要为之而不可"，即人类理性一定要把自己建构的有限知识加以无限扩张，人类理性一定要为这无限扩张进行指引且能指引，因为人类理性的本性在于对终极存在的终极追求中达到终极真理。对这两方面的调和，既是先天与后天的调和，也是先验与后验的整合，更是有限与无限的契合，当然也是现实与理想的谋和。关键在于康德为什么要坚持调和呢？只从与认识论的知识建构具有逻辑关联的角度来看，这样的知识是科学的知识，哲学的科学知识是形而上学知识。康德的这种调和显然是为了说明哲学的科学知识何以可能，以这样的形而上学反叛之前的形而上学，是对形而上学的再描述——建构意义上的；这样的知识不仅是科学的、确实的知识，还是可以无限发展的知识，因为人的理性的认知能力的无限和知识生成的无限全依赖主体意识自身的无意识——明知不可为非要为之而不可，以体现主体的自觉与自尊，不断再建新的未来的形而上学，是对形而上学的再修正——发展意义上的。

康德批判自笛卡尔通过知识如何产生问题为形而上学建构的体系性的独断，而以知识何以可能这样更具开放性的课题为形而上学寻找更宽广的出路，因此，康德希望在继续超越传统形而上学的本体论预设的形而上学发展过程之中，不断地修正形而上学的理性独断，重新建构形而上学的可能途径。然而，形而上学的自我超越并没有因为任何一种哲学观的声称而终止，形而上学的批判史与其说发生在形而上学理论的更新换代之中，不如说根植于人类不断追求思想的完善与突破之中。正如后现代解构主义者德里达谈及20 世纪科学主义思潮时曾这样表述："当时人们谈得最多的是哲学的局限，有时甚至是哲学的'终结'或'死亡'。就我个人而言，那时我虽然对于形而上学的关闭充满兴趣，但我从不赞成哲学已经完结的说法。因此，我尝试在关闭和终结之间寻找某种道路。"① 这种出路在罗蒂看来就是在不断打破从古希腊到近代康德乃至现代哲学基础主义与本质主义的权威。罗蒂在《哲学和自然之镜》中曾批判地谈及，要"摧毁读者对'心'的信任，即把心当作某种人应当对其具有'哲学'观的东西这种信念；摧毁读者对'知识'的信任，即把知识当作是某种应当具有一种'理论'和具有'基础'

---

① ［法］德里达：《书写与差异》，张宁译，生活·读书·新知三联书店 2001 年版，第 2—3 页。

的东西这种信念；摧毁读者对康德以来人们所设想的'哲学'的信任。"①
罗蒂认为，以往对形而上学的认识、设立都存在本质主义、基础主义的倾向，
用一元的方式理解世界以及人类自身只是一种"逃避的企图"，因为现实的世
界很难与构造在人类理性范围内的确定性交织在一起。因此，在罗蒂看来，
用本体的统一形象规约本来不同的主体与客体不具有正当性，这种一元的方
式没有充分地为人与自然、主体与客体的关系预留足够的空间。罗蒂主张：
"在康德之后的学院哲学语境里，以希望取代知识意味着相当科学的某种东
西。它意味着放弃康德的如下观念：存在着所谓的'人类知识的本质'、'人
类知识的范围和限度'或'人类的知识处境'有待于哲学家去给予探索和描
述。"② 用希望代替形而上学的一元式认识意味着对基础主义、本质主义行使反
叛，用差异取代同一，用多元贬斥实在。多样化和差异化并非指对某一事物内
在本质理解的突破，它体现的是对传统形而上学追求的方式的取代。即要突破
"知道事物"和"使用事物"之间的区分，也就是取消一类问题：描述事物与事
物存在方式的关系问题。罗蒂看到了传统形而上学直到近代形而上学的特点，
都是以一元设定的确证性反观主体或客体的内在特征，而罗蒂以实用主义的方
式确信的是：真正符合人类现实生活的形而上学真问题是多元的，是具有丰富
性、流动性的实践理论。正如奎因认识到的，任何思想都不可能没有"本体的
承诺"，而"形而上学"在黑格尔之后遭到拒斥并不源于形而上学本身的特质，
而是当形而上学变成"专制的女王"以后，完全地否定形而上学为人类思想带
来的意义成了哲学本身的悲剧。如果我们可以看到在形而上学内部蕴含的逻辑，
那么形而上学不断自我修正的历程正表明了一种知识的树立，或者说一门学科
的发展不是轻率的结果和无依据的推测，而是时代成熟的判断力。

二、奏响中鉴赏：形而上学自我演历的
轨迹范式与方法论价值

　　需要说明的是，在狭义的形而上学（第一哲学、本体论）和广义的形

---

① ［美］罗蒂：《哲学和自然之镜》，李幼蒸译，生活·读书·新知三联书店 1987 年版，第 4 页。
② ［美］罗蒂：《后形而上学希望》，张国清译，上海译文出版社 2009 年版，第 17 页。

而上学（发展的、未来的）之外，形而上学还有另一种含义，即由笛卡尔、黑格尔确立的与辩证法相对立的形而上学，也就是方法论意义上的形而上学。

在笛卡尔那里，形而上学既要为科学奠基、为知识立据，还要为科学方法竖旗。在《谈谈方法》中笛卡尔反复强调，科学方法的选择要由科学研究的内容（客观）和自我心灵的我思（主观）决定，这两部分都属于形而上学。所以，形而上学的方法起码要有两个原则：相信客观世界存在的和谐性、统一性，及其所具有的物理学、几何学的基本结构；相信我思的心灵主体具有理性直观和演绎的能力。前者是传统的，后者是现代的——17世纪以来的形而上学家都认为这种能力是人的天赋所具有的"自然之光"或"理性之光"，只有依赖这种能力才能确保真理的发现与证明。"良知是世界上分配得最均匀的东西，那种正确地作判断和辨别真假的能力，实际上也就是我们称之为良知或理性的那种东西，是人人天然均等的。……只是由于我们通过不同的途径来运用我们的思想……因为单有良好的心智是不够的，主要在于正确地应用它。"① 即人人具有天赋的理性还不够，还必须有正确的方法指引理性，获得真理。当笛卡尔将方法问题提到形而上学的重要位置时，其方法不仅是理论方法，也是实践方法；不仅是破坏性的方法，更是建设性的方法。笛卡尔身体力行，以"我思"为方法论前提，以"普遍怀疑"为方法论过程，以寻找不可怀疑的知识与真理为趋向，以建构一座新的知识大厦为目标，提供了真实可行的获得新的可靠知识的"理性演绎法"。笛卡尔就是因着方法论上的怀疑进行着创新——对形而上学的重建，再描述、再修正。问题在于，笛卡尔通过自己的方法要获得清楚明白、不可怀疑的知识，就只好把知识的内容悬搁起来，而把知识的形式固定下来，知识的形式不是别的，就是我思的认识与怀疑的主体，这就既把认识的主体抽象化、绝对化了，也把知识本身确定化、片面化了。

按历史发生学的秩序说，这之后特别是在18世纪才把"形而上学"视为一种与辩证法相对立的方法论。这样的形而上学的基本特征是把世界看作

---

① 北京大学哲学系外国哲学史教研室：《西方哲学原著选读》上卷，商务印书馆1981年版，第361—362页。

孤立的存在，静止不动的存在，凝固不变的存在，否定矛盾的存在，特别是否定矛盾的对立统一的合理性与现实性的存在。显然，这是我们最熟悉的形而上学，是与上述所论及的形而上学相区别的概念。正是它们之间各自理论特点的鲜明，理论之间的相互对峙，各自均以自身的思想理论持存至今。

有区别必然有联系。这种内在的联系一方面表现在黑格尔成功地将笛卡尔我思的本体论意义的形而上学转化为方法论意义的形而上学；另一方面表现为以"本体"为思想核心的形而上学当然要锲而不舍地追求这一本体，使其成为终极实在和终极本质的本体，成为永恒不变的真理。人们对这种本体的把握必然以理论化的认识形式来体现，这样的认识理论就具有了终极解释的绝对性。对终极本体的终极认识，如果说是对本体的形而上学把握，不如说是形而上学方法的进一步实现。黑格尔的成功之处便在于此。

其实，形而上学本体论的思想理论，因其所具有的丰富内涵，很容易铺展开自身的思想张力，即只要引申到表达它的概念、认识、理论方面，就会形成形而上学的思维方法。而且，从形而上学的思维方法来说，有眼睛的人都无法否认看到的经验事实的活生生的存在，而不是静止、孤立、片面的存在。静止、孤立的存在是指现象背后那种形而上学的本体（如我思）存在，形而上学的本体之存在才是存在，存在存在而非不存在，真理为真而非谬误。对本体论的如此表达恰好是形而上学思维方法的本质——非此即彼。所以，静止、孤立的形而上学观点同本体、本质的形而上学思想是互通的。无论对哪一种形而上学按过惩罚，都是对另一种形而上学的论功行赏，谁都难辞其咎。黑格尔从亚里士多德以来的本体论意义的形而上学揭示出形而上学的方法，深刻说明形而上学本体论的本体之确定性必然导致形而上学的思维方法，如果对此方法加以终结的话，只能靠形而上学理论自身。即形而上学理论自身的根本任务就是：在形而上学基本理论、基本原理、基本方法（狭义形而上学）的基础上，不断彰显形而上学自身思想理论的无限力量，辩证法的思维方法所具有的思辨力、实践力，在有效克服形而上学思维方法的同时，也能建构更具思想理论现实性的、不断发展的未来形而上学。

正如我们在形而上学批判史当中得到的结论那样：形而上学的本性是探索恒定不变的"一"，但在思想的长河中"一"却是以"多"的竞相更迭而存在的。历史的纵贯式发展在一定意义上呈现了形而上学自身的发展历程，而实证意义上的梳理只是一个知识准备，要真正洞察西方形而上学的深层演化逻辑，必须诉诸形而上学发展脉络背后的基本轨迹或范式转化，以此观照形而上学自身发展与西方哲学中国化的内在关联是更为有意义的事情。按照形而上学发展轨迹来看，其基本范式可以概括为"本体论式""建构式""融合式"三种范式。

本体论的形上追求范式是西方哲学形而上学批判史的第一种范式。本体论（ontology）是关于存在及其本质和规律的学说，是对人之外和之上的宇宙、世界本体的探讨。亚里士多德认为："世间若有一个不变动本体，则这一门必然优先，而成为第一哲学。"① 古希腊哲学中的本体论为宇宙本体论，集中于形式与质料、本质与现象、一般与个别等关系的探讨，而求得"作为最高原因的基本原理"则是贯穿始终的目的。在中世纪哲学中则体现为神学本体论，基督教的"上帝"成为终极本体，从而以极端化的方式表征了形而上学的彼岸性维度。如前所述，斯特劳森将这种形而上学模式称为"修正的形而上学"，即认为在现象界背后始终有一个终极实在的观点；这种观点深深奠基于柏拉图的理念论和亚里士多德的第一哲学思想，成为古代一以贯之的哲学传统和基督教神学的理论基石。其思维方式的弊端，由康德揭示为独断论、由黑格尔揭示为抽象的理性。

"知识—建构式"的形上追求范式是对本体论范式超越的结果。自近代起西方哲学发生了从客体性研究向主体性研究的转向，从而开启了近代哲学的新范式，其标志性话语为"无认识论的本体论为无效"。笛卡尔将"'我想，所以我是'这条真理……作为我所寻求的那种哲学的第一条原理"②。然而，从形上追求的大视野来看，与其说认识论转向是对传统哲学根本旨趣的否定，不如说是用新的也是更高、更为自觉的方式推进了形而上学的追求，因为它以内在的形而上学取代了外在的形而上学。康德在近代唯理论与经验论传统的基础上又进行了综合建构，认为"纯粹理性……这个批判必须首先摆明形而上学之可能性的源泉和条件，并清理和平整全部杂草丛生的地基"③。西方哲学发展到主体性阶段，实际上就已经为 20 世纪的拒斥形而

① ［古希腊］亚里士多德：《形而上学》，吴寿彭译，商务印书馆 1959 年版，第 120 页。
② ［法］笛卡尔：《谈谈方法》，王太庆译，商务印书馆 2011 年版，第 26—27 页。
③ 杨祖陶、邓晓芒：《康德三大批判精粹》，人民出版社 2001 年版，第 45 页。

上学运动埋下了伏笔。尤其是康德对上帝的理论化铲除、有关人的思维只限于理解现象的有限理性思想，成为逻辑实证主义的主要渊源之一。不过，"拒斥形而上学"所拒斥的真正对象，是"修正"形态的形而上学；在拒斥诉求的深层则蕴含着重建形而上学的强大冲动。

"融合式"的形上追求范式体现出西方形而上学追求从分裂到统一的过程。康德哲学昭示了形上对象的显现是以人自知其有限性从而趋向永恒作为前提条件的，从费希特、谢林到黑格尔的形而上学，都是在此基础上生发出来的。但黑格尔坚决反对康德根据主体有限性而对形上追求采取的谦卑态度，反而明确指出："哲学的历史就是发现关于'绝对'的思想的历史。绝对就是哲学研究的对象。"① 黑格尔的工作是将古代客体形而上学与近代主体形而上学融为一体，将形而上学的出路铺设为具体理性通过艰苦的精神跋涉而认识自己的辩证过程。在这个最根本的形而上学意义之上，黑格尔是古典哲学的终结者和现代哲学的真正开创者。现代西方哲学往往由康德提供的思路（人的有限性）起步，但最终落脚点还是或隐或显的彼岸世界（即黑格尔所认定的哲学从古迄今的总纲）。比如，强调没有真理、拒斥崇高的后现代主义并没有真正获得灵魂的宁静与幸福，这一现象不正是从反面印证了它从未跳出过哲学的形而上学掌心吗？斯特劳森提出以"描述的形而上学"取代"修正的形而上学"的思路，从大的哲学史视野来看，也就是用语言分析的新形式，重现召回黑格尔形而上学的理路。斯特劳森"描述的形而上学"反对对象有二：一是反对古代直观的形而上学本体论也即"修正的形而上学"，二是反对逻辑实证主义"拒斥形而上学"的倾向。而"描述"的语言学形式，正好对应着黑格尔以具体理性扬弃抽象理性的形而上学重建方案；"近代"哲学家黑格尔与"现代"哲学家斯特劳森在形而上学主张上是内在合流的。

发展至现代的形而上学批判史，对形而上学的批判不绝于耳。拒斥本体论的形而上学体系，克服片面的知识论的形而上学方法，在分裂和融合的统一中实现对形而上学的重构。这使我们清楚地看到：形而上学不仅体现为哲学的狭义形而上学的必要性，而且"仍然可以作为哲学家对宇宙、对人生

---

① ［德］黑格尔：《小逻辑》，贺麟译，商务印书馆1980年版，第10页。

的理解与体验，在事实上成为一种充实我们内心生活与体验境界的方法"（石思克语）。这一方法中暗含中西哲学的同构性特征，此类特质恰恰能够构成中国现代"形而上学"的自觉。中国现代"形而上学"理论体系的建构，是在学科自觉的意义上进行的"形而上学"的重建工作，我们将其称为"西方哲学中国化"。西方哲学中国化如同西方哲学的形而上学批判史一样，既注重对概念、命题等知识进行界定与明晰，而走了一条狭义的形而上学之路；也注重建构概念、命题之间的逻辑推理的理论体系，以实现西方哲学的中国形态，而走了一条方法论意义上的形而上学之路；更注重现代形态的整个理论表达所追求的最终目的——中国人的精神诉求与思想理论的价值意义，而走上一条不断超越"形而上学"的未来形而上学之路。西方哲学中国化的历程与重建，因而也是形而上学的确立与描述的现象学、形而上学的修正与发展的解释学、形而上学的展望与建构的人类学。

三、民族式演绎：西方哲学中国化的"三跃迁"

从某种意义上来说，形而上学的自我批判历程代表了西方哲学的整个发展逻辑，即哲学总是在不断的自我描述与修正的过程中表达时代问题与思想归旨的辩证统一。正如形而上学从亚里士多德开始被认作哲学本真的"是其所是"问题，是追寻"作为存在的存在"和"那些自身属于它的东西"的本体论问题。形而上学以一切学科的基础和前提的"第一哲学"身份成为人们探讨本体世界实在性的知识根据。使得形而上学真正成为具有不竭发展动力的是形而上学发展历程中所展现出的形而上学自我描述与自我修正的辩证批判逻辑。

以西方形而上学批判史的逻辑审视"西方哲学中国化"历程，可以发现西方哲学中国化的演进逻辑与西方形而上学的自我跃迁理路正相契合，也即从本体论的形而上学、到某种程度的"反"本体论而体现为知识论的形而上学、再到融合的形而上学即内化基础上的再创造的过程。从时间的逻辑上，同样也可以将西方哲学中国化的思想进程概括为从新中国成立至改革开放初期的本体论的形而上学、改革开放初期到 20 世纪末的知识论的形而上学以及 21 世纪以来的融通论的形而上学三个时期。经此三个时期，中国哲学界对哲学本性的认识不断发展，经过了将西方哲学看作是"哲学史就是哲学""哲学史就是认识史"和"哲学史就是哲学思想理论创新的发展史"核心命题的"三跃迁"，形成了西方哲学中国化发展进程的"三步曲"（"传统知识型""文化比较型"及"当代阐释型"）。下面拟透过西方形而上学批判史及其展现出的范式转换与发展理路，审视西方哲学中国化"三跃迁"的思想轨迹，深切把握由"传统知识型""文化比较型"而"当代阐释型"的范式转换，揭呈其"形而上学"历程。

（一）"哲学史就是哲学"视阈下西方哲学中国化的传统知识型

我国学者对"该如何理解西方哲学"这个根本性问题的永恒追问，成为西方哲学在中国走向"中国化"的根本动力。如同我们熟知的在西方哲学内部永流着的形而上学之"血液"，滋养着西方哲学的自我更新。西方哲学在中国作为一种中国式发展，呈现出与西方哲学内在发展逻辑相同的特点。从西方哲学进入中国之始，西方哲学作为一种新鲜思想和文化便不断地经受着中国人的辨识、接受、认同、融通，中国人以何种致思方向进行研究，亦即如何描述西方哲学，决定其以何种面貌得以展现。这种"形而上学"致思的外形就是西方哲学最初在中国呈现的形态，亦即在描述西方哲学自身特质下发展的"传统知识型"的西方哲学。黑格尔在《哲学史讲演录》导言中曾提出一个著名的命题："哲学是理性的知识，它的发展史本身应当是合理的，哲学史本身就应当是哲学的。"[1] 哲学史"不可能是偶然事实堆砌的历史，而是那个唯一真理借助这些事实不断自我显现的历史，也是哲学自我发展的历史"[2]。此处"唯一真理"是指黑格尔哲学体系中的绝对精神，所以"哲学"是关于绝对精神的学问，而"哲学史"即是展示绝对精神自我运动、自我发展规律的历史，因此"哲学史就是哲学"。黄见德在《西方哲学东渐史》中进一步申明其义："哲学史是一种独特的历史，它不同于其他的科学史，比如生物学史，它本身并不是生物学。哲学史不同，它不仅展示哲学内容发展的外在的偶然事实，还要昭示哲学发展的内在逻辑和

---

① ［德］黑格尔：《哲学史讲演录》第 1 卷，贺麟译，商务印书馆 1981 年版，第 13 页。
② 江怡：《如何理解哲学与哲学史的关系》，载《哲学分析》2010 年第 1 期。

哲学内容本身。因此，哲学史本身就是哲学。"① 在"哲学史就是哲学"的视阈下生动地展现了西方哲学在中国最初呈现的基本样态。

20世纪50、60年代，西方哲学经历了新中国成立之前新文化运动的引进高潮，逐步转向以马克思主义为根据的基础理论建设；西方哲学在中国的发展，由需求决定选择的指引下，开始大量倾斜于唯物史观开掘的马克思主义视野，表达了中国哲学研究在哲学史的自我理解中的最初形态。1954年底到1955年3月，以北京为首的一批学者就哲学方面开展了8次讨论会，主题一律是批判胡适的唯心主义，仅1955年、1956年两年在《哲学研究》杂志刊登的针对实用主义及中国实用主义倡导先锋胡适的批判类文章就多达13篇。实用主义这一长期占据中国文化核心的西方思潮遭到集中批判，意味着西方哲学在中国的发展业已发生转型。这种转型一方面来源于中国社会发展的需要，另一方面则由于苏联模式哲学发展的知识型建构理念在一定程度上影响着中国学者对于西方哲学研究的判断。西方哲学的最初中国化深受时代需求影响，表现为新中国成立初期对西方哲学研究注重知识型传授和理论体系的建构，苏联哲学由于在知识体系建构中优势突出，成为中国最初研究西方哲学的范本，特别是在日丹诺夫就亚历山大洛夫著《欧洲哲学史》进行批判之后，立足于马克思主义视阈下的唯物主义与唯心主义斗争历史的演化路径成为我国西方哲学研究的重要选择。例如，1957年洪谦编写的《哲学史简编》，从中清晰可见这种知识框架的印记。以唯物主义与唯心主义斗争为线索的《哲学史简编》以一种易于被当时中国人接受的描述方式，充分展开了西方哲学从马克思主义以前到马克思主义以后的整体梳理。这个以马克思主义为划界衡准的西方哲学史的最早中国版本，展现出西方哲学中国化最初知识形态的基本特质，即以马克思主义为纲的西方哲学知识论传播。无可厚非，哲学发展正如其内在逻辑展现的那样，总是经历着从不断描述到不断修正的上升过程。恰如斯特劳森所指出的哲学的属性："形而上学往往是修正的，而很少是描述的。描述的形而上学满足于描述我们关于世界的思想结构，修正的形而上学则关心产生一种更好的结构。"② 至于新中国

---

① 黄见德：《西方哲学东渐史》上，人民出版社2006年版，第1237页。

② ［英］彼得·F. 斯特劳森：《个体：论描述的形而上学》，江怡译，中国人民大学出版社2004年版，第1页。

成立初期中国人面对的西方哲学，用苏联哲学研究方式开展西方哲学研究是哲学内容发展的外部事实，同时也体现了哲学发展在中国这个特殊境遇之内的内在合理逻辑。因为经历了文化变革的几十年，由欧洲进来的西方哲学往往生动但未必有效，比如实用主义、德国古典哲学，直到现实世界中发生了理论指导现实的革命之胜利才又一次唤醒了中国人对于生动文化的实践意义的思考，对马克思主义的肯定也就显得十分必要了。这都无疑说明了以哲学史的描述方式表达哲学自身逻辑与内涵是西方哲学中国化最初的现实路径。

但还须看到，中国人在面对西方哲学的最初阶段，以"哲学史就是哲学"的意义理解西方哲学，已经开始注意到强调"哲学"是"哲学史"的内在根据，即认为哲学的内在精神是哲学史的源头活水，又是哲学史一以贯之亘古演变的逻各斯。在这样的思想表达之下，中国学者认为对西方哲学史上各个时期主要代表人物、代表观点等"哲学"材料的占有是打开这一途径的金钥匙，这也成为西方哲学中国化知识型形态形成的另一层原因。因此，一段时期内中国学者对于西方哲学史以及西方哲学的诸多资料性材料显现出极大热忱。1960 年现代外国哲学研究组组织编辑出版了《资产阶级哲学资料选辑》共 18 辑；20 世纪 50、60 年代由北京大学哲学系组织汇集编写了《西方古典哲学原著选辑》，按照西方哲学史内在发展逻辑的顺序进行编辑，即古希腊罗马哲学、欧洲中世纪与文艺复兴时期哲学、16—18 世纪西欧各国哲学、18 世纪法国哲学、18 世纪末 19 世纪初德国哲学、18—19世纪俄国哲学，基本囊括了该时国人研究西方哲学所需的典型的、重要的原著资料。可见在早期的西方哲学中国化发展历程中呈现了一种以知识认识为表现方式，以哲学史内部化生哲学、把握哲学为理念的西方哲学中国化理论形态。

实质上，上述理论形态诉说的即是"哲学史就是哲学"这种基于本体论进行描述的研究方式。换言之，本体论的西方哲学研究历程是西方哲学中国化第一阶段的典型形态。亚里士多德的形而上学使哲学在历史上首度出现了独立学科的品格，具有其他科学所不具备的"第一哲学"的特性，是"寻求本原和最高原因"的学问。这一方面使其研究对象具有了崇高性、绝对性、唯一性、稳定性，另一方面也使其研究自身带有了某种实体性和对象性思维的特点，导致对"如其所是""是其所是"的一般描画和尊崇。恰如西方哲学历史自身在其历史早期出现的本体论阶段一样（抑或说如同西方哲学在古典时期出现亚里士多德的"第一哲学"一般），从存在论上说，彼时我国的西方哲学研究将西方"哲学"的知识和素材看作是"实体""本体"一般的"客观存在"，这种实体式、固化状的客观存在有其自身的存在样式和变化规律，西方哲学历史就是对这个规律的展现；从认识论上说，体现为一种对象性的知性思维和符合论的真理观，抛开对研究主体思维能力的分析而直接对西方哲学进行认知，追求认识的客观性；从方法论上说，讲求研究者对西方哲学只能进行"如其所是"地描画，"务在实事求是"，希冀"复原"出一个"是其所是"的"西方哲学"。因此，新中国成立之初到改革开放这段时期内，在"哲学史就是哲学"研究范式的指导下，很多类似"考古"的西方哲学研究工作相继展开，"人物""典籍""文本"等考据工作取得诸多进展，在知识性引介方面达到科学和客观。在这一阶段的中国，西方哲学被视为唯物主义与唯心主义、真理与谬误的斗争史，西方哲学的各种流派和学说都被归并到唯物论与唯心论、辩证法与形而上学的阵营当中。与此同时，我国的西方哲学研究呈现出向苏联哲学一边倒的情况，基本上视苏联哲学为全部哲学的圭臬。其实质是将哲学看作为某种"实体性"的学问，以一种单纯的对象性思维去"接受"。这样的实体性、对象性的认识方式确实起到了明确对象、明晰概念、明朗体系和明白内涵的作用，"确切、简洁、清通可读"①，易于理解、便于掌握。在这个意义上我们将此时的西方哲学研究称为"传统知识型"。

　　但是，而今反思该时段的西方哲学研究工作，不难发现：这种将"哲学史"仅仅视为大量"哲学"材料罗列堆砌的思维方式，其最大问题在于将哲学等同于科学，以一种科学主义或实证主义的态度来对待哲学，剥离掉哲学关怀人的本质属性和辩证法这一哲学活的灵魂，仅仅留下了被简单化、抽象化和绝对化之后的一堆静止的"历史事实"，变成了某种"科学""知识"的"历史"。与此同时，表面上看，唯物主义的物质本体论是反对柏拉图的理念论的，但从深层来看，物质本体论承诺了在人的历史活动之外的抽象终极实在。因此这一时期的西方哲学大体定位在究竟用理念抑或原子、用

---

① 黄见德：《西方哲学的传入与研究》，福建人民出版社 2007 年版，第 304 页。

精神抑或物质来概括世界本原的水平上。用斯特劳森的术语来说，也就是用
"修正的形而上学"模式来理解全部西方哲学。这一时期西方哲学的中国化
体现出与形而上学的初始阶段发展的统一性特征，即在某一层面上体现认
识，而缺乏对全面性的观照。西方哲学的中国化最初的形而上学发展形态影
响了西方哲学在中国的传播，影响了中国对西方哲学研究的最初态度以及研
究方式，致使一些从事西方哲学研究的学者只能以斗争史的方式展开形式
化、定性式的西方哲学梳理，而这样的西方哲学研究并不能体现西方哲学的
真正气质，只是以简单的介绍性形式勾勒了西方哲学的轮廓。因此，虽然彼
时近现代西方哲学的某些思想和观点已被引介入国内，但只能说该时我国学
者对其还只是了解、认识，尚未能够领会和掌握其时代精神和思想方法，仍
然以一种旧哲学的思维方式研究哲学。

（二）"哲学史就是认识史"展开下西方哲学中国化的文化比较型

　　西方哲学在中国的研究必然会经历如同西方哲学内部发生的修正的形而
上学认识阶段，该阶段在西方哲学中国化历程中可以称之为以"文化比较
型"的新理论形态修正"知识型"的传统理论形态。实际上，这种"修正"
与思想领域中现实开展的思想解放运动紧密相关。1978 年 5 月"真理标准
问题大讨论"打破了对"两个凡是"的迷信，强调要恢复和确立"辩证唯
物主义"的思想路线，试图从根源上用辩证思维去破解知性思维的毒害。
以辩证思维看待西方哲学历史，少些"枯燥的条文、现成的结论和'终极
的真理'"，多些以中国人的主体意识塑造西方哲学研究的特色成果。因此，
改革开放之后，中国学者逐渐开始接受列宁在《哲学笔记》中所表达的观
点："哲学史，因此：简单的说，就是整个认识的历史。"[①] 以"哲学史就是
认识史"为原则研究西方哲学，西方哲学体现为人类认识有规律的历史发
展。在"认识史"的意义上研究西方哲学，一方面要辨析清楚各个历史时
期"思维和存在"的关系及其历史变化和规律，另一方面也要重视从思想
性、文化性入手，探究哲学思想诞生背后的历史前提、时代背景、问题导
向、理论蕴含和价值关怀，在历史的开荡中挖掘西方哲学史所表征的人类理

---

　　① 《列宁全集》第 38 卷，人民出版社 1959 年版，第 399 页。

性思维发育的历史和在社会的延展中捕捉西方哲学所深蕴的西方社会的时代问题和文化内涵。认识的背后是主体的觉解和思想的植入，"哲学史就是认识史"的研究原则是对主体思想的肯定，那么这一时期的西方哲学研究也一定程度上开始肯定研究者对哲学史的解读。可以说改革开放是西方哲学中国化的重要契机，经历了几代人的曲折研究越来越呈现出了研究的主体意识，也就是以自我认识描述哲学的重要方式。比如在康德哲学研究方面，1979 年以李泽厚《批判哲学的批判——康德述评》一书为标志，康德哲学的中国研究进入了一种自觉认识的阶段。李泽厚在书中指出："为批判而批判是没有意义的，回顾哲学史不是发思古之幽情。应该注意活的康德（康德在哲学史上，特别在现代的影响），而不要沉溺在死的康德（康德学的大量文献）中。"① 康德哲学在新时期的研究中已经开始呈现出打破以往为批判而批判进行的政治布道，转而沿着批判的批判进行的现实生活与科学发展的重要联姻的思考方式。这在一定程度上说明了西方哲学经历了一种"中国化"的转向。

　　这次转变如同发生在西方哲学自身发展内部的由本体论形而上学向近代认识论形而上学转向。知识论的西方哲学形而上学研究是西方哲学研究界对前一种研究范式批判超越的结果。西方近代哲学一改以往对形而上学始终持一种外在的对象性认识的探索方法，转向人自身的内在思维，以"我思"为整个世界立据，其重大意义在于看到"主体""理性"之于认识生成的重要作用。认识、知识不是一种外在丁人的客观存在，而是人类理性思维对外在事物的重塑。一言以蔽之，这种"'认识论转向'是从古代哲学离开对人类认识活动的反省而追求世界统一性的本体论独断，转向对'人的认识何以可能'的认识论反思"② 我国的西方哲学研究也存在这种从以往抛开对人类思维能力发展水平的考察而单纯追求西方哲学知识的客观性，转向对人类思想和文化的发展史觉醒的内在逻辑。比如在黑格尔哲学研究方面，以往注重黑格尔哲学作为马克思主义哲学来源的辅助研究，也在越来越深入地以主体认识的视角解读黑格尔哲学的过程中开放出新的局面。1985 年王树人

----

① 李泽厚：《批判哲学的批判——康德述评》，人民出版社 1979 年版，第 49 页。
② 韩秋红、庞立生、王艳华：《西方哲学的现代转向》，吉林人民出版社 2006 年版，第 1 页。

写作《思辨哲学新探——关于黑格尔体系的研究》一书，表达了现代中国学者对于黑格尔哲学体系思考的新方向。此外，王树人还研究了《精神现象学》中的美学问题，这在当时是一个全新的话题，开启了国内对黑格尔美学的探讨的可能路径。还有许多学者拓宽了研究视野，从不同的层面和立意诠释黑格尔的哲学体系，比如赵林所著的《黑格尔的宗教哲学》，具有填补我国黑格尔研究空白的重要意义；梁志学编著的《论黑格尔的自然哲学》也是国内第一部研究黑格尔《自然哲学》的专著；张世英撰写的《论黑格尔的精神哲学》也具有典型性的代表了一代学者潜心钻研学问的学术精神和自由有度的理性尺度。这种在认识论大发展基础上对西方哲学研究自身的"反躬自省"，超越以往仅仅将西方哲学看作知识汇总的历史局限性，而将西方哲学看作是一部西方人的思想史，既具有西方哲学内在发展的"逻各斯"，也因其开始强调认识过程中认识主体的主体性和能动性，追求认识主体与认识客体的互动，主客体的互动就是辩证法而呈现出注重思想挖掘和文化比照新态势。所以对改革开放之后西方哲学在中国发展进行"哲学史就是认识史"的总结是看到了这一时期西方哲学的研究更加重视哲学家所面临的具体的历史问题和解决问题时的思想性价值，挖掘哲学史作为思想性的历史的内在逻辑机理，强调不同历史时期思想观点之间的更新换代以及中西方哲学不同所表征的文化差异这一特质。也正是由于这一特质突出呈现了主体建构的思想，西方哲学在中国才逐渐浓重了"中国化"的话语方式，在"思想"的觉解中具有了文化比较型的西方哲学中国化的现代形态。

　　在思想之觉解下，中国人再面对西方哲学时，不再如以往一般将其看作是始终独立于自我的异质文化，只能模仿不敢演绎，而是开始承认并认可中国人在研究西方哲学过程中的主体性和主动性。这种主动性和主体性的觉醒一方面进一步推动了西方哲学的大量引进，并引发了思想影响——20世纪80年代初，存在主义思潮警醒了中国人现代观念的核心——主体意识；以叔本华、尼采、弗洛伊德、胡塞尔、海德格尔等人为代表的生存论哲学激发了中国学者对现代社会生活世界的思考。而另一方面也催生了西方哲学中国化的新形式——在力求原汁原味地介绍、引进、读懂西方哲学及思想家思想的基础上，按照中国人的思维习惯挖掘西方哲学思想的价值与意义。西方哲学的研究在这一时期回归哲学史的理解方式，哲学就是哲学史超越了对哲学的外在认识，体现为思想深层的文明史或知识史形态。西方哲学进入了以思想碰撞产生文明的时代，这样的思想碰撞主要表现在破除西方哲学僵化研究的桎梏，对以往忽略的西方哲学中多元流派进行重新认识，多元化建构在中国的西方哲学。这一时期西方哲学中国化表现为研究方式的整体改革以及哲学思维方式的扩展。如果说改革开放之前的西方哲学在哲学气质的承载方面没有达到文明的发展、人性的发展的内在要求，那么改革开放之后，西方哲学的解放则更加凸显了人的解放的精神内蕴。因为对西方哲学中国化研究方式、研究内容、研究思路的变革，深刻地影响了西方哲学的整体形象，西方哲学在中国呈现出活泼的发展态势。实际上，西方哲学中国化如此发展具有一定的合理性逻辑，无论是知识的发展，还是文明的进步都需要在不断的变革中彰显人作为主体的本质力量。西方哲学中国化也是通过人的彰显走向更加深化的历程，也就是说是以人的视角、人的需求重新挖掘西方哲学的重要价值。在这种前提之下，西方哲学的研究所面向的对象才能通过西方哲学中人的内在蕴含表现为一种丰富性、学术性的特征。因此，在这一时期现象学、存在主义、分析主义、语言学等研究的拓展，拓宽了西方哲学中国化的视野，西方哲学中国化展开的多维研究不断彰显人的主体"思"的过程。使我们清晰地看到：承认"主体性"，才能真正实现西方哲学"中国"化；承认"主动性"，才能真正促成西方哲学中国"化"。中国人研究西方哲学不只是为了"知道"，即了解和掌握西方人认识世界和把握世界的方式，对其进行原封不动的传播和推广，而是站在中国社会现代化发展的新形势下，在中西比照和对话的基础上，思考不同文明的不同发展轨迹，探索符合中国人发展需求的中国化模式。所以此时的西方哲学研究，不是单向而是双向、不是膜拜而是平等、不是模仿而是演绎、不是现象而是解释、不是"知识"而是"思想"。致思方向、研究方法的变革推动着西方哲学中国化的不断前行，促使西方哲学中国化历程进一步深化和拓展。

思想的觉解意味着不受前提性认识的束缚，而能够以思想的反思性和批判性为前提，重新看待历史、建构体系，注重在西方哲学研究中注入研究者自身的思考。因此，思想的觉解也是主体意识的觉解。如果说以往"哲学史就是哲学"的思维方式单纯追求知识的纯粹客观，那么"哲学史就是认识史"的思维方式则强调主观见之客观，也就是说强调研究者的思想对哲学史的改造；如果说以往"哲学史就是哲学"的思维方式侧重追求西方哲学的"如其所是"，那么"哲学史就是认识史"的思维方式则侧重追求西方哲学的"如其所不是"，就是说除了要展现西方哲学表面上所呈现出来的知识结构，更要挖掘其背后掩藏着的深层次的思想逻辑及与中国哲学相比照而呈现的不同的文化内涵。张世英在《天人之际——中西哲学的困惑与选择》一书中就中西哲学发展历程中的思维方式等问题进行了探索，指出："中国哲学史是长期以天人合一为主导原则到转向主客二分式的发展史，明清之际是转折点；西方哲学史是从古希腊早期的主客不分思想到长期以主客二分为主导原则又到现当代反对主客二分的发展史，也可以粗略地说是从'天人合一'到主客二分又到'天人合一'的发展史。"① 这种对中西哲学史发展的自觉总结体现了"哲学史就是认识史"，体现了西方哲学中国化走向文化比较型形态的自觉意识。此外，还有许多学者对中西哲学的关系问题进行了自主的比较研究。比如，冯契从中国哲学出发与西方哲学进行的融合研究，高清海将马克思主义哲学与西方哲学进行的比较研究，赵敦华在西方哲学自身做出的研究。即其在思考古希腊哲学与西方近代哲学的衔接性问题时，将关注点聚焦于中世纪基督教哲学。1993 年问世的《基督教哲学 1500 年》一书，即是中国人对基督教哲学文化如何评价问题的一部力作，更是在中西哲学比较的意义上，对当代中国文化价值体系的一次整合与再释。等等都体现了改革开放以来中国哲学界对于西方哲学中国化做出的自觉性努力。当然，"哲学史就是认识史"的思维方式也存在一定的问题。比如，无论我们如何进行中西哲学的比较和对话，其实质都是将西方哲学看作是一种异质文化，处在对西方哲学"认同"基础上的不断"撕裂"状态，对知性思维的破解尚不彻底。所以，这种认识论的思维方式也注定只是思想理论研究中的过渡性环节，亟须更新换代。

（三）"哲学史就是哲学思想理论创新的发展史"视域下西方哲学中国化的当代阐释型

新世纪以来的西方哲学中国化历程表现为"当代阐释型"的特征，是

---

① 张世英：《天人之际——中西哲学的困惑与选择》，人民出版社 1995 年版，第 2—3 页。

理论界进一步追问究竟该如何看待和研究西方哲学而做出的新调整。20 世纪以来我们对西方哲学的理解和研究更加体现哲学所承载的人类历史观——思维的开创性和革命性。正如德勒兹所言："哲学在本质上是创造的，甚而是革命的，因为哲学不断地创造新的概念"①，"创造必要的新概念一直是哲学的任务。……没有概念也完全可以思想，但是一旦有了概念，便确实有了哲学"②。某种意义上说，哲学只有在引领的思维方式革新维度上才不断以概念化、理论化的思想表达方式影响和改造着人们的精神世界，推动社会的发展和进步。新世纪以来我国学者也正在逐步实现从"哲学史就是认识史"到"哲学史就是哲学思想理论创新的发展史"的转变。正如叶秀山、王树人在多卷本《西方哲学史》（学术版）的前言中说，我们要重写西方哲学史，就是为了"把西方历史上那些载入史册的哲学大师们如何创造性——自由的'思想'哲学问题真正客观的介绍给大家"③。赵敦华在《西方哲学简史》中也表达了类似的观点。他认为"西方哲学史是哲学家们爱智慧、求真理的探索过程"，是"高尚心灵的更迭、思想英雄的较量"，所以"学习哲学史是培养创造性思维的训练方式，也是启迪批判性思维的实验过程"④。以这样的思维方式反观我们的西方哲学研究，就不再是为了认清西方哲学的本来面目或了解西方文化的精神和精髓，而是为了融西方哲学于自身的哲学发展，体现本民族理性思维的创造性活动，表达出自己关于哲学的独到理解和全新阐释。也就是说，在"照着讲""接着讲"的基础上，还要能够"自己讲"⑤，讲出具有中国风格、中国气派的当代中国新哲学。在这个意义上，我们才将新世纪以来的西方哲学研究称为"当代阐释型"，也认为它表征着西方哲学中国化的理论自觉。

　　"自己讲"与西方哲学在现当代出现的语言学转向密切相关。如果说，

---

① ［法］德勒兹：《哲学与权力的谈判——德勒兹访谈录》，刘汉全译，商务印书馆 2000 年版，第 159 页。
② ［法］德勒兹：《哲学与权力的谈判——德勒兹访谈录》，刘汉全译，商务印书馆 2000 年版，第 37 页。
③ 叶秀山、王树人：《西方哲学史》（学术版），江苏人民出版社 2004 年版，前言第 3 页。
④ 赵敦华：《西方哲学简史》，北京大学出版社 2001 年版，第 2—3 页。
⑤ 张立文：《中国哲学：从"照着讲"、"接着讲"到"自己讲"》，载《中国人民大学学报》2000 年第 2 期。

近代西方哲学的"知识论转向"是从古代哲学离开对人类认识活动的反省而追寻世界统一性的本体论独断,转向对"人的认识何以可能"的知识论反思;那么,现代西方语言哲学的转向则从近代西方哲学离开对语言意义的省察而探究思想的客观性的知识论追求,转变为对语言意义的分析与理解,意义问题成为现代哲学研究的切入点和中心论题。换言之,西方哲学从以意识为中心转向以语言为中心,乃是要通过语言转向不但实现对"能否言说"的知识论模式的传统哲学的超越,也是对"能否言说"的知识论模式的传统语言观的超越,以反身性的方式推进西方哲学的现代发展,从"能否言说"走向"有无意义"。[①] 如果说现代西方哲学的核心是语言哲学,语言哲学的核心则是意义问题;那么西方哲学中国化的这次转换就是从以往忽视对哲学语言所承载的意义性的认识,转变为强调语言的分析和阐释对于哲学创造的重要影响,转变为强调以中国自己的话语分析、阐释、创造哲学理论形态之转型。具体地说,在本体论方面,摒弃以往将西方哲学史看作是知识汇总或认识发展史的窠臼,而将西方哲学与人的生存境遇相联系,认为哲学以其特有的"概念""思想"为载体,阐释着对人类"精神故乡"和"安身立命之本"的终极关怀。西方哲学史解释世界和改造世界的一切努力,不过是人不断认识自我、改造自身的一次次尝试,体现和完成人自身的尊严和价值。西方哲学史探求对象之外和之上的"超验"永恒秩序,不过是表达人对生命意义和本真存在的诉求。所以,无论在西方哲学史上哲学家有过怎样关于世界本原和宇宙统一性的迥异之"思",实质上都是要为人自己找到"精神之乡"与"安身立命之本",为人的生命"意义"寻求最后的合法性。所以,哲学所关心的不仅仅是生存问题,更重要的是升华的生命问题;哲学所要解决的也不仅仅是"思想"问题,更重要的是背后的"意义"问题。为人的生命设定意义才是哲学形而上的永恒追求。西方哲学史的亘古发展正是表征了人对世界之思与对生命之意义的永恒探问。西方哲学史的思想实质也便成为"能否思想"与"有无意义"的永恒缠绕。[②] 所以这种角度和

---

① 韩秋红:《"能否言说"与"有无意义"——现代西方语言哲学转向的真实意蕴》,载《社会科学战线》2009年第5期。

② 韩秋红、李守利:《西方哲学史的研究范式》,载《东北师大学报》(哲学社会科学版)2008年第1期。

深度来看待和研究西方哲学史，是将西方哲学史的思想丰富性、历史规律性和逻辑内在性置于思维与存在、人与世界、丰富性和统一性、哲学家的个性化特征和哲学的人类性特征相统一的维度上，使西方哲学史所蕴涵的思想张力和思想内容不断得以彰显，真正体现哲学是思想中把握的时代和时代精神的精华，体现哲学是"爱智慧"的学问的思想特质。所以，当代阐释型研究范式的确立是对哲学本性的再一次靠近。

在认识论方面，从以往的对象性认识转变为生成性认识，强调主客体的互动，主客体的互动过程就是创造思想的过程。这要求反思西方哲学史独特的思想逻辑和发展轨迹，并能够有所根据的对各种哲学现象进行评述，达到"思想"与"文本"、"读者"和"作者"的真正互动，将西方哲学的研究变成一个作者与读者、研究者与学习者相互激荡和相互创获的过程。这一过程既是哲学研究者主体意识不断觉解的过程，也是哲学研究在真正对西方哲学不断接着说、自己说——自己在叙说着自己理解的历史——主体自觉的真正体现。也只有这样才能获得真正具有创见的西方哲学史研究作品，"因为没有新的观念和视角的引入，也就不可能写出新的哲学史"①。同时，单纯强调文本和"他者"、形成研究中的"主体空场"，也势必造成西方哲学史研究中目的性不凸显或不明确。我们在长期的西方哲学史研究过程中，越发感觉一方面是要了解西方文明的理论样式和发展脉络，对人类的整体文明有更为全面的认识，另一方面也更是为了在此参照系的对比中更好地认识中国哲学的独特性，挖掘中华文明的璀璨光辉、在引介与研究西方哲学、吸收其精华的基础上，创造出具有中国特色和时代特征的当代中国哲学，以及与中华民族、中华文化相符合的中国人的精神家园。

在方法论方面，重视语言分析和意义阐释。哲学作为"创造性的学问""自由的思想"，也体现在它的语言上。正像德勒兹对"概念"的重视一样，哲学创造一组特有"概念"，并对其进行独到阐释，就是开创一种对世界的理解视角，也就为人类的生存提供一种全新的向度。不同的哲学家以不同的"概念"表征不同的思想，同一"概念"在历史的不同时期，不同思想家的阐释也可能指代不同内容。这就是对哲学思想的不同理解，才有"接着讲"

---

① 俞吾今、林晖：《如何重写西方哲学史》，载《东南学术》2002 年第 2 期。

和"自己讲"的可能性和价值性。"正如人之存在的历史性一样，哲学作为人的本质的存在方式，必然表现为哲学史。因此，哲学史并不是我们通常理解的给定的僵死的历史，而是充满活力的不断生长的历史。"① 黑格尔对语言的重视并身体力行地用本国语言努力阐释本民族的思想，海德格尔的"语言是存在的家园"以及波普尔的"三个世界"理论等，都表明语言是思维的载体，语言的创造就是思维的创造，思维的创造就是人类能力的发展。在"哲学史就是哲学思想理论创新的发展史"的理解中，我国的西方哲学中国化更加强调哲学创作者与哲学解读者的互动，强调哲学研究过程中思想和意义的创生，对意义性的阐释和再造变得更加自觉，"在知识、思想和意义的三位一体中重塑西方哲学"，"让西方哲学讲汉语"成为一种新的召唤。因为"哲学史就是哲学思想理论创新的发展史"不仅是对哲学本身的发展，更是对人类生存空间性的扩增，体现了哲学"向上兼容"的本性和无限开拓的生命力。

在"描述与修正"的分析方法中诠释西方哲学中国化，更加切近于西方哲学内在蕴含的发展逻辑，即在不断重新审视形而上学的境遇下实现哲学自我超越与创生的合理方式。对西方哲学形而上学的新理解催生了西方哲学中国化的新范式，如同康德在面对厚重驳杂的传统哲学发展史时，努力将笛卡尔关心的"知识如何产生"转变为"知识如何可能"，以先天综合判断实现"哥白尼式革命"。知识如何可能的事情本身就是先天与后天、理性与经验、自我与对象的"调和"。所以，中国人在此时对西方哲学的研究，就不再像以往那样要么将其看作是"事不关己"的客观存在，要么看作是"与己不同"的异质文化，要么移植要么比较，只做到"西方哲学在中国"的外在嫁接，而是主动以中国人的文化血脉、思维方式、话语体系，即以"中国人的眼光"② 进一步推动"西方哲学中国化"的生长，使其生长具有了内源性、流动性、发展性。并且，康德哲学的更大价值在于指出了形而上学本应具有的人类性、未来性，以此为形而上学的进一步发展开拓空间和提出使命。新世纪以来的西方哲学中国化研究，一方面是为了从中吸收营养和

---

① 丁立群:《一种生长的哲学史观》，载《哲学研究》2013 年第 12 期。
② 赵敦华:《西方哲学的中国式解读》，黑龙江人民出版社 2002 年版，第 494 页。

精华，将其注入当代中国哲学的生命之中，构筑富有兼容并包、宽容大气的哲学品格的当代中国哲学新形态，在世界范围内彰显当代中国哲学的理论水平以及当代中国哲学发展的新气象；另一方面也是为了通过对西方哲学的再认识、再诠释和再创造，探索更加符合"形而上学"本性的哲学发展之路，为人类的"安身立命"提供"精神故乡"和"生存意义"。西方哲学中国化的新范式把西方哲学置于中国文化语境中加以进一步阐发，在中西哲学的比较与融合中彰显其思想的丰富性、智慧的追求性、人类精神的崇高性，将西方哲学理解为一部不断向人的存在根据和人的真实意义敞开的中国化的思想文化历程。中国的西方哲学是在批判借鉴中进行着创造，是在中国传统哲学的基础上进行着重建。因此，西方哲学中国化的历程始终贯穿着对中国传统哲学的继承发展，始终贯穿着对现代性的自我反思，这样的精神与品格反过来又塑造了中国哲学的现代气质。作为前两种西方哲学中国化形态的合题，这一阶段的西方哲学中国化研究达到了对西方哲学的客体性理解、对西方哲学的人学化理解的"从后思索"式认知，即马克思所说的从"人体解剖"来开启"猴体解剖"。它要求诉诸既不脱离人的生活世界、又不囿于人的有限性维度的新形而上学，在这一时期西方哲学已经不是作为指导某一时代或者某一民族的理论工具，而是一种需要用符合哲学本性的方式去思考现实需要的哲学理论。进入21世纪可以发现，西方哲学在还原自身思想实质、思维方式的强劲势头中深化发展，在摆脱了形式束缚的现代性发展过程中，西方哲学逐渐融入到中国哲学发展的现实需要层面。西方哲学的中国化研究在更加具体化、现实化的层面上实现了西方哲学中国化的自身修正。以"知识"为基础、以"创造"为己任、以"发展"为使命、以"未来"为指向的新时期西方哲学中国化的研究，将会更加体现形而上学"知识基础"的描述功能和形而上学"无限开拓"的解释力量。

2008年4月纪念"芜湖会议"暨中华全国外国哲学史学会和中国现代外国哲学学会成立30周年的学学术研讨会上，解放思想，自由探讨西方哲学的创生问题成为热点。在诸多参会论文中便鲜明地体现了这种转型，"用中国人的眼光看西方哲学"；"怎样思想与研究西方哲学和中国当代思想文化"；"中国人做西方哲学的范式转变——从被动引介过渡到主动参与"，等等，都表明了新世纪西方哲学在自身研究特质的转变中逐渐达成"中国化"

的现代形态的主体意识。"我们翻译西方的一些术语和概念的时候，包含了我们中国人所独有的解释。比如说 philosophy 的原意的'爱智慧'，翻译为'哲学'，哲学和爱智慧的意思不一样，什么叫'哲'呢？'识人为哲'。中国人理解的哲学，首先是一种人学，主要任务是知人、识人，对人性、人生和社会有深刻理解。另外，'明智为哲'，哲学是聪明之学。人学和聪明之学，是中国人对 philosophy 的独特理解。"①

可见，西方哲学自身发展中的描述与修正的辩证统一尺度也恰恰在新世纪西方哲学的中国化现实中具体表达出来。西方哲学中国化始终承载着自西学东渐以来的描述对象与内容，即知识型的、文化比较型的西方哲学固然合理地根植于西方哲学在中国的发展现实当中，然而不得不看到西方哲学中国化的深化需要摒弃以往将西方哲学简单地理解为是知识汇总或认识发展史，开拓在西方哲学与人的生存境遇相联系维度上持续发展的新思路，在这个意义上我们才有"接着讲"和"自己讲"的可能性和价值性。正如黑格尔在致沃斯的信中说的："路德让圣经说德语，您让荷马说德语，这是对一个民族所作出的最大贡献。因为，一个民族除非用自己的语言来习知那最优秀的东西，否则这东西就不会真正成为它的财富，它还将是野蛮的。"② 黑格尔看到了"自己讲"对于文化塑造的深刻影响与意义。民族思想的阐释需要我们首先意识到"自己讲"的重要性。反观"哲学史就是哲学思想理论创新的发展史"指导下的西方哲学中国化，强调哲学创作者与哲学解读者的互动，强调哲学研究过程中思想和意义的创生，甚至对意义性的阐释和再造中实现自觉也就具有了必要性。我们强调要去除西学东渐的认识误区，而转以西方哲学中国化的致思方向，要以中国人的文化背景、思维方式理解西方哲学，在中、西、马融通和构建当代中国新哲学的意义上重新阐释西方哲学，赋予西方哲学全新的生长点，的确需要"让哲学说汉语"③，以中国人的话语方式、解释原则去重新阐释西方哲学在中国的必要性，在思想的表达中真正"说汉语的哲学"，作为中国文化中的重要理论形态的西方哲学中国

① 赵敦华：《用中国人的眼光看西方哲学》，载《全国外国哲学学术研讨会——纪念"芜湖会议"暨"两学会"成立30周年论文集》，第16页。
② 《黑格尔通信百封》，苗力田编译，上海人民出版社1981年版，第202页。
③ 邓晓芒：《让哲学说汉语》，载《社会科学战线》2004年第2期。

化才能真正向世界传达中国人的生存现状和发展趋势，彰显中国人的文化和价值观。这不仅是西方哲学研究自身的事情，也是哲学创造的未来之路和哲学发展的理想目标。

从西方哲学作为一种知识形态、文化资源进入中国化的视野开始，西方哲学必然经历着描述与修正辩证统一的发展逻辑，因此，对于西方哲学的中国化历程的理解一方面应该建立尊重人类认识的普遍性，另一方面也要承认西方哲学中国化所具有的特殊性。西方哲学中国化的发展必须建立在接受知识的客观事实与相异融合的必然条件的基础之上，因此西方哲学中国化历程必然是一个长期的文化问题，但我们能够把握的是在这一历程之中文化向我们展现的规律性的实质。因此，在研究西方哲学中国化时需要建立一种共识：西方哲学的中国化不是为了中国化而中国化，而是不断在描述与修正的过程中实现理论与实践的双重维度上的自觉，即依循西方哲学中国化从被动接受走向自觉通融的形态转变，真正主动建构西方哲学中国化未来形态的逻辑理路。西方哲学中国化呈现的自觉化认识是修正哲学发展过程中错误倾向的一种依据，是开启西方哲学创发中国哲学人文精神、实践智慧的重要方式。西方哲学唯有以体现西方哲学本有的精神、气质，自觉地承担中国化的重要角色的方式出场，才能真正还西方哲学以本来面目，充实中国哲学的发展基础，成为促动中国哲学现代化的真实动力。

第 四 章

西方哲学中国化的内在逻辑：
植入、对话与创造

　　"西方哲学中国化"是在思想上理解和把握西方哲学在中国发展流变的新范式，即对中国的西方哲学研究不仅停留于空间上的出场，更将其理解为不断融合于其所在场域的双向互动过程。这一过程开始于西方哲学传入中国，至今刚刚引起学者们的关注和思考。对于西方哲学研究的新范式的总结是十分重要和必要的，任继愈曾在评述贺麟《五十年来的中国哲学》一书时强调："近三十年来哲学界的成败得失，至今尚未来得及很好总结。"① 方克立也指出："处在世纪之交的哲学家们，有责任对一百年来的中国哲学发展的现实历程和丰富内容作出深刻的总结和反思，通过批判的总结和反思，为中国哲学的未来发展探索一条积极的现实道路。"② 而对"西方哲学中国化"内在逻辑的总结也正是在这一意义上的关键环节。本章将系统梳理新中国成立以来"西方哲学中国化"所蕴含的内在逻辑，对于进一步理解西方哲学，实现西方哲学与中华文化的自觉融通具有重要意义。

------

　　① 任继愈：《五十年来的中国哲学》，辽宁教育出版社 1989 年版，第 3 页。
　　② 方克立：《二十世纪中国哲学的宏观审视》，载《中国社会科学院研究生院学报》1994 年第 4 期。

一、基因植入：异质文化交融的前提

"西方哲学中国化"内在蕴含的发展逻辑之一就是与繁衍于中国现代化建设的目标与使命相契合。"西方哲学中国化"之所以能够在中国社会生根发芽，最为重要的是由于产生了适应这片土地的"文化基因"，这一"文化基因"也满足了中国现代化建设的时代需求。我们可以从理论与现实两个层面对这一问题进行阐释。

（一）理论层面：对接"熔点"的探寻

中国哲学、西方哲学和马克思主义哲学作为互为异质的三种哲学，在各自不同的路向上形成与发展，具有各自独特的哲学基本范式和话语表述系统。然而，虽然三者在形态表现、思想方法上有着非常显著的差别，但是它们都是人类哲学之思的现实形态，都是在不同的生存环境和民族文化的基础上形成的对其生命经验、生活意义进行的解读，这也构成了中西马三种哲学的共通性。从理论层面上看，这种共通性正是中国哲学、西方哲学和马克思主义哲学在不断加深相互理解与促进共同发展中觅求到的相互对接的"熔点"，"西方哲学中国化"由此能够在中国社会生根发芽、发展繁衍，走入中国人传统思维方式的转型当中，与马克思主义中国化共同塑造着中国哲学的现代化形态。

在中国不断现代化的背景下思索"西方哲学中国化"的理论逻辑，可以发现西方哲学中国化实际上体现为一种自觉的文化建设。之所以是自觉意识正在于西方哲学中国化既体现为一种非自发的、有主体的现实寻求理论的历程，更在于其始终生发于中国社会现实要求，体现为对现实要求的理论回应。在这一自觉的文化建设基础上，西方哲学进入中国更给中国哲学乃至中国社会带来新的变化：当中西哲学的鲜明区别使两种哲学的不同优长与特质彰显，也使中国哲学与西方哲学的互补性澄明。同时，西方哲学的现代转向不断生发，其所蕴含的现代性特质更加适应于现代化进程。西方哲学中国化可以为中国哲学的现代转型带来新鲜元素。西方哲学作为一种典型的哲学理论恰如黑格尔所说的已经获得了成熟的哲学理论形态，其所生发出来的思想理论脉络和框架、话语系统及其思想特质，逐渐为中国社会所认知、接受、认同并逐渐内化到中国社会思想理论的建构当中，使得"西方哲学工作者一开始所意识到的现代转型就是包含在批判继承本民族文化传统意义上的现代化创造"，① 故西方哲学在中国的研究成为"显学"。

西方哲学这个"新基因"就在和中国文化相融合的意义上体现了与现代价值观的需求相吻合；就与中国社会历史文化的现代化建设需求来说，也具有一致性。中国社会的历史文化建设有其自身的复杂性：首先，中国社会的传统文化作为历史上尚未中断的唯一的延续五千年以上的文化形态具有极其强大的自洽性和融涵性，其在自身绵延发展的过程中不断融涵了多种文化形态，使其包容性和辩证性体现为强烈的民族文化特征；其次，在近代以来中国社会经历变迁的过程更是进行主流文化选择的过程，在各种社会思潮竞争中马克思主义理论以其真理性和科学性为中国社会实践提供了强大的理论支撑和实践指导，使其成为中国社会的主流思想。这两者一个体现为文化的根脉，一个体现为文化的主体，使中国文化体现为传统性与时代性、民族性与世界性的碰撞。西方哲学的进入使这一状况变得更趋复杂：作为马克思主义哲学前提和基础的西方哲学在概念使用和话语表达上与马克思主义哲学具有一致之处，在思想逻辑和哲学理想上却又体现出鲜明的差异性；加之中西文化间的冲突，使其既面临与马克思主义哲学关系的思考，更面临两种文化的差异与对话。由于这种复杂性，无论我们如何强调客观，对西方哲学的研究始终是在文化的比照和解释的过程中发生的，是一种事实上的解释学语境。如果应用伽达默尔解释学的观点："精神科学中的本质性东西并不是客观性，而是同对象的先前的关系。……在精神科学中衡量它的学说有无内容或价值的标准，就是参与到人类经验本质的陈述之中。"② 这就表明对西方哲学的研究从来就不是一种还原，而是理论的再创造的过程，"在所有历史解释学一开始时，传统和历史学之间的对立，历史和历史知识之间的抽象对立必须被消除，……继续存在的传统的效果和历史研究的效果形成了一种效

---

① 史巍：《西方哲学哲学中国化的基本规律》，载《东北师范大学学报》（哲学社会科学版）2013年第5期。

② ［德］伽达默尔：《赞美理论——伽达默尔选集》，夏镇平译，上海三联书店1988年版，第69页。

果统一体"①。因而西方哲学中国化就体现为一种理论的再释过程。

在面对现代化的挑战时，西方哲学基因中鲜明的科学、民主、自由、解放等观念逐渐成为中国现代哲学的基本话语，为广大民众所接受，这种接受难道不是对于人类优秀文化资源的自我见解吗？既然我们不盲目追求所谓的形而上学式的西方哲学，那么我们为什么不多留出些时间思考西方哲学这个新文化基因究竟能够为我们带来哪些积极的变化呢？实际上这样的尝试已经发生，并将持续发生，五四运动前夕，实用主义在中国的传播高潮对我国学术研究范式产生了极其重要的影响；以罗素的数理逻辑为代表的西方逻辑学和哲学史为改造中国传统儒学注入了新的思维方法；20世纪80年代初，存在主义思潮惊醒了中国人现代观念的核心——主体意识；以叔本华、尼采、弗洛伊德、胡塞尔、海德格尔、萨特等人为代表的生存论哲学激发了中国学者对现代社会生活世界的思考；马斯洛的"自我价值实现"理论结合全球化、改革开放、市场经济等社会流行语汇促成了国人道德观念的改变；等等，都力证了西方哲学思潮对于中国哲学现代化进程的推助。事实证明，西方哲学这个"新基因"对中国文化和社会的植入即西方哲学中国化的历程始终贯穿着西方哲学形而上精神对中国哲学的影响，这样的精神与品格塑造了中国哲学的现代气质。"西方哲学中国化"的历程正伴随中国现代化的进程而不断深入展开；"西方哲学中国化"的方式正不断回应着中国现代化建设的现实需求；"西方哲学中国化"的现代化发展，也成为我们展望"西方哲学中国化"未来发展可能性空间的依据。

马克思主义中国化的民族化、大众化、时代化范式自觉，必然深刻地影响"西方哲学中国化"进程。但在把握马克思主义中国化牵引作用下的"西方哲学中国化"范式自觉时，我们既需要采取历史研究的宏观视野，分析这一整个思想史长河的流向与动势；又需要采取逻辑研究的思辨方法，把握"西方哲学中国化"自身运动的内在逻辑。这一内在逻辑主要呈现为"化"的辩证法，即西方哲学"化"中国——中国"化"西方哲学——"西方哲学中国化"，这样一个三维立体式的辩证统一逻辑。

首先，在"化"的辩证法中，西方哲学"化"中国一维所强调的是吸

---

① ［德］伽达默尔：《真理与方法》，洪汉鼎译，商务印书馆2010年版，第400页。

取西方哲学精神，发挥西方哲学重视理性、崇尚科学、超越自我的内在精神，去反思、批判中国由传统到现代、由民族到世界的发展过程中出现的各种"顽疾"，提出解决问题、医治病灶的"良方"。鸦片战争拉开了近代中国半殖民地半封建社会的序幕，与此同时中国自身也开始了救亡图存的不断探索。"中国该往何处去？"这一重大而根本性的问题一直萦绕在探寻自身现代化之路的中国周围。这种欲图改变自身存在状态的强烈诉求构成了西方哲学"化"中国的切入点。随着著作翻译和理论介绍的展开，中国开始意识到那些打败自己、压迫自己、剥削自己的帝国主义之所以如此强大的原因就在于它们自身对理性、科学等精神的推崇（虽然这些精神被资本无限增殖贪婪逻辑所遮蔽），使得它们早中国一大步进入到人类的现代性大坐标系。那么，中国要延续自己的生命，就必须学习西方的先进文化和技术，才能实现由传统向现代的转型，实现"师夷长技以制夷"。由此，中国逐渐打开封闭的大门，西方哲学不断地传入中国。"五四"前的几十年，对中国思想界影响最大的有两论：一是进化论，一是民约论。前者以生存竞争的理论适应了救亡图存、反对帝国主义的需要；后者以天赋人权的观念适应了要求平等、反对封建专制主义的需要。两论的传播，在观念形态上是区分先前与近代中国人的重要标志。[1] 1896 年严复翻译《天演论》，为中国人启蒙了科学主义思维。随着新思想的传入，中国率先转变观念的一批有志之士推翻了统治中国几千年的封建专制制度，并投入到探寻"中国该往何处去"的道路实践中。在探寻道路的实践中，中国很快发现马克思主义对现实批判的彻底性与中国实际需要的契合性，二者迅速融合在一起使中华大地发生了翻天覆地的变化。[2] 回溯新中国成立后到改革开放前的历史，人们的思想观念基本固化在苏联教科书模式下的本本化、教条化的理论框囿之中。而人性本身内在的丰富性、流动性、辩证性、发展性、敞开性、创新性、生成性在束缚中被异化。伴随改革开放，西方哲学成为中国人解放思想、求取变革、走进世界、融通中外以发展自身思想理论优长的重要思想理论资源，特别是对中国人认知方式之改变、思维方式之打破、生活方式之革新是更加深刻的。改

---

① 《陈旭麓文集》第 4 卷，华东师范大学出版社 1997 年版，第 206 页。

② 黄见德：《20 世纪西方哲学东渐史导论》，首都师范大学出版社 2002 年版，第 20 页。

革开放使得中国的西方哲学研究将关注的焦点放置在中国人的日常生存境遇上，借助以人的生命存在为本位的存在主义哲学的介入，唤起对人生命的自主性、多样性、生成性、发展性等方面的真切思考。在 21 世纪推进社会主义市场经济建设的新时代，当代西方的经济哲学、政治哲学、文化哲学面对西方资本主义市场经济中资本逻辑运行呈现的诸多方面问题，如技术理性至上、资本规约一切、金钱左右市场、价值伦理失衡等的批揭评判，以及对现代社会心理、消费、性别、生态、数字、加速等问题的展现案摆，成为我国在现代社会转型时期进行心理文化建设、思想理论建设，坚定文化自信与理论自信的前提性澄明，而鲜明体现西方哲学"化"中国一维的时代内涵。

其次，"化"的辩证法中强调的另一个维度是中国"化"西方哲学，就是说在引入西方哲学思维范式来反思、研判中国现实问题的同时，一定要清醒地认识到西方哲学自身并不是用之万物而皆准的唯一评判标准，她自身就在不同的历史时期遇到过不同的"危机"，中国"化"西方哲学就是要根据中国的实际状况、实际要求来"化"西方哲学，吸取和内化西方哲学中有利于、适合于、有效于中国发展的思想精华与精神资源。从西方哲学自身发展历史来看，她的发展脉络基本就是后人对前人、学生对老师的批判继承和超越发展，但不论是批判继承还是超越发展都是立足于人们所生活的现实生活世界的现实需要而展开的。也就是说，西方哲学的批判继承和超越发展不是盲目而是有其现实依据和现实生发点的，是在其时代需要的基础上，从人们现实生活世界出现的现实问题而来的，这在很大程度上也正体现了西方哲学本身的"化"的能力。"西方哲学中国化"自身亦遵循西方哲学批判继承和超越发展的原则，通过不断地引入和研究西方哲学，立足于中国的具体实际，在中西思想文化观念的切身对比中不断反思，有选择性地对西方哲学进行批判继承和超越发展，使西方哲学与中国具体实际有机融合。如改革开放后学界借助对存在主义哲学的研究对"人性"本身展开深入思考，所形成的"人道主义与异化问题"；再如，尼采与鲁迅思想的比较研究，恰如其时地形成现代性问题再讨论；等等。充分说明了"西方哲学中国化"在与现实紧密结合中已经展现出自身的中国化特色，并且在引导人们重新思考现实生活世界存在意义的方面展现出自身存在的重大意义。中国"化"西方哲学的过程实际就是用本民族的时代体验来理解西方哲学，转而理解自己的过程。仍以存在主义哲学在改革开放之后为例，如果没有对于"文化大革命"的痛彻反思需要，没有对于改革开放之后经济社会发展对于公民主体性、创造性高扬的时代需要，没有斯大林模式社会主义带给社会主义阵营诸国以探索本国发展道路的历史需要，中国知识界对于存在主义的解读和发挥就不会是上述形式。可见，中国"化"西方哲学的本质，是中国以自身的时代精神汲取西方哲学流派的养分，并反身对自身进行理解再释。这是一个自为的否定之否定过程。进入 21 世纪之后，西方政治哲学当中的正义理论成为中国哲学界研究的热点，而其本质也是社会转型期、矛盾多发期、结构调整期的中国发展对于公平正义的现代诉求，促使中国思想界通过思考罗尔斯、诺齐克、德沃金、布坎南、伍德、尼尔森等的正义理论，求解当代中国社会公平正义理论与实践建构的课题。

最后，"化"的辩证法中更为强调的另一个维度是西方哲学"化"中国与中国"化"西方哲学辩证地统一于"西方哲学中国化"这一客观历史过程中。这个辩证统一的历史过程，不是一个简单的描述性历史，而是一个活生生的、富有强劲生命力的不断融合、生成、发展、创新的历史过程。[①] 以概念的方式暂时隔断西方哲学"化"中国与中国"化"西方哲学二者，只是以知性思维进行分析的需要，是把握二者联系的阶梯。从本质上看，二者是一个有机圆融的整体。具体来说，从时间推演的角度看，"西方哲学中国化"经历了旧民主主义革命时期、新民主主义革命时期、社会主义革命和建设时期、改革开放时期以及新世纪以来的新时代，每一个历史时期的西方哲学"化"中国与中国"化"西方哲学都是相辅相成的；从"西方哲学中国化"自身的历史内涵角度看，主要表现为以引进和学习为主的知识型、以文化比较为主的分析比较型、以自觉反思为主的思想创新型。这几个形态贯穿于几个不同的时期，并且不同的时期以某个不同的形态为主其他形态为辅互相交织，如旧民主主义革命时期就是以知识型为主，当然也伴随着文化比较和自觉反思，新民主主义时期则以比较分析型为主，同时伴随着学习引进以及自觉反思。然而，剖析出"西方哲学中国化"的不同历史时期、不同表现形态，并不代表就弄清楚了"西方哲学中国化"自身的逻辑。分辨

① 陈卫平：《西方哲学的中国化与当代中国哲学的建构》，载《学术月刊》2004 年第 7 期。

出不同的发展时间环节和表现形态只不过是为了更为具体和充实的把握"西方哲学中国化"，更关注"西方哲学中国化"的实质和精髓。正如西方哲学虽然自身的发展经历了古希腊、中世纪、近代、现当代等不同时期，并且不同时期表现为以本体论、知识论、价值论、语言学等不同形态为主的类型，但西方哲学本身却是一个环环相扣、不断生成、一以贯之的辩证统一历史过程，"西方哲学中国化"自身也是一个不断生成、一以贯之的客观历史过程。因此，分析"西方哲学中国化"的内在逻辑，既要重视对其发展历程和表现形态做具体分析和充实把握，更要注意"西方哲学中国化"的整体性、生成性和发展性。这里，马克思主义中国化的基本动力机制，也就是历史唯物主义社会存在决定社会意识的原理，是把握"西方哲学中国化"整体演进的根本线索。只有始终把中华民族的历史命运及中国先进分子对于民族复兴的不懈探索，与西方哲学引入、吸收、批判、借鉴、运用、反思、对话、重构等思想活动紧密联系起来，才能准确把脉"西方哲学中国化"的思想命运。

在中国现代文化的发展过程中，马克思主义中国化与"西方哲学中国化"相伴随行，共同为实现中华民族伟大复兴中国梦提供着宝贵的思想财富，为构建当代中国哲学新形态灌注着强劲的精神动力。二者对于中国人文社会科学的发展和对于经济社会发展实践的推进作用，同样遵循着系统论的"1+1>2"的规律，即通过相互交流激荡、相互促进而生发出更加有力的思想效应。时至今日，根据中国自身的实际状况，无论是话语表达方式还是学术研究范式，马克思主义中国化与"西方哲学中国化"都逐渐形成了自己的中国特色。

我们反复强调马克思的一个观点："理论在一个国家实现的程度，总是取决于理论满足这个国家的需要的程度。"① 西方哲学舶入中国、马克思主义传入中国之后，都迅速地被中国先进知识分子联系本国实际需要消化吸收。在漫长的历史发展过程中，由于时代、立场等具体条件的限制，无论是"西方哲学中国化"还是马克思主义中国化，都既有经验又有教训。西方哲学是马克思主义哲学的母体，要学习和把握马克思主义哲学的理论精髓就必

---

① 《马克思恩格斯文集》第 1 卷，人民出版社 2009 年版，第 12 页。

须回到西方哲学的源头；要深入到马克思主义理论的深层机理，也需要不断
学习与探究西方哲学，如不读懂黑格尔的思辨辩证法就不容易真正理解马克
思的历史唯物主义辩证法，已成为共识。只有了解自古希腊到中世纪再到近
代、德国古典哲学的发展脉络，才能知道马克思所生活的时代背景与面临的
哲学问题与时代课题是什么？他为什么要批判以往的旧形而上学？才能明
白为什么马克思将黑格尔看作为自己的导师？为什么既推崇黑格尔又批判
黑格尔？才能看到马克思是怎样从德国古典哲学和青年黑格尔派中脱离出
来创立了历史唯物主义；才能深刻体会马克思主义哲学对其身后西方哲
学，尤其是现当代西方哲学思潮的重大影响。在中国，西方哲学的传入要
早于马克思主义的传入。伴随着现代性问题在人类社会的激情展开与现代
化的高歌猛进，西方哲学带着"高贵血统"的出身骄傲地开启其世界化
模式，创造了全球性版本（西方哲学有其自身内在的先进性和优越性，但
不可否认在相当长的时间中它就是殖民者和侵略者占领道德高地的文化武
器与精神"鸦片"），毫不留情的敲开了中国的国门。西方哲学的最初传
入是生硬且难以接受的，但西方先进技术带来的武器变革，不断摧毁着中
国传统封建社会的现实和精神的"家、国、天下"传统，逐渐引起国人对
西方科学文化与哲学文化的重视，并很快将其定位为学习与研究的对象，
讨论与批判的靶向，及其发展与创新的路向。在"西方哲学中国化"这
样的背景下，马克思主义开启了中国化历程。二者在满足中国需要这一点
上，内在地相契合。

　　"西方哲学中国化"与马克思主义中国化都是中华民族吸收异质文明、
实现自我更新优良传统的历史延续。中华文化绵延发展五千年，不断吸收异
质文明的优长、弥补自身的局限而不断凤凰涅槃、自我更新、生生不息。从
历史长河来看，1840 年以来的"西方哲学中国化"，1919 年以来的马克思
主义中国化，都是秉持"和实生物，同则不继"的哲学智慧的古老民族，
在又一次陷入历史低谷时"穷则思变"、否极泰来、浴火重生的理论表现。
"西方哲学中国化"为马克思主义中国化作了一系列的思想准备，提供了正
反两方面的经验；马克思主义中国化则为"西方哲学中国化"规定了正确
的政治轨道，提供了凝聚多种思潮的主轴。新中国成立后，"西方哲学中国
化"尤其成为精神文明建设的重要组成部分。邓小平在为北京景山学校的

题词："教育要面向现代化，面向世界，面向未来。"①"三个面向"，首先是社会主义现代化建设中我国教育事业发展的战略方针和教育改革的纲领，但同时也是整个意识形态上层建筑（其中包括西方哲学研究和马克思主义研究）应当遵循的根本方向。②面向现代化，就是要从我国的实际出发，使马克思主义研究、西方哲学研究适应社会主义现代化建设的需要，坚持为社会主义现代化建设服务的方向；面向世界和未来，就是要使马克思主义研究和西方哲学研究适应对外开放的新形势，把视野放得宽阔和深远，把握当代世界的各种思潮，迎接新的技术革命的挑战，向前推进马克思主义中国化和"西方哲学中国化"。在 21 世纪的信息化时代，马克思主义哲学研究与西方哲学研究更应当面向开放的世界，借力"西方哲学中国化"，大力推进马克思主义中国化，在 21 世纪的马克思主义中国新文明形态的建构与发展中，为中华民族走向伟大复兴提供思想精神驱动。

其次，"西方哲学中国化"与马克思主义中国化都是中华民族借鉴国外文化资源以创造中国新哲学新思想的崭新事业。无论是西方哲学还是马克思主义，最初都是源自地理意义上的西方的文化形态。它们进入中国，在中国生根发芽并成长为新的理论形态，实际上就是参与了中国本土哲学的创造与创新。新中国成立之后，经过 70 多年的发展，中国不仅形成了以毛泽东哲学思想和中国特色社会主义理论体系中所蕴含着的哲学思想——中国共产党的政治哲学智慧，也形成了马克思主义哲学、中国哲学、外国哲学、逻辑学、伦理学、美学、宗教学、科学技术哲学八个二级学科的学术意义上的哲学发展格局。在目前的哲学研究中，现当代西方哲学对于发展中国未来哲学的思想资料与思想资源意义比较突出。在现代西方哲学中，思潮更迭、流派林立，呈现出一派五光十色的景象，但它们之间又具有一个共同特征，即都同现代科学技术革命有着密切的联系，试图从不同角度说明和解决在科学技术革命的条件下，现代西方社会中出现的新情况、新现象和新问题。从这个意义上说，现代西方哲学主要是在唯科学主义思潮和人本主义思潮的二元对立、双峰对峙中演进。现代西方哲学的另一重要特征，是它同马克思主义的

---

① 《邓小平文选》第 3 卷，人民出版社 1993 年版，第 3 页。
② 徐崇温：《用马克思主义评析西方思潮》，重庆出版社 1990 年版，第 3 页。

关联而形成典型的"西方马克思学""西方马克思主义"等样态的思潮。这二者在利用现代西方哲学思想资源的基础上结合新的时代特点，特别是结合现代数字技术、加速主义、网络空间等方面的科学技术之特色，对马克思主义进行时代阐释及现实考量与研判所形成的西方马克思主义关于当代资本主义的批判理论，是我们在马克思主义中国化和"西方哲学中国化"基础上续写中华文明新的思想智慧，发展当代中国马克思主义哲学，建构中国特色社会主义文明新形态的重要理论资源。

最后，"西方哲学中国化"与马克思主义中国化都以中华民族伟大复兴和永续发展的实践需要为根本立足点。歌德说过，理论是灰色的，而生活之树常青。马克思主义也历来认为，理论的生命力就在于它同革命实践紧密联系。马克思主义理论如果不能以具体国家的实践需要为满足对象，就会变成枯槁僵死的教条主义。100多年来，马克思主义之所以生气勃勃、战无不胜，就因为它的根本原则是理论和实践的统一，永远面向新事物，认真倾听实践的呼声，时刻紧跟实践的踪迹，吸收实践创造的新经验，科学回答实践提出的新问题。在我国社会主义现代化建设时期，理论联系实际、为实践服务，首先要求马克思主义研究对我国人民在开创社会主义现代化新局面的伟大实践中提出的各种实践问题，作出正确的回答，把在这种伟大实践中摸索和积累的丰富经验加以系统化和理论化，上升到规律性的认识，提高到应有的理论程度，反过来指导实践。当前，马克思主义研究面向现代化，为我国的社会主义现代化服务，首先意味着要从理论上研究和宣传我国的经济体制改革与新时代中国社会的经济建设。搞改革，需要大胆探索、勇于实践，同时更需要用马克思主义理论指导。同时，西方哲学特别是现代西方哲学，是以西方发达市场经济作为现实背景与依托的。发达国家在现代化过程中取得的经验、有过的教训，会以理论思考的方式呈现在现代西方哲学各思潮流派之中。西方的经济哲学、政治哲学、文化哲学、社会哲学、生态哲学、军事哲学，等等，与全球化、现代化的现实实际紧密相连，与世界经济大调整、政治格局大调整、资源生态危机、恐怖主义威胁、精神异化、地区冲突不断等重大现实问题存在着直接关联。当代中国是开放的中国，开放的中国必须在全球视野中谋求未来发展，必然在全球化的现代化发展中与之共谋。这其中离不开现代西方哲学在内的文化养分的思想参照，而西方哲学在中国的研究与发展，也会以促进中华民族复兴、永续发展作为思想依托的。

社会存在决定社会意识。理论的发展具有其相对独立性，但最根本的发展动力则总是蕴于实践发展之中。在中国现代革命和建设的实践过程中，"西方哲学中国化"与马克思主义中国化二者都起了积极的促进作用，并逐渐形成了一种辩证统一的关系。旧民主主义革命时期，"西方哲学中国化"与马克思主义中国化都处于萌发期；新民主主义革命时期和新中国成立初期虽然"西方哲学中国化"与马克思主义中国化二者"化"的程度不同，但都处于"中国化"和"化中国"的发展和实践期；"文革"时期，表面看来马克思主义中国化继续发展，"西方哲学中国化"出现了停滞，但实际上二者都处于曲折期；改革开放至今，马克思主义中国化与"西方哲学中国化"迎来了前所未有的稳定期，在与世界合作的机遇和挑战中二者处于深度发展和实践期。尽管有过一段"冰冻期"和"排斥期"，但总体来看"西方哲学中国化"的历程与马克思主义中国化的历程之间基本是一致的。

"西方哲学中国化"与马克思主义中国化存在着与时代潮流共振的关系。两者在与时代潮流共振的关系中呈现出了互为支持的两个方面。一方面，马克思主义中国化成为"西方哲学中国化"的最高观照。马克思主义作为中国共产党的指导思想，作为社会主义核心价值体系的指导思想，始终规范和引导着"西方哲学中国化"的历程；而前者通过实事求是地研究分析后者，也获得了发展的有机营养。如果把二者作为一个有机体的两个部分来看待，那么前者是起主导作用的要素，是矛盾的主要方面。马克思主义中国化是近代以来中国获得解放、发展和复兴的理论与实践前提，马克思主义中国化的历史与逻辑支配着"西方哲学中国化"的历史与逻辑。在中国特色社会主义建设和改革开放的过程中，我们既要积极吸收西方文化中一切优秀成果，又要坚决摒弃一切资产阶级的文化糟粕和精神垃圾。十一届三中全会后，在引进资本主义国家的先进技术、反映现代化生产规律的先进经营管理方法和其他对我们有益的东西的同时，西方资本主义社会的一些文化哲学思潮也跟着涌进。邓小平指出："我们要有计划、有选择地引进资本主义国家的先进技术和其他对我们有益的东西，但是我们决不学习和引进资本主义制度，决不学习和引进丑恶颓废的东西。"① 我们既要反对"全盘西化"，又要努力掌握包含在西方哲学中的各门科学、哲学、艺术发展的最新成就，这就要求我们用马克思主义去评析西方哲学思潮，澄清其中的思想理论是非，用马克思主义中国化来观照"西方哲学中国化"的原则立场、方式方法和价值取向，等等。同时，用马克思主义中国化来规范"西方哲学中国化"，本身还是开展西方马克思主义研究的一个重要环节。西方马克思主义和社会主义研究及其流派，在相当大的范围内和相当大的程度上，反映出现代西方哲学思潮的影响，反映出有些人用它去解释、发挥、结合马克思主义的做法。因此，如果丧失了马克思主义的观照，就无法对西方马克思主义和社会主义研究作出正确的评价和判断，甚至会迷失方向、混淆是非。总之，建设社会主义精神文明要求我们对于西方哲学等一切外来文化，都要采取客观的、科学的分析态度，既不盲目崇拜，又不一概排斥，既要引进有益的，又要拒绝有害的。另一方面，"西方哲学中国化"反过来成为马克思主义中国化的重要思想资源。研究西方哲学特别是现代西方哲学及其所代表的社会思潮，对于发展马克思主义、不断推进马克思主义中国化，则具有重大的思想价值。首先，这是由马克思主义的开放性本质所决定的。列宁指出，马克思主义不是脱离人类文明大道的宗派主义。② 马克思主义的科学性和真理性使其具有指导实践的巨大意义，并能伴随时代发展而不断实现理论形态的与时俱进；在今天，在世界发生着巨大变化的新时代新形势下，吸取一切有价值、有意义的东西，才能继续推进马克思主义的创新发展。其次，适应新的科技革命兴起的形势，研究现代西方哲学对于全球问题和人类生存利益的理解，才能使我国的马克思主义研究打破东方发展中国家的时空限制，跟上时代的潮流，研究新问题，开拓新视野，发展新观念。再次，在当代西方哲学思潮当中，考察那些研究马克思主义和社会主义的思潮、流派，对于我们发展马克思主义又具有特殊的借鉴意义。③ 一是因为这些思潮、流派都以马克思主义和社会主义为研究对象，二是因为它们是在不同的社会历史条件和思想文化背景之下，从不同的视角开展研究，有益于在与西方哲学的融通交流

---

① 《邓小平文选》第 3 卷，人民出版社 1993 年版，第 154 页。
② 《列宁选集》第 2 卷，人民出版社 1995 年版，第 309 页。
③ 徐崇温：《用马克思主义评析西方思潮》，重庆出版社 1990 年版，第 1—2 页。

中进行理论创新，以此实现和推进当代中国马克思主义理论形态的创新发展。

今天，从新时代中国特色社会主义与建设社会主义精神文明的高度，提出用马克思主义科学真理、21世纪马克思主义与当代中国马克思主义对待西方哲学思潮流派的时候，我们必须既反对资产阶级自由化，又防止"左"的错误，对西方哲学思潮流派作出令人信服、透彻深刻的"解剖"。这就是说，要采取实事求是的态度，以理服人，以情动人，态度严肃，方法严谨，才能有破有立地逐步建设起具有中国特色的西方哲学研究，并在国际哲学论坛上进行交流和交锋。必须实事求是、恰如其分地深入剖析西方哲学，对于它们从资产阶级唯心主义世界观出发，对马克思主义所作的歪曲解释、指责攻击乃至"补充""革新"或"取代"，必须予以揭露和批驳，同时也要在汲取其中合理成分的基础上用马克思主义回答它们提出来而未能加以解决的问题。

综上，无论在时间上还是在空间上，马克思主义中国化发端之日就与"西方哲学中国化"凝结在一起，二者之间有着内在而深层的本质联系。这种本质联系，在21世纪中华民族走向伟大复兴、文化的理论自觉和理论自信不断增强的时代条件下，又具有了新的内涵。"西方哲学中国化"与马克思主义中国化，在相互契合中走向未来。

（二）现实层面：现代化建设的诉求

在中国社会这片特殊的土壤上，当前中国现代化建设的目标与使命构成了中国哲学、西方哲学和马克思主义哲学对话融通的现实语境与内在要求。

现代化，是一个含义多元、定义复杂的概念，它首先是现代社会发展的一种现实表征，表明世界范围经济、政治、文化等走向了与传统社会相互区别的社会现实；又表现一种连续的动态过程，即从传统不断走向现代的变化过程；现代化还可以作为形容词，表达一个国家的社会发展水平已经走向与现代社会相互适应的状况。中国的现代化是中国人引进西方哲学，进一步研究西方哲学的特殊背景。之所以说它特殊，是因为中国的现代化既有普遍意义上的现代化的共性，又包含着中国特色成长模式的发展个性。"各个现代化的社会，由于必须经历适应性变化和本土化过程，会打造出与西方现代性的原初产品相同或不同的自己的现代性品牌。因此，在非西方世界，这种现代性的实质是一种旧有的传统、外在的新事物和正在出现的另一种文化成分的混合形式。"① 美国学者吉尔伯特·罗兹曼在《中国的现代化》一书中说到，"使用现代化这把钥匙来研究中国，是一个手段而非目标"②。中国的现代化过程就是生发于这一整体性转变的基础上，这个过程不能独立于或超越出现代化之共性的整体发展，相反，在一定程度上受制于现代化之共性的整体逻辑和进程。中国的现代化之路是在世界整体的现代化语境下，中国的先进知识分子努力适应中国国情和现实，力求实现社会状况转换的探索和尝试。这一探索引起了经济关系、政治制度和思想文化的变化：经济上表现为努力从小农自然经济形态转变为工业化生产的形态并建立起市场经济制度；政治上表现为从半殖民地半封建社会走向新民主主义和社会主义；文化上表现为从传统文化的时代表征，即具有封建文化延续的传统文化形态走向新文化运动致力的文化革新，如此种种实现中国社会的现代转型。这一过程肇始于 1840 年鸦片战争，尽管受主客观诸多因素的阻碍，表现出时断时续与片面性的特征，但现代化运动一经发动，就成为近代中国社会不可逆转的时代主题，直至今天仍在进行之中。当前我们所面对的新形势、新情况、新问题已经与一个世纪前有所区别，但仍处在现代化的整体语境下，仍然是其具体问题的时代表征。当前中国的现代化建设，诸如通过供给侧结构性改革解决人民日益增长美好生活的需求与不平衡不充分的发展之间的矛盾，构建以"创新、协调、绿色、开放、共享"发展新理念为指导的新型现代化发展模式，以及以"一带一路"发展倡议与积极参与全球治理共建"人类命运共同体"，等等，不仅很好地造福了中国人民，更重要的在于它将为人类文明走出困境开辟出新路，为"世界变得更为美好"提供了一幅新的文明图景。如果说，中国社会实现现代化转型塑就一种新的人类文明有其必然性，这种必然性说到底就体现在中国现代化特殊的基因土壤上。我们一再强调，中国现代化与西方现代化的历程有所区别，体现为自发现代化与自觉现代化的区分，甚至体现为主动型现代化与危机逼迫型现代化的差异，中国文化传统和

① 金现东：《现代化和现代性——韩国现代化的另一种观点》，载《世界历史》2000 年第 5 期。
② ［美］吉尔伯特·罗兹曼：《中国的现代化》，江苏人民出版社 2010 年版，第 18 页。

中国社会现实的特殊性决定了中国走向现代化的复兴之路是区别于西方式的现代化道路的。同时，中国的现代化转型为人类文明所带来的所有的"正能量""正效应"，构成一种新的人类文明的因素都与中国道路的独特性，与中国文化和中国社会现实的特殊性紧密关联。正如习近平在全国宣传工作会议上的讲话所强调指出的，"独特的文化传统，独特的历史命运，独特的基本国情，注定了我们必然要走适合自己特点的发展道路"①。

　　因此，我们也就不难理解在前文所反复强调的一个关键立足点：中国社会现实。有学者将近代以来中国社会自身的现代化变迁历程和实践轨迹大体划分为四个阶段：现代化的初探、现代化领导权的确立、现代社会转变、现代社会的整合。根据中国现代化的实际进程，我们试图进一步探讨西方哲学在中国现代化过程中的影响，并以此作为我们思考西方哲学中国化历程的视角。"西方哲学中国化"的诠释范式，表面上看是对"西方哲学在中国"的深化，体现了我们对于西方"文化基因"的客观植入。但是，这种作为理论形态的西方哲学中国化不仅仅是"文化基因"的突变，而是"文化基因"的进化。这样表述的原因在于，作为一种新理解方式与新诠释范式的"西方哲学中国化"，不应该仅仅把西方哲学研究单纯地视作一种理论形态，而应该将其作为一种特殊历史语境或视域中的事物来看待。始终以我为中心，"西方哲学中国化"才能够在中国以不断融合社会问题、不断呈现时代需求，不断发展理论诉求的形式得以延续。西方哲学研究与中国社会问题解决的大环境始终紧密结合，立足中国社会的现实既要重视开掘西方哲学的理论和实践智慧，对其中所蕴涵的自由、民主意识，科学、人文精神，理性、辩证态度的开掘与重释；也对西方哲学在当下所呈现出来的问题加以批判和反思，认真辨识与思索如何在中国语境下避免西方哲学构建西方人思维方式、影响西方人行为方式，最终导致西方人生活方式变化这一历程中所走的弯路，自觉规避现代化风险与西式陷阱，使中国的现代化之路更加通畅，从而始终是"西方哲学中国化"发展自洽的路径。可以说，以西方哲学为代表的西方文化构成了实现中国社会现代化转型的文化契机或思想资源，使其既体现为西方哲学中国化的历史，更体现借助西方思想资源解决中国问题的实

---

① 《习近平谈治国理政》，外文出版社 2014 年版，第 156 页。

践探索史，"西方哲学中国化"发挥了在中国社会现代化过程中的相当程度的积极作用。在这一意义上，我们首先在中国人为何引进西方哲学，乃至西方哲学如何融入中国社会现实进而对中国社会现实发生作用的理论逻辑和现实逻辑入手，试图总结西方哲学中国化的轨迹与规律。

从理论逻辑来看，无论是何种理论的"中国化"，其作为建构中国现代文化的重要路径都在不同维度上决定了我们需要以什么样的态度面对"中国化"。正如汤一介所指出的那样："中国现代哲学的建构至少有三个重要'接着讲'的路径：一是接着中国传统哲学讲；二是接着西方某种哲学讲；三是接着马克思主义哲学讲。中国现代哲学既可以'接着'中国传统哲学讲，也可以在消化西方哲学的情况下，'接着'西方某哲学派别讲，而使之成为中国化的西方哲学派别。'中国现代哲学'是在西方哲学的传入后，经过众多学者利用和借鉴西方哲学而成为独立哲学学科的。特别是马克思主义哲学近一个世纪以来在中国发生着特殊的重大影响，这是我们不得不考虑的现实。一个民族、一个国家必须把自己的'哲学'作为其民族、国家生存发展的精神支柱。接着中国传统哲学讲，应是建立中国现代哲学，使中国哲学从传统走向现代的路径。接着西方哲学和马克思主义哲学讲，就必须使它们中国化，站在中国传统和现实的基础上面向世界，解决我们自身和世界所遇到的哲学问题。中国现代哲学必须适时地'接着'中外哲学家已有的成果讲，这样才有生命力，才能对中华民族的复兴、建设'和谐社会'以及全人类作出贡献。"[1] 如果我们能够清楚地知道马克思主义哲学中国化就是基于马克思主义原则指导下的哲学理论中国化，马克思主义哲学实际上产生在西方文化的宏大背景之下，就其本身而言是西方哲学的重要组成，只是"在十月革命的影响下，一批中国的先进知识分子转向了马克思主义，力图运用马克思主义解决中国问题，这样，马克思主义就与中国人的现实生活发生了密切的关联，从此也就开始了马克思主义哲学中国化的进程"[2]。马克思主义哲学的中国化是哲学理论普遍性与特殊性的统一，这种统一必定包含了"中国化"理论中的最重要内核——中国特色。

---

① 汤一介：《西方哲学冲击下的中国现代哲学》，载《文史哲》2008 年第 2 期。
② 王南湜：《马克思主义哲学中国化的历程及其规律研究》，北京师范大学出版社 2012 年版，第 14 页。

西方哲学虽然不像马克思主义哲学那样一开始就与中国革命进程、社会实践那样的密切相关，但作为马克思主义的思想背景，作为世界性的文化，它在中国的发展同样构成了中国文化变易的不可或缺的重要因子。它的"中国化"同样不能逃离"中国特色"与"中国风格"，这不仅是一个客观的历史条件，更是我们需要主动坚守的文化自我，因为只有当"西方哲学中国化"与"马克思主义哲学中国化"一样倡导理论研究共有的主导思想——中国特色时，才能真正构成推动中国立场的文化形态的合理建构。同时，"西方哲学中国化"努力强调学术研究具有的历史使命感和责任担当意识，强调"中国化"这一学术交流与积极践行正是为建构具有"中国风格"和"中国气派"的当代中国学术话语体系，正确处理学术研究与现实生活、中国视野与世界眼光、中国话语建设与西方话语经验、马克思主义哲学中国化与西方哲学中国化、当代中国哲学新形态建构与西方哲学中国化等之间的关系，确立有效的思想路向，奠定科学的方法论基础。

从现实逻辑来讲，西方哲学中国化之"中国特色"的现实动态逻辑便呈现为西方哲学作用于中国社会与中国社会认可与内化西方哲学的双向互动过程。伴随着"西学东渐"的发轫，西方哲学在中华民族"救亡图存"的洪流中被淘洗得历久弥新，其不断折射出的思想光辉正启蒙着中国的民主、科学，以"德先生"与"赛先生"的亲切握手推动着中国社会发生剧烈变革，大步流星地跨入近代社会的大门；其不断散发出的真理气息正启迪着中国知识分子以科学实证、实用主义、实验主义的方式"大胆假设，小心求证"，使近代中国科学的发展在汲取西方世界先进成果的基础上形成自己的创造性转化与创新性发展，在攀登世界科学的高峰上又迈进了重要一步；其不断张扬的理性精神时刻熏陶、提醒并催促着国人以辩证的眼光与辩证的思维重塑思维方式，在有批判、有借鉴、有反思、有创新的逻辑中培育中国人应有的现代精神。可以说，西方哲学凭借其深厚、独特的思想资源、制度价值与科学技术对中国社会的变革、重组与转型发挥了重要作用，在助推中国近代社会变革，形成具有中国特色的哲学社会科学与自然科学发展上产生深刻影响。与此同时，"西方哲学中国化"并非只是单向度层面的"施加""摆置"，而是在双向互动的过程中借助中国积极主动地内化来完成，所以具有主体自觉意识的中国知识分子对西方哲学的辨识、甄选、融通、改铸与创新，则是西方哲学中国化顺利推进与成为中华民族认可接受的文化因子的深层表现。面对形形色色的西方哲学人物、流派及思想，带着中国人面临的时代性问题、民族性情愫与现代性生存困境反思西方哲学的思想资源，以期在相似却又殊异的历史语境中探索出更适合自身发展的解决路径；在马克思主义哲学中国化的引领下，分离并萃取出西方哲学中那些有利于马克思主义哲学发展的重要精神因素，使得马克思主义哲学依然能够在西方哲学的"母体"中源源不断吸收能量，在西方哲学那些不能割舍的久远"朋友"那里获取动力，从不失去历史本质的一度；在建构当代中国哲学新形态的使命与渴望中，我们面向由黑格尔建立的以及由更多现当代西方哲学家发展的西方哲学学科体系、学术体系与话语体系，在积极学习与借鉴过程中力图使当代中国哲学形成与众不同、独具中国特色、又能为世界人民"看得清""听得懂""讲得出"的哲学体系与话语方式。以凭借西方哲学中国化推动当代中国哲学在世界范围内不断确立、形成"汉语哲学"的话语体系为例，"使哲学在世界范围内讲汉语"的当代中国哲学话语方式的建构是在西方哲学的积极参与中完成的。从世界范围来看，牢牢掌握哲学国际话语权的是以德语为标志的西方哲学。黑格尔这座西方哲学的巅峰以讲德语的方式为西方哲学确立了国际话语权，因而当代新形态的中国哲学要使以汉语为标志的话语方式在世界上确立新的话语权，就需要在充分吸纳西方哲学的基础上，在使西方哲学成为自己精神资源的过程中，以西方哲学在创新发展中形成的西方哲学中国化新姿态，以及融合中西马资源而形成的当代中国哲学新形态向世界展开。历史发展证明，西方哲学自五四运动以后就积极主动地在中国化进程中不仅将自身的优秀资源在汉语中加以转化表达，更努力将符合西方人思维的当代新形态的中国哲学输送向世界，西方哲学俨然不仅在内容上为讲汉语提供了诸多宝贵的精神素材，更在形式上以自身作为途径、载体将讲汉语的哲学呈现在世界哲学的舞台。以黑格尔哲学的舞台为例，先后有贺麟、邓晓芒等在使以黑格尔为代表的西方哲学讲汉语的基础上为哲学确立了讲汉语的话语方式。伽达默尔曾经这样评价，因为黑格尔既克服了哲学的学院化语言癖，又以德语母语中的思辨精神推动着哲学的发展，为哲学确立讲德语的话语方式，所以邓晓芒也在对黑格尔哲学的翻译、借鉴与发展中使哲学讲了他的母语，并指出"从本质上看，哲学就是从我们日常所说的母语中，从

日用而不知的习惯中，经过反思和提炼而生长出来的。凡是不经过这一过程
而强行从外来文化中贩来的哲学，是不可能真正成为本民族文化的精神财富
的"①。也就是说，让以黑格尔为代表的西方哲学讲汉语的过程就是向世界
宣告并确立哲学要讲汉语的话语方式。因而我们不得不说，正是西方哲学
中国化的积极推进与不断实践让我们有了确立哲学讲汉语的重要内容与
路径。

可以说，正是在西方哲学源源不断的作用于中国社会的发展与我们积极
主动地吸收、内化西方哲学以推动中国社会变革的过程中，西方哲学逐渐成
为我们思考自身问题的重要资源，成为中华民族依据"时代性内容""民族
性形式""个体性风格"而求索"人类性问题"的重要"基因"，成为中国
人合理走出现代性困境，有效推进现代化进程的助力因子，并逐步内化为更
具中国特色的运思能力与生命体验。

二、融通对话：互益创构的新型哲学

"西方哲学中国化"的内在逻辑之二是始终参与中国社会文化建设，在
中西马融通中发挥作用。这一作用的方式是文化对话。文化对话当然是中西
文化对话，必然以中西文化对峙为前提；当然是中西文化互怼互唱，必然以
中国文化为前提，立足中国立场，才能展开价值取向、思维方式、问题向度
等二个视角的对话与创构。

（一）对话的基点

现代意识的觉醒与中国传统文化现代转型的要求是西方哲学中国化的文
化需求。在这一过程中，中国传统文化所具有的鲜明民族性特质是这一过程
的前提，西方哲学中国化应是在中国传统文化前提下进行的对话。著名历史
学家汤因比曾高度赞扬中国文化和中国传统哲学，认为："就中国人来说，
数千年来，比世界任何民族都成功的几亿民众，从政治、文化上团结起来。

---

① 邓晓芒：《让哲学说汉语——从康德三大批判的翻译说起》，载《社会科学战线》2004 年第
2 期。

他们向世界显示了这种政治、文化上的统一本领，具有无与伦比的成功经验。这样的统一是今天世界的绝对要求。"① 因此，如何在文化交流和文化融合中，充分发掘和发扬中国传统哲学中的优秀成分，这确是一个永恒的课题。而"西方哲学中国化"的历史正是在现代化发展的背景之下与中国传统文化交融探索最佳"熔点"的过程：在"西方哲学中国化"的最初阶段经历了针锋相对、势成水火的状态，要么是传统、要么是现代，要么是本国、要么是他国的断言之后，在一些先进的知识分子的参与下，我国理论界出现了一波中西哲学、文化碰撞交融的黄金时期。

曹顺庆曾经提出，从过去近百年的西方化，转换到今后若干年的"化西方"，运用文化与思想"他国化"这条发展规律，实现以我为主的中国化，才能真正实现文化的现代转化与重建。② 要回答西方哲学何以能与中国哲学彼此激荡、相互融通，既以新的研究立场和理论融涵度催逼中国化的西方哲学进一步发展，也以新的时代特征和宏大的理论视野刺激当代中国哲学新形态的形成，需要在西方哲学与中国传统哲学的交融碰撞中即"西方哲学中国化"的历程中，进一步归纳出哲学交流与时代、民族思维、民族传统、宗教信仰、发展态势之间的关系模式。

"西方哲学中国化"的历程自始至终贯穿着对中国传统哲学的继承发展，自始至终贯穿着对现代性的自我反思，这样的精神与品格反过来又塑造了中国哲学的现代气质——以西方的方式诠释中国传统哲学的思想底蕴，以世界性视野审视中国传统哲学的思想价值，以民族性的差异理解中国传统哲学的独特魅力，这一系列变化都是因为有了"西方哲学"这一重要的思想参照，更是有了"西方哲学中国化"这一能够真正实现与中国哲学进行对话的方式。以此可以说明"西方哲学中国化"的提出，意在体现"西方哲学中国化"是一个充满现代意识的命题，重在说明"西方哲学中国化"是一个充满中国气息的话语。"西方哲学中国化"的目标是要用中国人的眼光创造性的阐释、理解和发展西方哲学，并主动用这样的西方哲学与中国哲学

---

① ［英］汤因比、［日］池田大作：《展望二十一世纪》，荀春生、宋继征、陈国梁等译，北京国际文化出版公司1989年版，第294页。

② 曹顺庆：《文学理论的他国化与西方文论的中国化》，载《湘潭大学学报》（哲学社会科学版）2005年第5期。

的观念、思维相互激发、碰撞，熔铸出符合中国人思维和实践需要的中国特色的新哲学。这个目标下，中西方哲学的"互益对话"构成了"西方哲学中国化"的关键词。

（二）对话的立场

从西方哲学中国化的历史进程中，可以看到无处不在的中国立场、中国身影与中国思维方式。西方哲学中国化的历史进程，是西方哲学进入中国后，被中国人以自己的思维方式、价值旨趣、学术立场和表达方式所影响和改造的历史，也是西方哲学进入中国后影响和改造中国传统哲学的历史，更是西方哲学（包括马克思主义哲学）、中国哲学彼此激荡、相互创生，熔铸出当代中国特色新文明样态的历史。

西方哲学中国化萌发于 19 世纪末、20 世纪初，在西学东渐潮流中唱响序曲。彼时国人引进西学不是朴素的拿来主义，毋宁说一开始就具有中国特点，以"西学中源""洋为中用"为己任。如中国学者接受了日本将"philosophy"翻译成"哲学"的说法，并将其定义为"诸学之上之学"。但由于当时西方哲学东渐还处在起始阶段，有一定阻力，加上中国知识分子的觉醒在当时主要是政治制度的变革，尤其传播者对西方哲学只处在传播与译介过程中，虽有一定的积极影响，但因食而不化，最终作用有限。五四新文化运动时期，林林总总的西方哲学思想和思潮纷至沓来，特别是马克思主义思想的引入。不过，西方哲学东渐的景象虽然较为热闹，但它们中真正扎下根来的，除马克思主义哲学外，其余的并不多见；20 世纪 30、40 年代，即所谓的"后五四时期"，是该世纪西方哲学东渐取得成果的重要阶段。不止继续输入新思想，而且在输入过程中还察异观同，求其融通，最终以毛泽东为代表的中国共产党人批判吸收古今中外各种优秀思想，创立了新民主主义理论体系；1949 年新中国成立后至 1978 年改革开放前的一段时间里，中国的西方哲学研究和发展受到了多重打击。先是由于政治上采取"一边倒"向苏联的做法，哲学上也接受了日丹诺夫模式的影响，对西方哲学采取严厉批判和简单否定的态度。后又受到"左"倾错误方针的影响，将西方哲学视为封、资、修的毒草而加以排斥。但同时也应看到，这一时期西方哲学在中国受到政治性主导，具有鲜明的中国属性，恰好是西方哲学中国化的体现；

1978 年 10 月在芜湖举行的"西方哲学讨论会",标志着西方哲学的研究进入新时代。会议消除"左"倾思想的束缚,重新评价了日丹诺夫关于西方哲学史的定义和关于唯心主义的认识。此后几代学者抖擞精神、放开手脚,以全新的精神面貌重新展开西方哲学研究,大批学术著作纷纷问世,西方哲学的研究再次呈现出繁花似锦和欣欣向荣的景象。21 世纪中国化的西方哲学研究,继续传承着 20 世纪后 20 年的发展态势,并且彰显出更加强劲的发展势头。特别是八卷本的《西方哲学史》(学术版)的问世,更是标志着我国西方哲学史研究进入新的高度。就像著者在前言中写到的一样,把"具有中国学术特色"作为努力的目标。因此也有人将其评价为"展示我国西方哲学研究水平的一部哲学史"。

从整个西方哲学中国化的历史进程可以看出,中国人自引介西方哲学进入中国之日起,就始终是按照中国人的眼光和标准、需求和价值来研究西方哲学,也始终使其服务于中国的政治、思想和社会发展。近年来以西学东渐为视角研究西方哲学在中国发展的学者很多,最有代表性的当属黄见德。同时,徐瑞康在《"西学东渐"的回顾和中国哲学的发展》一文中总结了我国"西学东渐"的逻辑进程,指出当代中国哲学应吸收和借鉴人类哲学文明成果;杨华祥在《论明末清初西学对中国哲学范式转换的影响》一文中指出,明末清初的"西学东渐"客观上加快了中国哲学从宋明理学向明清实学的转向进程;陈卫平在《西方哲学的中国化与当代中国哲学的建构》一文中发表了近代以来西方哲学的中国化主要集中于社会和文化两个层面的观点;谢地坤在《西学东渐与现代中国哲学》一文中指出,近现代中国哲学不可避免的处于西方哲学的影响之中,中国哲学家现在面临的难题和任务,就是要在吸收西方哲学成果的同时,不搞全盘西化,而是从我们传统哲学中提炼出中国哲学特有的概念和问题,形成当代中国哲学的话语系统,建立中国特色的中国哲学;周晓亮在《我国西方哲学研究的回顾、现状和展望》一文中回顾了西方哲学在中国传入、发展和研究的历史,并对未来发展进行了预判;邓晓芒在《让哲学说汉语》一文中则指出,现代汉语灵活且多功能,不仅具有语言优势,而且具有思维优势,非常符合哲学本性。所以应努力把现代汉语提升为当代的一种锐利无比的哲学语言,让哲学说汉语。

除此之外,武汉大学哲学系与台湾佛光大学哲学所于 2002 年秋联合举办了"西方哲学东渐百年学术研讨会"，中山大学于 2006 年 12 月召开了"西方哲学东渐与中国现代化国际学术研讨会"，并在此次会议期间揭牌成立了中国第一个"西学东渐文献馆"，标志着我国理论界对"西学东渐"，包括西方哲学东渐的重视。2011 年，南京信息工程大学的郭刚申请立项国家社科基金一般项目"日译西学与中国哲学的近代转型研究"，指出在日译西学的影响下，梁启超等学者打破以往中国传统思想的固囿，创造性地提出批判性的思想自由、独立性的人格自由和超越性的理想"真自由"观点，进而引发了中国哲学的近代转型；2012 年，云南民族大学的李跃红申请立项国家社科基金一般项目"西学东渐与中国现代哲学发展研究"，不断深化对此问题的理解。

三、文化创造：创新凝聚的哲学自觉

"西方哲学中国化"的内在逻辑之三是与时俱进、创新发展的思维方式始终贯穿在"西方哲学中国化"的变革当中。哲学变革一直以来多围绕"哲学是什么"这一话题展开研究，其中蕴含着如何将西方哲学变成中国社会所接受的哲学这一议题。"哲学就是哲学思想理论创新的发展史""哲学史就是一部哲学思想理论不断生发的发生史与发展史"这一回答是新时代赋予西方哲学"中国化"的阶段和特征以及思维方式的新理解，也反映了"西方哲学中国化"的创新所引领的现代转型。其具体体现在以下四个层面：创新促成的理论形态变迁、创新开启的形而上学批判史审视、创新实现的研究范式转化以及创新催生的演历样态呈现。

（一）哲学就是创造学

无论在时间的维度上还是在空间的维度上，哲学总是在不断展现创造能力的方面表现为时代精神的精华与时代问题的回响。在这个意义上，哲学就是哲学思想理论创新的生发与创造，是人类面对时代问题的主动回应与思想先声。而"西方哲学中国化"，从最初开始阶段就具有一个不争的发生意义，创造哲学的时代论域。

西方哲学伴随着马克思主义在中国的传播而不断涌入，特别是伴随着对马克思主义哲学是辩证唯物主义哲学、哲学史就是唯物主义与唯心主义斗争历史的这些论断而出现，而体现为哲学思想理论自身与政治性、学术性具有密切关联。改革开放之后，这一状况发生一定变化，安徽芜湖召开的西方哲学研讨会标志着西方哲学研究进入新时代。会议消除"左"倾思想的束缚，使几代学者以全新的精神面貌重新展开西方哲学研究，也不断尝试立足于新时代背景，积极构建西方哲学的中国化话语。在这样的转机之下，大批学术著作纷纷问世，围绕着"如何理解哲学"这个核心问题的研究也得到了创新认识，反映了哲学在时空拓展领域中的自我创造。"哲学就是哲学史，哲学史就是哲学"（黑格尔语）大抵也可作如此现代诠释。

　　中国学者对"哲学是什么"的重新审读，充满了创造性意识，一方面"自由"的思想精神逐步扩散到哲学的理论研究当中。可以说这一时期的"西方哲学中国化"延续了启蒙意识，体现了启蒙思想、启蒙精神的新的性质与特征——彰显每个时代所具有的、不同的对自由与责任的理解。在梳理"西方哲学中国化"的历史进程和基本规律之后，便会出现一个更加值得思索的问题：怎样合理地、深远地研究与发展"西方哲学中国化"，并以此推进中国哲学的发展，实现中国文化中多元因素的自觉融合？这一问题涉及我们需要站在什么样的立场上认识在中国文化历史中出现的"启蒙"，是"实用"的立场还是"自由"的立场？当中国文化遭遇启蒙精神带来的变革之时，中国学者诚然首先站在了"实用"的立场上发挥了"启蒙"的应有之义，"实用"代表的西方哲学成为中国革命者的变革武器，而这时的"实用"并不是后来人们所乐于看到的面向事情本身，而是带有某种超出了哲学实用范围的革命实用性或者说政治实用性，这种"实用"缺乏伸张人的主体性的合理维度，为了成全时代矫枉过正，历史进程中太多的干扰扭曲了哲学真正需要彰显的"实用"。而当开始主动自觉地面对"实用"的启蒙带给中国文化更多的空间之时，另一种启蒙内蕴——自由，便成为能够矫正"西方哲学中国化"之启蒙意蕴的合理维度。"自由"意味着我们不仅将面向事情本身地思考中国文化中的复杂问题，并且能够主动、自觉地承担起自由的责任，即在最真实的发问与回答什么是当代中国所需要的文化形态的意义上深刻思索。

　　哲学成为斗争的武器，然而不能忽视的是"自由"的"知识"相对于

"实用"的"知识"而言（叶秀山语）。"西方哲学中国化"在当代作为一种必要性的文化形态、理论范式最重要的是它彰显了启蒙意蕴之中的"自由的知识"维度，而不仅仅将中国文化的发展定位于实用的知识。"创造"即是自由的体现，有着面向自觉建构的"西方哲学中国化"的理论方法，还需要认识到"西方哲学中国化"虽然是在西学东渐的发展史中成立的，但是无论是西方哲学自身的理论问题的中国化认识还是批判的发展西方哲学的思维方式，这些资源都需要在中国找到合理的依据，都需要回到"实用"对它进行启蒙的启蒙。也就是说，西方哲学在中国的合理依据仍然离不开中国现实境遇之中的"实用"维度，即我们需要超越的"实用"是：僵化地、教条地把"实用"理解为工具的"实用"，而在当代需要重新建构的"实用"是："实用"与"自由"的一脉相承，它是基于对中国文化特征正确定位之后做出的现代性判断，就是"西方哲学中国化"对于推动中国哲学发展与当代中国文化建设的现代性共谋。

对于哲学"创造性"的阅读与理解，标志着我国西方哲学研究已经具有更高的学术视野。在此基础上，创造性的成果增多，越来越多学者试图通过撰写出具有中国人自己的文化底蕴、思维特点、理解角度、学术情怀、语言风格的学术著作，以彰显中国风格、中国气派，体现我国学术界理论研究中的文化自信。"对西方哲学进行重新审视，才能更符合西方哲学的问题本身。"[1] 在新时代背景下，"西方哲学中国化"需要转换思维方式与展开自我反思，何以不仅仅体现为西方哲学本身的镜式反映，更是体现为西方哲学的思想创造，即中国式的西方哲学。唯有凸显"西方哲学思想"的主体意识和自觉精神，才能在新的时代背景下赋予"哲学就是哲学史"这一命题新的时代内涵——哲学就是哲学思想理论创新的发展史，哲学史就是哲学思想理论创新不断生发的发展史。

（二）创新引领的现代转型

1. 创新促成的理论形态变迁

黑格尔曾经说过，由于哲学史所形成的系统化的知识理论本身就属于科

---

[1]　韩秋红：《西方哲学中国化历程》，载《社会科学战线》2012 年第 11 期。

学的哲学范畴，所以"哲学史本身就应当是哲学的"①，而一部"西方哲学中国化"的历史也正是在理论与实践、知识与行动之间"由历史发展、历史演进、历史逻辑等方面"② 编织而成的有机的历史理论，因而正是在这一由被动接受到主动认知再到积极反思创新的历史过程中，西方哲学不断生发出中国化的理论形态，不断结晶出独具中国特色的研究范式。

　　西方哲学中国化的理论体系的建构历经了一个曲折发展的过程。首先，"哲学史就是哲学"的传统知识型形态。黑格尔曾经在《哲学史讲演录》中谈道，"哲学是理性的知识，它的发展史本身应当是合理的，哲学史本身就应当是哲学的"，③ 因而自西方哲学在"西学东渐"的浪潮中进入中国伊始，其就是以西方哲学历史的知识面貌呈现在中国人民面前的。但由于从苏联那里沿袭而来的教科书式哲学产生的影响、新中国成立初期根据自身的需要做出的哲学选择倾向以及马克思主义哲学在中国的主导地位，多种视阈交织中的西方哲学历史的知识引介与研究具有了明显的宣扬唯物主义、批判唯心主义的倾向。以胡适的实用主义哲学为例，这个曾占据中国文化领域核心地位并产生深刻、久远影响的哲学理念因其资本主义唯心主义的色彩而在新中国成立初期遭到了猛烈"炮轰"。所以说，西方哲学中国化在第一阶段的"知识型"旅程中，是马克思主义哲学唯物主义的前提、苏联教科书式的知识型体系以及坚持一切从中国实际国情出发的意识赋予了西方哲学史知识型研究的内在逻辑与事实依据。虽然西方哲学在新中国成立初期直到改革开放以后一直都呈现为束缚于苏联教科书式、"教条主义"的马克思主义前提指导下的研习之中，但值得庆幸的是，西方哲学在中国的研究与发展恰如黑格尔从未离开过古希腊的精神家园一样，其在第一阶段中国化的历程中也始终未离开过对西方哲学发展历史的追寻、触摸与反思，始终是在对西方哲学的发展脉络中梳理并建构中国境遇下西方哲学追求形而上学的轨迹。而正是由于始终畅饮着西方哲学源源不断提供的甘甜"活水"，始终坚持在西方哲学历史的开采、发掘中延展自身的思想，西方哲学中国化的旅程便也在获得西方

---

　　① ［德］黑格尔：《哲学史讲演录》第 1 卷，贺麟译，商务印书馆 1981 年版。
　　② 韩秋红、史巍：《西方马克思主义研究的方法论价值与局限》，载《马克思主义研究》2014 年第 8 期。
　　③ ［德］黑格尔：《哲学史讲演录》第 1 卷，贺麟译，商务印书馆 1981 年版。

哲学各个发展黄金时代众多杰出思想家宝贵观点与翔实资料的基础上绽放出更多思想之花——《资产阶级哲学资料选辑》《西方古典哲学原著选辑》等等。不过需要指出的是，这一持续 30 多年的对西方哲学历史的"知识型"引入与评介还是暴露了它的缺陷，即它始终并未跳出以一种静止的、僵化的、简单罗列式的态度对西方哲学知识进行传送的"窠臼"，西方哲学的发展历史在西方哲学中国化的第一阶段的旅程中不幸地在实用主义与科学主义的态度下成为"被简单化、抽象化、绝对化之后的一堆静止的'历史事实'"[①] 的堆砌。

其次，"哲学史就是认识史"的文化比较型形态。正是在内生的辩证思维的指导与推动下，第一阶段停滞于浅表上的、带有向下滑坡倾向的西方哲学中国化研究被推送至有思考、有比较、有发展的第二阶段历程，西方哲学中国化也就进一步呈现为文化比较型形态。随着 1978 年真理标准问题大讨论的开始，这个具有分水岭意义的标志正式宣告着西方哲学中国化的研究从第一阶段的旅程走进第二阶段，从"传统知识型"跨越至"文化比较型"，从"哲学史就是哲学"跃升至"哲学史就是认识史"。真理标准问题的讨论打破了盘亘在人们脑海中、笼罩于整个社会上的"两个凡是"的错误观念，关于西方哲学严格控制式简单引入、教条主义式批判解读的错误知性思维也在"文化比较"的辩证认识中获得了发展。列宁曾经指出，学习哲学的关键恰恰在于将哲学视为一种关于认识的历史，因为只有在主动认识历史的过程中主体自觉思考的维度才得以彰显，主体在自我觉解中对哲学形态与哲学历史的再次建构才得以可能，因而对西方哲学在中国的发展彰显并植入中国人自己的思考，使西方哲学在比较中进一步获得中国化发展的空间就进一步凝聚成为推动西方哲学中国化走向深层认识、走向文化比较的内在动力。所以从改革开放到 20 世纪末的 20 多年里，西方哲学在中国的研究发展正是因为主体意识能动性的觉醒与介入而开启并实现了"认识论"的转向以及"文化比较型"的西方哲学中国化的新形态的建构。由此我们能够看到，西方哲学在中国的发展既剥离了简单介绍的外衣，又开始逃离具有倾向性解读的窠臼，既能够深入到西方哲学内部展开多向度的有突破性认识研究，又能

---

① 韩秋红：《思想表达中的西方哲学中国化"三跃迁"》，载《晋阳学刊》2015 年第 5 期。

够以中国当下的问题意识与时代脉动对其展开甄别、对话、融通，从而实现西方哲学中国化在第二阶段的重大转变与快速发展。以黑格尔哲学研究为例，这一时期出现了在美学、宗教哲学、自然哲学、精神哲学等诸多领域展开的更专注、更深入的认识与研究；而在中西文化与哲学的比较上，不仅在宏观层面对两种哲学的性质、演进与发展脉络做了对比，更在微观上展开了人物与人物之间思想观点的比照、挖掘。基于此，西方哲学中国化在第二阶段确实取得了一定的成就，但值得注意的是，此时的西方哲学中国化研究依然是处在一种异质文化的视阈下被"撕裂"的状态，思想的迷惘依然没有摆脱知性思维带来的障碍，因而西方哲学中国化的研究也就有必要在进一步融合中摆脱这些错误，在认识方式转变的基础上过渡到对西方哲学的创造性解释、创新性研究与创生性发展。

再次，"哲学史就是哲学思想理论创新的发展史"的当代阐释型形态。这是西方哲学中国化的第三阶段旅程，致力于以当下中国所发生的一切问题为导向对西方哲学展开进一步的创造与阐释。德勒兹曾经说过，"哲学在本质上是创造的，甚而是革命的，因为哲学不断地创造新的概念"①，正因为如此，进入 21 世纪的西方哲学中国化研究便开始在"照着讲""接着讲"的基础上转向"自己讲"，这种"自己讲"的独立之精神、自由之意志赋予西方哲学在中国境遇下研究的不断创新思维，以不断更新的概念化、理论化的思想表达实现着中西方哲学的融合与创新。21 世纪之后的西方哲学中国化不再是简单意义上的介绍与认知，而是在更深层的文化融合与主体自觉的双重交织中开启中西文化的共谋与创新，即西方哲学中国化的第三阶段是在"哲学史就是哲学"和"哲学史就是认识史"基础上进一步祛除误区，取其精华、去其糟粕而提炼出的"哲学就是哲学思想理论创新的发展史"。西方哲学中国化第三个发展形态必然是从中国当下现实出发，以自身的眼光对西方哲学进一步创造性转化与创新性发展，使西方哲学主动参与到中国现代化发展进程之中，参与到人类性文明、文化性融合，新形态建构的当代哲学文化的发展拨动之中，参与到西方哲学自身的革命性创新与接续再释之中。总

---

① 韩秋红、史巍：《西方马克思主义研究的方法论价值与局限》，载《马克思主义研究》2014 年第 8 期。

而言之,西方哲学中国化的理论体系就是在"哲学史就是哲学""哲学史就是认识史"以及"哲学史就是哲学思想理论创新的发展史"的过程中确立的,也是在简单引介、逐步认识与深度融合的创新中完成的。

2. 创新开启的形而上学批判史审视

"西方哲学中国化"总是在不断建设自身理论形态过程中实现变革。可以说不理解西方哲学在试图建构自我新形态的征程中所表达的变革内涵,就无法真正从哲学内部透视"西方哲学中国化"的内在发展逻辑,也就无法提升规律性的认识。这就需要在西方哲学自身作为批判的逻辑和其实现中国化过程中以批判性实现创造性之间建立起某种理论关联。而西方形而上学在历史上的几次转化为我们提供了认识一个知识或学科发展的基本依据:在描述与修正的辩证统一的方法之中逐渐完善、提升其自身的精神与气质。西方哲学中国化在中国(尤其是新中国成立以后的中国)发展的数十年经历与形而上学之经验有着同一性逻辑,在形而上学的语境下,即在形而上学发展认识的逻辑方法及精神实质的现实走向中,西方哲学中国化的发展历程才能被理解为一门学科发展的合理轨迹。在这一逻辑的明晰之下,西方哲学中国化的基本历程研究才能具有揭示西方哲学中国化未来现实性与可能性的重要意义。

正如黑格尔所说,西方哲学在其自身发展过程中体现出"厮杀的战场"这一否定式发展的逻辑,这一逻辑使其形成了批判性的重要特征。西方哲学的批判式发展无论在本体论层面还是方法论意义上都显示了一个重要问题:西方哲学的发展始终在"描述"与"修正"的辩证统一中内在地推动着西方哲学范式的演进。20世纪50年代时期,哲学研究依旧笼罩在"拒斥形而上学"的态度之下,而此时斯特劳森就已经用"描述的形而上学"概念:"……我的下一个重要工作是将我关于个体的演讲编成一本书。这并没有花费我很长时间,由于这些演讲已经非常完整了;但我重写了第一张并添加了一个关于此问题的整体特征的导言,在这个导言中,我引入了'描述的形而上学'这个术语。"① 在《个体》导言中,斯特劳森对"描述的形而上

---

① P. F. Strawson, *"Intellectual Autobiography"*, See, Lewis Edwin Hahn, ed., *The Philosophy of P. F. Strawson*, Open Court Publishing Company, Illinois, 1998.

学"概念的提出与使用，是在相对于与"修正的形而上学（Revisionary Metaphysics）"的比较意义上的，"形而上学往往是修正的，而很少是描述的。描述的形而上学满足与描述我们关于世界的思想结构，修正的形而上学则关心产生一种更好的结构"①。在斯特劳森那里，"描述的形而上学"是对我们固有的关于世界的思想结构意见进行描述与揭示的表层的思想方法，"修正的形而上学"则在于思想结构的代替，一种理论创新中的重新解读或全新建构。

西方哲学中国化的发展进路和逻辑分歧在某种意义上与形而上学发展史的两个基本转向和三个主要形态有着相似之处，即从本体论对实体性的追求转为对认识过程认识能力本身的思考，形成认识论的转向，再到一种调解和解式的承认多元共识的融通性的形而上学存在形态。可以说，西方哲学中国化同样有着这样的质性变化的逻辑进路，不仅集中体现于我国对西方哲学研究的整体历史过程，而且表征在西方哲学中国化这一思维范式的生成与发展的全过程。

首先，从本体论的存在方式而言，西方哲学中国化的最初阶段侧重于静态独断的特征。本体论式思维特征是一种非此即彼、实体性、对象性的理论追问。对木休产生不同思想意见时，唯一的态度是彼此独立、互不干涉，或彼此敌对、互不承认，呈现一种各执一词、各成一家之势。理论的效果只有"接受"与"不接受"两种极端，而不存在第三种中间性态度的可能。西方哲学中国化的起步阶段在新中国成立初期到改革开放以前，由于受各种主客观因素和现实国际国内形势的综合影响，当时的中西哲学之间的关系呈现出鲜明的斗争关系，而斗争的双方并不在于中国哲学和西方哲学之间，而是在中国的马克思主义哲学同在中国的西方哲学之间所展开的。社会主义中国建设发展的指导思想是马克思主义，这种意识形态主流地位的巩固在发展的起步阶段尤为重要，关系到能否凝聚民心，能否产生民族合力，来抵制国际上的反动和敌对势力，来迅速发展和提升自身。因此，这一时期的西方哲学在中国被从政治角度以定性的方式受到片面批判的理论对待。批判它的资产阶

---

① ［英］彼得·F. 斯特劳森：《个体：论描述的形而上学》，江怡译，中国人民大学出版社 2004 年版，第 1 页。

级利益代表性，批判它与马克思主义基本原理和方法相背离、相对抗的一切理论元素和理论观点。但是，西方哲学在中国如此的曲折进路同样应该被视为西方哲学中国化的一个重要阶段。即便存在"一边倒"的片面性，但这一时期我国对西方哲学的研究体现了某种自主性和民族独特性。此时我们对待西方哲学只是把它当作一个客体化的存在而"拿来"，以教科书体系的方式被作以简单的表层的知识介绍，并在马克思主义立场观点的指导下对西方哲学的内容加以批判与拒斥。这一时期的西方哲学中国化的鲜明民族性同样主要体现在独特的民族语境和民族现实环境中，一种与西方资本主义相对立的社会主义的发展形态，一种与自由主义相分歧的民主集中的经济政治运行方式，等等，当其缺乏全面性、问题性、主题性、思想性、逻辑性等特色时，但作为西方哲学在中国民族独立、国内政治形势相对和平稳定的新环境下的起步阶段，还是情有可原。

其次，随着改革开放和世界局势的总体变革，思想理论界也有了新气象，研究的转向也非常明显，即从实体性研究转向认识论角度的关注。这就更加建立在主体性自觉意识的新觉解和新升级上。在更为开放而自由的思想环境中，思想理论工作者的自我批判、自我反思、自我超越的主动意识较以往有显著的质性提升，人们不再单维度的受固化僵化或教条主义的框囿，而积极主动的打开视野，谋求一种新的发展向度和理论增长点。对西方哲学的研究也进入了从观点知识的了解向分析总结思维规律的尝试，以此促进了西方哲学中国化的全新进展。在思想内容上关注有关主体性的存在和存在方式问题，在思维范式上关注哲学研究的主题统摄和问题线索。20 世纪 80 年代，随着中国社会的又一次改革转型，人们面临着社会现实的新境况新挑战，对自我的生存发展空间也产生了新的生存论和价值论层面的讨论。在问题导向中，对西方哲学展开新的引入、理解和研究也是一种必然。如对萨特、海德格尔、尼采等生存论、存在主义哲学家的再度关注，和对其思想的重新阐释，等等，都反映了当时的时代的理论诉求，而体现为问题是时代的格言。这一时期的西方哲学中国化所要求的主体自觉性的核心精神有重要的向度转变和层级提升，研究者不再唯教条是从，而是多维尝试在还原西方哲学诸流派思想观点的原初本义的前期更为准确的知识性积累的基础上，从各种角度和视域对其进行自我理解和中国阐释，既反馈新时期的特殊时代性问题和民族性问题、大众性问题，又凸显哲学理论研究的学理性和学术性规范。后者恰恰是以往所未有的学科建构下的新发展。但同时，尽管对西方哲学的研究有了广泛的全面引入、学习和再释，却并未丢弃马克思主义的主流地位和科学的方法论原则，甚至此时期对西方哲学的研究本身就彰显着马克思主义的方法论原则，即客观辩证、实事求是、因地制宜。马克思主义唯物史观和唯物辩证法对西方哲学中国化的新阶段起到了规约和价值导向的作用，为西方哲学中国化的新发展提供标准参照和方法指导，促进西方哲学中国化的研究进路——立于主体自觉与主体能动地反馈时代问题、挖掘思维规律、思想深度，进行理论重识和再释的研究转向。

最后，新世纪新范式，一种融通的思维向度和和谐共存的价值取向。西方哲学自身内部的逻辑发展同样经历了这样一个以和解调和为主的时期或阶段，这一阶段性特征的生成并非某种刻意为之，而是理论逻辑发展的必然性结果。无论是康德还是黑格尔或者马克思，都是站在已有思想资源的基础上完成体系的重新梳理与建构的成功，也就是所谓的站在巨人肩膀上创造的集成。但是，这些极具典型代表性的思想家的成功绝不是如其他理论研究者那样仅仅做知识梳理或哲学史的简单总结，而是在理论思想的深层逻辑上进行对已有的哲学形态的新认识、新反思而寻找契合点进行系统性的整合和思想观点矛盾的逻辑深度调和，在总结性梳理和批判性分析的基础上展开自我创新性的理论论述与架构。无论是康德对唯理论与经验论的先天综合判断的中和，还是黑格尔对客体形而上和主体形而上的辩证法调解，抑或马克思对历史唯心和朴素唯物的批判性重融，都是一种融合式的自我解读和理论创新，并且在思想理论和思维范式上都产生了巨大的革命性意义。可以看到，伟大的理论成就在于：一是反映时代的需求，二是建基于承认传统的分歧，三是融入自我的认识。西方哲学中国化的新阶段同样彰显着这种跃升式的发展向度。西方哲学中国化经历前两阶段的知识积累、学术建构、经验总结、逻辑演进，其在新世纪更期待自身的新突破，尤其在我国已进入新时代的历史条件下，一个更有影响力的哲学社会科学呼之欲出，这就要求正确处理"中西马"三种主要形态的哲学在我国理论研究领域的关系。我们始终要报以中国传统和中华文化所独有的包容性胸怀平等对待一切异质性文化形式，并在其中努力通过问题导向的理论分析寻找思想营养予以汲取，更重要的是方法论的正确性，即坚持马克思主义方法论的指导，这并不意味着要以马克思主义马首是瞻而政治性的敌对所有其他的思想理论，而是强调研究方法上的马克思主义基本原理方法的科学性的应用和发展，特别运用马克思主义的唯物史观和唯物辩证法的思想理论内容，彰显其在"西方哲学中国化"中所具有的现实性意义、时代性特征和价值性超越，在符合我国现实社会发展的时代和现实要求下更使具有指导性地位。同时，西方哲学中国化除了以上的基本理论研究基调外，更重要的是中国视角、中国视路、中国视野的理论呈现。异质文化的地域性碰撞的最终归宿不应为冲突，也不应为一方吞噬一方的霸权，而应是和谐共生中的创造创新。中国的哲学研究已经进入了能够自我阐释、自我创新的主体能动水平和新时代，这就为哲学理论的研究提出了让哲学说中国话的新时代要求，不仅停留于过去引进来、拿过来的照着讲、接着讲，而是要开辟走出去的自己讲。在世界性综合性新哲学的诞生努力中，尝试融入中国精神，尝试融入中国思维，尝试融入中国气质，尝试彰显中国气派，尝试宣传中国特色。民族的就是世界的，在哲学理论研究的新努力不仅有助于推动思想的升华，同时有益于民族文化自信的提升，世界文化的和谐繁荣与发展创新。

3. 创新实现的研究范式转换

西方哲学中国化在一气呵成的发展历程中也完成了一脉相承的研究范式的转换。首先，1979 年之前，体现为以极富中国特色的唯物主义与唯心主义辩证对立的方式看待西方哲学。在以"知识型"为标志的西方哲学中国化第一阶段，牢牢坚守苏联教科书式的唯物主义的"真理"，在严格区分是非、对错的情况下将西方哲学打入"唯心主义"与"消极腐朽"的资产阶级哲学"地牢"，此时的中国西方哲学研究恰恰是在清晰划定唯物主义与唯心主义分界线的前提性标准下展开的。正是因为这样的研究方法，西方哲学在最初的几十年中一直由于其不良的"身份""血缘"遭到猛烈抨击、排挤，西方哲学作为马克思主义哲学之思想来源的重要事实有所掩盖。此时的西方哲学中国化囿于机械主义、教条主义的引导，无法对西方哲学做出一个合理的评判，而只是在唯物主义与唯心主义截然对立的旗帜下使西方哲学研究一直处在遭受排挤的边缘化状态。新中国"一边倒"的政策使得西方哲学研究按照日丹诺夫的标准化解释走出了一条为马首是瞻而非以学术讨论、资源借鉴、思想创新为合理目标的发展道路，从而使得西方哲学在新中国成立初期受到这样思想环境的影响。如 20 世纪 50 年代初，中国学术界多次在北京大学举行关于学习日丹诺夫发言的讨论会。马特曾指出："照日丹诺夫的意见，哲学史的定义很重要，它就是对哲学史的基本看法。假如没有给哲学史下正确的定义，对哲学史上的各种问题，就不能有正确的理解。"[①] 这段讲话直接表明了我国开始对马克思主义哲学和西方哲学史的性质与关系作出新的诠释与调整。以苏联模式为样板的马克思主义哲学研究和以马克思主义为基础的西方哲学研究便成为新中国成立以后西方哲学中国化的第一个发展阶段，也即第一个曲折历程。再如 20 世纪 50 年代针对胡适实用主义思想的战斗檄文层出不穷——艾思奇的《实用主义——反科学的主观唯心论的方法论》、孙定国的《胡适派哲学思想反动实质的批判——关于"真理论"和"实在论"的批判》、冯友兰的《哲学史与政治——论胡适哲学史工作和他反动的政治路线的联系》《两种反动思想支配下的文化论——从批判胡适到自我批判》、张磊的《批判胡风反动的资产阶级主观唯心主义的认识论》、张世英的《"科学"与"玄学"论战中胡适派所谓"科学"的反科学性》以及张恒寿的《揭露和批判胡适标榜"反理学"的历史渊源和反动本质》等等——这些文章以迅雷不及掩耳之势从各地"生长"出来，这恰恰证明了在那个一切以苏联式"唯物主义"为马首是瞻的时代，即便是西方哲学的正确思想也是没有生存空间、要遭到严厉批判的，更遑论西方哲学本身了。所以尽管此时的西方哲学研究是对其知识的引介与传播，但由于中国特殊的时代背景与社会环境，西方哲学在中国的研究与发展迫不得已经历了一段曲折历程。

其次，在 1979—1999 年这 20 年间，体现为以极具中国风格的客观性评述与主体性自觉相统一的方式勘察西方哲学。在 1979 年安徽"芜湖会议"开启思想解放之后，西方哲学在中国的研究真正走进一个新的发展时期，终于可以摆脱唯物主义与唯心主义斗争的枷锁束缚，以中国人独立之学术思想与探索之求新精神开启对西方哲学更具主体意识的研究，所以西方哲学中国

---

① 马特：《讨论日丹诺夫关于亚历山大洛夫〈西欧哲学史〉的发言》，载《新建设》1950 年第 1 期。

化在其第二阶梯的发展历程中也创生出了崭新的研究范式，即在对西方哲学文本准确翻译、人物学派客观介绍评述的同时，将中国人独有的"时代性内容""民族性形式""个体性风格"融入其中，在二者的有机统一中进一步求索"人类性问题"。20世纪80年代以来，全球化的浪潮将世界上的每一个国家席卷其中，置身其中的中国也同样面临着人类所遭遇的共性问题——东欧剧变，社会主义前景惨淡与无产阶级革命意识丧失、希望落空；自由民主遭到无情践踏、肆虐蹂躏，人民生活于水深火热之中；实现社会公平正义、减少贫富差距、两极分化的愿景如同高高在上的空中楼阁，对穷苦人民而言始终遥遥无期，不可企及；以公共领域的规范使人与人之间的交往变得可行并开始走进广大人民的视野；愈演愈烈的全球性生态危机激发着全人类积极探索建设新的生态文明家园；社会主义国家的领导权如何在新的时代背景下牢牢掌控，新的世界话语权如何获取，这既是西方资本主义国家在现代化进程中遭遇的困境并遗留给我们的问题意识、思想资源，也是我们在现代化的"时代性"要求下，以中华民族、中国特色社会主义的"民族性形式""个体性风格"去探求"人类性问题"的重要发展契机。所以正是在这一对资本主义与现当代西方哲学已有的思想资源进行分析、研习的过程中，我们在努力促使西方哲学中那些具有生存意志的宝贵精神资源转化为具有鲜明中国化的、我们自身的独特生命体验的重要基石——例如在对东欧剧变与"东欧新马克思主义"解析中，取得了丰富的研究成果——胡雪萍的《东欧新马克思主义思想家民主思想述评》、衣俊卿的《东欧新马克思主义史研究》与《人道主义批判理论：东欧新马克思主义述评》、黄继峰的《东欧新马克思主义》等；在对以萨特为代表的自由、民主、存在的思索中，收获了丰硕的研究作品——徐崇温的《萨特及其存在主义》、柳鸣九的《萨特研究》、万俊人的《于无深处——重读萨特》、何林的《萨特：存在给自由带上镣铐》等；在对罗尔斯、诺齐克与霍耐特既相同又迥异的公平正义理论剖析中，形成了诸多思想结晶——晋利珍的《罗尔斯公平正义论对我国农村社会保障制度建设的启示——基于经济理论视角的分析》、成谢军的《马克思公平观与罗尔斯正义论的比较研究》、李文卿的《诺齐克正义思想探究》、刘晓峰的《诺齐克的分配正义思想及其对我国的启示》、曹卫东的《法兰克福学派掌门人》、凌海衡的《走向承认斗争的批判理论——法兰克福学派第三代领导人》等；在对以哈贝马斯为代表的"交往行为理论"开掘中，得出了大量深刻而有益的启示——张云红的《哈贝马斯交往行为理论研究》、董务刚的《哈贝马斯交往行为理论与翻译研究——兼说哈贝马斯与伽达默尔之争》、韩红的《交往行为理论视野中的普遍语用学——哈贝马斯语言哲学思想探幽》等；在对生态学马克思主义不同思想家的比照研究中，逐步接近并看清了资本主义在看待生态问题时不可触及根本制度变革的"本来面目"——陈学明的《评生态学的马克思主义及其主要代表人物高兹》、郑文新的《福斯特生态学马克思主义思想研究》、姜明的《詹姆斯·奥康纳"生态学马克思主义"思想研究》、郭剑仁的《探寻生态危机的社会根源——美国生态学马克思主义及其内部争论析评》、王雨辰的《评生态学马克思主义与我国的生态文明理论研究》等新近作品；在对"后结构主义"的旗手、以"新葛兰西主义"而著称的拉克劳、墨菲的学习中，其"激进的社会主义策略""领导权"理论在一定意义上引起了我们的学习、借鉴与反思——夏莹的《论拉克劳、墨菲领导权理论的语言学基础》、陈炳辉的《从政治领导权、意识形态领导权到话语领导权——拉克劳、墨菲的领导权理论》、孙民的《何为"新葛兰西主义"——拉克劳、墨菲对葛兰西"领导权"理论的超越》等新近作品。可以看出，自1978年起至20世纪末最后二十年的西方哲学研究将对西方哲学进行客观评述与主体自觉相结合，使西方哲学中国化绝非体现为在简单意义上的西方哲学在中国的"在场"，而是在当下时代性问题的对话中实现与中华文化的思想融合中"在者"的"此在"，关怀现代化过程中中国形成的经验智慧何以回应现代化发展中出现的困境，有效指导中国走好现代化发展中的特色之路，形成中国自身独特的哲学理论与实践路径。

最后，在1999年之后，体现为以极具中国气派的个体性挖掘与整体性对话有机结合的方式反思西方哲学。21世纪开启之际，我们也不再局促于对西方哲学的单一性、个体性挖掘，而是注重将其放在与马克思主义哲学、中国哲学的对话、融通中加以研究，形成了西方哲学中国化的"整体性"研究范式。我们放弃了长久以来的对西方哲学的偏见并打破学术研究的学科视野——不再将马克思主义哲学与中国哲学进行积极互动，使西方哲学在单独的轨迹上运行——而是努力将西方哲学中国化与马克思主义哲学、中国哲

学的发展联系起来。因为西方哲学的"缺位"或不完善将使我们缺乏一种
广阔的国际视野，使我们无法与世界真正接轨、对话，既不能将世界上各个
民族国家优秀的精神文明资源为我所用，也不能将中华民族对人类文明的贡
献输出到世界舞台，获得认可，为全人类共享。以 2003 年在广西桂林召开
的"全球化语境中的文明冲突与哲学对话"学术研讨会为重要标志，众多
学者开始反思以"整体性"的方式实现对世界优秀哲学思想的借鉴，以助
推中国当代整体性文化格局的进一步深度融合。叶秀山指出，"中西马"三
种哲学的对话本身就是"一门创造性的学问"①，实现了从传统西方哲学中
国化研究范式向主动融入、积极汇通的研究范式的革新；孙正聿认为，"中
西马哲学对话与建构中国化的马克思主义哲学形态关系到中华民族的命运。
马克思主义哲学对于中国而言，承担着当代中国人的命运，它不能孤立发
展，马克思主义哲学研究者必须要懂一些西方哲学和中国哲学"②，实现
"中西马"哲学的对话融通是对西方哲学参与中国当代文化建设的希冀与厚
望；还有学者指出，"从价值信念的层面进行中西马哲学的对话与融合，将
为我们今天立足于中国人的现实生活世界，创造性的综合三种哲学的生命智
慧与价值理念，拓展和丰富我们对于人的现实生命存在的自我理解，开辟关
于人的生命价值创新性的思想视域提供内在的结合点和深层的基础"③。因
而，将西方哲学与西方哲学中国化纳入马克思主义哲学与中国哲学水乳交融
的发展轨道上，使三者在良好的交流互动中以一种"融通中西马"的"整
体性"范式实现西方哲学中国化的进一步发展、马克思主义中国化的进一
步推进以及当代中国哲学新形态的建构是合理、必要且可能的。以"整体
性"的研究范式推动西方哲学中国化具有重要的理论意义与现实价值。

4. 创新催生的演历样态呈现

西方哲学中国化在其经历的主要发展阶段与形成的研究范式过程中催生
了形态各异的西方哲学中国化的演历"样态"，并且西方哲学中国化的顺利

---

① 叶秀山、王树人：《西方哲学史》（学术版），江苏人民出版社 2004 年版。

② 孙正聿主编：《中国高校哲学社会科学发展报告：1978—2008》，广西师范大学出版社 2008
年版。

③ 贺来：《中国哲学、西方哲学、马克思主义哲学：价值信念层面的对话》，载《中国社会科学》
2008 年第 5 期。

推进也借助"讲坛哲学""论坛哲学""实践哲学"等"样式"来实现的。
从讲坛哲学来看，20 世纪 50 年代之前西方哲学中国化的发展是在向苏联学
习模式中不断推进、成形的。这一时期中国对西方哲学的研究精神、研究内
容以及研究方式都受到了苏联哲学的影响。例如我国曾在 1950 年、1951 年
连续两年时间请苏联哲学家尤金来华讲学，我国西方哲学的研究提供了很大
的帮助与指导。并且这一时期大批苏联哲学的著作被翻译、出版并引介至中
国，如罗森塔尔、尤金编著的《简明哲学辞典》《论十六世纪末—十八世纪
初西欧哲学（苏联学者论著汇编）》《论十八—十九世纪德国古典哲学（苏
联哲学家论著汇编）》，等等。20 世纪 50 年代之后，我国则在马克思主义哲
学的指导下走上独立自主的研究西方哲学道路。冯定曾对此时国内高校的哲
学研究与学习状况做出"一体两翼"的比喻，即马克思主义哲学作为主体，
而中国哲学与西方哲学作为两翼，西方哲学获得独立研究与发展的空间。如
50 年代后，北京大学哲学系设立中国哲学、外国哲学教研室；1978 年"全
国西方哲学讨论会"的召开与"中华全国外国哲学史学会"的成立，国内
各大高校与科研院所设立西方哲学专业并积极招收学生，使西方哲学研究呈
现一派欣欣向荣之景象。20 世纪 80 年代以来国内高校对存在主义、实用主
义、生态正义、结构主义等西方哲学的学习以及新世纪以来对后现代哲学的
探讨，特别是对西方马克思主义哲学的研究，既能够坚持主动自觉，又能够
做到热情洋溢。而从论坛哲学来看，20 世纪 30 年代正值"东西方文化论
战"的白热化时期，以胡适与李大钊为代表的东西方文化论争在全国引起
了激烈反响。而经过对"多谈些问题、少谈些主义"的反复争论、经过对
"一个一个解决问题还是从根本上解决问题"的诸多商榷，最终以李大钊为
代表的唯物主义的马克思主义赢得了决定性话语权，并在国内广泛传播。此
后 50 年代对胡适实用主义哲学所暴露的唯心主义顽劣根性的批判浪潮也是
一波未平一波又起，这样的声讨、肃清的吁求与讨论会仅在 1953—1954 年
间就历经了 8 次兴盛迭起。而在 60 年代"百花齐放、百家争鸣"的文化方
针确立以后，70、80 年代对西方哲学的研讨迎来了一个思想解放、正确对
待、合理辨识与积极融通的新时期。张岱年曾在一次研讨会上提出，我们应
当摒弃对西方哲学的偏狭陋见，积极主动地审视西方哲学对马克思主义哲学
与中国哲学的创新意义之所在，为此，他在"辩证的综合"与"创造的综

合"基础上又提出"综合创新论"，即"综合中西文化之长而创建新的中国文化"①。从实践哲学来看，20世纪70年代末，随着改革开放带来的思想解放以及全球化进程的加速，国内西方哲学研究出现了新的生机，在对待西方哲学，特别是西方现代哲学的态度上有所突破，强调回归现实生活和"面向事情本身"。1978年和1979年先后在芜湖和太原举行的两次全国性大规模西方哲学讨论会，体现为又一次的"百花齐放、百家争鸣"。值得一提的是，太原会议上与会者们集中讨论并恢复了长期以来被视作禁区的现代西方哲学研究，对现代西方哲学研究的积极意义作出积极探讨与相对肯定，对否定现代西方哲学研究的虚无主义倾向进行研判。刘放桐在回顾与总结改革开放以来我国现代西方哲学研究获得的发展与成绩时指出，20世纪70年代末到80年代初，学者们以收集本学科基本材料和探索建立学科基本理论框架为主要工作。到80年代中期，关于学科的有无问题已基本解决，许多学者（特别是青年学者）纷纷转向对主要理论流派或哲学家思想的具体深入的专门性研究，且越来越多地把研究视角投向与人类现实生活密切相关的问题，有的研究在深度上不仅已超过前辈学者，在一定程度上甚至已经逐步接轨国际。不管是从西方哲学学科研究的整体与各个分支的研究状况，还是科研机构的设置与科研队伍的扩大，抑或是研究深度和广度的拓进，以及研究成果产生的理论与实践效应等各个方面来看，改革开放以来我国西方哲学研究逐渐摆脱僵化模式的束缚，取得了可圈可点的重大成绩。② 由此，不难看出，无论是讲坛哲学，还是论坛哲学，抑或是实践哲学，其在不同时期所研讨的主题、所采取的形式以及所呈现的"样态"都是与西方哲学中国化的发展历程与研究范式前后一致、相辅相成的。

总之，"西方哲学中国化"的"植入""对话"与"创造"的内在逻辑既体现为服务于我国社会主义现代化建设的必然要求，也体现为与中国传统哲学创造性对话过程中的理论自觉，更表征为与时俱进和思维创新的理论特质。厘清"西方哲学中国化"的内在逻辑与基本规律，对于明晰"西方哲学中国化"的基本走向，预测和澄明"西方哲学中国化"发展的未来趋势，

---

① 《张岱年全集》第7卷，河北人民出版社1996年版。

② 刘放桐：《西方哲学研究与当代中国马克思主义哲学的发展——西方哲学研究百年反思之二》，载《东南学术》2001年第3期。

促进中西马哲学的融合汇通，构建中国特色的西方哲学新形态，乃至在当今时代创造和发展具有中华民族自我特色的文明新形态都有着重要的理论价值和实践意义。

第　五　章

西方哲学中国化的思想基础：
概念澄明与范式创新

"西方哲学中国化"作为历史性的存在，自有其割舍不断、百转千回的"前世""今生"，还堪再巡。沿着历史长河回溯与撷拾这段萦绕了诸多绵绵不绝的情愫与思虑的过往时，如何在一幕幕历史情境的嬗演更迭中去粗取精、去伪存真，荡涤扰乱人心的兀起浊浪，还原最澄澈的心境，不唯是为"中国化"一探缘起，亦是为"西方哲学中国化"一探究竟。历史是思想的承载，思想是历史的呈现，回到思想性历史中廓清历史性思想，在这段回溯省思的旅程中展开对二者的深入探索，是为从历史中还原现实，乃至走向未来所必须经历的心境。

一、积极澄明：概念确立的多维视域

对"中国化"概念的审查是进入"西方哲学中国化"内部的思想前提和理论基础。"西方哲学中国化"是一个在现实性、理论性、主体性、大众性的多重维度下中国人建构"说中国话的"西方哲学的经验过程，其恰如福柯对知识做出考古学意义上的发展——知识是分层次的，相互之间不相协调的某一知识系统的内在层次间的各种复杂关系决定了某一理论或学说如何可能——使得西方哲学中国化历程出现了诸多层面、诸多维度间龃龉抵牾又接续勾连的理解方式。所以在这些维度的交织汇聚中探索出对"中国化"

这一概念的全景式阐发与立体式解读，才能有效在"共时性"与"历时性"的思想纹理中清晰地诠释西方哲学"中国化"。

正如马克思所提出的那样："理论在一个国家实现的程度，总是取决于理论满足这个国家的需要的程度。"① "中国化"是在中国社会发展的现实实践中不断丰富和完善的过程，是从现实性的地基中不断生长发展起来的过程。李大钊早就指出，理论与现实结合自然"会因时、因所、因事的性质情形而产生一种适应环境的变化"，就"必须要研究怎么可以把他的理想尽量应用于环绕着他的实境；"② 1938 年 10 月，毛泽东在党的六届六中全会上的政治报告《论新阶段》中第一次明确提出"马克思主义中国化"的概念时指出："马克思主义必须和我国的具体特点相结合并通过一定的民族形式才能实现。马克思列宁主义的伟大力量，就在于它是和各个国家具体的革命实践相联系的。对于中国共产党说来，就是要学会把马克思列宁主义的理论应用于中国的具体环境，成为伟大中华民族的一部分。而和这个民族血肉相连的共产党员，离开中国特点来谈马克思主义，只是抽象的空洞的马克思主义。因此，使马克思主义在中国具体化，使之在其每一表现中带着必须有的中国特性，即是说，按照中国的特点去应用它，成为全党亟待了解并亟须解决的问题。"③ 可见"中国化"是通过理论与现实的真实结合与运用而呈现出来的，或曰是中国革命和中国建设相互结合的典型呈现，即具有中国特色的思想所创造出系统的"中国化"理论。当然，其理应包括将外来文化"从形式到内容都变成中国的东西"，并具有现实性的"中国作风和中国气派"④，因为这是新中国成立以来我国理论工作者的现实担当与历史使命。循此，"中国化"始终是植根于中国社会发展与实践活动中的。借用康德和拉卡托斯的模式来说：没有哲学的社会实践是盲目的，没有社会实践的哲学

---

① 《马克思恩格斯文集》第 1 卷，人民出版社 2009 年版，第 12 页。
② 《李大钊文集》第 3 卷，人民出版社 1999 年版，第 3 页。
③ 《毛泽东选集》第 2 卷，人民出版社 1991 年版，第 534 页。
④ 汪信砚在《马克思主义哲学中国化"辨误"》（载《哲学研究》2008 年第 10 期）中指出："马克思主义哲学中国化"是要把马克思主义哲学从形式到内容完全变成中国的东西，但它是要以中国的形式和内容来体现马克思主义哲学的精神实质，从而创造一种既是中国的又是马克思主义哲学的"中国的马克思主义哲学"。这种"中国的马克思主义哲学"不仅因其体现了马克思主义哲学的基本精神而仍然属于马克思主义哲学，而且因其与中国的具体实际相结合而丰富和发展了马克思主义哲学。这一说法道出了马克思主义中国化的真实而深刻的内涵。

是空洞的。

（一）"理论化"与西方哲学中国化

如果"中国化"是现实性的概念与现实性的问题，那么作为时代格言的"中国化"在具有现实性特质的同时必然更具有思想理论性。思想理论性来自问题本身，问题是时代的格言。从鸦片战争到五四运动，由新中国成立至改革开放，再到 21 世纪中国社会蓬勃发展，一系列重大事件成为时代脉搏跳动的重大节点，伴随而来的西方哲学从"西学东渐"向"西方哲学在中国"过渡，发展至"中国的西方哲学"，最终以"西方哲学中国化"的历史形态呈现在众人面前。在历史时空的逻辑发展中，西方哲学与中国传统哲学、马克思主义哲学发生碰撞互动，于思想激荡间不断呈现文化交流的新姿态与新范式，最终在"西方哲学化中国"到"中国化西方哲学"以及二者相互辩证统一的"西方哲学中国化"中完成这一形态。从社会文化背景的深刻追思上来看，伴随文化形态演变，需要深入考究其背后社会历史的不断变迁，特别是中国社会现代化发展对思想文化理论的要求。鸦片战争的肇始和五四运动及新民主主义革命的开辟是民族意识觉醒打响的第一炮，中国人在深刻意识到"落后就要挨打"的觉解中不断认识到，只有改变长久以来的封建制度和落后思想，积极"开眼看世界"，主动向西方先进器物和社会制度以及哲学思想文化学习，才能精准叩问救亡图存的时代发展主题，并找寻自强保种的民族复兴之力和中国现代化发展之路。伴随新中国的成立、改革开放与解放思想的提出与实践，当代中国确定的时代主题正沿着"站起来""富起来""强起来"的思想轨迹有序推进，正以中华民族自强不息、勤劳勇敢的民族特质来建设国富民强的中国现代化繁荣发展景象，实现中华民族伟大复兴的中国梦。也正是在这一重拾民族信心，再塑国家强盛，走上现代化征程的历史使命与民族夙愿的过程中，西方哲学思想文化成为我们强壮自身、当代发展、稳定繁荣的可资借鉴之现代思想文化的支援养料。由是，西方哲学中国化进程就成为如何为实现自身发展而有效借鉴人类文明的文化互鉴、文明共享之历程。西方哲学中国化一方面是在历史时空上厘清西方哲学在中国的发展态势，另一方面则是在逻辑研究上找到中国思想文化和西方哲学思想文化的相互差异与融合、相互借鉴与发展的进路。因而思考

"西方哲学中国化"在社会和文化的双重背景之下动态生成的演进发展态势便成为一种理论必然。首先，从社会背景来看，西方哲学中国化是不断努力迎合中国社会发展大变迁、大变革、大发展的时代需要。"西学东渐"自开端之始，便是源于中国的旧制度、旧思想以及落后的器物建设不能挽救中华民族危亡困境的时代难题与民族持存的强烈欲求，所以为拯救中国人民于水火之中，中国学者提出"中学为体，西学为用"，以及进一步学习借鉴西方哲学思想文化、社会制度设计以及科学技术，以努力回应民族发展困境与社会发展需要。其次，从文化背景来说，西方哲学中国化不断成为中国文化现代建构中的重要环节。在中国文化现代转型过程中，西方哲学构成重要的思想资源，发挥着积极的思想效应，与中国哲学、马克思主义哲学"总已本质地包含在其融合的必要性之中了"①。一方面，西方哲学中国化承担着启迪传统文化自我反思的使命，如五四时期对康德、杜威、罗素、尼采、柏格森等哲学家的引入与研究，主要是围绕思想启蒙这一中心问题，参与国人对中国传统文化"重估一切价值"的探索，激发国人"伦理的觉悟"（陈独秀语）；另一方面，西方哲学中国化以一种文化现代化的主动融入方式补充表达着中国文化，注重在西方哲学研究中探寻中国文化创造性发展的道路，注重西方哲学研究上的"对话"或"会通"，这也是西方哲学中国化的精髓之处。

中国人以马克思主义中国化为西方哲学中国化的历史借鉴与经验参照，在回溯中华民族"西学东渐"以及民族衰败兴盛的历程中，回味历史和瞻仰未来、鉴赏品味"西方哲学东渐"。在这一脉络发展中，可以清晰看到，"西方哲学中国化"是指自近代以来，以外化和内化双重内涵表现出中国人在追求独立解放、国家富强、民族复兴的过程中充分释放的求新精神，主动内化西方文化为中国的民族精神，并延续至改革开放以后坚持的"双百方针"的文化创新、文化融通与文明再造的历史性文化交流与文明互鉴活动。"西方哲学中国化"的具体内涵在于：第一，以马克思主义中国化为西方哲学中国化理论发展的动力。十月革命一声炮响给中国送来了马克思主义，马克思主义中国化是马克思主义与中国实际相结合的典型产物。西方哲学借鉴

---

① 吴晓明：《当代中国的精神建设及其思想资源》，载《中国社会科学》2012 年第 5 期。

马克思主义中国化与中国具体情况相结合发展的典型范例，努力学习其中所体现的中国特色与中国风格，努力使西方哲学在中国现时代的发展研究体现出理论研究之特色，审视批判之视域，学术风格之风貌，而呈现西方哲学在中国的中国式的、中国化的理论研究状态。第二，在中国的西方哲学与中国自身的思维方式、文化传统、理论样态存在着尽快适应的要求，西方哲学研究者必将"化"的动态或理论处境凸显出来，这便是西方哲学中国化的又一体现。"西方哲学中国化，就是将西方哲学移植于中国社会，与中国实际结合；汇合中国传统哲学，相互融会贯通"①，以及凝结出"在西方哲学的理论形态中纳入中国传统哲学内容的西方化的中国哲学，以及在中国传统哲学的理论形态中加进西方哲学内容的中国化的西方哲学"② 的符合中国人思维和实践的思想理论结晶。中国学者立志于西方哲学中国化的主体意识，积极寻求西方哲学和中国思想的相互对话和交流，不懈追求文化的活力与生机，求解西方哲学中国化理论研究的新范式。第三，西方哲学中国化是自身内在发展逻辑的理论欲求。西方哲学中国化旨在主动求新、主动求变、主动发展。西方哲学在经历了自身的古希腊哲学、中世纪宗教哲学、知识论哲学以及德国古典哲学等理论形态之后，寻求出不少新的理论发展形态，如现象学、存在主义、分析哲学、后现代哲学等，成为西方哲学在西方世界自身思想理论发展的必然延续。同理，西方哲学在中国必然与中国人的思维方式、思想方法、思想理论相互碰撞而产生思想火花与思想灵感，使西方哲学一方面努力体现西方的哲学在中国，另一方面使中国人努力说汉语，用自己的语言与思想阐释西方哲学，使西方哲学在中国越发出现本土化、民族化、处境化状态，用自己的语言阐述西方哲学思想，积极主动与中国传统哲学思想融会贯通，发展出适合中国社会的思想结晶，用新的文化形态推动中华民族伟大复兴。

总之，西方哲学中国化以西方哲学思想理论为基本理论依托，以马克思主义理论为基本立场方法，以中华优秀传统哲学思想文化为基本理论对象，以中国社会变革发展为理论需求，在"接受、辨识、认识、融通"的历程

---

① 杨忠文、秦玉峰：《现代西方哲学中国化的宏观考察》，载《求是学刊》1992 年第 5 期。
② 杨忠文、秦玉峰：《现代西方哲学中国化的宏观考察》，载《求是学刊》1992 年第 5 期。

中做出的理论与实践相结合的理论创造。使西方哲学中国化首先具有鲜明理论化特色。正如斯特劳森的话语：形而上学在西方不仅仅是描述的形而上学，更是解释的、修正的形而上学。黑格尔对形而上学的描述则成了其绝对理性的形而上学，黑格尔对形而上学的修正则成了其辩证理性的形而上学。对于这样的形而上学，经过我们的描述与修正，便成为理论化的西方哲学中国化。

（二）"主体化"与西方哲学中国化

概念理论层次上的"西方哲学中国化"与主体实践层次上的"西方哲学中国化"内在统一，体现在实践主体的自觉意识与理论对象的普遍认同中。"西方哲学中国化"仍然具有"中国化"的两种诠释空间："一是变成中国的，内在地成为中国的，即它为中国人所接受并被运用于中国实际的。二是进入'化境'，即出神入化，变成一种内在的、本己的能力。二者共同意味着'中国化'对于中国人来说，已不再是一种知识（身外之物），而是内化为一种事实上自己已拥有的运思能力。"① 也可以说这种内化是基于事实判断基础上的价值判断以及审美判断。但无论怎样的阐发与预判，只有主体意识得以彰显，只有在对象的研究把握中加入主体的态度——中国人的思想观念与独特理解——才能真正将其转化为中国人自己的思想资源与精神养料。因此，中国化主要体现主体意识的内化过程，强调人"化"或因"人"而化。从"主体化""内化"的角度去诠释"西方哲学中国化"这一概念，便是使西方哲学的研究走进中国语境，既在下沉到中国社会生活中回应中国问题，面向中国社会文化本身，又在当代构筑中国哲学新形态的过程中参与新时代中国人精神文化生活的建设。譬如，黑格尔在写给 J. H. 沃斯的书信中说道："路德让圣经说德语，您让荷马说德语，这是对一个民族所作出的最大贡献，因为，一个民族除非用自己的语言来习知那最优秀的东西，否则这东西就不会真正成为它的财富……"② 伽达默尔也指出，理解的本质正是解读者与文本本身的"视域融合过程"。③ 所以"主体化"视域下的西方哲

---

① 何中华：《马克思主义哲学中国化四问》，载《东岳论丛》2010年第10期。
② ［德］黑格尔：《黑格尔通信百封》，苗力田编译，上海人民出版社1981年版，第202页。
③ ［德］伽达默尔：《真理与方法》上卷，洪汉鼎译，上海译文出版社2004年版，第393页。

学中国化必然是中国学者将对西方哲学文本的解读面向中国文化自身，带入中国思想语境，使西方哲学具有"中国问题意识"，让西方哲学开始讲"中国话"，逐渐内化为"汉语哲学"的有力资源，成为西方哲学中国化的重要表征。

西方哲学中国化的"主体"当然是中国广大的知识分子以及广大的中国人民。只有他们才能从把握中国最实际的问题、体察中国最迫切的需求、传递中国最真实的呼唤、讲出中国最纯正的语言出发，使西方哲学从理论到实际、从学术到生活、从理想到现实的方方面面开启中国化发展模式。

从中国知识分子这一主体来看，其作为西方哲学中国化时代课题的最早发起者，在不断体认国情、反思社会问题、助推国家发展的意图中不断尝试建构西方哲学中国化的崭新理论形态与创新思想体系，并在不断纠正偏误过程中力图为西方哲学中国化进程确立正确的航向坐标，形成正确阐释与合理发展。如以林则徐、魏源为代表的"最早睁眼看世界"和以张之洞为代表的洋务运动派作为中国开启向西方世界学习的倡导者，在一定意义上直接成为西方哲学思想文化在中国发展的最早发起者与倡导者。带着救亡图存的敏锐政治意识，关于"师夷长技以制夷"、省察"中西体用"关系的思考就成为西方哲学中国化发展的开篇序曲。林则徐作为一个秉持经世致用原则的人，在广州禁烟时就明确指出"知己知彼，百战不殆"，所以"必须时常探访夷情，知其虚实，始可以定控制之方"。① 魏源则从林则徐手中接过学习西方以御敌自强的接力棒，将其"探访夷情"的思想进一步发扬，将进一步所学西方先进之内容与目标进一步明朗。在《海国图志·原序》中魏源曾这样写道："是书何以作？为以夷攻夷而作，为以夷款夷而作，为师夷长技以制夷而作。"② 所以魏源从西方引进先进科技的目的是"以彼长技，御彼长技"，③ "尽转外国之羽翼为中国之羽翼，尽转外国之长技为中国之长技"。④ 当然，这一时期还有江文泰的《红毛英吉利考略》、梁廷枏的《合省国说》《耶稣教难入中国说》、徐继畬的《瀛寰志略》等众多著作，都对西

---

① 徐思和：《鸦片战争》二，上海神州光国社 1954 年版，第 195 页。
② 魏源：《海国图志·原序》，中州古籍出版社 1999 年版，第 67 页。
③ 魏源：《圣武记·序》，世界书局 1936 年版，第 1 页。
④ 魏源：《圣武记·道光洋艘征抚记》，世界书局 1936 年版，第 336 页。

方世界的先进科技、自然地理、人文习俗作了介绍，体现出这一时期中国人主动将目光投向西方，开始以学习的姿态对以西方为标志的现代化发展与中华民族的伟大复兴之路进行探讨。洋务运动时期，以张之洞、曾国藩、李鸿章、奕䜣等人更是在进一步明确西学与中学关系，确立"中体西用"原则的基础上扩大了向西方学习的内容，拓展了向西方学习的方式。李鸿章在《筹办夷务始末》中谈道，"中国文物制度，事事远出西人之上"①，张之洞也在《劝学篇》中指出"中国学术精微，纲常名教以及经世大法，无不毕具"，只是"中国杂役不逮西方，而道德学问、制度、文章，则出于万国之上"②。可以看出，洋务运动坚持中国在社会发展思想层面上远在西方之上，只是具体器物方面落后于西方世界发展。所以这一时期对于器物的输入与学习便是从多个层面展开的。洋务运动先是在北京设立了京师同文馆以从教育层面培养优秀学生掌握先进科技，后是推动中国学生走出国门，到西方世界直接接触先进的自然科学技术；此外，众多翻译人才的培养也为中国人进一步畅通与世界沟通的桥梁奠定一定的基础；出版社如雨后春笋般在各地建立使得对西方刊物——除宗教文献之外——等诸多著作的译介得以迅速传播开来。总之，洋务运动在确立"中体西用"原则下将西方哲学中国化的进程以积极学习自然科学的方式快速推进开来，所带来的思想观念变化、思维方式变革和文化认知变移，促使西方哲学思想文化在中国的引介与学习成为潮流。由此可知，一直以来中国将西方哲学思想文化在中国的发展进程安放于解决国家发展、促进社会稳定、回应时代问题的坐标系中加以考量、把握、学习借鉴，尽管在一定意义上其政治意图大于学术价值，但肯定为推进西方哲学思想文化在中国的存在与发展打下一定基础。

中国知识分子作为中国国情与社会发展的体察者，肩负着传承创新文明，促进自身乃至人类文明发展的责任使命。北宋大儒张载所谈到的"为天地立心，为生民立命，为往圣继绝学，为万世开太平"的学者风范与使命担当，直观而透彻地表现了知识分子的襟怀，开显出中国知识分子的精神气势与理论宏愿。所以在助力西方哲学思想文化在中国发展的进程中，知识

---

① 李鸿章：《筹办夷务始末（同治朝）》，文海出版社 1979 年版，第 25 页。
② 张之洞：《劝学篇》，神州国光社 1953 年版，第 218 页。

分子首先能够依据时代需要做出学习西方哲学思想文化的一些决策，如对西方哲学思想文化展开单行本、专题文集等形式的积极译介。以成为中国人指导思想的马克思主义哲学为例，以陈望道为代表的知识分子在 1921—1927 年间就集中引介、翻译、出版了《共产党宣言》《雇佣劳动与资本》《哥达纲领批判》《工资、价格和利润》的全译本与《家庭、私有制和国家的起源》的节译本。在 1927 以后的十年里，仅上海一地，就有众多知识分子合力翻译出版了 50 多种马克思、恩格斯著作和书信的单行本、专题文集，其中包括《资本论》《反杜林论》《哲学的贫困》《政治经济学批判》《费尔巴哈和德国古典哲学的终结》等。[①] 其次，知识分子通过讲坛、论坛、集会等方式对西方哲学思想文化加以积极传播，扩大其影响，努力释放其"中国效应"。爱德华·萨义德曾在《知识分子论》中这样讲道，"知识分子显然是要在最能被听到的地方发表自己的意见，而且要能影响正在进行的实际过程"[②]。所以众多知识分子便借助大学讲堂、学生论坛开启西方哲学的传播、讨论与反思。李大钊、鲁迅等人在北京大学的众多讲习，以及新中国成立后北京大学哲学专业的外国哲学教研室设立，都是先进知识分子在实践层面不断为推进西方哲学思想文化研究、传播，以及助力西方哲学中国化进程而付出的不懈努力。最后，知识分子通过将西方哲学思想文化融入中国思想文化土壤而培植出西方哲学中国式解读、中国式研究的新成果。以实用主义为例，胡适在对杜威实用主义方法论加以中国式的表达与改造的基础上，以中国人喜闻乐见、深入浅出的语言方式，不仅清楚地指明了"实验是检验真理的重要标准"的思想，对五四时期科学精神的弘扬与中国人精神力量的增进产生启蒙之效，另一方面也澄明了"用这个方法去解决我们自己的特别问题"[③]。可以说，胡适既充分提取了实用主义哲学的核心理念与方法论手段，又在改造创新中照顾了中国人的思维方式与话语模式，使得异质的哲学思想能够合理融入中国土壤，对中国人科学思维的培养、科学主义的认知践行等产生了重要影响。与此同时，陶行知研究与传播了实用主义的教育

---

① 《马克思恩格斯著作在中国的传播》，人民出版社 1983 年版，第 3—4 页。

② ［美］爱德华·W. 萨义德：《知识分子论》，单德兴译，生活·读书·新知三联书店 2002 年版，第 85 页。

③ 胡适：《杜威先生与中国》，载《觉悟》1921 年第 7 期。

观，并提出"注重从中国实际出发改造旧教育，发展新教育"① 的诸多观
点；蒋梦麟研究与发展了杜威的实用主义伦理观，使得实用主义不仅在中国
得到更广泛、更全面的传播，也得到中国式的改造与发展。再以罗素哲学为
例，不仅冯友兰借助罗素的分析方法建构形而上学系统，汇聚成的《新理
学》这一论著至今影响中国哲学的蜚声不减，亦有金岳霖在对数理逻辑精
进改造后形成的国内最早介绍数理逻辑的论著《逻辑》，当然还有更多中国
学者形成关于罗素分析哲学的相关研究成果，如王星拱的《罗素的逻辑和
宇宙观之概说》、钱穆的《读罗素哲学问题论逻辑》、潘公展的《罗素论哲
学问题》以及张申府等人的诸多研究文章，等等。还可以从弗洛伊德哲学
在中国的状况来看，鲁迅以辩证的态度肯定了弗洛伊德的性欲学说对于解放
人性、反击封建道德的合法性，吸收借鉴弗洛伊德主义的"升华理论"，明
确提出反对禁欲主义而肯定人的本性的合理性。尼采哲学经过郭沫若裁剪、
取舍与加工后，已经在很大程度上将其"唯意志主义""酒神精神""超人
哲学""新奴隶主义"加以批判性改造，并努力批判尼采消极思想的同时彰
显尼采哲学敢于向传统封建宗教权威挑战，勇于张扬自我个性与追求自由，
坚持批判宗教异化与人的异化等方面的思想，使中国人知道了对自我生命有
所热爱的"中国化的尼采"。② 西方哲学思想文化在启民智、助发展、益进
化的意义上使中国人在迈上现代化进程中以思想文化的方式加速。可以说，
知识分子在推动西方哲学思想文化在中国的存在与发展上，即深刻体察中国
社会发展的实际情况，更在如何学习、引介、传播西方哲学思想文化方面做
出主体性选择、主体性思考和主体性解读，在西方哲学思想文化与中国哲学
思想文化相异质而可融合方面扮演着传播者、解读者以及创新者的主体角色
与作用。

（三）"大众化"与西方哲学中国化

当然，西方哲学思想文化在中国的存在发展，知识分子起到的主体引领
性和推动性作用是思想文化发展的理论必然。对这一必然性不可小视的同

---

① 杨寿堪、王成兵：《20 世纪西方哲学东渐史——实用主义在中国》，首都师范大学出版社 2002
年版，第 83 页。

② 吕周聚：《西方现代主义文学中国化的内在规律探寻》，载《文学评论》2001 年第 4 期。

时，广大人民群众更是不可忽视的大众力量，这一力量是使西方哲学思想文化得以"大众化"并使其持续发展的动力。唯物史观特别强调人民群众既是历史的"剧作者"，又是历史的"剧中人"，是人民群众的生产实践与物质生活关系推动了物质财富与精神财富的创造，助推着社会的不断发展变革。作为思想理论文化实践力量、思想智慧、理论素材之源的广大人民群众，必然是西方哲学中国化的重要主体，而"西方哲学中国化"丰富多彩的演进历程也必然体现出以不断走向"大众化"、走进人民群众为主要方向的发展旨趣。

首先，广大人民群众的理论诉求汇聚成西方哲学中国化的重要动力。西方哲学从借助传教士主动向中国输入而中华民族被动接受的局面，转变为中国人主动向西方学习其先进思想、社会制度以及科学技术等而迎纳西方哲学，并使之不断从思想理论与科学技术的认知接纳而转向社会生活实践，这样一种转换的背后正是源自中国人生生不息的理论诉求之愿望。时代变革与社会危机的层出不穷促使中国人在自强保种、国富民强、民族复兴的历史使命中不断负重前行，在这条漫长的征途中自主地向西方借鉴现代化之成功经验。正是中国人自身强烈的理论诉求与学习心态推动着不断将目光投向西方，将步伐迈进西方，又将理论与实践带回东方，在中国的土地上加以改造创新成为为我所用的，便于使用的知识理论，在中国大地上释放西方哲学思想文化助力中华民族现代化发展的中国效应。正如马克思所说："理论一经掌握群众，也会变成物质力量。理论只要说服人「ad hominem」，就能掌握群众；而理论只要彻底，就能说服人［ad hominem］。所谓彻底，就是抓住事物的根本。"① 西方哲学思想文化在中国人的内生诉求与蓬勃脉动中一点点转化为中国人实现民族复兴的思想理论资源之不可或缺的思想文化，逐渐转化为中国人自己的思维方式、思想方法和理论来源。如至今一说到马克思主义哲学，广大人民群众必会说到黑格尔、费尔巴哈一样，成为人们对西方哲学有所知晓的基本。其次，广大人民群众的理论接受程度与思考方向绘就西方哲学中国化的发展图谱。西方哲学中国化的传播与创新应当时刻在回应时代叩问与社会脉搏的同时紧跟人民的心跳与步伐，回答人民的最迫切最渴

---

① 《马克思恩格斯文集》第1卷，人民出版社2009年版，第11页。

望的理论诉求与实践要求，在本土化、处境化、中国化，更是人民化中完成
自身的坐标定位。以马克思主义中国化的成功典范为例，其深深植根于中华
民族土壤，获得中国人的基因，具有了中华民族的特征与气质，采用中国人
习惯的话语表达与思维方式，这些都是其为西方哲学中国化不断推进与顺利
转型积累的宝贵经验。毛泽东曾在论及马克思主义中国化时指出："洋八股
必须废止，空洞抽象的调头必须少唱，教条主义必须休息，而代之以新鲜活
泼的、为中国老百姓所喜闻乐见的中国作风和中国气派。"[1] 在这里，"老百
姓所喜闻乐见"便鲜明地标识了何以成为中国作风、中国气派，直接成为
了马克思主义中国化的准绳。基于此，毛泽东大力倡导与积极鼓励广大领导
干部"向人民群众学习语言"，因为"人民的语汇是很丰富的，生动活泼
的，表现实际生活的"。[2] 只有马克思主义讲了汉语，说了人民群众的语言，
它才能真真正正走进人民的生活，进入人民的思想，成为人民生活乃至生命
的一部分。故此，对于讲汉语以及善于运用人民的语言，也应当成为西方哲
学中国化的内在实践要求与重要发展助力。对于这一点，赵敦华在《用中
国人的眼光解读西方哲学》中指出，"相比之下，西方哲学研究中的中国文
化意识，远不如中国哲学研究中西方文化意识浓厚。我们需要用中国人的眼
光来解读西方哲学，这是建设中国现代文化的一个关键所在。""这里说的
'中国人的眼光'，有着特殊的含义"，"第一，用地地道道的中国话说外国
的道理"，"第二，以中国文化为参照理解西方哲学"。[3] 邓晓芒曾对如何
"使哲学讲汉语"做出过深刻的思考，"如果说，当年德国古典哲学家们
'教哲学说德语'意味着哲学本身的发展的话，那么今天我们'教会哲学说
汉语'同样将意味着哲学本身在当代的新发展"。[4] 对此，江怡也指出，
"'让哲学说汉语'是几代中国哲学家为之奋斗的理想。""利用中国哲学传
统的思想资源，以世界哲学视野和专业的哲学分析技术，对一些重大的理论
问题和专门的思想理论进行深入的探讨。不仅深化了对西方哲学本身的理

---

① 《毛泽东选集》第 2 卷，人民出版社 1991 年版，第 534 页。
② 《毛泽东选集》第 3 卷，人民出版社 1991 年版，第 837 页。
③ 赵敦华：《用中国人的眼光解读西方哲学》，载《北京大学学报》（哲学社会科学版）1994 年第
7 期。
④ 邓晓芒：《让哲学说汉语——从康德三大批判的翻译说起》，载《社会科学战线》2004 年第
2 期。

解，而且推动了用汉语表达西方哲学的步伐。"① 所以无论是西方哲学还是人类性思想文化，在对其进行学习研究时都要不断以中国本土化的思想文化及其思维方式对其加以融涵式理解和改造发展中创新，以汉语化的表达方式传递其思想理论趋势，以马克思主义哲学中国化的成功经验使西方哲学在中国的处境经研究者的主体化不断向大众化发展，使其更具中国特色的同时，积极助力当代中国哲学新形态的建构。由此，中国学者与广大人民群众培育西方哲学"中国问题意识"的精神，创新西方哲学概念范畴阐述范式的探索，以及教会西方哲学"说汉语"的不懈努力等等孜孜以求的付出，都将使西方哲学成为建设 21 世纪马克思主义与当代中国马克思主义理论重要的理论资源与不可忽视的发展力量。最后，广大人民群众的社会实践直接构成西方哲学在中国存在发展的有效素材。马克思在《关于伊壁鸠鲁哲学的笔记》中指出："哲学把握了整个世界以后就起来反对现象世界。"② 这里的反对既不是逻辑的反对也不是道德的反对，而是"实际地反对并改变现存的事物"③，因为"物质力量只能用物质力量来摧毁"④，只有实践能对这个世界带来根本性变革，而非那些停滞不前的冥思苦想式悬设。在《神圣家族》中，马克思也再次强调："思想本身根本不能实现什么东西。思想要得到实现，就要有使用实践力量的人。"⑤ 只有活生生的人的深刻实践才是推动人类文明进步的终极源泉。所以，无论是青年黑格尔派所采取的逻辑批判，把对问题的思索框囿于思辨范围之内，导致其无法摆脱唯心主义桎梏，还是费尔巴哈从人本主义立场出发，在道德批判中走上不彻底的"半截子唯物主义"不归之路，都没有真正认识到解决社会问题与推动世界发展的实践根源所在。正如恩格斯所深刻批驳的那样："与黑格尔体系的百科全书式的丰富内容相比，他本人除了矫揉造作的爱的宗教和贫乏无力的道德以外，拿不出什么积极的东西。"⑥ 正是基于此，马克思主义哲学即是要在这种尘世生

① 江怡：《让哲学说汉语》，载《中国社会科学报》2011 年 12 月 27 日。
② 《马克思恩格斯全集》第 40 卷，人民出版社 1982 年版，第 136 页。
③ 《马克思恩格斯文集》第 1 卷，人民出版社 2009 年版，第 527 页。
④ 《马克思恩格斯文集》第 1 卷，人民出版社 2009 年版，第 11 页。
⑤ 《马克思恩格斯文集》第 2 卷，人民出版社 2009 年版，第 320 页。
⑥ 《马克思恩格斯文集》第 4 卷，人民出版社 2009 年版，第 296 页。

活的实践批判中实现"哲学的世界化"和"使哲学成为现实"。① 此后在关于唯物主义的创立中，马克思不仅在《关于费尔巴哈的提纲》中向我们揭示实践是人类一切文明进步的根本源泉的道理——"哲学家们只是用不同的方式解释世界，而问题在于改变世界"②，也在《德意志意识形态》中向我们清晰地呈现"意识的一切形式和产物不是可以通过精神的批判来消灭的，不是可以通过把它们消融在'自我意识'中或化为'怪影'、'幽灵'、'怪想'等等来消灭的，而只有通过实际地推翻这一切唯心主义谬论所由产生的现实的社会关系，才能把它们消灭"。③ 故此，马克思主义中国化之所以获得成功，重要的原因就在于中国共产党深刻地把握住实践、人民群众的社会实践这一思想精髓——马克思主义理论方法论："任何英雄豪杰，他的思想、意见、计划、办法，只能是客观世界的反映，其原料或者半成品只能来自人民群众的实践中，或者自己的科学试验中，他的头脑只能作为一个加工工厂而起制成完成品的作用，否则是一点用处也没有的。"④ 正是马克思主义中国化在中国社会的成功实践，使马克思主义成为我们思想理论的指导，成为人民群众进行社会实践得以运用的批判武器与武器批判。同理，人民群众在运用这样的思想理论武器进行社会实践与现实批判时，才会结合社会发展、时代进步、人民需求等对西方哲学思想文化进行这样那样的认知、辨识、接受、融合、批判、反省等。如对黑格尔、费尔巴哈哲学的接受与认知方面，新中国成立初期基本按苏联哲学史教程的定位，接受黑格尔、费尔巴哈哲学是马克思主义哲学的直接思想理论来源；之后的基本认知是黑格尔哲学的唯心主义构成马克思主义哲学批判的对象，费尔巴哈哲学成为马克思主义哲学改造的对象；再后来从德国古典哲学的整体性出发提出德国古典哲学是马克思主义哲学的思想来源，而思想的思想便是辩证法思想；乃至今天对德国古典哲学特别是康德哲学研究的热度不减、高度不降中似乎一刻不缺少马克思主义哲学的中国声音。人民群众在进一步知晓、辨识黑格尔哲学、费尔巴哈哲学、康德哲学中推进马克思主义哲学中国化发展，即人民群众在

---

① 《马克思恩格斯文集》第 1 卷，人民出版社 2009 年版，第 10 页。
② 《马克思恩格斯文集》第 1 卷，人民出版社 2009 年版，第 506 页。
③ 《马克思恩格斯文集》第 1 卷，人民出版社 2009 年版，第 544 页。
④ 《建国以来毛泽东文稿》第 7 册，中央文献出版社 1992 年版，第 60—61 页。

用马克思主义哲学进行指导社会实践中进一步辨识西方哲学何以为我所用的大众化力量，促进西方哲学在中国的持存性与发展性。

概而言之，"中国化"在具有典型的主流意识形态特点的同时，也更是一个文化概念。"中国化"强调内化的过程，强调西方外来文化转变为一种内在文化的过程，"化"是动态变化生成的转变，是融入本土文化内核中的过程。因此，"中国化"的理论化、主体化、民族化、时代化必然要求其以"大众化"的形式展开自身，"它在输入中国后逐步融入中华民族精神之中，不断地从中国人民较为陌生的欧洲形式转变为他们所喜闻乐见的形式，使其理论具备了中国特征、中国气派和中国味道"①。也正是其逐渐彰显出中国风格和中国味道，才能真正使其成为大众所认可的、喜闻乐见的文化形态，而不是一种与我们的文化相异的、外在的、无法理解和认同的文化形态。

缘此，"西方哲学中国化"是在现实性、理论性、主体性、大众性相交融的维度上逐渐发展出的一种新的学术视野和研究范式，是一种中国人看待哲学发展的新视野，即"西方哲学中国化"将西方哲学的研究进行中国式的视野转换，构成该视野中的研究范式。当然有学者指出，"中国化必须警惕以文化保守主义加以表现的所谓单一的'中国视野'"，"如果仅仅将理论与地域之历史状况联系起来并将其简化为后者的策略，那么这种策略并没有展现思想理论核心，因为它在逻辑上只有形式而没有内容"②。"中国化"并非只是一味地用中国视野看待世界文化，相反是在中国视野的基础上追求一种在对话中动态生成的世界视野，是一种更高远的、更宏阔的、更长久的视野转换。中国视野是在中国化过程中将理论自身的发展着眼于中国社会发展的大背景下，致力于将其改造成为"中国特色"的理论形态的表达方式。在西方哲学的研究中，中国视野固然重要，其所展现出的重要性与必要性已经成为研究者们立论的出发点以及合理的目标指向。但与此同时，"中国化"的目标还是为了实现"世界化"。在"中国化"的大思考背景与文化语境下，强调"西方哲学中国化"面向"世界化"的不断敞开与动态生成，

---

① 曹树明：《"中国化"与"还原化"之间——论马克思主义哲学中国化之复杂性》，载《求实》2008 年第 1 期。

② 张文喜：《马克思主义哲学中国化：合法化的多重维度》，载《马克思主义与现实》2011 年第 3 期。

把中国式理解放在世界哲学理论发展的图景中加以考察，揭示中国所创造的哲学形态及其基本特征。这一"世界视野"就内在的包含了如何体察现当代中国哲学理论自身所彰显出的开放性、创新性与建构性，如何将中国特殊理论置于世界性普遍图景、范式中加以考量，怎样才能实现中国文化形态与世界文化形态的相互关照、相互结合与相互理解，积极主动地将中国特色研究范式推向世界舞台前台，在"中国视野"与"世界视野"的双向互动与有效映照中求得对话性理解与融涵性创新。由此，"中国视野"和"世界视野"的统一才能让理论自身更具有思想张力，中国化更具有世界化意义。

二、再度勘辨：文化理念的多重比照阐释

"西方哲学中国化"既不可简单地化约西方哲学走进中国，在物理意义上发生空间位移，又不可停滞于悬而又悬的思辨精神，或是中国哲学立足于新世纪新时代而形成一种只面向未来敞开而失去历史根基的状态，都不是"西方哲学中国化"应有的哲学姿态。所谓的"西方哲学中国化"，是根植于近代以来中华民族意识觉醒、思想解放、迈向现代化征程的历史性求索之中，而以不断向西方求取先进自然科技与人文理念为发展手段，最终实现中华民族伟大复兴的历史使命与终极目标的历史性、连续性追求的历程。新世纪以来，由中华民族在过去两个多世纪以来积淀的精神血脉与理论滋养所铸就的新时代文化自觉与理论自信逐步勾勒出 21 世纪"西方哲学中国化"的崭新研究范式，并努力担负起为新时代哲学理念创新与中国话语体系建构的历史使命。要准确把握"西方哲学中国化"的研究范式，关键在于廓清"西方哲学中国化"概念，为此，概念的明晰构成研究的前提性基础。虽然"西方哲学中国化"这一概念在以往的学术研究中并不多见，但是从概念范畴之演进、生成逻辑动态上看，"中国特色社会主义"在其过去既有传承、又有创新的发展变化中所形成的一系列符合中国实际、富有时代精神和民族特色的理论形态与内涵，诸如"中体西用""马魂、中体、西用""一体两翼""三足鼎立""智慧三说""综合创新""西哲中介"等，虽然这一系列形态与内涵是基于"西方哲学在中国"意义上所形成的，但其实都可用来

与"西方哲学中国化"加以概念之间的比照反思。早在 1982 年，邓小平就在党的十二大报告上第一次向世人展示了"有中国特色的社会主义"的具体构思与宏伟蓝图，这是"中国特色社会主义"（尽管此时还并未正式提出，只是以"有中国特色的社会主义"作为前身与雏形）第一次在中国舞台上亮相。此后在 90 年代，"有中国特色的社会主义"进一步演进为"有中国特色社会主义"，即便是一字之差的变动，但充分体现了党和国家领导人对我们探索符合中国国情的、彰显中华民族性情特质的、为世人所清晰标识中国风格、中国气质的社会主义道路的重大思考。随着对中国社会主义理论构思的逐步自觉与实践上的成熟完善，"中国特色社会主义"这一范畴终于得以在 2002 年党的十六大报告上有力展现。可以说，进入 21 世纪后"中国特色社会主义"内涵外延的不断演变更进一步体现与彰显了党和国家在中国人自身的社会主义建设事业发展过程中所实现的重大理论自觉和实践自觉。由此，我们有理由认为也有信心坚称，"中国特色社会主义"这一概念涵括了改革开放以来我国社会主义革命和建设的长期探索和经验总结。特别是党的十九大明确提出的新时代中国特色社会主义思想，既是对中国长期以来社会主义革命与建设经验所进行的中国方案、中国智慧的有效总结与集中展现，更是 21 世纪马克思主义中国化理论的不断创造与最新成果的合理彰显；既是马克思主义理论之于国际共产主义运动与世界社会主义建设发展的理论自觉，更是中国共产党人之于中华文明与带有中国人特色的社会主义现代化道路的实践自觉与文化自信；既是社会主义在新时代的中国创新式发展，更是对人类社会历史的时代贡献。即马克思主义理论与中国社会发展实践相统一的最根本的方法论自觉。"西方哲学中国化"范式所承载的理论蕴涵与展现的思想张力，正是在这一坚持传承、不断创造、接续创新的演进历程中展示了相似或相近的规律性特征与共识性经验。由此，从前述该命题概念生命体成长的修辞学方法（这一方法不是外在地强加在"西方哲学中国化"历程上的模子，它正是对这一历程的生成发展本质的准确表征）出发，我们就可以将"中体西用""马魂、中体、西用""一体两翼""三足鼎立""智慧三说""综合创新""西哲中介"等各种观点学说和研究路径进行逐一梳理，在理论与实践的双重维度上考察"西方哲学中国化"在以往的基础上体现为何种意义上的理论创新，在相互关联中深刻理解"西方哲学中国化"的概念内涵及其发展轨迹。

值得注意的是，我们已将"西方哲学中国化"置于马克思主义中国化的具体语境中进行深入讨论，对马克思主义中国化"先在理解"与"前在解释"视域的理解，构成对"西方哲学中国化"加以理解的基础坐标。所以，为进一步理解"西方哲学中国化"并对其进行思想理论性研究，以求有效把握西方哲学中国化遵循的规律与可能参照的经验借鉴，"西方哲学中国化"需要紧紧依赖于马克思主义中国化开创的优秀文化历史传统，使"西方哲学中国化"能够成为围绕这种文化历史传统与现实实践经验而形成的推进马克思主义中国化发展的另一种路径的识别与经验。

（一）几种学说观点的梳理比对

1. "中体西用"

西方哲学中国化强调主体性与自主性的重要性，所以如何在主体性层面对西方哲学中国化的"前世"与"今生"做出再度审视剖析，就需要我们回溯至"中体西用"这一历史节点之处进行探察。"中体西用"即"中学为体，西学为用"的省略语，相似表述还有"旧学为体，新学为用"（张之洞语）、"中学为主，西学为辅"（孙家鼐语）、"中学其本也，西学其末也"（郑观应语）、"以中国之道，用泰西之器"（邵作舟语）等。[①] 论者言辞各异，而宗旨一致，且均出之以对偶互证的结构。"中体西用"代表了19世纪60年代至90年代间晚清先进学人关于中西文化关系的共同观念。

据历史学家陈旭麓考察，"中体西用"思想出现于19世纪60年代之初，[②] 最早由冯桂芬于1861年在《校邠庐抗议》中提出。他在该书中《采西学议》一篇里写道："如以中国之伦常名教为原本，辅以诸国富强之术，不更善之善者哉？"[③] 研究者指出，冯桂芬这一著名论断成为洋务运动中处理中西文化基本模式——"中学为体，西学为用"的蓝本，[④] 已勾勒出"中

---

① 晚清学人"中体西用"相关言论列举，详见张世保：《西化思潮的源流与评价》，华东师范大学出版社2005年版，第41—43页。

② 陈旭麓：《论"中体西用"》，载《历史研究》1982年第5期。

③ 冯桂芬：《校邠庐抗议》，上海书店出版社2002年版，第57页。

④ 丁伟志、陈崧：《中西体用之间：晚清中西文化观述论》，中国社会科学出版社1995年版，第51页。

体西用"思想的雏形。① 沈寿康是较早一字不差提出"中体西用"说之人，该说法出自他在 1895 年发表于《万国公报》上的《救时策》一文。文章明确提出："夫中西学问，本自互有得失，为华人计，宜以中学为体，西学为用。"② 张之洞在 1898 年发表《劝学篇》，系统阐发"中体西用"思想，提出"中学为内学，西学为外学；中学治身心，西学应世事"的主张。因此，张之洞被视为"中体西用"论最具代表性的人物。梁启超曾指明，甲午战争之后，"中学为体，西学为用"一度成为流行语，"张之洞最乐道之，而举国以为至言"。③

"中体西用"作为洋务派指导思想，是张之洞等人为了调和顽固派与改良派之间的矛盾，最终达到维护清王朝统治目的而采取的文化策略。④ 针对保守势力，"中体西用"论的提出具有相当的积极意义。它不仅为中国接引部分西学新知提供了理论支持，也在一定程度上显示出主动应变的文化姿态，即主动认识、理解，转化西学优势为我所用。在"中体西用"原则下，在这场广泛地汲取西学之用的洋务运动中，中国学者实际上已经具备了较为主动地思考西方文化，包括西方哲学在内的资源储备和主体动机。洋务运动中，在中国南、北方的上海和北京分别成立江南制造局译书馆和京师同文馆，陆续翻译出版了大量的西学著作，其中包括大部分的自然科学方面的著作，也有少部分人文科学方面的著作，使中国人更加了解世界。诚如陈旭麓所言："那个时候的中国，天下滔滔，多的是泥古而顽梗的士人，在封建主义充斥的天地里，欲破启锢闭，引入若干资本主义文化，除了'中体西用'还不可能提出另一种更好的宗旨。如果没有'中体'作为前提，'西用'无所依托，它在中国是进不了门，落不了户的。因此，'中体西用'毕竟使中国人看到了另一个陌生的世界，看到了那个世界的部分，并移花接木地把这一部分引进到中国来，成为中西文化交冲汇融后两者可能结合的一种特定

---

① 薛化元：《晚清"中体西用"思想论（1861—1900）——官定意识形态的西化理论》，稻乡出版社 2001 年版，第 51 页。

② 沈寿康：《救时策》，载《万国公报》1985 年第 75 期。

③ 梁启超：《清代学术概论》，上海古籍出版社 2005 年版，第 81—82 页。

④ 张之洞：《劝学篇》，张敏点校，上海书店出版社 2002 年版。

形式。"①

　　当然，面向改良派，"中体西用"论则愈发暴露保守性，一再成为"变法"的阻碍。从当时的历史背景来看，清王朝统治下的中国由于其体制问题，已经是整个世界历史现代性发展潮流的"局外人"与"旁观者"。正是在这种"天朝上国"的目中无人与闭关自守中，从泱泱大国沦落为夜郎自大的悲惨命运也成为历史的必然，使得中国从世界主流地位跌至被动挨打落后的处境，最终成为现代性资本逻辑扩张所要征服和掠夺的最大目标。从其理论基础来看，持"中体西用"论者基本延续了中国传统思想的内在惯性，并没有挣脱出固有的墨守成规的思维框囿，从思想上是无法最终敞开的，对世纪潮流与西学的认识失之肤浅与偏颇；从阶级基础上来看，"中体西用"的思想推行者无疑是以封建统治阶级为阶级立场的，"若干处是为满清以至君上做回护，以现有政治体制为满足，确立为学说之本"②。因此，总体来看，"中体西用"的强调者和推行者们是无法冲破时代、理论和阶级的藩篱的，最终依然是"封建"的归属。

　　2. "马魂、中体、西用"

　　"马魂、中体、西用"一说由方克立首倡，其核心表述是"马学为魂，中学为体，西学为用，三流合一，综合创新"。③ 该论说以"魂、体、用"三元模式来界定马、中、西三种思想资源在当代中国思想格局与文化建设中的位置与关系。这既是对传统"体用"二元模式的继承创新，也是对张岱年"文化综合创新论"的延伸发展。2006 年 4 月 24 日，"中西文化交汇下的中国哲学重建暨纪念张岱年先生逝世二周年学术研讨会"在湖南大学岳麓书院召开，方克立应邀给会议写一封贺信。他在信中提出，可以把张岱年先生的中、西、马"三流合一"、综合创新的文化建设理论概括为"马魂、中体、西用"论。④ 这是该论说的首次提出，嗣后由方克立以书信、论文、访谈及座谈发言等多种形式加以阐发与建构，引起学界广泛关注与持续探讨，相关文章汇编为《马魂中体西用：中国文化发展的现实道路》《马魂中

　　① 陈旭麓：《近代中国社会的新陈代谢》，生活·读书·新知三联书店 2018 年版，第 106 页。
　　② 王尔敏：《晚清政治思想史论》，广西师范大学出版社 2007 年版，第 77 页。
　　③ 方克立：《关于文化体用问题》，载《社会科学战线》2006 年第 4 期。
　　④ 方克立：《关于文化体用问题》，载《社会科学战线》2006 年第 4 期。

体西用：当代中国文化的理论自觉》二书。

　　清末"中体西用"论者继承了传统"道体器用"的文化体用观，以儒家学说为"体"，西方科技只应被视为"用"，以使西学服务于中体。但有学者表示，"中体西用"论割裂了文化之"体"与"用"的统一，在两种文化即中、西文化之间而非一种整体的文化内部讲体用、内外关系，对传统文化体用观存有严重的理解偏颇。方克立从否定晚清"中体西用"论用西方的科学技术来维护中国的封建旧文化的保守意涵出发，对日本近代史上与"中体西用"的表述具有相似性的"和魂洋才"的表述进行吸纳借鉴，试图引入"魂"的概念来取代作为精神指导原则的"体"，用"体"来挺立中国文化的主体性地位，视"魂""体""用"为一个哲学文化系统中的三"学"，并通过这种创造性的三元模式的哲学思维范式敞开同一种文化系统中"和而不同"的三种哲学文化资源或要素的关系。"马魂、中体、西用"论从基本内涵层面来看，即强调在一个整体的文化体系中，以"马学为魂"，也就是以马克思主义哲学和社会主义的思想体系为精神指导原则，发挥时代精神和先进文化的引领作用，这既是对传统文化体用观实质性的继承，也是对其超越性的变通。以"中学为体"，也就是以有着数千年深厚历史积淀的融涵中国独特气质与精神的哲学文化为学术研究主体和主要学术资源。以"西学为用"，也就是以西方哲学包括其他民族哲学文化或域外哲学文化中的一切积极成果、合理经验为学习、借鉴的对象，对西方哲学文本进行再度诠释与理解，对西方哲学思想的丰富性进行再挖掘。对于精神指导原则的"马学为魂"来讲，"西学为用"是应事方术即原则的具体应用，对于主体性资源的"中学为体"来讲它是为我所用的"他山之石"。"马魂、中体、西用"之论，以"魂、体、用"三元模式超越了传统"体、用"二元模式，这被视为哲学思维范式上的一次重大创新①，中国文化"综合创新"的康庄大道。②

---

　　①　杜运辉：《"马魂、中体、西用"论的理论价值和现实意义》，载《中国社会科学院研究生院学报》2013 年第 3 期。

　　②　方克立：《"马魂、中体、西用"：中国文化发展的现实道路》，载《北京大学学报》（哲学社会科学版）2010 年第 4 期。

3. "智慧三说"

"智慧三说"是冯契通过毕生"智慧的探索"在晚年建构的哲学思想体系，是以"转识成智"为问题核心、以实践唯物主义辩证法为道路指引、以古今中西哲学为思想资源的"广义认识论"体系。

"智慧说"哲学体系由《智慧说三篇》构成，分别是《认识世界和认识自己》《逻辑思维的辩证法》《人的自由和真善美》。这三篇著作写于 1980 年至 1995 年，根据冯契授课记录稿整理而成。据作者自己阐述，"智慧三说"三篇著作各自相对独立，又互相联系成一整体。《认识世界和认识自己》是其主干，主旨在讲基于实践的认识过程的辩证法，特别是如何通过"转识成智"的飞跃，获得关于性与天道的认识。《逻辑思维的辩证法》与《人的自由和真善美》构成两翼，即在逻辑学与价值论领域中展开"方法"与"德性"两个分支：前者主旨在讲"化理论为方法"，说明认识的辩证法如何通过逻辑思维的范畴，转化为方法论的一般原理；后者主旨在讲"化理论为德性"，说明认识的辩证法如何贯彻于价值论领域，表现为使理想成为现实以创造真善美的活动中，培养了自由人格的德性。[①] 冯契认为，哲学理论倘要获得与显示生命力，须有两"化"，即"化理论为方法，化理论为德性"。"一方面要化为思想方法，贯彻于自己的活动，自己的研究领域；另一方面又要通过身体力行，化为自己的德性，具体化为有血有肉的人格。"[②] 两"化"可归于一点，即是将理论真正付诸实践。简言之，"智慧说"之主干旨在说明广义认识论的理论，而其两个分支旨在说明理论如何联系实际，亦即理论如何化为方法与德性。

冯契关于"智慧三说"的理论探索，其会通中西百家的思想努力，发生于中华民族多灾多难与社会剧变的 20 世纪 30 年代，始终与对中国社会现实与前途命运的关切结合在一起，乃是在回应"中国向何处去"的时代中心问题。他认为，"中国向何处去"的时代中心问题在思想文化领域表现为"古今中西"之争，那就是："怎样有分析地学习西方先进的文化，批判继承自己的民族传统，以便会通中西，正确地回答中国当前的现实问题，使中

---

① 冯契：《认识世界和认识自己》，华东师范大学出版社 1996 年版，第 46—55 页。
② 冯契：《认识世界和认识自己》，华东师范大学出版社 1996 年版，第 20 页。

华民族走上自由解放、繁荣富强的道路。"① 在他看来，不论是 1949 年之前的革命问题，还是 1949 年之后的建设问题，都要求正确处理古今中西的关系。时代问题总须经由思想家个体的真切感受而体现出来。冯契在哲学领域真切感受到的问题即是知识与智慧的关系问题。在他看来，五四时期中西文化论战、科玄论战反映的是科学主义与人文主义两大思潮对立的问题。科学主义与人文主义的矛盾表现为知识与智慧的割裂，或者说是知识论态度与元学（形而上学）态度的分离。冯契"沿着实践唯物主义辩证法的道路前进，吸取各种哲学派别包括非马克思主义学派的一些合理因素"②，构建起由知识向智慧跃迁的桥梁，探明"转识成智"的辩证过程，借此解决科学主义与人文主义对立的问题。

通过对冯契"智慧三说"理论架构、思想背景、问题意识及哲学进路的简要勾勒，可以看到自成一家之言的"智慧三说"是具有时代性内容、民族性形式、个体性风格及人类性意义的。汤一介曾高度评价说，冯契是一位有创造性的马克思主义者，"力图在充分吸收和融合中国传统哲学和西方分析哲学的基础上使马克思主义哲学成为中国化的马克思主义哲学。他的'智慧三说'可以说是把马克思主义的实践唯物辩证法、西方的分析哲学和中国传统哲学较好结合起来的尝试"③。它不仅推动了马克思主义哲学中国化、中国传统哲学现代化，也"以宏大的气魄，会通中西百家，面对世界性的哲学困境，交出了一份富于中国民族特色的创造性的答卷"④。

4. "综合创新说"

"综合创新说"是 20 世纪 30 年代张岱年在马克思主义哲学中国化的学术化路径的探索过程中，在对马克思主义唯物史观和辩证法的理论信仰的基础上，立足于马克思主义的基本立场，结合自身的哲学学术积累和学养特质，提出尝试建构的新综合哲学体系的设想。在他看来，中国传统哲学想要获得新的生命、新的发展，就应该结合唯物论、孔子的仁学以及逻辑分析方

---

① 冯契：《认识世界和认识自己》，华东师范大学出版社 1996 年版，第 4 页。
② 冯契：《认识世界和认识自己》，华东师范大学出版社 1996 年版，第 13 页。
③ 汤一介：《中国现代哲学的三个"接着讲"》，载《思想与文化》2006 年第 25 期。
④ 华东师范大学哲学系：《理论、方法和德性——纪念冯契》，华东师范大学出版社 1996 年版，第 46 页。

法以创立具有综合性属性的新哲学。他曾指出："今后哲学之一个新路，当是将唯物、理想、解析，综合于一"，"此所说综合，实际上乃是以唯物论为基础而吸收理想与解析，以建立一种广大深微的唯物论"。① 质言之，这一哲学体系力图建构以辩证唯物论为基础与指导的"唯物""理想""解析"的三元合一为新哲学体系，即，以马克思主义新唯物论为基础和理论原则立场，在内容上填入中国元素，即结合中国哲学所特有的伦理道德和人生哲学的思想精华，在方法上融入西方元素，即西方哲学所特有的逻辑思辨分析方法，从而把"中西马"整合融汇在一起，建构新的综合性哲学理论，体现出综合创新的鲜明特点。在此之后，张岱年撰著了《中国哲学大纲》及《天人五论》，系统阐述了综合创新的马克思主义哲学体系的主要内容，绘就了涵盖唯物论、辩证法、知识论、方法论、本体论、价值论、人生论、伦理学等多个方面的中国化马克思主义哲学新蓝图，开辟了中国化马克思主义哲学与中国传统哲学现代化相统一的综合创新之路。总的来讲，"综合创新说"打通了中、西、马，促使中、西、马"三学"以"兼和"的方式互相补益，实现了不同哲学形态之间的相互理解、相互对话、相互融通，为马克思主义哲学中国化的理路演进提供了学术理论研究的经验总结和方法论创建，成为影响力极大的融通思维的代表者。

（二）马克思主义中国化的基本参照

马克思主义发端于西欧大陆，继承了西方的文化基因和文化血脉，但是历史的经验和现实的需求使得中国人自觉地选择了马克思主义中国化的道路。在这条历经了近百年风雨历程的道路上，马克思主义与中国的本土文化有机结合并创造性发展出既符合时代发展又属于中国人民自己的现时代中国哲学，马克思主义中国化蕴含的思想精髓早已流淌于中国人的血脉，为当代中国社会变迁与改革奠定了坚实的理论基础和文化基础，形成具有中国特色的社会主义思想，不仅指引着中国社会发展的实践，也指引了中国文化、中国哲学的未来。马克思主义中国化的发展轨迹是有规律可循的，理论成就是丰富独特的，中国经验是科学且成熟的。作为马克思主义的思想语境与话语

---

① 《张岱年全集》第 1 卷，河北人民出版社 1996 年版，第 262 页。

背景、同马克思主义中国化存在着与时代潮流共振关系的"西方哲学中国化"，其生成、发展、传播、融涵与创新的过程实际上都与马克思主义中国化相伴而行，一来为融入中国社会而逐渐将自身伪装成"中国的"西方哲学，体现着当代中华民族哲学思想的自我建构，二来在某种意义上也为加强马克思主义与中国传统哲学的深层结合、推进马克思主义中国化提供了"自觉反思"和"主动融入"的重要思想空间，在与马克思主义中国化的内在关联和深度互动中，不断实现对中华民族伟大复兴的哲学创造和生命领会。值得强调的是，西方哲学独有智慧和文明成果之所以能够在异域再绽光彩，结出硕果，正是马克思主义为其提供了如何正确理解与进入中国本土文化语境的成功典范。一般来看，鸦片战争以来的中国近现代历史可以划分为旧民主主义革命、新民主主义革命、新中国成立到改革开放、改革开放到新世纪、新世纪以来这样几个时期。按照这样的划分阶段，唯有以马克思主义中国化的发展为依借和标尺，才能够更清晰地把握"西方哲学中国化"自身发展的历史阶段、表现形态、内在逻辑以及价值追求。因此，虽然"西方哲学中国化"的目标更多地承担了一种方法启蒙以及作为哲学研究范式的合理性认同，与马克思主义哲学中国化所要达成的哲学新形态的建构目标有所相异，但是，只有在马克思主义哲学中国化研究范式构建的学理依据事实上，特别是在新时代中国特色社会主义的理论基础上，"西方哲学中国化"研究在方法和进路上才能够获得合法性和参照系。所以，"西方哲学中国化"更应该体现为在马克思主义中国化的语境下对西方哲学和西方文化的研究，不能妄自独立于中国语境，不能脱离马克思主义中国化的线索指引和理念指导，后者是西方哲学中国化所应追寻的价值取向和最终归宿。在马克思主义中国化的引领和带动下，西方哲学中国化将自身的合理理论成果同马克思主义中国化的理论成果相结合、相对话、相融通，促进中国哲学在新时代通过新路向进行新发展新创造。

探讨"西方哲学中国化"为何需要以马克思主义中国化的成功经验作为重要指导与参照，就必须澄明一个关键性问题，即马克思主义中国化为"西方哲学中国化"提供了怎样的理论参照范式？我们从以下三个方面展开分析：

首先，从历史分期标准而论，马克思主义中国化为西方哲学中国化的理论阶段划分提供客体存在的标准。实践证明马克思主义中国化理论成果的科学性、革命性、现实性和真理性,只有马克思主义中国化能够于危难中挽救中国、在现时代发展中国。马克思主义中国化是贯穿鸦片战争以来直至今天中国迎来繁荣富强和民族复兴的一条主线,与近代以来各个历史阶段所面临的伟大而艰巨的民族使命和时代任务相对应,始终彰显着与时代现实和精神相契合的与时俱进的特征,为时代问题进行思想反馈,为时代需要进行理论解答,引领时代发展。若从中国革命与建设的基本发展阶段来看"西方哲学中国化"的阶段划分,"西方哲学中国化"的发展历程是在马克思主义中国化的规约下进行的认识论进路,其理论逻辑在深层本质上体现的是马克思主义哲学中国化命题蕴含的深厚学理趋势的演变逻辑和客观要求的特定彰显。以马克思主义中国化形成的阶段性理论成果为划分标准,可以将"西方哲学中国化"的发展历程分为五个基本阶段:其一,1840—1919 年的旧民主主义革命时期(马克思主义传入中国之前),西方哲学初步传入中国并开始产生思想效应。在近代内忧外患的时代背景下,西方哲学一经进入中国就烙上了现实的印记,在救亡图存的现实需求中萌发与建构自身。中国先进分子从各自的阶级立场和利益诉求出发,对竞相涌现、流派纷呈的西方哲学思潮进行了新的理解、阐释和再创造,这些理论前期积累构成西方哲学中国化的"史前史"。其二,1919—1949 年的新民主主义革命时期(马克思主义与中国的民主革命任务相结合),西方哲学与其他思想理论思潮交相辉映,尤其与马克思主义的引进发生激荡。苏联无产阶级革命的胜利给中国送来马克思列宁主义,使广大受压迫的中国工人阶级和遭受地主阶级剥削的农民阶级树起推翻专制统治和阶级剥削的理论依据和价值追求,推动我国民主革命新纪元的诞生。这一时期,西方哲学中国化和马克思主义中国化相伴相随、彼此互惠、交融沟通,并且缠绕交织至今。相比于旧民主主义时期,新民主主义时期的西方哲学中国化,除了在救亡图存的价值取向上具有一致性之外,还凸显出自觉以马克思主义的观点和方法来关照和审视西方哲学的重要特征和规律。其三,1949—1979 年间,西方哲学研究伴随政治形势的曲折进程而跌宕起伏。在新中国成立后的过渡时期,西方传统哲学和现代哲学伴随思想改造运动而受到这样那样的批判。十年全面建设社会主义时期,在翻译介绍基础上的西方哲学人物思想和思潮的研究取得了一定成果。"文革"

十年而一度呈现整体沉寂，在真理标准问题大讨论之后获得了盎然生机。总体来看，在新中国成立之初的 30 年里，西方哲学中国化的发展历经了一个由顺利开展到受到严重钳制，再到复苏繁荣的过程。其四，20 世纪 80—90 年代的 20 年，西方哲学中国化的研究模式逐步形成。借助于改革开放新时期的时代氛围，学界通过反思与重建马克思主义哲学教科书，以主体进一步提升认识能力的意识觉醒，推动马克思主义哲学思想理论的时代发展与进步，也推动西方哲学中国化向更为客观辩证、更为理性适时的逻辑路向转变。也为构筑彰显当代中国风格，形成中国气派，反映中国气质的创造型综合性的哲学形态提供理论支援。其五，21 世纪以来的 10 多年（马克思主义与全球化背景下的中国现代化事业和民族复兴相结合），西方哲学中国化获得明确的范式自觉并开启研究热潮。中国特色社会主义步入新时代，中国现代化进程进入新征程，思想理论的研究和发展也应随时而动、因时而变、因时而异。西方哲学中国化的发展同样在理论原始积累的基础上有了新的进路，通过对以往哲学研究的经验总结、问题归拢、主题梳理、方法反思，我国理论界或学术界在认识质性提升和突破进展中，自觉将"西方哲学中国化"推入到一个新的发展阶段。西方哲学中国化的范式形成及其表现样态经由这 10 多年的发展日益清晰、正式确立、完善巩固，在更高的层面上逐步走向学术共识。这五大阶段明确以马克思主义哲学中国化为基本参照，能够更加具体而充实地把握"西方哲学中国化"历史发展的时间环节和表现形态，深入各个历史发展阶段之中提炼"西方哲学中国化"的主要经验教训，为面向未来的中国哲学创造提供借镜参考。

其次，从内涵规约和逻辑线索主导的意义上，马克思主义中国化始终是西方哲学中国化的绝对参照。马克思主义哲学中国化是对中国革命实践的历史进程上升到马克思主义哲学理论层面的总结，是对中国革命与建设的发展规律以思想逻辑的形式再现，是从中国革命与建设具体实践的经验教训出发展开的马克思主义哲学理论思索，其最为突出的特征在于理论与现实实践的紧密结合。因此，马克思主义哲学中国化的历史进程就绝不是停留于书斋的概念逻辑演绎，也不仅仅是把马克思主义哲学直接运用于指导中国实践运动的线性过程。因为在马克思主义哲学的语境里，那种纯粹的抽象概念、预设体系无论如何都不可能直接转变成能够用于指导中国复杂的革命实践的强大理论武器，它必须要与现实实践深度融合、精准对接，制定并形成指导实践活动开展的正确路线、方针与政策，"使现存世界革命化"。正如理论界普遍共识，马克思主义中国化的真精神在于马克思主义基本原理同中国实际相结合。中华民族近现代的革命、建设、改革的实践斗争与发展进路，是在马克思主义指导下由中国共产党带领人民群众取得的一次次阶段性胜利，直至今日我国进入民族复兴的关键时期。可以说，整个中国近现代社会发展都是马克思主义中国化的理论在社会现实中的指导与反映。马克思主义中国化理论进程总是站在考察中国社会现实的基点上探索中国革命道路，引领中国革命、建设和改革战胜无数艰难险阻并取得一个又一个历史性成就的过程。马克思主义传入中国，开辟了一条在历经了"全盘西化"和"固守国故"的一次次创伤之后的艰辛探索之路，使中国思想界发生了翻天覆地的革命性变化，反复印证着只有社会主义才能救中国，只有社会主义才能发展中国的不可撼动的历史真理。质言之，马克思主义哲学在理论逻辑上，以坚守实事求是的态度为其基本属性；在实践效果上，是其雄踞于抽象思维世界之上并最终达到具体的经验整体世界的根本依据。这一逻辑，同样是我们深刻领会西方哲学作为一种异质文化如何渐入中国、从与中国文化的外在嫁接到与中国本土实践发生互动对接、基因深植并强烈影响中国文化发展，最终不断生成"中国的西方哲学"的逻辑。譬如，新民主主义革命初期"德先生"与"赛先生"的到来使得中国社会高擎起"民主"与"科学"两面大旗，作为中国社会思想变革与中国人精神引领的鲜明标识，推动着中国社会思想文化现代化的剧烈变迁。新中国成立之后，实用主义及在中国经胡适等人传播发展的杜威主义遭到了猛烈抨击；萨特存在主义思想在"文革"结束后以人道主义的姿态呈现在中国人面前，对省思自我、重新认识中国社会发展产生重要影响；自党的十四大提出建立社会主义市场经济开始，新自由主义思潮便在中国土壤中获得了发展空间与解释语境，甚至在21世纪之后社会公平正义问题的凸显促使罗尔斯正义论在中国有了更多舞台与发展，逐渐在新世纪中国释放自身理论结合现实的实践效应，深刻证明这些西方哲学思想理论在中国的出现与发展，与中国社会发展与现实国情的需要息息相关。正是中国时代发展的迫切吁求与现实需要使这些理论获得了生长空间，并在现实的界面上不断发出共鸣。

最后，西方哲学中国化的最终落脚点在于对马克思主义中国化的理论支援和价值回归，而绝不是自成一派的自说自话。因此，西方哲学中国化始终遵循马克思主义中国化的立场原则，时刻提示这一理论价值归宿要求。对于西方哲学中国化的研究，理所应当要结合到社会主义初级阶段的具体国情、社会发展与时代变化上，在把握新时代特征与主要矛盾变化的过程中，使西方哲学中国化的研究真正用来为新时代中国特色社会主义助力，为实现中华民族伟大复兴的"中国梦"释放应有的力量。当西方哲学中国化以马克思主义作为牢固思想地基，以马克思主义哲学中国化为积极参照范式，在承续与传扬马克思主义实事求是、实践出真知的真精神的过程中，逐渐将西方哲学中国化研究的以"人"民为中心的价值立场、以问题为导向的思想意识、以具体问题具体分析的辩证精神与科学方法凸显出来。所以西方哲学中国化的研究当然不是对西方哲学思想观点的简单"拿来主义"，不加分析批判；不是教条主义地对马克思主义的生搬硬套，囫囵吞枣；也不是机械主义地对马克思主义哲学中国化的生吞活剥，僵化套用，而是在真正结合中国社会现实发展与时代需要，充分考虑国情民情、世情党情的真实基础上对西方哲学做出中国式的处境化改造与现实性创新。西方哲学思想精华与人文精神的养成是西方哲学家对西方社会发展与时代变迁做出的生活体验与理论阐发，植根于西方人的民族性情与生活传统之中，所以西方哲学中国化并非是简单地将西方哲学思想与人文精神照搬照抄到我国，而是需要在对其做出理性审视与辩证思辨的过程中汲取吸收。由此，对于西方由来已久的自由主义经济哲学理论不能只看到其之于市场经济发展与经济运行规律揭示的有效经验与显著成果，更应洞察到其背后做出现实观测与理论洞悉的生活根基是西方资本主义社会而非整个人类历史，因此对于自由主义经济哲学的运用与创新应充分在中国特色社会主义市场经济的界面上生发出更多转向，具体的、实际的结合到中国社会发展与经济运行之中；而对于后现代思想趋之若鹜的研究同样不能忘记发达资本主义国家已经走过了现代化之路且进入成熟发展时期，从而才有了关于从后现代反观、批判乃至解构现代之过往的嗟叹，所以中国的后现代研究必须认识到中国社会仍然在迈向现代化的征途之中，仍然是在新时代中国特色社会主义继续探索适合中国人民福祉的现代化道路，从而不能盲目地趋从于西方社会后现代思潮；至于以法兰克福学派为代表的社会批判理论，更不可轻率地跟在西方左翼学者后面人云亦云，甚至以某些人物思想唯马首是瞻，而是要在深入到中国社会最现实的生活中去体察中国的真实国情，在中国最清晰展露资本逻辑的地方批揭中国现实生活中形形色色、样态迭出的"异化"，用马克思主义劳动观与社会主义核心价值观做出正确导引，从而为西方哲学中国化发展找到新的生长基点与有效契合之处。所以坚持以马克思主义的世界观与方法论来推进"西方哲学中国化"的研究进程，强调在思维方法和价值取向上，遵循马克思主义的科学的原理和原则，比如理论联系实际、矛盾对立统一、事物普遍联系等被实践所检验的马克思主义真理性原理与分析方法，推动西方哲学中国化的建设性建构。

（三）多重比照下概念的多维阐释

对"西方哲学中国化"的概念厘定是深入到西方哲学中国化内部世界的合理性前提，而在对以往"中体西用""马魂、中体、西用""智慧三说""综合创新"等学术观点的理论阐发中，在与马克思主义中国化的深度关联中，我们也逐渐深入到对西方哲学中国化的概念式把握。在历史历程、解释视域、经历机制、经验借鉴、恰当路径、更迭形态、丰硕成果、基本规律等宏观与微观的交织审视中，从历史和社会文化的双重维度对西方哲学中国化进行总体把握构成基本视域和认识架构。

首先，从历史维度上看，西方哲学中国化经历了自身的逻辑发展历程，这是伴随着中国社会的发展变化事实而相生的理论反映。西方哲学中国化不是生来就有的，但却是自西方哲学进入中国后就有所萌动和自觉的。第一，西方哲学之所以在鸦片战争以来才在中国大地有所广泛传播和产生巨大影响力，是与中国社会在历史必然性规律中产生激烈转型的社会历史现实分离不开的。西方哲学早在明末时期就在中国有了自己的身影，但并未产生广泛的影响，其原因无疑是当时的人类社会文明总体发展趋势尚未达到一种要求中国社会进行根本性社会组织方式彻底革新的要求。中国当时的经济政治组织形式是符合自身发展规律并能为自身带来繁荣昌盛的模式，因此在社会历史现实的维度上没有达到一种通过学习外来思想理论而重建自身的迫切需求。相反，以鸦片战争为标志的西方资本主义殖民扩张为中国带来的不仅仅是表面上的五千年未有之灾难，同时也警醒着中国社会顺应新时代的潮流进入以发展生产力为核心任务的现代化建设的现代社会转型的时代要求。而这种现代性转型在思想理论方面迫切需要一种已有经验的学习来进行启蒙和启智。因此，这一时期西方哲学在中国能够产生深入而广泛的影响，并逐渐扎根下来，成为理论研究的一个重要向度。第二，西方哲学中国化自身从来都不是一个台前主角，甚至常常以幕后隐性推手的方式存在。我们对西方哲学中国化的历史时期定义在新中国成立以来才真正开启，而新中国成立前的西方哲学在中国的基本理论状态体现为一种萌动式的史前史前期积累，这一时期我们用西学东渐、西方哲学在中国或西方哲学在中国的传播为思想总结。但实际上，这一史前史阶段已经在多重维度上彰显了中国人对思想理论需求的主体自觉意识，这种主体自觉意识恰是西方哲学中国化所需要的核心精神内核。在这种理论自觉意识的推动下，西方哲学在中国的发展才能不断有质性的跃迁，从知识型到比较型再到阐释型的层层升级，逐渐从西方哲学在中国、中国的西方哲学生成西方哲学中国化的理论形态。理论逻辑的自觉进路同样体现的是西方哲学中国化从幕后走向台前的历史进程。随着改革开放的深入发展，中国的现代化进程进入新时代、开启新征程，西方哲学中国化也随着理论环境的开放性与自由性，和研究者学术意识、思维水平的升华而进入全新的阶段。这一阶段不仅仅要进行知识型的关于西方最新理论成果的翻译引进，同时要在文化比较的视域下对中西哲学进行精神精华的提炼，更要求研究者结合时代的最新发展进行理论创造。毫无疑问，这种创造是充分尊重异质性文化的客观存在、充分吸收多元性文化的各自营养、充分开展平等的文化对话与学术交流的基础上，对时代问题的有效反馈、对时代发展的理论依据、对时代要求的积极应答的，融会贯通的新的综合性、世界性的哲学形态。回溯西方哲学在中国的整个演进历程，不仅能够在历史梳理中厘清西方哲学在中国发生、发展的动态趋势，更能在逻辑研究的进路中找到西方哲学与中国辩证统一的相互交融。所以说，从鸦片战争到五四运动，从新中国成立到改革开放，再从改革开放到 21 世纪中国的蓬勃发展，西方哲学正是在"西学东渐"的起点上一步步走向"西方哲学在中国"、走进"中国的西方哲学"、不断形成"西方哲学中国化"。在动态演进的历程中，西方哲学与中国传统哲学、与马克思主义中国化等中国特色文化之间产生了从西方哲学"化"中国，到中国"化"西方哲学，再到作为辩证统一形态的"西方哲学中国化"的诸多不解情缘。无论是"三千年未有之变局"要求"我们开眼看世界",向西方发达国家的自然科学技术、社会制度形态乃至先进哲学理念求解,还是在"自强不息""民族解放"的征途中再度实现"国富民强""伟大复兴的中国梦",时代的不同主题、民族的基本精神都旨在将西方哲学的重要方法与重要理念与中华民族的强盛发展有机的连接在一起。西方哲学在不断地为中国人辨识、采纳、创新、融通中为中国的社会发展服务,为不断创新思维方式与方法提供理论前提和问题导源,为确立马克思主义理论学说的地位创造条件。因此,从历史维度关注西方哲学中国化,是指自近代以来,中国学者在追求独立解放、国家富强、民族复兴的过程中充分释放求新精神,主动将西方文化内化为中国人建构自身发展的内在精神力量,并延续至改革开放以后的文化创新、文化融通与文明再造的历史性活动。

其次,从社会文化维度看待西方哲学中国化时,就是西方哲学思想在某方面、某种程度满足中国社会变革发展的需求。换言之,西方哲学中国化的每个理论发展阶段都是围绕中国社会现实问题展开的具有社会线索性的理论表现形式。所以,就社会文化层面而言的西方哲学中国化方可彰显出一定的内在规律和外显形式。"变革、融合、制约"① 是西方哲学中国化的主要历史过程所经历所具有的经验机制和基本规律,从中可以体悟我国西方哲学研究所呈现的"辨识、反思、创新、融通"的认识过程;透过西方哲学中国化对马克思主义中国化的经验借鉴,能够再次思索西方哲学中国化是中国学者在主体意识觉醒与精神高度自觉中对西方哲学展开的新形态的积极研究、不懈探索以及为此确立的带有中国特色的崭新研究范式;透过西方哲学中国化不断探索出的与中国哲学在价值取向、问题向度、采用模式上的对话路径,进一步理解西方哲学中国化是中国人旨在以与众不同的文化背景、历史观念、哲学素养创造性的阐发西方哲学、融涵性的吸纳西方哲学、激荡性的转换西方哲学以熔铸性的创造出符合中国人思维和实践需要的中国特色新哲学的历史性活动;透过西方哲学中国化"主动应变、求变求新"的发展规律,凝结出"在西方哲学的理论形态中纳入中国传统哲学内容的西方化的

---

① 陈卫平:《西方哲学的中国化与当代中国哲学的建构》,载《学术月刊》2004 年第 7 期。

中国哲学，以及在中国传统哲学的理论形态中加进西方哲学内容的中国化的西方哲学"① 的思想结晶，更能够再次确证"西方哲学中国化，就是将现代西方哲学移植于中国社会，与中国实际结合；汇合中国传统哲学之流，相互融会贯通"②。所以无论是西方哲学中国化的历史历程、解释视域、经历机制、经验借鉴，还是西方哲学中国化的恰当路径、更迭形态、丰硕成果与基本规律，都是理解作为"概念化"的西方哲学中国化的重要视角下所得出的结论：即作为"概念化"的西方哲学中国化正是中国学者主动将西方形而上学作为原始素材，将马克思主义及其中国化理论作为思想基础，将中国特色的思想发展作为审视维度，将中国传统哲学作为建构对象，在"接受、辨识、认识、融通"的历程中做出的理论与实践相结合的文化创新与发展过程。

三、范式创新：关于经验的自我体验

"思""样""范""势"无疑是一种创新的研究范式，它指明了我们凭借怎样的方法研究与创新西方哲学，在一定意义上对于中国哲学的研究与新时代中国哲学新形态的建构，不失为是一种探索性的经验与突破性的示范。

（一）研究范式的彰明觉解

"世间若有一个不变动本体，则这一门必然优先，而成为第一哲学。"③亚里士多德的名言指明透过现象看本质的追索终极实在的本体论观点。这是一种本体论的思维范式。它根植于古希腊哲学的思想传统和形而上追求特征，并被基督教神学所继承，这种思维范式在哲学史上持续时间很长，但其弊端也在集大成者那里得以显露，即易陷入独断论的概念玄设和纯粹体系建构，忽视现实合法性合理性的维度。还有一种是认识论的思维范式。这是一种强调主体理性作用的思维范式，类比于西方哲学自笛卡尔以来的认识论转向，哲学发展从追问终极本源开始关注追问认识可能与真理存在。"'我想，

---

① 杨忠文、秦玉峰：《现代西方哲学中国化的宏观考察》，载《求是学刊》1992 年第 5 期。
② 杨忠文、秦玉峰：《现代西方哲学中国化的宏观考察》，载《求是学刊》1992 年第 5 期。
③ ［古希腊］亚里士多德：《形而上学》，吴寿彭译，商务印书馆 1959 年版，第 120 页。

所以我是’这条真理……作为我所寻求的那种哲学的第一条原理。"① 这一
时期的西方哲学关注重心全部围绕人的理性认识能力而展开讨论，对亚里士
多德所建立的关于第一哲学的形而上学定义进行了某种根本性的"修正"。
强调物质本源到挖掘主体理性的认识论转向彰显了某种"知识—建构"式
的思维范式。这种思维范式推动人类思想的解放，助力人类社会生产力的迅
猛发展，具有相当意义的积极效用。但这一思想理论的目标取向同样有其难
于自我批判自我克服的弊端，即在理论争论中发展到片面夸大人的理性能力
而导致的某种精神专制的反噬，致使一种悖论性的现代问题的逐渐呈现。第
三是一种融合式的思维范式。这种范式体现为一种思想理论的调和目的，彰
显一种博大广阔的包容性的理论胸怀。比如康德对唯理论和经验论的调和，
黑格尔在某种程度上对客体形而上学和主体形而上学的思辨融合，通过辩证
法"正—反—合"的否定之否定的意识自我运动的发现而表征一种偶然和
必然共生共存共同作用下推动意识和历史的终极形成。"哲学的历史就是发
现关于'绝对'的思想的历史。绝对就是哲学研究的对象。"② 而使黑格尔
完成了主客体统一的调和任务。

就"西方哲学中国化"而言，重新找回以我为主体的主体性意识是西
方哲学经历了"描述"与"修正"的辩证发展后亟须凸显的重要理论出发
点。任何研究都需要确立鲜明的理论范式和思想理念，对西方哲学中国化的
研究范式和思维范式的研究就显得格外重要。而当下对西方哲学中国化的意
识自觉虽已产生，但对其概念澄明、内涵理解、系统建构等方面都未能达到
一定的学术高度，因此，呈现出有西方哲学中国化的形，却无西方哲学中国
化的实。总是未将其真正以理论论证或体系建构的方式显性地说清楚、说明
白，而只是模棱两可的认同它的理论可能性，产生了理论模糊的结果。韦伯
指出："根据理论界概念被设想或者能够被设想的东西，只有凭借清晰的、
即理想典型的概念才能够真正清楚明白地予以澄清；无论如何，对抽象理论
的'鲁滨逊式虚构'所做的嘲笑，只要它不能用更好的东西、即更清晰的
东西取代之的话，就应当考虑到这一点。"③ 实际上，作为一种研究范式而

---

① ［法］笛卡尔：《谈谈方法》，王太庆译，商务印书馆 2011 年版，第 26—27 页。
② ［德］黑格尔：《小逻辑》，贺麟译，商务印书馆 1980 年版，第 10 页。
③ ［德］韦伯：《社会科学方法论》，朱红文等译，中国人民大学出版社 2009 年版，第 36 页。

存在的西方哲学中国化，可以创造性提供哲学研究的新理念，一种多元共识前设下的融合会通的理念。而这种理念的作用则在于推动作为思想理论的西方哲学中国化的繁荣丰富和升级创新。但问题的关键始终关于西方哲学中国化一些"元理论"的基础问题的理论澄明。"如果奠基性的原理一开始就不完全或者根本没有被意识到，或者至少是没有获得清晰的想象的形式，那么，我们创造的一个'理念'的综合特征就表现得更加鲜明了。"① 只有建基于基础性的概念澄晰和元理论的逻辑共识，才能确证其存在的现实性和价值性。从而进一步推动其思想理论与时俱进的推陈出新，彰显美好的理论前景。

西方哲学中国化主要以中国对西方哲学的研究所展开的历史阶段或认识阶段特征而体现自身的理论发展整体经历和思想历程总体特征，反映自身独特的研究范式。而这种在经验总结基础上升华创新出的研究方法和独特视路为哲学理论研究提供了开辟新道路的可能路径。西方哲学在中国的被研究、被阐释大体经历三个阶段：一是对抗性阶段，二是主题性阶段，三是独创性阶段。可以说，从历时性的角度而言，前两者呈现了完成时，而第三阶段尚处于正在进行时。第一阶段体现哲学研究的政治意识，第二阶段是主体自觉的意识觉醒中主动对哲学研究的思想性深入和甄别式遴选，这种择取站在时代社会现实的需要上，总围绕一个有价值意义的主题而串联思想史的资源，从而在比较中理清各自的线索，解答各自的问题，了解各自的思想。第三阶段则是一个交融互通的创造阶段，它体现着自我超越的向度，以自我批判的逻辑形式实现自我发展，从而在与他者的和解中创新综合。事实上，西方哲学中国化更侧重第三阶段的过程性属性。作为一种"化"的存在，西方哲学中国化能够在文化层面增强民族自信，在精神层面传递批判性核心，在价值层面彰显非功利倾向。因此，西方哲学中国化的研究范式是一种正在进行的、自我完善中的、推动逻辑进步的，寻求中西理论契合点的创造型的研究范式，它正面回答和尝试回答一个时代所需的新的世界性综合性哲学所应该具有的属性特质和价值定位。

"西方哲学中国化"的提法不仅是一种理论范式的转换，更是以主体自

---

① ［德］韦伯：《社会科学方法论》，朱红文等译，中国人民大学出版社 2009 年版，第 37 页。

觉和理论自觉更突出地表征当代中国人的本质特征、生命结构、思维模式和价值旨趣。它不是对历史的否定，而是能够真正体现哲学"向上兼容"属性的当代成果，是以意义性的彰显体现拯救本体论和形而上学的努力，是终极本体、终极解释和终极价值的三位一体①。在此基础上，我们有了自己解读哲学和哲学史的角度和方式，也生发出要在西方哲学研究过程中体现中国化成果和展现中国气派的要求，这会是西方哲学研究未来发展的重要方向。

以"西方哲学中国化"的范式理解西方哲学可以发现，在中国其实没有严格意义上的西方哲学，有的只是中国人理解、解释的西方哲学，是外国或西方不同国家或民族的哲学经过我们的翻译理解、思想加工出的中国化的西方哲学。西方哲学已逐渐脱离开他的"母体"，成为中华民族文化的外来基因，成为中华文化的重要组成部分，其在中国的传播过程是不断被中华文化所包容、改造、吸收、诠释和创新的过程，是中国人立足于中国式思维和中国化立场不断去解读西方哲学的过程，体现了鲜明的主体意识和主动精神。这种主体意识和主动精神会不断释放我们的思想活力与脉动激情，使我们不断萌生新的问题意识与抱持对理论创新的不竭希望，使我们在接续促进理解与拓展视域的过程中为民族发展与民族创新找到理论支撑，寻到我们自身的存在归属和思想方向，使我们的西方哲学研究逐渐成为超越西方哲学视野去把握西方哲学从而日益彰显"中国特色"和"世界眼光"的重要研究力量——不仅促进马克思主义哲学中国化的发展，更加速着中国的西方哲学研究，也就是西方哲学中国化的世界化进程。

"西方哲学中国化"的范式在不断探索中助力马克思主义中国化的发展。中国的革命和现实社会发展的实践证明了马克思主义中国化的因地制宜性和理论有效性、功能性、科学性。马克思主义中国化的成功固有其历史与逻辑的必然性，是对中国所面临的一系列关乎民族生存发展的现实需求的有效理论回应和有效理论创新与指导。但它的成功在深层次的剖析中可以发现西方哲学中国化的幕后助益。西方哲学中国化对其所做的资源支援、语境背景铺陈、思想适应性的探路等，都是极为重要的帮助。正是西方哲学中国化

---

① 孙正聿:《终极存在、终极解释和终极价值作为终极关怀的本体论》，载《社会科学战线》1991年第4期。

以自身的中国化进程不断补益、完善着马克思主义哲学中国化的发展，以自身所能够提供的众多思想资源与可资借鉴为马克思主义哲学中国化的发展源源不断地输送着给养，努力使马克思主义在背靠西方哲学这一宏大的思想资源与理论宝库下能够及时得到补充，以西方哲学中国化的进程来助推马克思主义中国化的发展。西方哲学的"在场"，不仅仅是我们的积极要求，更是其自身的主动之举，西方哲学的参与使马克思主义哲学与西方哲学之间不曾出现过断层或者西方哲学无以为马克思主义哲学提供思想参照和背景来源，以致马克思主义哲学成为无源之水、无本之木，或是西方哲学堕入不知所云的"天书"或理论"稻草人"的局面。由此一来，西方哲学的主动参与以及西方哲学中国化进程便成为以西方哲学推动马克思主义哲学和中国哲学、以西方哲学中国化推进马克思主义哲学中国化的当下使命。也正是在这一使命与征途面前，重新思考西方哲学的研究范式与表达方式，认真审度西方哲学融合中国社会、根植中国土壤的合理方式，以中国人讲得明、听得懂、说得出的方法来推进中国化发展，不断检视与调试西方哲学之于中国社会发展的理论转型与平稳着陆，有效推动西方哲学在面对中国现代化发展与现代性问题上所能释放的作用变革，将在一定程度上为马克思主义哲学中国化的发展以及马克思主义哲学在应对中国现实问题时提供一个可供比照的理论"靶子"，在西方哲学中国化已经确立的理论定位、表达方式和理解方式的基础上使自身的中国化进程能够完善并超越于西方哲学中国化的发展。

　　"西方哲学中国化"的范式也是中国对西方哲学进行研究逐渐走向世界化的重要元素组成。作为一种范式组成，其当然强调一种方法论意义上的创新创造。它的发展不再满足于一种知识性的传播和介绍，而更注重崭新理论形态与思想成果自信地走向世界舞台，向世界人民展示中国人的哲学理论研究的融合式创新、包容性创造的博大胸怀和主体主动性的气质品格。从中国视野和全球视野的马克思主义中国化所经验启示的两个视野来看，这种本土性、世界性的目光即是着眼"民族的就是世界"的独到"眼光"：没有中国视野的马克思主义哲学永远是一种异质外来文化，永远只能作为中国"在场"或者"在中国"而不能为中国所化、所吸纳、所融涵、所创新；缺少全球视野的马克思主义中国化无法反映时代要求，只能是一种纯粹地域性的存在，而缺失了马克思主义发展的本真性。"西方哲学中国化"正是在坚持双重视野的辩证统一中，彰显中国式阐释与中国式解读的创造性和主动性的品格气质。由此，西方哲学中国化才能在中西对比、对话、碰撞、沟通、融合中建构起可能基础与进一步交往空间，才使我国能够介入世界哲学建构的意见表达，占据一定的话语权，从而促进哲学话语权能够多元并存，而非为一家所占领导致某种文化霸权的出现。

（二）视域融合的方法贡献

"西方哲学中国化"在视域融合的维度上成为一种哲学研究的新范式，而且更为鲜明地体现了当代解释学的方法性经验。

在当代解释学的意义上，我们对西方哲学加以体认、把握与再释的过程其实就是如何以中华文化与马克思主义再度解读西方哲学的过程，也就是"西方哲学中国化"的过程。伽达默尔曾经在谈到关于理解的本质规定与内在属性时这样强调，理解本身理应被看作一种"视域融合"，即从文本本身与理解者自身各自存在的历史背景、思想传统与文化语境出发，在历史性思想与思想性历史的辨识、融合中形成一种新的文化样态与理论结晶。但由于意见与偏见的存在及其对真理的遮蔽与阻碍，"理解其实总是这样一些被误认为是独自存在的视域的融合过程"①。理解者的"意见"在不断地校正中超出了其原有的知识范围与思想语境，使其所能触及的范围不断得到延拓，而正是在这一外延不断增扩的过程中，理解者本身与文本自身的解释力都获得了新生，新的研究视域与解释方式构筑成了新的理解的地基。由此，历史事件的演历与解释者视域的融合勾勒出新的历史故事与历史样态，历史不仅涵括着自身逻辑演进的内在理路，更展示出解释者为其赋予的主题语境与自我阐发，历史是一种故事与解释共建共享的最终成就。当我们用解释学的方法论去审查、考辨与研判西方哲学时，"西方哲学中国化"就成为了西学文本与中国人的独特阐释有机结合的理论新形态。

由此一来，在充分吸收西学知识养料的基础上进一步敞开西方哲学之于当代中国哲学新形态的建构，之于马克思主义哲学中国化的发展，之于民族国家无上智慧的启示，之于中国现代化文明进程等意义便不断敞开。

---

① ［德］伽达默尔：《真理与方法》上卷，洪汉鼎译，上海译文出版社 2004 年版，第 393 页。

伽达默尔曾指出，历史研究与理解的真正对象不是历史事实，研究旨趣也并非对历史情境的还原与考辨，而是在于开掘历史背后的价值意义。对于历史的研究应当是冲破历史在既定轨道中的束缚与定向，要在将主体视域与读者观念的渗入中加以设计重构，以进一步拓宽我们的视野，开辟别样化理解路向，打通历史与现实的思想通道，在向未来敞开无限可能中重新定义历史，开掘并展示历史背后蕴藏的无限可能。所以以这样的态度研读历史，就是要将历史意义与历史价值本真地应用到当下的时代发展与社会语境中，使历史与现实发生映照，产生勾连，发生关系，在汇通历史意义与现实生活的过程中有效回应中国社会发展问题，使西方哲学走出仅仅是面向历史史实的陈旧语境，在与中国现实发生反应的视域融合中成就"西方哲学中国化"。

　　一般来讲，所谓视域融合的视域大体要求两个视域，即中国传统文化视域和马克思主义哲学视域。首先，中国传统文化视域是一种本土视域，是传承民族精神和民族性格的特有"偏见"。在这个意义上我们研究西方哲学自在的带有了中国传统文化的语言传统，我们越是进行视域融合，这种对比中产生的契合或差异越是能更为清晰的加深对中国传统文化的理解。从而达到"西方哲学中国化"研究的意义层面，以间接考证的方式确立我们研究"西方哲学中国化"的能力和想要达到的研究领域。其次，马克思主义哲学的视域是人民群众的选择，其理论的彻底性和科学性为人民所认可，并在思想的指导和引领下助益着现实社会的革命、建设、改革。坚持马克思主义的指导地位不动摇是现代中国社会发展的基本思想立场和前提。马克思主义哲学中国化的进程在顺利推进的过程中树立了众多成功典范与有效经验。如何将马克思主义哲学、中华优秀传统文化与西方哲学的研究视域打通，如何使在对西方哲学的理解中加入马克思主义哲学及其中国化的合理元素，如何使西方哲学中国化的进程在马克思主义哲学中国化的参照甚至引领下少走弯路、沿着正道向前推进，马克思主义哲学的视域已成为理解视域中无法缺席的内在组成部分。

　　这样看来，视域融合是一种方法性的研究"西方哲学中国化"的经验。它的方法性就在于在融合中创生新理念，在新理解中相互推动的辩证发展方式。

（三）结构性关系的深层探索

20世纪80年代以前，以苏联教科书为样板的哲学研究始终坚持在马克思主义哲学指导地位的前提下，对西方哲学采取拒斥甚至谴责之势，中国化马克思主义哲学的研究始终是站在唯物主义的立场上对以唯心主义为代表的资产阶级哲学进行抨击批判，也即对西方哲学的猛烈批驳。在这种思想受到牢牢禁锢，哲学对话、视域交融、思想互鉴尚未萌芽就被扼杀在襁褓中的封闭、断绝状态下，任何理论交流与思想创新的可能都不可想象。而对于这一僵化体制的反思与尝试及对这一封闭态度的破除，则为哲学研究的进展与中西哲学交流互鉴的创新开辟了可能的发展空间，使以马克思主义哲学为指导的西方哲学中国化走上正确轨道有了希望与雏形。20世纪90年代以后，交流互鉴、互通有无的文化语境与思想氛围的创造为西方哲学和马克思主义哲学的创造性转化与创新性发展真正提供了现实条件与实践支撑，使得二者的发展走向了更为深层的结构性探索。

1. 超越教科书

西方哲学与马克思主义哲学自20世纪80年代调整了结构基础，超越教科书哲学被纳入这种结构性基础调整的关键地位。

20世纪80年代以前，在我国哲学界占主导地位是当时通行的、在各大高校里讲授的哲学原理教科书理解模式下的马克思主义哲学，这也就是我们今天所说的"教科书哲学"。"建国以来前30年的哲学的一个突出特征是，人们把通行的哲学原理教科书当作模式化的马克思主义哲学理论体系，以它为标准来区分马克思主义哲学与非马克思主义哲学，并以它为指导来构建哲学的各二级学科（如中外哲学史、伦理学、美学、逻辑学、宗教学、科技哲学等），还以它为根据来规范人们的政治生活、经济生活、文化生活、精神生活和全部社会生活。"[①] 不过，这种状况在20世纪80年代得到了改善，进而在90年代以哲学的自我理解为核心开放性、反思性地研究各种哲学问题。在这段时期里，马克思主义哲学在哲学史上所实现的彻底性、颠覆性的变革，使其在很大程度上超越与终结了传统西方哲学，使哲学在开辟沉入现

① 孙正聿：《当代中国的哲学历程》，载《教学与研究》2001年第8期。

实生活的转向中不断向现实生活世界回归，而对哲学如何立足于现实的呼求也越来越成为这一时期哲学研究的主导性声音。

马克思主义哲学之所以能够超越以往传统哲学，在哲学史上形成开创性、根本性的观念变革，最核心的问题正在于其在实践的观点与坚守上超越了以往任何哲学，并以实践的观念对哲学做出全新理解。显然，近代哲学并没有将关注点聚焦于实践，离开这一原则去解读哲学，传统哲学教科书也正是在这一框囿范围内循环往复着近代哲学这一无法跳出的"窠臼"，现代哲学和马克思主义哲学之所以形成了与近代哲学和传统教科书的分水岭，正是因为其高高地站在"实践"的思想巅峰之上。是否站在"实践"的高峰上去理解马克思主义哲学直接意味着到底是将马克思主义哲学划入现代哲学的阵营，还是将马克思主义哲学立足于近代哲学继续保持这种对立与分野。近代哲学恰恰是在脱离"实践"的意义上去解释马克思主义哲学，无法看到马克思主义哲学内在"实践"性的根由直接标榜了其作为现代哲学与传统哲学之间的决裂以及与现代西方哲学之间的一致性，以致长期以来对马克思主义哲学的研究始终被框囿在传统教科书框架之内。所以，所谓"教科书式哲学"正是以近代哲学的观点去套牢马克思主义哲学的解释方式与话语表达，使马克思主义哲学披上近代哲学的解释"外衣"，扮演起为近代哲学服务的角色。

马克思主义哲学在"教科书式哲学"的权威话语与解释效力下沦为近代哲学的"婢女"，在对近代西方哲学不断服务的同时直接展露出对现代西方哲学的敌意——不断地抨击与批判现代西方哲学走上了一条与传统西方哲学大相径庭的不归之路。加之马克思主义哲学特殊的身份使其在意识形态领域始终占据着主导话语权与"罢黜百家、独尊儒术"的地位，所以"教科书式哲学"便成了区分马克思主义哲学与非马克思主义哲学身份的唯一标识，也成为评判一切哲学性质的权威"判官"。教科书式哲学以近代哲学为解释视域与话语框架来阐释马克思主义哲学，实质上是对马克思主义哲学身份的错误理解与失误锁定。但加之中国学界长期对现代西方哲学关注与研究的缺失，无法发现与开掘出马克思主义哲学与现代西方哲学之间的相似与相异性，更遑论直接识别与阐明其作为现代哲学的内在本质，从而长期错误地停滞与束缚于以近代哲学的解释视域与观念理论为基础的"传统教科书式哲学"之中。

现代西方哲学在超越传统西方哲学上做出了众多努力与探索，正是这一坚持不懈的"修正的形而上学"（施特劳森语）的发展，使得现代西方哲学的发展在哲学的推进与创造上开辟了众多转向，与马克思主义哲学共同为现代哲学的发展做出一定贡献。譬如，在对世界始基、本原的追索上，现代西方哲学家们将目光从古代朴素物质形态或是"绝对精神""理念""上帝""自在之物"等超越人的理性而为之主宰的某种超自然力量或不可追问之物，逐渐转移与下沉到此岸世界，密切关注人的现实生活与生存境遇而"回到了情本身"。但值得注意的是，这一思想转变与目光迁移的过程并未摒弃千百年来西方哲学传统所孕育的人文精神，是在坚持追索形而上学终极价值、终极理想、终极意义的过程中将"人"这一核心命题加以凸显，继续完成着西方哲学追问世界、探索本质、开启未来"能否思想与有无意义"的历史使命。正是在这一哲学视野与话语的诸多转向中，现代哲学使二元对立的思维方式从割裂回到统一，形成主客体有机统一的密不可分的主体间性。但是一直以来沿用的传统教科书式哲学显然并未采取这样的审慎、理性而辩证的研判，仍然停滞于现代西方哲学是一种主观唯心主义式的黑格尔式主客体统一思想之中，仍然为现代西方哲学贴上唯心主义的标签，展开批判。事实上，现代西方哲学家提出的主客体统一思想已经超越了传统西方哲学关于旧唯物主义与旧唯心主义争论的狭隘界限，在强调人应当向与之产生诸多意义关联的物理世界敞开的生命过程中完成主客体统一，而非简单、机械、僵死地对外部物理世界加以全盘否定，割裂人与之产生的关系，而密切关注与人类现实生活相关的问题。所以现代西方哲学家们提出的问题与哲学论证只是在强调有意义的与外部物理世界交往，找寻人与外部世界的关系，在不否定外部物理世界存在的前提下有选择性地聚焦人的现实生活，彰显人的现实生活世界的重要价值。因此，"这些流派所讲的主—客融合一体论，是其重人生、重现实生活、反对离开人生抽象谈论哲学的思想表达，同时也是其注重人与人之间互为主体而非以己为主、以他为客的平等互尊的思想表现。马克思主义哲学研究应当吸取这些思想以丰富自己的哲学和人生意义。其实，马克思主义哲学主张实践优先于认识，实践饱含有主客融合一体优先于主—客关系的思想，它与现当代其他哲学思想（例如海德格尔的'上手的东西'优先于'在手的东西'）是相异又相通的，只是还有待在马克思主义实践观点的意义上进一步阐发。我们需要从西方现当代哲学那里得到启发，从而对马克思主义哲学的原本原义深深地加以发掘、发挥和发展。"①所以在过去传统教科书式的路向上，始终将马克思主义哲学封闭起来，将马克思主义哲学与现代西方哲学之间进行二元分割，视为不相关联的两件事情，而没有看到马克思主义哲学与现代西方哲学在关注人、现实生活等方面之间的相似性与可沟通性。特别是在西方马克思主义哲学在现代西方哲学中成为越发凸显与热门话题时，其与马克思主义哲学的关联性也一度被忽视。致使对马克思主义哲学与现代西方哲学关系的研究没有取得创新性成果与突破性进展。

然而事实却是，在充实与深入马克思主义哲学本质理解与研究中，逐渐理解了现代西方哲学与马克思主义哲学的关联性，即从对传统西方哲学的批揭、反叛与回归到此岸世界、下沉到人的现实生活的价值取向来看，马克思主义哲学与现代西方哲学之间出现了哲学理路而思想理论上的殊途同归。现代西方哲学尽管包含着异彩纷呈、各具特色的流派人物与思想观念，但他们在否定传统形而上学，拒斥"一元论"，打破"基础主义""本质主义"，走出传统概念王国而回到彼岸世界，在人的现实生活中开启现实向度而非抽象玄设等方面却形成了一致的理论取向与研究旨趣。从这些方面来看，马克思主义理论与现代西方哲学具有一定相似性，即在走出传统形而上学与走进人类生活世界的双重维度上"握手言和"而非"分道扬镳的"。因此，站在拒斥传统形而上学与回归此岸尘世生活的视域上，能够深入细致地把握"马克思主义哲学和其他诸多现代哲学派别都是从 19 世纪中叶开始产生，都是这同一个时代的产儿，都具有上述反形而上学性和抽象性、主张具体性和现实性的特征。可以说，时代决定了它们是天生的盟友"②。因此，马克思主义哲学就其本质而言属于现代哲学，是在现代性发生发展道路上最重要而不可忽视的哲学，马克思主义哲学与时代同兴，与思想同在。

---

① 张世英：《必须发展马克思主义哲学——谈中国的马克思主义哲学与西方现代哲学的关系》，载《学术月刊》2001 年第 8 期。

② 张世英：《必须发展马克思主义哲学——谈中国的马克思主义哲学与西方现代哲学的关系》，载《学术月刊》2001 年第 8 期。

2. 实践生长点

如果说超越教科书哲学是构筑起西方哲学与马克思主义哲学开展积极对话的平台与地基，那么逐渐以在马克思主义哲学所创造的实践语境中开辟出二者进一步交流互鉴的空间，则是助推马克思主义哲学中国化、西方哲学中国化、与中西对话的新型基石。

改革开放的历史性变革与时代性创造使得西方哲学与马克思主义哲学各自冲破原有的禁锢、束缚状态，站在交流对话的平台开启视域融合与思想创新。这不仅为西方哲学在中国的发展营造新良好氛围，使其得以合理借鉴马克思主义哲学中国化的丰厚经验以顺利推进自身中国化进程，更为马克思主义哲学重新找回到了这一失散多年的"朋友"，在这一"老朋友"身上发生的众多新变化中汲取新的有益营养与时代发展、现代化进程所需元素。所以借助改革开放之伟大历史契机，西方哲学与马克思主义哲学以及与中国哲学的交流对话、思想碰撞直接掀起了改革传统哲学教科书的改革浪潮，而这一改革过程呈现出的核心与关键问题正在于如何对马克思主义哲学革命实质的理解。在这一思想对话、理论交锋与观点争鸣的过程中，"主体性"问题和"实践唯物主义"问题再次凸显出来。"实践唯物主义"以实践为核心原则，对马克思主义哲学开辟了崭新诠释向度与解释维度，粉碎了原有禁锢马克思主义哲学的僵死模式与机械框架。可以说，在对马克思主义哲学的理解上，"实践唯物主义"实现了一场理解范式的革命。"在关于'实践唯物主义'的讨论中推进了哲学自身的思想解放，出现了当代中国哲学史上重新理解马克思主义哲学的理论热潮，形成了关于世界观、认识论、历史观和价值论的一个又一个的'热点'问题和'焦点'问题，理论地表征了当代中国实行改革开放的历史进程和当代中国人解放思想、更新观念的心灵历程。"[1]

西方哲学的重新评估与马克思主义哲学的全新解读是同时开启与相伴而行的。可以说，西方哲学的重新定义与别样化解读在一定意义上对马克思主义哲学研究视域的冲破、解放与更新构成了强大助力，也形成了对传统教科书哲学批判视角下研究马克思主义哲学的强大动力。这一发展又为20世纪90年代继续开启西方哲学与马克思主义哲学的哲学对话创造了条件，奠定

---

①　孙正聿：《当代中国的哲学历程》，载《教学与研究》2001 年第 8 期。

了基础。

90 年代以后，随着对哲学理论观念的重新诠释与多元化社会思潮的跟进分析，关于哲学本身的理解得到了新的启示与启发。由此，在立足于"一个或所有问题"性质的哲学观研究中，马克思主义哲学与西方哲学也获得了崭新理解。"与 80 年代的哲学教科书体系改革相比，90 年代的中国哲学出现了从'体系'意识到'问题'意识的重大变化，以及从'热点'问题和'焦点'问题到以哲学的自我理解为核心开放性地研究各种哲学问题的重大变化。"① 在"体系意识"到"问题意识"的转变中，将改革开放历史进程中出现的重大现实问题转化为哲学问题，由此形成了以马克思主义哲学为理论资源和方法论原则，以重大现实问题反思为依托的"开拓性哲学""准原理哲学""分支哲学""部门哲学"，构成当代中国马克思主义哲学的衍生形态，生动地体现出马克思主义哲学在改革开放中所焕发的生机活力，促进了改革开放和现代化建设。②

正是在这一哲学体系与问题意识的变革性进展中，理论对话与视域融合创生性地形成了众多崭新理论成果。这些理论成就既包含对传统西方哲学在现代的诸多转向的理解，也形成对马克思主义哲学在对话性创新中对以往立足于近代哲学而形成的教科书式研究范式与思维定式的破解。由此，正是在对广阔的西方哲学史背景重新加以建构与把握的基础上，西方哲学与马克思主义哲学的关系、现代西方哲学与传统西方哲学之间的断裂与传承、马克思主义哲学与现代西方哲学之间的"握手言和"与"分道扬镳"等理论问题的新生领域，都在思想的开辟中进入理论融合与对话创新的崭新视野。与此同时，西方哲学研究也在宽松和自由的氛围中得以深入展开，并围绕现象学、存在主义、哲学解释学等学派先后出版了一大批翻译作品和研究著作，西方哲学从 80 年代的述介性研究逐步转向更加深入的专题性研究，从"哲学就是认识史"进入"哲学就是哲学思想理论创新的发展史"的发展阶段。

进入新世纪之后，马克思主义哲学研究在三个维度上进一步展开，即如何更好地对文本形成创造性解读与创新性阐发，如何在根植于实践的过程中

---

① 孙正聿：《当代中国的哲学历程》，载《教学与研究》2001 年第 8 期。

② 孙正聿、王海峰：《用理论照亮现实：马克思主义哲学中国化的百年回顾与展望》，载《社会科学战线》2021 年第 1 期。

对马克思主义哲学形成创新性发展，如何在西方哲学的现代转向中找寻马克思主义哲学与其对比的"同与异"，以助力马克思主义哲学与现代西方哲学的进一步发展。西方哲学研究则在述介性研究和专题性研究的基础上，进一步展开文本解读和哲学通史的研究。其中，叶秀山、王树人主编的八卷本《西方哲学史》学术版，刘放桐、俞吾金主编的《西方哲学通史》丛书，赵敦华的《西方哲学简史》以及张志伟的《西方哲学史》，还有众多著作，如张志伟《西方哲学问题研究》（人民出版社，1999 年），彭越、陈立胜《西方哲学初步》（广东人民出版社，1999 年），凌瑜郎《西洋政治哲学史》（五南图书出版公司，2000 年），张志伟、欧阳谦《西方哲学智慧》（中国人民大学出版社，2000 年），冯契、徐孝通《外国哲学大辞典》（上海辞书出版社，2000 年），李平、徐文俊《智慧之境：外国哲学研究》（广东人民出版社，2000 年），李朝东《西方哲学思想》（甘肃人民出版社，2000 年），姚大志《现代之后：20 世纪晚期西方哲学》（东方出版社，2000 年），赵敦华《现代西方哲学新编》（北京大学出版社，2000 年），刘放桐《21 世纪新编现代西方哲学》（人民出版社，2000 年），杨祯钦《当代西方哲学思想述评》（广西师范大学出版社，2000 年），关春玲《当代西方哲学思潮》（东北林业大学出版社，2001 年），陈村富《宗教与文化：早期基督教与教父哲学研究》（东方出版社，2001 年），胡明《现代西方哲学》（山西人民出版社，2001 年），范汉森《当代西方哲学思潮》（甘肃人民出版社，2001 年），邹铁军《现代西方哲学》（吉林大学出版社，2001 年），曾志《西方哲学导论》（中国人民大学出版社，2001 年），汤用彤《西方哲学讲义》（佛光文化事业公司，2001 年），严春友《西方哲学新论》（中国社会科学出版社，2001 年），胡伟希《中国本土化视野下的西方哲学》（首都师范大学出版社，2002 年），宋继杰《BEING 与西方哲学传统》（河北大学出版社，2002 年），黄颂杰《西方哲学多维透视》（上海人民出版社，2002 年），黄颂杰《西方哲学名著提要》（江西人民出版社，2002 年），衣俊卿《西方哲学研究丛书》（黑龙江人民出版社，2002 年），赵敦华《西方哲学的中国式解读》（黑龙江人民出版社，2002 年），郭庆堂、孟伟、丁祖豪《20 世纪西方哲学在中国》（中国矿业大学出版社，2002 年），吴连连《现代西方哲学与社会思潮述评》（武汉理工大学出版社，2002 年），程志民、江怡《当代西方哲学新词典》（吉林人民出版社，2003 年），马抗美《现代西方哲学评介》（中国政法大学出版社，2003 年），周宏《现代西方哲学论略》（苏州大学出版社，2003 年），常健、李国山《欧美哲学通史：现代哲学卷》（南开大学出版社，2003 年），赵敦华《西方哲学经典名著选读》（中国人民大学出版社，2003 年），张传开《西方哲学通论》（安徽大学出版社，2003 年），刘学义《西方哲学史稿》（甘肃人民出版社，2003 年），史明《西洋哲学序说》（记忆工程股份有限公司，2003 年），韩东晖《智慧的探险：西方哲学史话》（中国人民大学出版社，2003 年），叶秀山《哲学作为创造性的智慧：叶秀山西方哲学论集》（江苏人民出版社，2003 年），张志伟《西方哲学十五讲》（北京大学出版社，2004 年），严春友《西方哲学新论》（中国社会科学出版社，2004 年），杨芳《西方哲学精神探寻》（贵州人民出版社，2004 年），刘绍航、刘绍坤《西方哲学散步》（黑龙江人民出版社，2004 年），谢颂羔《西洋哲学 ABC》（全国图书馆文献微缩中心，2004 年），张志伟《写给大众的西方哲学》（中国人民大学出版社，2004 年），张汝伦《现代西方哲学十五讲》（北京大学出版社，2004 年），尚伟《现代西方哲学简明教程》（解放军出版社，2004 年），支运春《现代西方哲学八大思潮评析》（重庆出版社，2004 年），邓康宁《现代西方哲学思潮评述》（中国农业大学出版社，2004 年），张庆雄、周林东、徐英瑾《二十世纪英美哲学》（人民出版社，2005 年），艾耶尔《二十世纪哲学》（上海译文出版社，2005 年），李汉民《现代西方哲学概要》（广东高等教育出版社，2005 年），张祥龙《当代西方哲学笔记》（北京大学出版社，2005 年），庞学栓、杨大春、黄华新《二十世纪西方哲学的分化与会通》（浙江大学出版社，2005 年），黄德兴《现代外国社会科学文摘》（上海社会科学院《文摘》杂志社，2005 年），张志伟、马丽《西方哲学导论》（首都经贸大学出版社，2005 年），张祥龙《西方哲学笔记》（北京大学出版社，2005 年），邓晓芒、赵林《西方哲学史》（高等教育出版社，2005 年），宗白华《西洋哲学史》（江苏教育出版社，2005 年），雷红霞《西方哲学中人学思想研究》（湖北人民出版社，2005 年），王华《见证永恒：西方哲学经典著作拾零》（山东大学出版社，2005 年），蒋年丰《与西洋哲学对话》（桂冠图书股份有限公司，2005 年），陈村富《转型期的中国基督教：浙江基督教个案研究》（人民出版社，2005 年），韩震《西方哲学概论》（北京师范大学出版社，2006 年），陈佩雄《西方哲学史》（吉林音像出版社，2006 年），夏基松《现代西方哲学》（上海人民出版社，2006 年），张之沧、林丹《当代西方哲学》（人民出版社，2007 年），复旦大学现代哲学研究所、中国现代外国哲学学会《现代外国哲学》（人民出版社，2007 年），黄颂杰《现代西方哲学辞典》（上海辞书出版社，2007 年），丁晓金《现代西方哲学辞典》（上海辞书出版社，2007 年），单纯《现代西方哲学中的启蒙思想》（中共中央党校出版社，2007 年），包利民《西方哲学史：基础文献选读》（浙江大学出版社，2007 年），杜志清《西方哲学史》（高等教育出版社，2007 年），赵敦华《西方哲学经典讲演录》（广西师范大学出版社，2007 年），方朝晖《思辨之神：西方哲学思潮选讲》（复旦大学出版社，2007 年），陆敬忠《西洋哲学导论：哲思核心理念生成发展史》（洪叶文化事业有限公司，2007 年），李国山《欧美哲学通史精编本》（南开大学出版社，2008 年），王平陵《西洋哲学概论》（全国图书馆文献微缩中心，2008 年），刘立群《超越西方思想：哲学研究核心领域新探》（社会科学文献出版社，2008 年），冯俊《从现代走向后现代：以法国哲学为重点的西方哲学研究》（北京师范大学出版社，2008 年），王蓉拉《当代西方哲学综述：评析马克思主义与当代西方哲学的相互关系》（上海学林出版社，2008 年），江怡《当代西方哲学演变史》（人民出版社，2009 年），刘放桐《西方近现代过渡时期哲学：哲学史上的革命变革与现代转型》（人民出版社，2009 年），陈嘉明《现代西方哲学方法论讲演录》（广西师范大学出版社，2009 年），李超杰《现代西方哲学的精神》（商务印书馆，2009 年），江怡《当代西方哲学演变史》（人民出版社，2009 年），谢劲松《20 世纪的西方哲学》（武汉大学出版社，2009 年），孙周兴《后哲学的哲学问题》（商务印书馆，2009 年），文聘元《你不可不读的西方哲学故事》（吉林出版集团有限责任公司，2009 年），马采、陈云《世界哲学史年表》（华夏出版社，2009 年），高宣扬《欧洲评论》（同济大学出版社，2010 年），张一兵《欧洲思想文化之哲学研究》（中国大百科全书出版社，2010 年），洪汉鼎《当代西方哲学两大思潮》（商务印书馆，2010 年），陶秀璈、包也和《马克思主义哲学与近现代西方哲学原著选读与解读》（研究出版社，2010 年），涂继亮《现代西方哲学研究》（社会科学文献出版社，2010 年），俞吾金《现代外国哲学》第 2 辑（人民出版社，2011 年），李朝东、姜宗强《现代西方哲学思潮》（高等教育出版社，2011 年），舒远招《西方哲学原著精义选讲》（湖南教育出版社，2011 年），王干才《西方哲学讲演集》（中央编译出版社，2011 年），王路《读不懂的西方哲学》（北京大学出版社，2011 年），杨适《哲学的童年：西方哲学发展线索研究》（中国社会科学出版社，2011 年），尚墨《图解西方哲学故事》（西苑出版社，2012 年），王丹《西方哲学史简明教程》（大连海事大学出版社，2012 年）等，都是新世纪西方哲学研究的代表性著作，多半成为高校西方哲学课程的基础性教材。

（四）范式创新的未来启思

回溯过去关于西方哲学和马克思主义哲学的研究怎样实现二者汇通成为时代性理论话题。面对此问题时，借助解释学的"视域融合"研究方式与审视姿态，依据解释学的观念，是实现视域融合的前提性条件，是使对话双方相互尊重与平等对待的方法之一。

从西方哲学中国化在中国的历程剪影来回顾，彼此尊重是双方能够展开对话的可能性前提，只有互相尊重，彼此存在的偏见才能消解，平等交流的平台才会建构进一步促进视域融通与观点互动才会创造发展。当然，在这一观念交流、理论互鉴的过程中，不存在一方不假思索的完全接受另一方，或者一方采用武力强迫的方式强行塞给另一方这样的极端化局面，而是在有机互动中对所探讨问题形成新的认识与新的阐发。当然，这一互动过程的前提便是双方都抱持一种开放互鉴的心态，彼此向对方积极敞开自身，清晰阐明自身观点，不仅为对方营造顺利进入的通道，也同样为自己创造顺利进入的条件。这种开放的心态并非仅仅是对优秀文化的传扬而对落后与不足之处的有意"遮蔽"，而是在面向彼此敞开过程中，既对优秀文化理论积极传播，又接受彼此建设性意见，以使自身不足之处得到补充完善。所以伽达默尔说才说："谈话中的相互理解，既包含使谈话伙伴对自己的观点有所准备，同时又要试图让陌生的、相反的观点对自己产生作用。如果在谈话中这种情况对谈话双方都发生，而且参加谈话的每一方都能在坚持自己理由的同时也考虑对方的根据，这样我们就能在一种不引人注意的、但并非任意的观点交换中（我们称之为意见交换）达到一种共同语言和共同意见。""谈话中的相互理解不是某种单纯的自我表现和自己观点的贯彻执行，而是一种使我们进入那种使我们自身也有所改变的公共性中的转换。"① 伽达默尔也积极强调，对话的成功体现为一种理解的获得，或者说双方达成某种共识。只有在平等、开放的心态下不断推进西方哲学与马克思主义哲学的对话，视域融合与对话互鉴才有可能由一种可贵的探索变成真正的实践。

从当前西方哲学中国化的进展来看，西方哲学与马克思主义哲学之间的对话态势与推进程度正一步步加深与向前开进。在推进中如何建立起主客体之间的对话机制，使主体不再认为客体是与之截然对立的，甚至是毫无干涉的对象，而是可以在互通有无中互相汲取借鉴的重要主客统一体，对于推进西方哲学与马克思主义哲学或者是中国哲学的对话将会奠定良好基础。由此一来，马克思主义哲学与西方哲学从"敌对"变成"朋友"的转变为二者确立了积极对话的前提。但仍然需要注意的是，有些人提出了诸多担心与设想：西方哲学与马克思主义哲学的对话，乃至西方哲学思想对马克思主义哲学造成的冲击与影响，是否会在一定程度上将马克思主义哲学导向错误方向，在偏离既定正确发展路向的过程中走向唯心主义，或者逐渐丧失马克思主义哲学的话语权，削弱影响，进一步危及马克思主义哲学在中国的指导地位。从实际发展情况来看，我们既是在自身不断社会实践中体悟马克思主义哲学的精神内涵与中国化精神实质，更是在与西方哲学思想对话与视域融合中逐步完成。唯其如此，才可以避免以对立的方式拒斥西方哲学对马克思主义哲学中国化的助益作用，也才可以以正确的姿态从教条主义的马克思主义哲学中走出来，在交流互鉴中助推马克思主义发展。以平等对话的姿态促进与借鉴西方哲学精神资源以发展马克思主义。举例来说，"西方马克思主义将马克思主义理论成功融入到了现代性的理论话语之中，在这个过程中马克思主义资源的可识别性和不可替代性十分明显，并且与马克思主义理论不同的是，融合二者的西方马克思主义更侧重揭示当代资本主义的时代困境和矛盾，更能推动发展马克思主义理论，具有鲜明的时代特征和问题意识"②。

---

① ［德］伽达默尔：《真理与方法》下卷，洪汉鼎译，上海译文出版社 2004 年版，第 500 页。
② 邹诗鹏：《西方马克思主义研究的资源性意义及其反思》，载《马克思主义理论学科研究》2019 年第 5 期。

因此，不仅不会偏离马克思主义的基本精神，而且更能够在融合西方哲学传统人文精神与中华优秀传统文化资源与中国社会深刻实践的过程中，继续彰显马克思主义以实践变革世界的根本方法与本真精神。这一过程便是在清理错误意见与探寻终极真理相交织的过程中逐渐"面向事情本身"，修正"意见"，变革"成见"，以"修正的形而上学"不断接近真理的探索实践。当然，这一过程不会成于一朝一夕，一蹴而就，而是在不断对话、不断厘清、不断交流过程中循序展开。既使关于西方哲学的成见得到有效清理，又使关于马克思主义的本真精神、本质理解与创造发展获得突破性理解——既突破之前对马克思主义囿于近代哲学教科书式框架的理解，突破教条主义的马克思主义的墨守成规，突破西方哲学站在彼岸与之分庭抗礼、截然相对的错误认知，使西方哲学与马克思主义哲学在彼此信任对话中走进对方，在面向彼此与面向中国事情本身时共同敞开更加宽阔的视野，借助彼此形成更加广阔的理解，形成更有创建性的理解。因此，偏执于西方哲学或马克思哲学任何一端，放弃二者积极对话的契机等做法都不仅有碍于西方哲学中国化的进程，更无异于当代中国哲学新形态的建构与马克思主义哲学中国化的进一步创新。

"西方哲学中国化"的顺利推进与开展主要包含以下两条路径：其一，在积极对话与视域融合的维度上进一步开辟西方哲学、中国哲学与马克思主义哲学交流互鉴的空间与可能。交流对话与视域融合的方法正是在拓展理论的视野和深度，激发思想的活力与生命，敞开理论的创新与延拓的过程中使三种思想资源各自获得新的养料与发展空间。所以对于马克思主义哲学中国化的发展和当代中国哲学新形态的建构，都需要从西方哲学中国化中汲取营养。而西方哲学中国化的进程也要求、开启并成就了西方哲学与中国哲学和马克思主义哲学的对话互鉴与视域融合的可能与开展。一直以来，对于西方哲学的对话意识与对话方式不仅表现得不太明显，甚至还一定程度上出现了偏差。对西方哲学的"对话"主要表现为对原著的译介、翻译与传播，如何在中西视域融合中真正有效借鉴西方哲学营养而不是囫囵吞枣，意味着西方哲学中国化的思想对话仍然有待开启。如果说对话意识发展不充分、起步较晚或者发展不平衡还有什么表现的话，西方哲学研究者觉觉到不断加强并快速推进与马克思主义哲学主动展开对话的意识，相较于马克思主义哲学的研究者真正落实与推动马克思主义哲学与西方哲学对话意识的自觉性，仍然是滞后且薄弱的。从目前来看，刘放桐在《马克思主义哲学与西方哲学的现当代转向》一文中强调的中国西方哲学研究者应当积极主动开展两者关系研究；赵敦华也在《用中国人的眼光解读西方哲学》中强调了中国学者对待西方哲学吸收借鉴与思想对话的态度与方式，尽管还有学者也曾在其著作或论文中提到如何开展中西之间的借鉴汇通或是中西马三家的交流互鉴，但从总体上来说，国内西方哲学研究者已经形成的关于中西视域融合和对话互通的研究成果还是无法与远不够用"丰厚"来形容的。其二，西方哲学中国化需要回到西方哲学这一源头之处，再度"面向事情本身"。"面向事情本身"意义上的"西方哲学中国化"需要在当代解释学的"视域融合"中实现，解释学意义上的"视域融合"需要在"面向事情本身"的思考中进行，两者共同构成了"西方哲学中国化"的双重内涵。由此，西方哲学中国化的顺利推进与不断完成需要我们本真地去理解西方哲学向世界提出的人类性问题，本色地用中国人的民族方法去解决这一纯粹的追问，本来地用中西思维方式、生命体验、手段方法之间的差异去启发彼此的智慧，在互通有无、交流借鉴中激发更多思考。对于对西方哲学深刻之思的追索与叩问，不是知识论意义上的"拿来主义"，需要生存论层面的体会和印证。在全球化的语境下，在共同体意识中也许需要通过西方思想文化的中介才能真正刺激和再次唤醒哲学的自我意识、思维方式和生活理想。"面向我们自己的事情和问题，在不同的学术传统、文本的视域中会有不同的事情和问题呈现，海德格尔所说的思想方向和视野会把我们引向不同的关注和期待。"①

---

① 孙利天：《让马克思主义哲学说中国话》，武汉大学出版社 2010 年版，第 444 页。

第 六 章

外来文化中国化的文化语境：
何以内化与以何能化

恰如马克思宣告的"独立的哲学"消失了，"西方哲学中国化"并非一种独立存在的哲学流派或哲学样态，而是一种具有深厚支援背景和深层理论根据的思维范式的表现形式。它不仅体现为异质文化交融之中哲学精神内核契合互通的历史进程，表现出建立在差异性基础上"和而不同"的普遍规律，同时亦包蕴着其自身独具的理论特性、思维特质及形式特征。循此，当明确"西方哲学中国化"概念释义和理论内涵之后，还须进一步追问：为什么西方哲学可以中国化？西方哲学中国化得以实现的学理根据究竟是什么？作为西方思想的时代精华，西方哲学无论是内在本质还是外显形式上，均与东方文化截然相异，但其却能够在中华大地上因应历史文明发展需求呈现新的理论旨趣，其背后推动力究竟为何？这种"化"的潜在可能性是什么？这种可能性又是如何得以在实际中体现出实在性的？唯有解答前述一系列根据性问题，才能证明"西方哲学中国化"的提出并非一种拍脑门的独断论，而是理论实在、思维新启、历史必然。

两种异质性思想理念彼此融涵的基本前提，即在于语境的适存。西方哲学中国化既能实现，一方面在于西方哲学在自身话语母体中孕育出来的思想魅力符合现代性时代要求，为中华民族所认同；另一方面在于中华文化独特的整合性的文化语境，能够接纳西方哲学妙谛，并融创具有民族性特征的全新理论模式。西方哲学内涉着批判性精神、形而上终极追索精神、主客分离思维方式等基本思想特征，正是中国追求现代化所吁求的一种气质，故能深深吸引在探寻独特现代化道路和探索全新现代化合理性的中华民族。而中华文化具备的是同西方哲学完全相异的包容性、现实性、合一性的文化风格与气派。正是这种"和而不同""美美与共"的思想原则为西方哲学提供中国化的文化语境。可以说，西方哲学与中华文化两者的结合是建立在差异性基础上的涉及"古—今—中—外"的思想契合。事实上，在语境的舞台创设下，近代以来，不仅西方哲学得以中国化，其他涌入国内的西方文化形式亦是如此，譬如西方文学中国化、西方宗教中国化。每一中国化成果都独具特色，又各存局限。在众成果中，成效显著且极具典范性的则是马克思主义中国化。马克思主义中国化不仅在实践层面实现了理论与实际相结合的基本原则要求，在理论层面实现了空间地域性差异交相辉映中的转化与内化，也在价值层面实现了理念精神的沟通。其成功处佐证着中华文化的整合性语境特征，佐证着文化主体间求同存异之下交融的实在性可能，佐证着西方语境中孕育的思想精粹为时代所需、为中国所化的历史性必然。因此，以马克思主义中国化为鉴照，既能更加清晰地明确西方哲学中国化的学术性特质和学院性局限；也使人深刻意识到，我国哲学社会科学领域须在坚持马克思主义指导下，于时代潮头结合现实所需，充分发挥主体自觉意识，对广博多元的世界文化资源辨识择取、融通创新、为我所用，这也是西方哲学中国化的经验启示。

一、和而不同：语境前设下的能"化"根据

伽达默尔指出："理解其实总是这样一些被误认为是独自存在的视域的融合过程。"① 此中包含两层意思：第一，理解在至少两个异质性内容之间，以差异性为前提；第二，理解需要具体语境的适应性调整，即两种视域的整合重塑。西方哲学中国化的能"化"根据，即在于这种独立视域的自成一体和差异语境的适应融合。故此，倘要弄清西方哲学在中国发展和新生之所以可能的本质性原因，那么关键在于明确西方哲学产生背景与中华文化独特

---

① ［德］伽达默尔：《真理与方法》上卷，洪汉鼎译，上海译文出版社 2004 年版，第 393 页。

语境之间的区别处与契合点，从而觅得两者最终能够在和而不同的姿态中"美美与共"的根源所在，为西方哲学中国化寻根。

（一）出场语境：文化特质的包容性与批判性

"我们就会意识到很多冲突与摩擦的来源都植根于一个事实，这个事实就是不同民族有着深深渗透于他们各种习惯之中的不同哲学。他们无法理解对方，他们相互误解。……使国际争端火药味十足的那种氛围，是一些根深蒂固的误解的产物，这些误解的源头在不同的生活哲学之中"。① 杜威此言表明，两种异质性文化无法共生融合的原因在于互相误解、彼此仇视，恰似黑格尔对西方哲学特征的概括——厮杀的战场。西方哲学正是在彼此对立、相互角逐的文化语境中否定性前行的。因此，我们将西方哲学的出场语境特征概括为一种批判性的文化特质。由于这种批判性特征，西方哲学在本土域内嬗变不已、转向频仍、新意迭现，却也表现出鲜明的斗争性特质。其不唯在自身历史逻辑脉络里呈现一种战场上激烈交锋的思想对垒形式，抑且与他者哲学文化发生碰撞时，常以居高临下的傲慢态度轻视对方，暴露西方中心论立场。如是批判性的文化母体语境，使源生其中的西方哲学难于在多元对话中实现与他者的和谐共生，进而创造出为全人类文明所受益的融合会通的世界性哲学。纵观西方哲学的发展历程，不论是本体论向认识论的转变，还是认识论向语言学的转轨；不论是从追究超验的终极本原到对理性能力确证的嬗变，抑或由现代弘扬理性精神到后现代强调感性本质的更张；西方哲学每一次转向都势必伴生着对此前的否定批判。其生发的语境特征即体现为这种在否定批判的"解构"中佐证自我建构的合理性。这种批判性特征产生双重结果：一是能够在探明前人的理论失误点、逻辑悖论处、思路空白域中扩展哲学思想观念的广度，深化哲学理论的思维深度；二是形成彼此独立、相互对立的总体语境特征，构成一种难于彼此接受、相互和解的悬搁性局面。故此，西方哲学的出场语境不是构成西方哲学中国化的充分条件，但却是不可或缺的必要条件。

较诸西方，中国哲学的出场语境则体现出鲜明的包容性特征，此即中华

---

① 《杜威全集》第 13 卷，赵协真译，华东师范大学出版社 2012 年版，第 191 页。

文化的基本特质。孔子倡导"和而不同",《尚书·尧典》提出"协和万邦",《礼记·中庸》主张"柔远人",晚近费孝通设想"各美其美,美人之美,美美与共,天下大同",凡此种种,无不说明承认差异、包容他者及和谐共处是中华文化最基本的思维方式、价值理念与实践智慧。正是这种包容性特征为西方哲学在中国的重塑、化合与转生提供了语境可能,而根本性地迥别于西方哲学自身的生发语境。中华文化的包容性特质有多维度的表征。首先,在对待外域文化方面,中华民族始终能够敞开胸襟,扬弃吸收舶来文化内容,加以本民族文化特征的糅合,使之在融会中得以应民族所需、为人民所用。中华文化对佛教文化的吸收即是包容性的一个显证。佛教自汉代传入中国,在魏晋南北朝时期蔚然成风,成为中华文化关注的焦点,并在与我国固有的儒、道文化内容的交融会通中落地生根,获得新滋养,达到新高度。逐渐地,儒、释、道成"三足鼎立"之势,甚有三者合一的文化形式生成,此可证诸《西游记》《红楼梦》等古典小说。明末清初随着西方基督教的传入,西学东渐的历程渐趋开启。即便当时闭关锁国的政策使中华文化的保守性压过包容性而多显封闭,但仍有仁人志士提出"遐方文献,何嫌并蓄兼收"(李之藻:《刻同文算指序》)等兼收并蓄的主张。这种文化开放与包容心态,实乃中华民族常持的一般态度和气质,而非某一时期政治方策所能掩盖。其次,在与少数民族文化关系方面,中华文化也始终彰显着屈伸张弛的包容魅力。在汉朝,许多北方民族的器用杂物、乐器歌舞被引进中原,"京都贵戚皆竞为之"(司马彪:《读汉书·五行志》)。而到了魏晋南北朝,则是中华各民族大融合时期,北方民族文化注入中原农耕文化。这种民族融合的繁荣盛果在盛唐时期得以充分彰显,"胡音胡骑与胡妆,五十年来竞纷泊"(元稹:《法曲》)。"胡化极盛一时",胡汉文化的交融相通为促进中华文化的丰富发展助益。正是这种胸怀广阔的文化包容精神,使中华文化独具非凡的融合力和吸引他者的魅力。这种融合力在中华文化的发展过程中起到了关键性的衔接作用,为有机吸收不同地域优秀文明成果、促进地区间文化共识基础上的和谐共生起到了不可替代的作用。并且,随着农耕经济生产方式在扩散中为更多地区的人们所接受,中华文化的包容性又起到促进地区间文化相辅相成,彼此对话交流的推动作用。最后,在思想领域,中华文化展现出兼容百家的气度与融通诸子的智慧。中国思想之"轴心时代"

肇端于思想分裂而活跃的时代，即众声喧哗、"道术为天下裂"的春秋战国，[①]彼时诸子竞秀、百家争鸣、群说纷出，儒家讲仁义敦厚，道家求清静超逸，墨家主谨严兼爱，法家立因势严峻，各有创见妙谛，混成交响为辉煌的思想文化局面。尽管百家主张各有应对与侧重，乃至彼此矛盾，但又相反相成，在思想颉颃之中彼此激荡、取长补短，并在演化过程中追求道术融通。葛兆光指出，百家争鸣曲终收拨，绝不仅仅是汉武帝罢黜百家的结果，"也是由于折中与融通已经兼容了各家，使各家界限日益淡化的结果"[②]。易言之，此乃"折中""融通""兼容""综合"的思想大势使然。嗣后，儒家思想文化虽占据主导，但其在时间上自非一成不变，在空间上更非画地自限，而是能够在发展过程中兼取他家，殆无疑问。比如，孟、荀虽严厉批评诸子，却仍然尽量吸取他家；而《吕氏春秋》则自觉地综合百家。[③]不论是"道术为天下裂"，还是"百川异源而归于海"，分分合合之间可见中华文化兼收并蓄、融通创新的特点。

显而易见，西方哲学在西方文化的母体语境下内生出的是以批判性特征为主的精神气质，而中华文化核心则彰显着包容精神。中西方哲学各有自身独特的出场语境，也在各自出场语境影响下形成各具特色的哲学特性。西方哲学因其批判性、对抗性特质，难于形成一种融合式的世界性文化或世界性哲学的推动功效，但能够丰富延拓哲学思想的维度与深度。相反，中华文化的包容性为一种会通型的世界性新哲学的诞生提供了可能的语境基奠。这种包容性为西方哲学中国化提供了关键条件，使异质文化能够在一种被接受的前提下平等对待，并在自我意识作用过程中化入全新的地域性文化特征和时代性文化要求，在为我所用的目的追索中助推新文化新哲学的创生。所以，强调中华文化包容性乃西方哲学中国化"能化"的根据所在。

（二）时代语境：现代社会发展中的经世致用与形而上追索

"西方哲学中国化"之"中国化"始终立足于中国现代社会的发展进程。从时代化特征来看，西方哲学的中国化始终是与中国社会现代进程紧密

---

① 葛兆光：《中国思想史》第 1 卷，复旦大学出版社 2013 年版，第 66—67 页。
② 葛兆光：《中国思想史》第 1 卷，复旦大学出版社 2013 年版，第 199 页。
③ 李泽厚：《中国古代思想史论》，生活·读书·新知三联书店 2017 年版，第 123 页。

相关的。美国学者吉尔伯特·罗兹曼在《中国的现代化》一书序论中说道，"使用现代化这把钥匙来研究中国，是一个手段而非目标"。如果说广义的"中国化"围绕着中国社会的实践活动不断形成中国化的内容与形式的话，那么西方哲学的"中国化"不仅沉入到中国最真实的社会生活与国情民情中，更时刻关注与回应着中国现代化进程中出现的现代性问题与实践发展需要。可以说，中国的现代化在被动开启到主动寻求中经历着改良、革命、建设、改革的动态发展历程，也正是这一形态迭出的现代化发展使得西方哲学所具有的之于中国人民智开启、精神觉解与思想解放、社会进步的理论效用不断展现出来。一般来说，中国传统哲学中并未出现关于现代价值理念的萌芽，恰是因为中国社会发展并没有自主自觉地生发出现代化因素，现代价值观念植根的现代化土壤尚未在中国形成，而由这样的经济基础决定的观念上层建筑也就没有自主生成的空间与可能。也正是因为如此，没有合理的现代价值观念的支撑，中国社会现代化的经济、政治现实国情也就缺乏坚实的理论基石与评判依据。一般说来，西方哲学中国化一方面参与了中国现代价值观形成的过程，另一方面也伴随着中国文化的现代化不断形成自身的阶段性特征，即五四运动时期形成的"现代化的挑战"、新民主主义革命与社会主义革命时期铸就的"现代化领导的巩固"、改革开放开辟的"现代社会的转型"，以及新世纪新阶段中国迈进的"现代社会的社会整合"。在这些发展历程中，"西方哲学中国化"的时代性特征——哲学思想的冲突、哲学思想的融合、哲学思想的为我所用、哲学思想的形态创新——共同编织出"西方哲学中国化"最为精彩绚烂的内在机理，有力彰显中国人理论觉解中不断展露的文化自信。

中国哲学在其所处的现实境遇中不断构筑其当代新形态，这一建设过程的众多助力因素当有中国传统哲学、西方哲学和马克思主义，三家形态的对话创新与形成的最终合力更是当代中国哲学新形态建设的方向导引与力量牵引。以北京大学哲学系发展为缩影可以看到，金岳霖、冯友兰、宗白华、张颐等哲学大师的参与及其各自从哲学不同领域对北京大学哲学系发展做出的卓越贡献，都促使当代中国哲学新形态的建设呈现出异彩纷呈的趋势与发展态势。对此，时任北京大学哲学系主任的王博这样评价道："张岱年曾经评价说，熊十力、金岳霖和冯友兰三家学说都体现了中西哲学的融合，三者中西的比重是不同的，熊十力是中九西一，金岳霖是西九中一，冯友兰的哲学体系则是中西各半，是比较完整意义上的中西结合。此三家中西结合的比例和效果如何，学者自然可以有不同的判断，但中西融合的趋势是任何的哲学思考和创造都无法回避的。"① 随着 50 年代后北大教研室制度的设立与执行，辩证唯物主义历史唯物主义、中国哲学史、外国哲学史、逻辑学、自然辩证法、美学、伦理学等教研室也相继成立，西方哲学从此拥有了独立的研究阵地，开辟了专门的研究空间。在这种制度的影响与学科交互作用下，许多学者开始接受并研究马克思主义理论，试图处理好马克思主义理论与中国哲学研究之间的张力，在学术性与政治性上不仅使马克思主义理论的生命力得到有效延伸，更使中国哲学的研究得以拓展。譬如冯友兰在编撰《中国哲学史新编》时试图在马克思主义理论的指导下使中国哲学史研究得到焕然一新，当然，这一创新研究的进程也自觉而自然地加入了西方哲学的因素，使西方哲学参与中国哲学新形态的建设在中国人主体自觉与理论自觉中合理铺展开来。再者，"冯定先生有一体两翼的比喻，用来说明马克思主义和中西哲学的关系。马克思主义为体，中西是两翼。"② 而表明西方哲学对于中国哲学形态的作用在自觉认识中逐渐走向了自觉实现。改革开放之后，中国学者在自觉性、开拓性中运用西方哲学知识背景、思维方法、问题意识以开展中国哲学建设的理论意识与学术实践进一步开启，藉此形成的中国哲学对于西方哲学的新解，则是西方哲学中国化在改革开放后进入的新阶段或形成的新境界。

　　进入新世纪以后，以"全球化语境中的文明冲突与哲学对话"学术研讨会为标志的哲学对话与思想创造，则进一步明示当代中国哲学新形态的建构需要突破传统中、西、马学科研究的范式框囿中，认真吸收人类不同文明、文化的优秀资源，在融会贯通、为我所用中真正实现思想的不断交流与对话创造。由此，中国哲学、西方哲学、马克思主义由三足鼎立到"互鉴""汇通"，则是西方哲学的中国式发展与西方哲学中国化发展历程所内蕴的

---

① 何民捷：《百年冷暖看哲学——访北京大学哲学系主任王博》，载《人民日报》2012 年 9 月 13 日。
② 何民捷：《百年冷暖看哲学——访北京大学哲学系主任王博》，载《人民日报》2012 年 9 月 13 日。

合理意义与动态走向。对此，有学者提出："中西马哲学对话与建构中国化的马克思主义形态关系到中华民族的命运。马克思主义对于中国而言，承担着当代中国人的文化命运，它不能孤立发展，马克思主义研究者必须要懂一些西方哲学和中国哲学。"① 所以西方哲学研究在中国哲学、马克思主义发展中所具有的重要地位应当被凸显出来，西方哲学的思想资源与人文精神之于中国哲学的创造性转化与创新性发展被寄予的厚望也理应得到彰显。"中西马哲学都源于对人的生命价值的自我理解和自觉领会，它们从不同视域出发，对合理的生活样式和理想的人生境界提供了其独特的生命智慧与价值理念，这是它们所贡献的最为重要的思想财富。因此，从价值信念的层面进行中西马哲学的对话与融合，将为我们今天立足于中国人的现实生活世界，创造性地综合三种哲学形态的生命智慧与价值理想，拓展和丰富我们对于人的现实生命存在的自我理解，开辟关于人的生命价值创新性的思想视域提供内在的结合点与深层的基础。"②

（三）思想语境：思维立场方面的天人合一与主客分离

西方哲学中国化始终在与中国哲学自身发展的相互比照中不断前行，始终坚持着对传统中国哲学的沿承、转化、创造与创新，从而也始终坚持从中华民族优秀传统文化的基础上使当代中国哲学新形态彰显出中国人的思想性历史与历史性思想。如果说西方文化的到来是对中国传统文化的某种冲击，但与此同时却也具有符合最低标准道德的一些要求——自由、民主、平等；如果说这些要求具有某种程度的普遍性，但与此同时却也决定了其自身的合理性和价值性；如果说这些道德价值具有这样那样的合理性，但与此同时更与中华文化的思想观念产生冲突——等级、秩序、伦理、纲常，即西方哲学一来到中国，首先面临的是"文化保守主义"与"文化激进主义"的不同态度——要么全盘否定，要么全盘接受。如果采取只能这样，不能那样的方式，也只能是一直以来的古为今用，洋为中用，传统文化走不进现代文化，

---

① 孙正聿主编：《中国高校哲学社会科学发展报告：1978—2008》，广西师范大学出版社 2008 年版，第 216 页。

② 贺来：《中国哲学、西方哲学、马克思主义：价值信念层面的对话》，载《中国社会科学》2008 年第 5 期。

现代文化无法容纳传统文化。"在传统的思维和表达中，通过冠以诸如'古典文化'、'中国文化'或'现代文明'这些高级实体之名，而被赋予了自我和人格的特征。对于一切有机的东西来说，诞生、死亡、青年、老年、生命期等概念皆是根本性的。"① 中国哲学作为与西方哲学不同的哲学形态，自身具有的有机构成必然在自身发展过程中不断融入其他元素，西方哲学也是如此。西方哲学在中国土壤中存活与演进，必然要适应中国社会，逐渐处境化、本土化、民族化以成为"中国的哲学"与"西方哲学中国化"，以有效证佐西方哲学中国化与马克思主义中国化同样是一个不断推进、循序发展、创造创新的文化交流与思想融会历程。西方哲学作为一种与中国文化差异较大甚至截然相反的文化形态必然在与中国哲学的相互关系中相对缓慢地实现自身的发展和跃迁。在这一过程中，西方哲学拥有了中国式思维和中国式立场，形成了中国式话语和中国式表达，致力于中国式问题和中国式语境，融涵了中国社会的普遍需求及中国哲学的优势内容。而中国哲学也在与西方哲学的碰撞交流中，丰富自身的理论内容和思维向度，拓展关于现代性发展和现代化建设的理论视角，在中西对话和彼此访问中使中国文化逐渐从引进来向走出去进步。中国哲学也在这个过程中实现自身的现代转型。"西方哲学中国化"过程中时代性、民族性、主体性、大众性基础上的更具文化交融的独特内涵。

西方哲学在中国的发展、西方哲学之于中国哲学的意义、西方哲学对于中国传统文化的价值，都不断表现出西方哲学以其自身独有的思想资源与现代文明对于中国现代化构造所起到的助推之效。对于这一观念，张世英曾指出，中国传统文化中"和而不同"的思想是对西方哲学与中国哲学思维方式与文化理念的调和与融会。超越于西方传统哲学"主客二分"的思想逻辑与中国哲学"天人合一"的传统需要的恰恰是"和而不同"的思想境界。在这个意义上，"和"与"不同"具有了辩证的统一，"不同"之处体现着"和"的可能，而"和"的内容恰恰正是这种"不同"。譬如，中国传统文化中的"道"与西方哲学中的"逻各斯"存在诸多思想汇通与各有特色的殊异之处，对这两个概念、内涵与外延的剖析性开掘与深入性对比，不仅对

---

① ［德］斯宾格勒：《西方的没落》第 1 卷，吴琼译，上海三联书店 2006 年版，第 1 页。

于促进人类性文化创新与思想交流具有重要意义，有效理解西方哲学理念具有助推之效，更启示中国传统文化概念的现代意蕴。还有学者指出："从'道'的观点看，中国的传统哲学之所以更加强调实践性和具象性的一面，其根本原因就在于对'道'的背离。在老子那里，虽有'尚象'思想，但也坚持'尚象互动'。到了后来，'尚象'的思想越来越浓，以致中国传统的思想虽然很深邃，但在概念上却不够清晰和明白；传统哲学还没有上升到理论化的高度。"[①] 而西方哲学始终坚持与追索的"逻各斯"恰好为中国哲学的缺陷做出了补益，为中国传统哲学的这种尴尬处境提供了一种可思考的发展模式与研究出路，从而关于论道的超越正是要积极塑造一种新的中国哲学形态，而这一探索性塑造历程便认真借鉴了西方哲学的重要助力。对此，俞吾金同样谈到中国传统哲学的一个基本特征就是欠缺"严密的认知理论"，也就是"知性思维"。孔子之仁、孟子之义所代表的中国传统哲学侧重的伦理道德维度在概念定义和解释上严重缺环，孔子从未正面表达"仁"的定义和内涵，而只是描述性和评价性的谈论。而关于"天命""天志""天地之性"等内容也至今未有统一的共识或概念澄清。[②] 这种元理论的缺陷就需要通过对西方哲学的学习和营养吸收来进行补充。借助西方哲学对概念澄明的研究方法与求索心态，将中国哲学的概念在逐渐揭示其真实面目，清晰解释其正确内涵，合理阐发其历史与当下意义的过程中构筑当代中国哲学新形态，则是以西方哲学助推中国哲学或者推进西方哲学中国化的重要路向。

二、异曲同工：语境成全下的成"化"参照

西方哲学中国化具有中国语境、时代语境、思想语境的立体"能化"根据，根植于哲学思想文化的总体特征与发展可能性，这种根据也在多元维度的中国化成果中彰显其实在性的确证。如西方文学中国化、西方宗教中国化、马克思主义中国化，等等。但是，每一种中国化成果都各有其领域性特

① 张廷国：《"道"与"逻各斯"：中西哲学对话的可能性》，载《中国社会科学》2004 年第 1 期。
② 俞吾金：《论中国哲学中知性思维的欠缺与重建》，载《哲学研究》2012 年第 9 期。

征与局限性，而只有马克思主义中国化呈现出整全性的超越意义，成为规约其他文化形态中国化的规约性标尺性参照。因此，在中国化成果的梳理和参比中，始终以马克思主义中国化为基本立场与标准，在多元"成化"参照中，突出各成果的鲜明特征与局限性内容，为西方哲学中国化的特点概括做比对思考。

（一）西方文学中国化①

马克思在《共产党宣言》中对资产阶级开辟世界市场，推动全球化的形成与发展，乃至各民族在经济、政治、文化、社会等各个层面互通有无，交往日益密切，从而整个世界在全球化与民族化的交织中快速推进的场面做了不止一次描绘与阐发。"资产阶级，由于开拓了世界市场，使一切国家的生产和消费都成为世界性的了。……旧的、靠本国产品来满足的需要，被新的、要靠极其遥远的国家和地带的产品来满足的需要所代替了。过去那种地方的和民族的自给自足和闭关自守状态，被各民族的各方面的互相往来和各方面的互相依赖所代替了。物质的生产是如此，精神的生产也是如此。各民族的精神产品成了公共的财产。民族的片面性和局限性日益成为不可能，于是由许多种民族的和地方的文学形成了一种世界的文学。"② 而"仅仅因为这个缘故"——这个资产阶级在开辟世界市场时带来的"全球化"的缘故——"单个人才能摆脱种种民族局限和地域局限而同整个世界的生产（也同精神的生产）发生实际联系，才能获得利用全球的这种全面的生产（人们的创造）的能力。"③ 所以全球的成为了民族的，民族的走向了世界的，西方的文学、哲学等众多民族性精神产品正是在这一浩浩汤汤的全球化洪流中涌入中国，并开启一段新的文化旅行。

说到文化旅行，不得不谈到的便是萨义德和他的"理论旅行"思想。他曾在《世界、文本和批评家》一书中做过详细阐发，认为"理论旅行"即是强调对理论的传播、发展、创新作出动态的追踪与描述，这一理论旅行的过程与动物迁徙的过程有着诸多相似之处，都经历了从孕育诞生到跨越时

① 参见国家社科基金重大招标项目：百年来欧美文学中国化进程研究（11&ZD136）。
② 《马克思恩格斯文集》第2卷，人民出版社2009年版，第35页。
③ 《马克思恩格斯文集》第1卷，人民出版社2009年版，第541—542页。

空寻找新的栖息地，再到对新环境的抵制、斗争、碰撞、适应，最后在
"本土化""地方化"的融合与重塑中改变自身，从而获得更多生存发展空
间这样的发展历程。由此，对于西方文学乘着"全球化"的东风而开启的
"中国化"的精彩旅途，以欧美文学中国化作为切入视角，反观西方文学中
国化是如何在"中国化"的语境中走出了一条既独具特色又殊途同归的
"中国化"之路。

　　回溯欧美文学中国化的发展历程，能够清楚地看到其与中国现代化的漫
漫求索征途相伴而行。而对中国现代化进程的阶段划分与思想考量也直接成
就了西方文学中国化的演进阶段与生成路径。总的来看，西方文学中国化经
历了以下几段历程：（1）从1840年鸦片战争到1949年新中国成立可以称作
西方文学中国化第一阶段。鸦片战争的炮火在以坚船利炮轰开封建中国的大
门时，也以迅雷不及掩耳之势涤荡了旧社会的封建思想，使西方社会的思想
观念如潮水般涌入中国。所以中国现代化的进程不仅在物质、器物层面迈出
了先进的步伐，也开启了对西方先进的人文思想的接纳（尽管这一思想接
纳的起点与进程是被动而缓慢的）。此后历经"戊戌变法""辛亥革命"，直
至"新文化运动"，中国人在现代化征途上对西方人文思想重要性与科学性
的认识才逐渐深入、渐次提升。也正是在这样的社会发展与现代化进程中，
中国人对于欧美文学理论与作品的引介也正是与推翻"三座大山"（帝国主
义、封建主义、官僚资本主义）、反抗压迫、民族解放、自强不息、启蒙文
明、求取现代化发展"真经"的时代主题与社会问题紧密相连的。戊戌变
法失败后，梁启超发动"小说界革命"，主张以"新小说"来"改良群
治"，其重要途径之一便是译介与效法外国小说。这不仅促进了晚清小说创
作的兴盛，也推动了文学翻译事业的快速发展。陈大康在《中国近代小说
史论》中指出，梁启超"小说界革命"的倡导是晚清翻译小说跳跃式增长
的主要推动力。先进士人周桂笙、陈景韩等热烈响应梁启超这一主张，积极
翻译域外小说。周桂笙曾云："有志之士，眷怀时局，深考其故，以为非求
输入文明之术，断难变化固执之性，于是而翻西文、译东籍尚矣。"[1] 从中
可知，他们的西方小说翻译是有明确目的与自觉选择的，即出于"眷怀时

---

[1] 转引自陈大康：《中国近代小说史论》，人民文学出版社2018年版，第313页。

局”，以“翻西文”作为输入先进文明的手段，以救亡图存、针砭时弊、启蒙国民与改良社会。诚如林纾所言：“今日之中国，衰耗之中国也。恨余无学，不能著书以勉我国人，则但有多译西产英雄之外传，俾吾种亦去其倦敝之习，追蹑于猛敌之后，老怀其以此少慰乎！”[①] 再如，为向民众传播科学观念，鲁迅倡导“科学小说”，着手译介儒勒·凡尔纳的科幻小说《月界旅行》《地底旅行》。他认为：“我国说部，若言情谈故刺时志怪者，架栋汗牛，而独于科学小说，乃如麟角。智识荒隘，此实一端。格苟欲弥今日译界之缺点，导中国人群以进行，必自科学小说始。”[②] 及至五四文学革命时期，外国文学引入迎来空前繁盛的局面，国人对西方文学的译介与转化进入更趋自觉的阶段，开始“比较有计划地翻译欧美重要作家的名著”[③]。1920 年，沈雁冰在《小说月报》第十一卷第一号发表《小说新潮栏宣言》，列出一份亟须翻译的西方文学清单，包括易卜生、左拉、莫泊桑等二十位作家的四十三篇作品。除作家作品外，新文学建设者们还热忱引入西方文艺复兴以来的各类文学思潮，如现实主义、浪漫主义、自然主义、唯美主义、象征主义、表现主义及未来派等。但他们并非盲目跟从、唯新是慕，而是以之为应对民族危机、解决社会问题与创造新文学的手段，所以“力求做到从时代、社会和新文学发展的需要出发去检验和选择外来的东西，并注入新的因素，因此，在当时发生重大影响的外来思潮都有一个‘中国化’的‘变形’过程”[④]。唯其如此，19 世纪欧洲现实主义成为“五四”先驱及其从者推举的典范。（2）从 1949 年新中国成立到 1978 年改革开放可以视作西方文学中国化第二阶段。这一阶段虽然还在延续对欧美文学的学习、传播与转化，但此时俄苏文学的大力引介、学习与模仿，则使欧美文学中国化进程遭遇“寒流”与阻隔，甚至一度在马克思主义意识形态的领导与向苏联学习“一边倒”的政策中被打入“冷宫”。可以说，欧美文学中国化在新中国成立之后直至改革开放这一发展阶段走了一段下坡路，最终堕入沉寂，是一段艰辛酸痛的曲折发展历程。1952 年 12 月，周扬在苏联文学杂志《旗帜》发表《社

① 转引自陈大康：《中国近代小说史论》，人民文学出版社 2018 年版，第 314 页。

② 《鲁迅全集》第 10 卷，人民文学出版社 2005 年版，第 164 页。

③ 严家炎：《二十世纪中国文学史》上册，高等教育出版社 2010 年版，第 158 页。

④ 钱理群、温儒敏、吴福辉：《中国现代文学三十年》，北京大学出版社 1998 年版，第 12 页。

会主义现实主义——中国文学前进的道路》，提倡"向先进的苏联文学学
习"。他在文中指出，"摆在中国人民，特别是文艺工作者面前的任务，就
是积极地使苏联文学、艺术、电影更广泛地普及到中国人民中去，而文艺工
作者则应当更努力地学习苏联作家的创作经验和艺术技巧，特别是深刻地去
研究作为他们创作基础的社会主义现实主义"。① 在以苏联文学为经验典范
的同时，周扬还提出"仍要继续反对一切盲目崇拜西方资产阶级文学的倾
向"。② 仅就 20 世纪 50 年代而言，俄苏文学作品翻译出版总量已远超上一
阶段总和，而且占了"同时期全部外国文学作品译介种数的三分之二和印
数的四分之三"③。与此相应，俄苏文艺理论受到中国学者高度重视，19 世
纪俄国革命民主主义批评家别林斯基、车尔尼雪夫斯基和杜勃罗留波夫
（简称别、车、杜）在中国大受推崇就是一个显证。温儒敏回忆称："那时
要论证什么问题，或者提出某一论点，总要用领袖或权威的有关语录来支撑
说明。别、车、杜就是经常被搬出来的'权威'。所以有人说别、车、杜是
'准马列'，意思是文学评论家写文章，除了马列主义经典，常常使用的理
论就是别、车、杜了。"④ 相形之下，欧美文学翻译数量颇为有限，且对其
有限度的肯定主要限在 19 世纪现实主义文学；至于 20 世纪"现代派"作家
作品，则一概被视为"20 世纪欧美资产阶级没落期的颓废文学各派别""反
映了没落中的资产阶级的狂乱的精神状态和不敢面对现实的主观心理"，⑤
因而成为一种"被压抑的现代性"。（3）从 1978 年改革开放到 20 世纪末可
以视作西方文学中国化第三阶段。这一阶段是以解放思想与"真理标准"
问题大讨论为起点的。广大人民群众思想的积极解放与对西方文学、资产阶
级文化理念决绝态度的有效扭转使欧美文学中国化迎来了新的"春天"。这
一时期不仅那些在新中国成立时期就已得到引进却长期被束之高阁的西方文
学著作重新"浮出历史地表"，加以温故而知新，一些新的具有时代气息的
欧美文学也在这一对外开放的大门中获得了"入场券"与"通行证"，不断

① 周扬：《社会主义现实主义——中国文学前进的道路》，载《人民日报》1953 年 1 月 11 日。
② 周扬：《社会主义现实主义——中国文学前进的道路》，载《人民日报》1953 年 1 月 11 日。
③ 陈建华：《论 50 年代初期的中苏文学关系》，载《外国文学研究》1995 年第 4 期。
④ 温儒敏：《当代文学思潮中的"别、车、杜现象"》，载《读书》2003 年第 11 期。
⑤ 洪子诚：《中国当代文学史》，北京大学出版社 2007 年版，第 19—20 页。

走进"新"的中国，融入到思想解放的时代潮流之中，开启欧美文学中国化一段新的发展历程。一个典型例证即是西方现代主义的引介热潮，既包括对现代主义文学思潮、作家作品的引入与争论，也包括对相关哲学思想的接受与传播。在 20 世纪 80 年代的中国形成的"弗洛伊德热""萨特热""尼采热"，等等，不仅进一步推动中国社会的思想解放进程，也为当时理论界普遍关切的"人道主义""异化""人性"及"主体性"等问题提供了新的阐述方式、理论依据与反思视角。（4）21 世纪以来则可以视作西方文学中国化第四阶段。这一阶段与以往任何一段欧美文学中国化发展历程相区别的最显著特征就是将中西"对话"的理念充分彰显。可以说，21 世纪之前的欧美文学中国化多是我们在清晰标识主、客身份上表现出对西方文学思想的单向引介与主动学习，"对话"的成分在"学习"的底色中并不突出。而进入新世纪之后，充分彰显中国人的主体姿态，以中国人独特的生命体验与民族智慧去"平等对话"西方文学理论与创作，则是 21 世纪以来以中国人的积极姿态与主动对话为特质的欧美文学中国化的最显著特征。例如，朱立元、王一川、郭勇健、曹顺庆、李怡、刘林、毕日升、麦永雄等人自觉提出"西方文论中国化"议题，致力于西方文论中国化的历史反思与理论探讨，给出合理有效的方法策略，目的是建设面向 21 世纪的中国文论。朱立元在总结百年来西方文论中国化的经验教训基础上，提出"以我为主，批判改造，融化吸收"的"化合"方法与策略。① 李怡认为，首先，西方文论中国化之需要一定要同"文化民族主义"诉求划清界限；其次，西方文论中国化归根到底还是为了中国文论建设；最后，西方文论中国化问题必须充分面对现代中国的文艺创作实践。② 王一川指出，西方文论中国化是中国文论建设的基础与组成。"中国文论建设，意味着在中西对话语境中寻求中国自身的现代文论形态的建构。"③ 从欧美文学中国化的总体历程，可以看到任何一种西方文学在进入中国境地后主动"化"中国与接受中国"化"时所展现出的中国人的主体意识与中国话语、"以我为主、为我所用"理念下的为

---

① 朱立元：《以我为主，批判改造，融化吸收——关于西方文论中国化的思考》，载《中外文化与文论》2015 年第 2 期。

② 李怡：《西方文论在中国如何"化"?》，载《河北学刊》2004 年第 5 期。

③ 王一川等：《西方文论中国化与中国文论建设》，经济科学出版社 2012 年版，第 4 页。

中国社会发展服务的理念、与中华优秀传统文化历史不可分割，以及在马克思主义中国化的相互参照中不断推进的规律与共性。

其一，欧美文学中国化与中国人的主体立场密不可分。费希特曾在《全部知识学的基础》一书中这样写道："究竟我们把后退的步伐还是前进的步伐叫作正量，那根本是完全无关紧要的；而问题仅仅取决于究竟我们愿意把前一种步伐的数量还是把后一种步伐的数量建立为有限的结果。在知识学里，情形就是这样。在自我中是否定性的那个东西，就是在非我中的实在性，反之，在非我中是否定性的那个东西，就是在自我中的实在性；通过相互规定的概念展示出来的就是这么多，别的再也没有了。究竟我们现在把自我中的东西称为实在性还是否定性，完全随我的便。"① 从费希特的这段话来理解，对于任何一种文化形式，我们都可以并应当依据主体自身的文化背景、思想观念、生活习惯采取一种辩证的态度，这种辩证的态度就是以自身的生存发展、生命体验为尺度，不去盲目的"全盘西化"，也不是抱残守缺的墨守成规、"文化复古"，而是以一种摒弃主客二分、"二元对立"的态度对矫枉过正再次矫正，"用中国人独立的辩证性的思维方式和看问题方式，从我们所理解的'中国属性'和中国'特色学说'出发，重新把握外来文化现象"。② 所以"任何思想的接受传播都离不开主体，都要经受主体的过滤、吸收"、③ 辨识、采纳，才能创新、融涵为自己民族的东西，而这对于作为异质文化的欧美文学中国化更是如此。用鲁迅的话说，对待异邦文化形态，"我们要运用脑髓，放出眼光，自己来拿"④。在鲁迅这里，向西方"拿来"的关键在于中国人"自己"的主体性和主动性，"首先要这人沉着，勇猛，有辨别，不自私"⑤。欧美文学乃至西方文化只有接受作为主体的中国人的反思批判、精心筛选与不断甄别，才能真正成为中国化的存在，获得新颖的存在样态。譬如鲁迅吸收借鉴了弗洛伊德主义的"升华理论"，创作了《准风月谈·男人的进化》，明确提出反对禁欲主义而积极肯定性欲是人的

---

① ［德］费希特：《全部知识学的基础》，王玖兴译，商务印书馆 1986 年版，第 79 页。
② 刘建军：《关于"欧美文学中国化"的若干问题》，载《东北师大学报》（哲学社会科学版）2012 年第 3 期。
③ 吕周聚：《西方现代主义文学中国化的内在规律探寻》，载《文学评论》2001 年第 4 期。
④ 《鲁迅全集》第 6 卷，人民文学出版社 2005 年版，第 40 页。
⑤ 《鲁迅全集》第 6 卷，人民文学出版社 2005 年版，第 41 页。

本性。从郭沫若接受、创新以转化为中国人所需要的"尼采主义"来说，其在日本留学时接触到尼采学说并投入到译介之中。他曾这样讲道，"我译尼采，便是我对他的一种解释"，"我是一面镜子，我的译文只是尼采的虚像"。① 之所以这样讲，是因为经过郭沫若裁剪、取舍与加工后的尼采已经不再带有"唯意志主义""酒神精神""超人哲学""新奴隶主义"的痕迹，而是成为了一个敢于向传统封建礼俗权威发起挑战，勇于张扬自我个性与追求自由，坚持批判宗教导致的人的精神异化，从而还原人的真实本性，推动人去热爱生命的"中国化的尼采"。② 可见，欧美文学中国化或者西方哲学的引进都是带着鲜明的中国人的主体色彩与主人精神的，是中国人依据自身需求、民族发展、社会问题与时代要求作出的"面向世界、博采众长"与"以我为主、为我所用"有机统一的选择性吸收与消化性创新。

其二，欧美文学中国化与中华优秀传统文化息息相关。歌德曾经说过，各民族之间，即使不能喜欢，至少要做到相互了解和相互尊重。这里的"相互了解"和"相互尊重"就是在进入彼此文化语境中增进认知，找到二者合理对接与有效对话的契合点，并在此基础上对原有经典文化做出创造性转化与创新性发展。基于此，欧美文学能够开启并不断推进"中国化"进程，则充分证明了其不仅在中华优秀传统文化中找到对话之处，引起彼此共鸣，又以其独特的思想资源与精神财富对中国优秀传统文化做出了融涵、创新与发展。从前者来看，中华优秀传统文化中所孕育的对欧美文学合理接纳与有效对话的"先在视野"与"前理解"是儒家文化与道家文化。以我国对西方非理性主义哲学的积极引介为代表，众多诸如鲁迅、郭沫若、胡适这样的大儒都看到了传统道家学说所形成的思想传统与文化背景在一定意义上为顺利接纳与传播非理性主义哲学思想创造与奠定了先在文化背景与思想基础。胡适曾不止一次强调，对于西方文学、哲学等方面的著作绝不是简单地停留于译介层面，而是必须要深入到西方人的思维逻辑之中找到精神层面的对话与对接点。而这一点恰好在中国人的道家学派中"可望找到移植西方哲学和科技最佳成果的合适土壤"。当然，对于西方科技成果的引进、消化

① 《郭沫若全集》文学编第15卷，人民文学出版社1990年版，第187页。
② 吕周聚：《西方现代主义文学中国化的内在规律探寻》，载《文学评论》2001年第4期。

与吸收，胡适同样看到了中国传统墨家学派在科学技术方面的突出贡献，因而如何将西方科技文明有效移植到墨家土壤之中，胡适又提出"用现代哲学去重新解释中国古代哲学，用古代哲学去解释现代哲学"① 的方式路径。所以从这一点来看，胡适正是以非儒家文化的哲学传统揭示与指明了西方非理性主义文学、哲学思想顺利进入中国，并生根、发芽、开花、结果所需要的生长环境与恰当土壤。同样，郭沫若将老子与尼采互相比附，认为"他们二人同是反抗有神论的，同是反抗藩篱个性的既成道德，同是以个人为本位而力求积极开展"②。可见，郭沫若正是在将尼采的思想厚植于老子的道家土壤之中对其作出了吸纳创新与积极改造，创造出一个郭沫若式的尼采，或者说是中国人在那个时代所需要的尼采。当然，也有"无名氏将儒、释、道、耶、尼采哲学、生命哲学、存在主义哲学掺合在一起，建构新的生命观念和新的生命信仰，其《无名书稿》集中体现了这种哲学构想"③。从后者来看，欧美文学中国化或是西方文学中国化都应当深入到中华经典著作中去证佐自身的解释力，彰显自身的对话力，提升自身的融合力，延拓自身的生命力。从西方文学自身思想传统与生成语境来看，新话语的出现与对其生命力的直接检验是将其投放到对传统经典的解释中做出深度考问。而这一点同样适用于欧美文学中国化乃至西方文学中国化进程中西方话语、西方思想对中国传统经典的再诠释与再创新。"就我国的文论引进而言，不管是哪一种流派，如果不能对薛宝钗、宋江、周朴园做出新的解释，就没有生命力。更重要的是，在中国经典文本中，如果不能发现任何超出西方文论观念的东西，就只能说明我们的文学批评还停留在比较幼稚的求同阶段。"④ 所以孙绍振在《西方文论的引进与我国经典的解读》一文中指出，"任何一种文学理论流派，如果不在解读经典文本中有所作为，就不可能有任何重要性"。⑤ 因而欧美文学乃至众多西方文化如果不能对中国"四大名著"以及《阿Q正传》《长恨歌》《西厢记》等这样的经典做出独具特色、丰富的阐释，在

① 胡适：《先秦名学史》，学林出版社1983年版，第8—9页。
② 《郭沫若全集》文学编第15卷，人民文学出版社1990年版，第157页。
③ 吕周聚：《西方现代主义文学中国化的内在规律探寻》，载《文学评论》2001年第4期。
④ 孙绍振：《西方文论的引进与我国经典的解读》，载《文学评论》1995年第5期。
⑤ 孙绍振：《西方文论的引进与我国经典的解读》，载《文学评论》1995年第5期。

经典文本上划出不同于中国人的思想轨迹，就只能暴露出欧美文学理论捉襟见肘的弊端与更无进一步中国化的可能。由此，在中华优秀传统文化中找到容纳西方文学的先在视野与前思想基础，在将西方文学中国化置于中华优秀经典中检验其生命力，是欧美文学中国化乃至西方文学中国化与中华优秀传统文化密不可分的两个重要维度。

其三，欧美文学中国化与中国社会现实（现代化进程）休戚与共。中国在资本主义以商品经济席卷世界的潮流中被动加入到全球化的发展进程，与中国人意识觉醒，开始正眼看世界，向先进文明求解的现代化进程是有机联系、密不可分的。正是全球化的时代潮流与历史发展为中国人接触与学习西方先进文化提供了重要契机，而欧美文学乃至更多西方人文思想也正是在这一进程中开启了中国化旅程，形成了与中国现代化发展和现代性文明培育的同频共振、共同发声。可以说，中国的现代化是在国家外忧内患、江河日下的强大压力下开启的，这一缺乏任何思想理论准备的求变求新，只能借助于西方先进的理论清理与思想建树，所以正是中国社会在近代以来闭关自守、故步自封，以致积贫积弱、逐渐落后于世界潮流的不争事实，决定了我们必须清醒地认知自身的艰难处境，适时、主动地打开国门，在"引进来"与"走出去"的双向进程中开启并推进对西方文化的认真学习与辩证创新。有学者曾经指出，"正是这种历史现实和文化语境，使中国现代文论的建设只能穿行于背负传统和面向世界之间。也就是说，不吸收外来的新思想、新文化以改变传统文论的陈旧格局，我们的文学理论就无法适应新文学的发展和跟上世界潮流；可是，对西方文论若不进行本土化的改造，借来的思想则无从生根，理论批评无法阐释本土的文学实践，中国文学批评不可能实现自身的现代转型，也就不可能获得与世界交流的话语权"。[①] 正因如此，我国历史上众多知名学者才立足于中国社会现实，以社会发展问题与时代要求为导向，在对西方文明与欧美文学适时引入的进程中加入了中国的本土化因素，在将其合理嫁接、移植的过程中使其不断适应中国社会土壤，最终顺利完成了"中国化的西方文学"的转型。例如弗洛伊德的精神分析学说以及

---

① 李定清：《整合·借鉴·创造：西方文学批评的中国化道路》，载《外国文学研究》2006年第2期。

相关精神分析文学作品为"性欲的合法化"做了澄清与正名，而这一观念恰好迎合了中国知识分子抨击中国传统礼教"存天理、灭人欲"的不合理之处，形成了以鲁迅为代表的一批批站在时代前沿，向封建传统发起挑战的文学战士。譬如鲁迅以辩证的态度肯定了弗洛伊德的性欲学说对于解放人性、反击封建道德的合法性，但其同样在坚持与立足于"物质第一性、意识第二性"的哲学世界观的前提下，一针见血地戳破了弗洛伊德离开社会现实与客观实际去奢谈性欲与梦的诸多谬误。鲁迅认为"性压抑"并非与现实社会毫无干涉的"潜意识压抑"，也不是普遍意义上的"泛性欲"，而是在社会生活中不断形成的真实感受，即便梦境的出现也是对现实的再次写照。由此，鲁迅将弗洛伊德关于《梦的解析》和性欲学说与社会生活密切联系起来，在合理的扬弃中使弗洛伊德精神分析理论成为中国现代主义文学批评的重要构成要素。再如茅盾对尼采学说的取舍、运用与改造。可以说，尼采哲学在那个中国知识分子普遍感到自卑、压抑的时代深刻回应了他们的心理需求与社会渴望，使得中国知识分子完全可以从中国的具体国情出发，做出"以我为主、为我所用，为中国社会服务的选择"。茅盾积极评价与肯定了尼采"重估一切价值"对于摧毁封建传统道德、荡涤社会萎靡不振、僵死畸形风气、重新打造适宜中国人精神培育的新道德的重要性，但另一方面，他也谨慎对待了尼采这种超人精神在违背"民主"这一时代吁求与社会发展方向上的不足；与此同时，茅盾又指出尼采"权力意志"对于激发中国人反抗强权、争取和平解放的合理性与助益之效，但这一"权力意志"同样与中国的"民主"进程产生抵牾，存在格格不入或背道而驰之嫌。所以说，从鲁迅、茅盾等一大批知名学者对西方文学的引进、辨识、采纳、转化与创新来看，他们都是立足于中国社会现实，在有效回应中国问题、顺应时代发展、助力现代化进程的维度上做出自身对西方文学中国化的贡献，在培育中国现代性文明、形成中国现代化新文学的视角下展开与西方文学或西方文明的积极对话，从而创造出一种宽容、对话、综合的西方文学中国化思维方式与发展态势。

其四，欧美文学中国化与马克思主义中国化相伴而行。欧美文学中国化与马克思主义中国化时间上的同在性、空间上的同构性以及思想上的同质性——以中国化为终极目标与终极追索——决定了二者在融入中国语境，成为中国化的新形态与新发展，甚至塑造当代中国文学新形态上的同向同行。但需要指出的是，马克思主义中国化所提供的良好经验在一定意义上成为了欧美文学中国化的重要参照，也成为了西方文学中国化得以顺利推进的重要指针。所以从一方面来看，建构起以马克思主义为指导的中国文学体系成为欧美文学中国化的一个重要目标方向，而另一方面，对马克思主义与马克思之后的马克思主义（以西方马克思主义为例）的相关文学思想加以借鉴，又是欧美文学中国化或者西方文学中国化不断推进与顺利发展的重要资源参考。早在 1958 年，周扬就率先提出了"建立中国自己的马克思主义的文艺理论和批评体系"，① 可以说这是我国最早在文学上确立以马克思主义为指导的中国化文学体系目标的建构与设想。此后，在中国土地上的各种国内外文学理论与形式关于如何使自身带有鲜明的马克思主义特色，或者形成马克思主义中国化式的文学内容与形式的思考和探索，便如火如荼地发展起来。正如刘建军所指出的那样，"欧美文学在进入中国后，特别是六十年来，中国一直用马克思主义（或中国化的马克思主义）来指导我们的文学实践，从而形成了中国人用马克思主义的立场、观点、方法来阐释文学发展的崭新模式。这就使得中国的文学引进和研究，从一开始就具有着自觉的理论指导和方法指导，从而形成了中国的欧美文学最鲜明的特性"。② 而除了将马克思主义科学真理作为指导标准与建构中国化文学体系或者推进欧美文学中国化的重要目标，将西方马克思主义中积极有效的文学批评、文艺理论纳入其中，也是不断推进西方文学中国化的重要考量。譬如美国后现代理论家弗雷德里克·詹姆逊，其作为多次来到中国访学交流，深切同情第三世界，并与中国具有一定亲和性的新马克思主义文学批评代表，是我们当下研究与推进欧美文学中国化不可忽视的重要西方马克思主义思想资源。"詹姆逊作为西方当代文坛最富挑战性的马克思主义批评家之一，他所坚持的新马克思主义立场，与我国的主导意识形态、与我国的知识分子所受的教育有一定的亲和力；他视野开阔，涉猎极广，犹如一面多棱镜，能够折射出 20 世纪各种文学批判的面貌；他对后现代文化精辟、锐利的分析，乃至他在理论上的种种

---

① 张峰：《试论西方现当代文学理论的"中国化"》，载《福建外语》2002 年第 1 期。
② 刘建军：《关于"欧美文学中国化"的若干问题》，载《东北师大学报》（哲学社会科学版）2012 年第 3 期。

矛盾和瑕瑜互见的政治批评实践，都可为中国文学批评的建设提供可资借鉴的范例。"① 所以对以詹姆逊为代表的西方马克思主义文学批评的借鉴，也是我们不断向西方文学学习，又适时对其作出创新与改造的典范——这种典范便是深刻把握马克思主义文学思想或文艺评论的科学真理性，在其正确引领下合理借鉴与采纳西方人文思想资源，适应中国具体语境与文化背景，从而成为马克思主义指导下的带有中国特色的西方文学。

以现实主义文学为例，进一步勘查与证实西方文学中国化无论是在内容，还是在形式，都是在历经了与马克思主义的对话、与中华优秀传统文化的对话、与中国社会现实的对话之后形成的具有中国特色、承载着中国人主体意识、到处都展现出中国风貌的现代西方文化。正如钱中文所指出，"当今的现代性，应该是一种排斥绝对对立、否定绝对斗争的非此即彼的思维，更应该是一种走向宽容、对话、综合创造同时又包含了必要的非此即彼、具有价值判断的亦此亦彼的思维，这是一种交往、对话的思维方式。我因他人而获得存在，他人亦因我而获得价值。这是一种新的人文精神的思维方式，也是用于文学研究的思维方式。"所以中国人的现代主义文学不仅是全球化、现代性的直接产物，更是向西方先进文化学习，与西方文明积极对话的重要产物。可以说，西方现代主义文学中形式与内容都为中国文学的发展提供了重要参照借鉴，而这也是助推西方文学中国化的一个重要因子。譬如王国维在撰写《〈红楼梦〉评论》时认真学习与借鉴了欧美文艺批评理论，而正是这一西方文艺批评理论的引介，不仅催生了我国与传统诗学观念大相径庭的现代主义文学理念，填补了我国文艺批评领域的空白，"使我国的文学观念一下子进入了现代"。② 再比如鲁迅借鉴弗洛伊德精神分析的理论内容与表现手法，其在充分运用到文学理论创作时，将封建社会对人的过度戕害、吃人本性、暴殄天物的社会本质，以及人们内心的恐惧彷徨、精神颓废状态揭示得淋漓尽致，而这一以日记体形式创作的代表作便是《狂人日记》。茅盾对此也曾有过重要评价："至于在青年方面，《狂人日记》的最大影响却在体裁上，因为这分明给青年们一个暗示，使他们抛却了'旧瓶

① 李定清：《整合·借鉴·创造：西方文学批评的中国化道路》，载《外国文学研究》2006 年第2 期。

② 陈骏涛：《风雨历程五十载——新中国文学理论批判的回望》，载《文艺理论》2000 年第 8 期。

酒'，努力用新形式，来表现自己的思想"。① 所以对于西方现代主义文学的借鉴直接促进了中国文学的进程与西方文学中国化的发展。此后，施蛰存在20世纪80年代再次谈起对西方文学形式创新的借鉴时，则更加强调西方文学中国化应该采取一种审慎辩证的态度，既不可急于全盘拒绝，又不可盲目一味接受，这种既不加反思又一概排斥的行为都是不可取的。所以正确对待西方文学中国化，就需要"认真吸收这种'进口货'中的精华，受其影响，又摆脱影响，随后才能植根于中国的土壤中，创作出既创新又有民族特点的作品"②。从施蛰存这段话来看，对西方现代主义文学的学习与引介必须注重在"对话"中取其精华，去其糟粕；对西方现代主义文学的创新与转化必须以"对话"的姿态为我服务，为我所用。所以以西方现代主义文学中国为代表的西方文学中国化折射出的"对话"姿态便成为了有效衔接西方文学中国化与马克思主义中国化、中华优秀传统文化、中国社会现实的重要桥梁、纽带。李金发作为现代主义诗歌的代表，在思考借鉴西方现代主义诗歌时曾这样指出，"余每怪何以数年来关于中国古代诗人之作品，既无人过问，一意想外采辑，一唱百和，以为文学革命后，他们是荒唐极了的，但从无人着实批评过，其实东西作家随处有同一之思想、气息、眼光和取材，稍为留意，便不敢否认，余于他们的根本处，都不敢有所轻重，惟每欲把两家所有，试为沟通，或即调和之意"。③ 闻一多也反对中国现代诗歌的发展走上一条过度欧化的道路，而是坚持中国现代主义文学诗歌的发展应当"不但新于中国固有的诗，而且新于西方固有的诗；换言之，它不要做纯粹的本地诗，但还要保存本地的色彩，它不要做纯粹的外洋诗，但尽量又吸收外洋诗的长处；他要做中西艺术结婚后产生的宁馨儿"。④ 所以现代主义文学中国化所表现出的正是如何在"对话"中既坚持中国文学的民族特色，又合理借鉴西方现代主义文学，最终使西方文学能够在中国土壤中有效为中国文学的发展提供养料，助力中国文学新形态的养成，推动西方文学中国化的发展。

---

① 茅盾：《读〈呐喊〉》，载《文学周报》1923年第10期。
② 施蛰存：《关于"现代派"一席谈》，载《文汇报》1983年10月18日。
③ 李金发：《食客与凶年·自跋》，北新书局1927年版，第235页。
④ 《闻一多全集》第3卷，生活·读书·新知三联书店1982年版，第361页。

由此观之，西方文学中国化就是任何一种西方文学在进入中国境地后主动"化"中国与接受中国"化"时所展现出的中国人的主体意识与中国话语、"以我为主、为我所用"理念下的为中国社会发展服务的理念、与中华优秀传统文化历史不可分割，以及在马克思主义中国化的相互参照中不断推进的规律与共性。正如伽达默尔曾指出的那样，"对于自然和历史中与我们照面的所有事情来说，最为直接地向我们说话的当是艺术作品。它拥有一种神秘的亲和力，这种亲和力把握了我们的整个存在，似乎没有一点距离，似乎与它的日常遭遇就是我们自己的遭遇"①，所以从"中国化"的角度开启对欧美文学的研究、比较与创新，就是在这种异质文化中寻找一种似曾相识的感觉，在理性的阐释中为欧美文化给予一个中国的"安身立命之所"，使那种现代主义"神秘的亲和感"在中国的文化语境中继续得到省思与传扬；同样，当马克思主义从"德国化"到"俄国化"再到"中国化"，马克思主义也在中国人实事求是的坚持与发展中不断创新、跃升至一个新的发展水平，并取得了丰硕的发展成果。

但我们能明显体认到，西方文学中国化有着鲜明的表象性特征，它是一种文学亲和力与现实感的描述式融合，而并未达升至思想思维范式层面的深度剖析与精神契合。无论从表现手法还是主题转换方面，西方文学中国化所体现的都是一种借引式的空间移位，而缺少内部核心性的会通向度。所以，西方文学中国化自是有显著成效，但仍存巨大空白域，这种空白是其本身无法弥合的，只能求助于其他文化形式的中国化内容的填补。而西方哲学中国化就是其填充物，它所达至的是一种思想精神层面的回馈高度，不仅限于现象性的描述式交糅，而要求一种本质性的精神气质层次的有机融会，西方哲学中国化的学理性的特征为西方文学中国化的缺憾做了重要补充。

（二）马克思主义中国化

借助对西方文学中国化的历时回溯、不断省思与甄别探查，我们看到了不一样的人类文明存在样态是如何在殊途同归的"中国化"语境中生成的新的发展形态，又是如何以"中国化"的新姿态有效地完成人类现代性文

①　［德］伽达默尔：《美学与解释学》，邓安庆等译，远东出版社2003年版，第473页。

明的传递与创新。从欧美文学中国化乃至西方文学中国化的不同发展历程来看，他们的生成、发展、传播、融涵与创新的过程实际上都与马克思主义中国化相伴而行，也都以马克思主义中国化的成功经验作为重要指导、参照，所以这些人类文明成果之所以能够在异域再绽光彩，结出丰硕成果，正是马克思主义为其提供了如何正确理解与进入"中国化"文化语境的成功典范。

"理论在一个国家实现的程度，总是取决于理论满足这个国家的需要的程度。"①《〈黑格尔法哲学批判〉导言》中马克思的这句振聋发聩的名言充分地证明了任何一个理论的创造生成都离不开其所处的时代与社会环境，而马克思主义中国化也必然体现为在中国社会发展的时代脉搏与实践变革中不断主动应变、自觉反思的创新发展过程。李大钊就曾指出，理论与现实相结合"会因时、因所、因事的性质情形而产生一种适应环境的变化"，而"一个社会主义者，为使他的主义在世界上发生一些影响"，就必须要把它运用于实际的运动之中，"必须要研究怎么可以把他的理想尽量应用于环绕着他的实境"；② 1938 年 10 月，毛泽东在党的六届六中全会上的政治报告《论新阶段》中，第一次明确提出了"马克思主义中国化"的概念，并指出："马克思主义必须和我国的具体特点相结合并通过一定的民族形式才能实现。马克思列宁主义的伟大力量，就在于它是和各个国家具体的革命实践相联系的。对于中国共产党来说，就是要学会把马克思列宁主义的理论应用于中国的具体环境，成为伟大中华民族的一部分。而和这个民族血肉相连的共产党员，离开中国特点来谈马克思主义，只是抽象的空洞的马克思主义。因此，使马克思主义在中国具体化，使之在其每一表现中带着必须有的中国特性，即是说，按照中国的特点去应用它，成为全党亟待了解并亟须解决的问题。"③ 可见，这里的"中国化"是通过马克思主义理论与中国现实的真实结合与运用而呈现出来的，或曰是中国革命和中国建设相互结合的典型呈现——中国特色，具有中国特色的思想才能创造出系统的"中国化"理论——将外来文化"从形式到内容都变成中国的东西"并具有"中国作风

---

① 《马克思恩格斯文集》第 1 卷，人民出版社 2009 年版，第 12 页。
② 《李大钊文集》第 3 卷，人民出版社 1999 年版，第 3 页。
③ 《毛泽东选集》第 2 卷，人民出版社 1991 年版，第 534 页。

和中国气派"，① 这是新中国成立以来我国马克思主义理论工作者的历史使命。因而"中国化"也正是马克思主义以其始终植根于中国社会发展与实践活动中的成功典范来为我们澄清如何正确理解其真实蕴含的。

一般说来，"中国化"可以有两种释读，一是不将其盲目、机械、教条地视作现成的拿来就用的工具，而是在具体的历史发展进程中，使其在中国的具体实践中内在地成为中国的，为中国人所接受并被运用于中国实际的。二是进入'化境'，即会通之境，只有具备了会通的能力，才能在"推而行之谓之通"中实现在中国的"往来不穷"。也就是说，要将其变成一种内在的、本己的能力，达到《周易》所说的"民咸用之谓之神"的出神入化境地。这两种释读共同意味着'中国化'之于中国人已不再是一种作为身外之物的知识，而是祛除了各种形式的外在性之后内化为一种事实上已经拥有的运思能力。② 也可以说这种内化是基于事实判断基础上的价值判断以及审美判断。其实，无论是哪一种释读或哪一种判断，首先应当明确的是能动的主体意识在内化中的主体地位，进而通过主体意识的强化和实践实现内化并促进新文化生成。因此，"中国化"是主要强调由人在"化"或因"人"而化的不断内化于主体意识并自觉认同的一个过程。陈金龙指出，纵观马克思主义中国化的历史进程，领袖群体、知识分子和人民群众共同构成了马克思主义中国化的主体，各自发挥着独特作用。领袖群体是马克思主义中国化的主导者，知识分子是马克思主义中国化的推动者，人民群众在马克思主义中国化过程中处于基础性地位，三者共同作用推进了中国化。③ 马克思主义中国化的主要途径是用中国人的"问题意识、人文关怀、思维立场和话语体系"对马克思主义基本原理进行"系统的知识化、学科化和理论化建设"，只有以中国社会的实际和实践为"样本"，以时代需要和主体愿望为目标，才能为积极占据舆论阵地、主动掌握话语主导权"奠定一个坚实的

---

① 汪信砚在《马克思主义中国化"辨误"》（载《哲学研究》2008 年第 10 期）中指出："马克思主义中国化"是要把马克思主义从形式到内容完全变成中国的东西，但它是要以中国的形式和内容来体现马克思主义的精神实质，从而创造一种既是中国的又是马克思主义的"中国的马克思主义"。这种"中国的马克思主义"不仅因其体现了马克思主义的基本精神而仍然属于马克思主义，而且因其与中国的具体实际相结合而丰富和发展了马克思主义。这一说法道出了马克思主义中国化的真实而深刻的内涵。

② 何中华：《马克思主义中国化四问》，载《东岳论丛》2010 年第 10 期。

③ 陈金龙：《马克思主义中国化的主体探析》，载《马克思主义研究》2010 年第 5 期。

学术基础"，真正通过创造性转化和创新性发展实现中国马克思主义理论新形态的建构。

马克思主义不断实现中国本土化、以新的经验丰富和发展马克思主义的基本原理，进而指导社会改造与发展的过程和结果，这其中不仅要把马克思主义从形式到内容完全"化"到中国的传统文化之中，更要以中国式思维重新理解马克思主义所代表的西方文化精神，追溯马克思主义的思想资源，把握马克思主义的理论实质，从而创造一种既深刻体认、容纳马克思主义的合理内涵和基本精神，又立足中国本土情境体现中国的哲学文化资源与话语体系的中国化马克思主义。因此，马克思主义中国化充分彰显出其在理论内容、思维方式、实践落实、价值诉求等各个方面的整全性。而成为一切中国化理论的核心参比标准与规约框架。

三、循道而趋：西方哲学中国化的经验典范

在我国，西方哲学的中国化始终与马克思主义的中国化相随相伴、内在关联，共同归属并融汇于当代中国哲学发展的思想进程及其脉动之中。马克思主义因其孕生于西方哲学的母体，根植于西方社会的基本经济、政治思想与文化土壤，"尽管超越了西方哲学，但其并没有背离西方哲学的传统，无论在概念、术语的使用，还是在一些论题的阐发上，都与西方哲学直接相关"①，不可避免带着西方哲学的印痕，彰显着西方哲学的气质，因而本身可被视作为一种"西方哲学"。西方哲学中国化作为近几年来理论界在哲学理论主体自觉意识的强化下探寻研究西方哲学的新范式和新路径，无论是在对"中国化"的内涵与方式的理解、哲学理论形态的建构，还是在哲学研究范式的变革上，都呈现出对马克思主义中国化研究成果的借鉴，对马克思主义中国化独特经验的吸收。在此背景下，比较马克思主义中国化与西方哲学中国化的异同，思考马克思主义中国化对西方哲学中国化的理论启示，研究马克思主义中国化与西方哲学在优势互补和相互融通中强调"化"的过程：可"化"的基本参照、能"化"的重要根据、成"化"的合理语境，

① 丰子义：《马克思哲学精要的深度阐发》，载《中华读书报》2018年6月27日。

有助于我们更好地理解并践行西方哲学中国化的研究范式。

（一）比较中的发展

如果说，哲学对任何人类历史现象的提问都与特定时代的哲学主题紧密相连，都是对一定时代理性精神的创造与反思，那么，马克思主义中国化问题在我国学术界的提出和研究，就绝非偶然之事。马克思主义中国化之所以从一个历史事实上升到理论命题的高度，本质上是对 20 世纪初以来马克思主义中国化与中国现代化运动的历史和理论进行深刻反思的结果，是围绕 21 世纪中国的物质文明、政治文明与精神文明建设所展开的一次新的哲学创造活动。从理论内涵与发展逻辑来看，马克思主义中国化是把马克思主义的基本原理与中国革命、建设的具体实际相结合，运用马克思主义来审视、反思和改铸中国传统文化，吸取中国传统文化特别是传统哲学的精粹，以丰富马克思主义和强化中国马克思主义的民族特色，更重要的是在马克思主义中国化的过程中，运用马克思主义揭示和应答中国重大现实问题与发展困境，提出创造性解答具有时代性和普遍性的哲学问题的正确思路与方法，并积极探索指导中国特色社会主义现代化建设和推进未来的中国马克思主义发展的壮大之路。可以说，马克思主义中国化是一种源于西方的先进文化形态在异质文化形态当中生根开花结果的成功范例，其之所以结出众多成果并取得重大成功绝非偶然：首先，中国人为马克思主义理论的深邃性、智慧性与中华优秀传统文化的深刻性、悠久性找到了文化与精神特质层面上的有效契合点；其次，中国人使马克思主义理论的现实批判性逐渐下沉到中国人现实的社会生活之中，植根于中国人民生活的社会土壤与环境，对中国所面临的现代性问题给予了创造性解答，指明了前进方向。马克思主义理论与中国社会现实发展的有机统一既助推马克思主义中国化秉承了马克思主义本身的意蕴，又不断彰显出中国化的风采、风韵与风范。

"马克思主义中国化"首先与"马克思主义在中国"这一概念有着本质区别。"马克思主义在中国"体现出的思维方式是物理空间性的，表达马克思主义并未完全"嵌入"到中国国界、党派、学术和政治话语之中，而是始终以"异质性"的特征外在于中国社会，如今通过外在的逻辑形式上的空间传递而非内在的实质内容上的时间性"依寓"与中国社会当前现状相互结合而构成一种新样态——马克思主义在"中国"这个特定地域中展示出来的姿态①。"在"这一词语征用具有空间性特征的理论范畴集中表达出域外与域内仅仅是抽象或具象空间中同一形式（关系）的不同位置：马克思主义与中国社会只具有外在的共立性，并无实质上的空间同一，马克思主义"外在于"以中国这个"原点"所构成的场域而呈现为中国社会的"他者"，无法获得一个与中国文化传统实现内在结合的恰切生长点。而"马克思主义中国化"则不把马克思主义看成是与中国文化传统"异质"或"并列"的进路，而是中华文化的内在重要组成部分。马克思主义在中国经过了近百年的传播、发展与中国化之后，"已然剥掉了其'舶来品'形式，马克思主义对中国已不再是'他者'，而是当代中国人自我意识的体现与承担者"②。"化"这一词语不但表征着两者具有空间上的共在，而且具有历史文化上的同一：马克思主义中国化不是将马克思主义的概念、规律空间转移到中国，进行中国式的改造、变换之后而形成所谓的马克思主义中国化，而是代表了作为一种外来文化的马克思主义不断实现中国本土化、以新的经验丰富和发展马克思主义的基本原理，进而指导社会改造与发展的过程和结果，这其中不仅要把马克思主义从形式到内容完全"化"到中国的传统文化之中，更要以中国式思维重新理解马克思主义所代表的西方文化精神，追溯马克思主义的思想资源，把握马克思主义的理论实质，从而创造一种既深刻体认、容纳马克思主义的合理内涵和基本精神，又立足中国本土情境体现中国的哲学文化资源与话语体系的中国化马克思主义。

在马克思主义中国化其"化"的历程中，马克思主义成功地实现了向中国化马克思主义的转化，且充分而鲜明地体现于马克思主义中国化的接续涌现的成果创新当中：毛泽东思想、中国特色社会主义理论体系，特别是作为马克思主义中国化道路上划时代的里程碑的习近平新时代中国特色社会主义思想，使马克思主义放射出更加灿烂的真理光芒，使马克思主义中国化为全球发展理念和治理模式提供的中国智慧、中国方案不断彰显，使马克思主义中国化与世界化进程中的人类性价值与世界性意义积极释放。"当代以

---

① 张文喜：《马克思主义中国化：合法化的多重维度》，载《马克思主义与现实》2011 年第 3 期。
② 邹诗鹏：《中国道路与中国实践哲学》，载《马克思主义与现实》2012 年第 6 期。

来，中国的马克思主义者致力于把马克思主义的普遍原理与中国现代化建设的具体实际相结合，在'马克思主义中国化'方面取得了新的系列成就：这不仅表现为形成了中国特色社会主义理论体系的哲学基础，而且也体现在当代中国马克思主义研究的丰硕成果上。无论是毛泽东哲学思想，还是中国特色社会主义理论体系的哲学基础和当代中国马克思主义研究所取得的那些真正富有创造性的成果，都是'马克思主义中国化'的明证，它们决不是'马克思主义在中国'的命题所能解释和涵盖的。"① 正因为越发彰显中国智慧与世界意义，作为马克思主义中国化的最新理论成果与 21 世纪中国的马克思主义的"习近平新时代中国特色社会主义思想"，其对马克思辩证唯物主义与历史唯物主义的坚持与发展，其对马克思主义如何进一步实现本土化（地域化）和世界化的有效统一的构想与发展，以及其对以中国化的马克思主义继续释放出马克思主义科学真理之于人类现代化发展与现代性文明推进的世界意义，都给出了更多有价值、有意义、扎根现实、可复制推广的答案与方案："一带一路"发展倡议以联系观与发展观的马克思主义辩证法再次向世界昭示了各个民族国家始终处于一荣俱荣、一损俱损的生命之网的有机勾连之中；"人类命运共同体"作为亘古不变的真理在中国化马克思主义的继续传递与创造中使马克思关于人类社会乃至自然社会中"共同体"的认识又向前迈进了一个重要阶梯，使全人类都能凭借中国化马克思主义所创造的这个关于"人类命运共同体"的更高远平台凭眺远方，展望未来。

　　由马克思主义中国化我们还可以窥见一种哲学思维方式与研究视野的转换。马克思主义中国化的问题与视野本身就是作为马克思主义中国化研究中必须面对和解决的前提性哲学问题而存在的。从历史主义的方法看，"中国化"是"一个具有历史感的动态概念"，马克思主义中国化的研究需要确立双重理论视野：一是马克思主义中国化研究的中国视野；一是马克思主义中国化研究的世界视野。所谓"中国视野"，就是把其"放到 20 世纪中国思想的背景中，通过考察它与中国其他哲学和社会思潮之间的论争、互动、交流与融合，多层面的展开其自身的理论内容"②。所谓"世界视野"，就是把

---

① 汪信砚：《"马克思主义中国化"辨误》，载《哲学研究》2008 年第 10 期。
② 何平：《马克思主义中国化研究的问题与视野》，载《安徽大学学报》2005 年第 1 期。

中国的马克思主义置放于世界马克思主义发展的宏大理论图景中加以审理与考察，把握中国的马克思主义的时代性质和个性特征。相比较而言，马克思主义在中国只是单向度的马克思主义的输入过程，只是把马克思主义捆缚于中国系统中加以考察，正如张文喜所指出的那样，马克思主义在中国体现的是"文化保守主义者所宣扬的片面的中国视野"，"如果这是某种人为将马克思主义同地域之历史状况联系起来并将其简化为后者的策略，那么这种策略并没有展现思想理论核心，因为它在逻辑上只有形式而没有内容"。然而，"作为普遍的社会知识，马克思主义中国化并不仅仅是政权的工具，而是总能够越出历史的、地域的局限。简而言之，它是可以'去领土化'的。这是由它的批判本性决定了的"①。马克思主义中国化正是突破了偏重于"中国视野"以及单纯"中国视野"的马克思主义在中国的局限性，追求在中国视野基础上的世界视野，把马克思主义中国化置放于世界范围内，在一个无限开放的系统中揭示其发展的规律性，实现了一种更高远的视野转换。马克思主义中国化研究的中国视野和世界视野为我们突破以往难以联系现实、亦无法学理化的困境提供了这样一种可能性：打开我们的研究视野，冲破概念框架的禁锢，回归现实的实践场域，开展与其他哲学和社会思潮的碰撞与交融，在世界的马克思主义发展和中国现实的历史基础与思想基础中探寻中国的马克思主义的丰富思想资源，从而在一定意义上推动了中国马克思主义的开放与创新。

（二）关联中的经验

既然马克思主义中国化是一种思想理论上的处境化、异域化、本土化、本地化，当然也伴随着人民吸纳接收的大众化，和历史更替、时空变迁的时代化，以马克思主义中国化为代表的西方思想在中国获得创造性转化与创新性发展无疑是成功的。马克思主义中国化在历经百年的融涵、创造与创新中已经成为中国人民族精神的重要血脉与生命给养，是中国人民进行文化繁衍与文明创新的重要积淀。所以如何以马克思主义中国化的发展轨迹、合理演变与有效经验启示西方哲学中国化，使西方哲学中国化在马克思主义中国化

---

① 张文喜：《马克思主义中国化：合法化的多重维度》，载《马克思主义与现实》2011 年第 3 期。

的成功指引下开启更多路向与可能，不断走好自身中国化发展之路，便是西方哲学中国化需要认真关照的前车之鉴。

首先，"西方哲学中国化"与"马克思主义中国化"都试图凸显自身发展历程中不断彰显的"中国特色"。所谓中国特色，即不仅能够开启历史之门，在回溯历史中找到与中国五千年文明的暗合之处，又能在回到现实、走进新时代中国特色社会主义的当下时与中国时代脉搏跳动相契合，在中国社会的不断发展中与时代问题产生共鸣。由此，"中国特色"便典型的彰显出中国人所特有的"思维方式""价值理念"与"审美取向"三个方面的鲜明内容。从思维方式来看，中国人在古代以金、木、水、火、土、阴阳变化作为世界本体，这种直观体验的朴素唯物主义使得中国人并没有纠缠于抽象的概念演绎，而成为区别于西方哲学自古代以来的、系统、逻辑的哲学思维方式的、中国人看待世界的独特方式与思想特质。从价值理念来看，中国人一直以来强调"天行健，君子以自强不息；地势坤，君子以厚德载物"的艰苦奋斗、不懈探索的自强不息精神，而西方人则从历史起点处就奠定了个体主义、原子主义、人类中心主义的观念，集体主义的精神随着历史的发展逐渐从他们的思想中褪色、淡去直至彻底消泯。所以西方哲学在中国只有不断习得中国哲学与中国人的思想文化，逐渐熟稔中华民族的民族性情、风俗习惯才可以称之为具有了中国属性与中国特质。但正如"中国特色"的养成是一个动态历程一样，"西方哲学中国化"正是在不同时期内涵、外延的不断更替演进中逐渐从历史走进当下，与不同时期中国具体国情相结合，反映着时空转换下中国语境中的社会问题，回应着中国现代化进程中求取民主、科学等人类先进文明的需求，从而在深刻体察、把握中国发展的过程中参与到中国现代性文明的构筑与当代中国哲学新形态的建构之中。由此，使西方哲学中国化研究在新时代释放出更多理论力量与现实效应，助益新时代中国特色社会主义建设，为中国现代化建设与实现中华民族伟大复兴的中国梦提供更加符合中国人的理论参照，则是西方哲学中国化研究者应有的历史使命与时代担当。这一使命意识与责任担当则为构筑具有"中国风格"和"中国气派"的当代中国学术话语体系，正确处理学术研究与现实生活、学术性与政治性、中国话语与西方话语等关系，开启正确的思路，奠定科学的方法论基础。

其次，马克思主义中国化可以在内涵上从以下几个向度展开剖析。从实践维度来体认，中国革命、建设与改革的动态演进是马克思主义真正用于中国、结合到中国实际、融入中国从而为中国人所化的具体呈现；从理论维度来考察，马克思主义中国化已经逐渐为中国人所认可与接收，成为中国人牢固的世界观与方法论基石；从学术维度来省思，马克思主义在中国的发展逐渐获得中华民族文化的过程、不断植根中国土壤而具有中华民族性情的过程是马克思主义中国化学术逐渐养成的过程——从李大钊、胡适、陈望道、毛泽东等人开启这一历程开始，已经在革命、建设与改革的历程中培育出诸多理论形态，并将在新时代中国特色社会主义获得更多前瞻性发展。所以马克思主义中国化是从马克思主义来到中国的实践逻辑出发，逐渐在参与中国社会现代化发展与问题解决的过程中培育出一代又一代理论形态。据此，西方哲学中国化理应当从实践层面、学理层面与学术层面加以考察。只不过西方哲学从进入中国伊始就并非是要具体指导中国革命、建设或者改革，并非要在实践的层面释放改造中国社会的现实效应，反倒是在中国学者向其求取先进发展理念的过程中以思想层面的指导对中国产生着广泛而持久的文化影响。所以西方哲学中国化不会因循着马克思主义中国化而走出一条从实践到理论的发展之路——但这不能否定以马克思主义中国化作为自身发展的参照与指导——而是从理论层面的确立开始，逐渐开启对着中国现代性问题的实践指导，即走出一条独具自身特色的从学理到实践、以学术渐践行之路。西方哲学离开其故乡进入中国语境，在这一传播、转译而中国化、处境化、本土化的过程者中形貌样态都从"本然"进入了"实然"，在中国人的"视差之见"与"视域融合"的创造性转化与创新性发展中实现了跃迁。也正是因为中国学者调试与修正，西方哲学的思想品质与人文精神都在中国获得了承扬，呈现出新文本、新阐释与新应用的样态与跃迁。所谓新文本，即是中国人在尊重西方哲学思想原意与精神主旨的前提下，在保留西方哲学重要文本而无法加以合理转化的基础上，以中华民族特有的语言风格、思维方式、民族传统对西方哲学做出的新翻译，形成的新作品。这样的新文本有助于我们清晰辨识对西方哲学做出了怎样的取舍，又形成了何种程度的创造与创新。所谓新阐释，即是使西方哲学在不断下沉到中国现实生活与社会发展的过程中不断释放自身在中国场域的理论新效应，形成自身的理论新阐发，并在参与到当代中国哲学新形态的建构中助力自身样态的新发展。所谓新运用，即是指以中国人自身的现代化进程为衡量尺度与坐标系，使西方哲学在新时代中国特色社会主义建设与实现中华民族伟大复兴的进程中做出新的运用。

最后，马克思主义中国化在指导中国现代化建设中的有益经验与成功典范同样适用于"西方哲学中国化"的研究与应用。马克思主义中国化的历史背景与时代底色是中国人民探索现代化，追逐现代性文明的精彩历程，而西方哲学要参与到"中国化"这一进程之中，不免要回答中国人在现代化发展中接连发出的众多叩问。所以尽管马克思主义与西方哲学同为异质于中国传统文化的"舶来品"，但他们在揭示现代化发展，解释现代性文明与指引中国走进先进发展道路上的却是有诸多相似、相同、兼容、补益或是均势、制衡之效的。由此，回顾、辨识、省思与融涵、创新西方文明中关于经济法则、民主体制、文明理念、社会体制等方面的已有建树为中国人所用，使中国的现代化进程在继续中华优秀传统文化的基础上生发出更多人类性色彩，使人类一切优秀文明用来为中国服务，便必要而可行。

与此同时，我们更应清醒地指出马克思主义中国化所拥有的那些西方哲学中国化无法通过机械炮制或简单复制而撷取的宝贵优势与成功经验所在。马克思主义在中国以革命、建设、改革时期的民族化、时代化、大众化而逐渐养成其纷繁多样的理论样态，推进"中国化"发展并确立其指导地位，西方哲学中国化并不具备相同的时代背景、历史境况、实践场域，也无法形成相近的理论思考，因而不能简单地复制马克思主义中国化。但令人欣慰的是，正是这样的不可复制性与无法以按图索骥的方式找到成功捷径、重走"马克思主义"之路，才促使西方哲学中国化在另辟蹊径中获得更多向上、向前发展空间。所以在这一西方哲学中国化探索怎样合理融入中国现代化进程，怎样成为建设中国特色社会主义的思想资源，怎样在构筑当代中国哲学新形态的进程中成为中国人不可或缺的精神给养，中国人用自身的文化传统与思想历史形成了对西方哲学与众不同的碰撞与对话，以中国式的理解释放独树一帜的影响，彰显了中国人的理论自觉与实践自觉。

首先，西方哲学中国化与马克思主义中国化的关系维度，前者是后者的理论补充和支援支撑，而后者是在同中国问题、中国形势相结合相伴生而被实践所验证的具有中国适用性和时代真理性的主流思想理论和范式创新。两者是相辅相成的统一关系，而绝不能作敌对斗争的对抗式关系处理，那样只会贬损思想文化研究的功能性，而在单一的文化霸权中步入教条式的错误。西方哲学中国化一方面要被马克思主义中国化所规约所检视，为其所牵引所指导，另一方面要在思想资源和理路视路上对马克思主义中国化进行丰富和发展。只有多元和谐中的相互补充、相互融通，才能相互助益、共同发展。可以说，西方哲学中国化与马克思主义中国化是中国化共同体下的两个部分，各自有所理论侧重点的强调，最终在理论归宿点上都要为中国社会现实的发展提供有效的理论依据和思想资源的支撑。因此，最终要站在中国的立场，以中国人的视角，从中国问题出发，用中国的话语，融中国式思维，进行中国式解读和理论创新。使之融入中国精神，彰显中国气派，体现中国气质，以中国特色重组和有机整合已有哲学成果而创新综合性世界性的哲学新理论新形态，使中国式的哲学研究新成果能够走向世界，在反映时代精神的同时为世界认同的情况下成为精华。

其次，西方哲学中国化是推动中国的西方哲学研究走向世界舞台的重要助力。"中国视野"与"世界视野"作为马克思主义中国化与西方哲学中国化共有的思想视野对二者发展产生了不可忽视的重要影响。获得"中国视野"，马克思主义与西方哲学才不仅仅是一种"舶来品"与异质文化，而是拥有了身份认同的资格与可能；有了"世界视野"，马克思主义、西方哲学乃至中国哲学才能走出自身的狭隘发展境地，不再囿于自身的局促视野与发展空间，而真正拥有了走进世界，在更广阔天地中展示自己的可能。正是在这一意义上，中国关于西方哲学的众多独创性、开创性与典型化研究成果才有了传播与对话的空间，才有了使自身思想为世界所了解的渠道，也才有了获得世界性哲学认同、赞誉，在世界哲学发展中占据一席之地的可能。基于此，凭借独特性、独创性和典型性的西方哲学中国化研究，"中国的西方哲学"与"西方的西方哲学"乃至"世界的西方哲学"的对话才得以展开，使得话语规则的制定、话语游戏的推进与话语权的掌控不再长久的停留于西方一维，而是逐渐铺展为多维，使中国的西方哲学研究不再是拾人牙慧、人云亦云，也不仅仅是模仿、还原和复制，而是真正的哲学创造，以创造性的哲学去逐步触摸中国人哲学创新的本真精神，真正实现中华民族的"思想自我"与文明更新。

第 七 章

西方哲学中国化的理论特质：问题意识与创造转换

新时代中国特色社会主义所要彰显的文化自觉与文化自信是以不断释放中国特色、中国智慧、中国方案与中国力量为重要标志的。如何在新时代、新方位、新矛盾、新征途中继续以中国的社会发展、现实问题与时代吁求对人类性文明与现代性发展形成有效回应，如何以西方哲学中国化与正在建构的中国哲学新形态为人类现代化进程贡献"人类命运共同体"的有益方案，中国哲学或是中国化的西方哲学，乃至更多得到中国"化"的人类智慧，都将以中国人独有的生命脉动为世界谱写出新的生命篇章。

一、彰显主体自觉：从求取真知到有变而化

"西方哲学中国化"是当下中国哲学研究的重要命题，这一重大命题的提出既是中国的哲学研究的需要，也是社会主义文化发展的重要参照；既能为全球化带来的文化碰撞作出诠释，也体现出中国哲学的主体自觉和理论自信。故关于这一命题的研究对于西方哲学研究领域实现"哲学就是哲学思想理论创新的发展史"及构建未来哲学发展的新形态具有重要的理论意义和实践价值。以西方哲学中国化的研究范式审视西方哲学发展的历史轨迹，可以看到西方哲学在其中国化的进程中经历了从"知"到"识"、以"真"渐"理"、有"变"而"化"的转化过程。而这一过程一方面体现了中国

人研究的西方哲学是对西方哲学合理内核的继承和发展，另一方面更体现出中国人是以"化"的方式实现对西方哲学的中国式理解和中国式再诠释。无论是对西方哲学理性形而上学精神的接续承扬，还是立足中国场域做出的独具中国特色的创造性转化与创新性发展，这些中国风格、中国特色、中国气派背后所凝聚与升华出的正是中国人面向人类文明做出的具有主体意识的积极自觉。

（一）从"知"到"识"

"西方哲学当然是西方人发明创造的，但这并不意味着西方人对他们自己的理论具有优先的、终审性的解释权，更不意味着只能按照西方人的眼光看待西方哲学。"① 西方哲学中国化强调站在中国人的主体立场上，在中华传统文化的接承弘扬中，以中国特色的思维方式、理论特点、实践要求来理解把握西方哲学，进一步融汇创生新的世界性哲学。这一过程可以概括为从"知"到"识"的思想进化过程、观念整合过程、文化升级过程。其中深层次地蕴含着西方哲学中国化的逻辑必然性和历史阶段性特征（五四运动到新中国成立）。不同于"西学东渐"公认以鸦片战争为重要起点标志，之所以从五四运动开启的新文化运动作为西方哲学中国化的萌芽阶段的标识性事件，是因为，第一，西方哲学中国化始终强调主体自觉立场上的"化"的过程。毫无疑问，五四运动与新文化运动不仅在社会变革意义上标志着代表最先进生产力量的工人阶级的崛起，而且也标志着先进思想意识在现实中的历史性运动，可以说，是近代以来国人自觉识别、择选、解释西方哲学思想的第一个划时代事件。第二，从思想文化对社会现实影响的角度而言，五四运动代表着"十月革命"为中国带来的马克思主义真正在实践意义上产生现实效用的第一个事件，代表着马克思主义中国化的资源背景、历史依据的前设落生，而马克思主义中国化对西方哲学中国化的规约意义和参比价值又毋庸置疑。第三，作为全民族性的反帝反封建运动，五四运动的革命彻底性与民族觉醒程度比起之前的具有阶级性、团体性、局部性的反抗斗争运动与民族独立运动要高出跨越式的梯级层次，它真正意义上在灵魂深处唤醒国人

---

① 赵敦华：《西方哲学的中国式解读》，黑龙江人民出版社 2002 年版，第 3 页。

的主体自觉意识，为西方哲学中国化奠定了基础、铺设了可能的民族性与现代性语境。因此，五四以前的"西学东渐史"只能是一种"知"意义上的"主体前期准备"，是西方哲学思想文化进入中国思想界的史料足迹，而"五四"才是在思想领域真正开启"识"的文化旅途的发动机。以"五四运动"与新文化运动为标志，发动了西方哲学中国化在主体自觉意义上为"化"奠基的理路与史实。

从"主体觉解准备"状态到"主体深刻认知"的转变大抵形成于五四运动之后。中国的现代化进程开启于、伴生于中华民族五千年未有之受资本主义扩张的帝国主义殖民战争的变局，因此，中国在思想界的觉悟、革新、创造、进步也总是围绕着解救重大民族危机这一问题而启蒙、超越。西方哲学的引进不在于其思想的无懈可击或魅力无穷，而在于符合现代社会发展的精神构成与思维方式。正是在具有现实性的寻求民族存亡问题、现代社会发展路向的要求下，中国学者对西方哲学进行了思想内容、思维模式、逻辑形式、价值旨归等方面的理论性的深入理解与批判，使西方哲学对国人及民族的影响从入侵者转向对话者，西方哲学中国化开始脱离被动的局面，而走向良性的以民族利益为基本立场、以民族风格为基本格调、以民族需求为基本取向的认识、反思与批判过程。从而，西方哲学中国化不仅是幕后的自足性的理论内容演进过程，更在自我省思中成为显性的研究者的研究对象，在理论内容方面被体系性地挖掘，在思维范式层面被思辨性地分析。一个过程性的概念，西方哲学中国化囊含着中国学者自身的自觉性、反思性和批判性特征，正是这种主体自觉性的中介性存在将西方哲学在中国的存在形式从静止的知性译引转为动态的识别辨选，甚至进一步"化"为具有"中国视野"与"世界视野"的新哲学思考方式。易言之，因国人主体自觉的立场与态度，西方哲学在中国的传播过程有了质性的飞跃，不仅存在自身理论逻辑的自然发展，同时开辟了在中华文化语境中重生新识的可能维度，而这一维度最终以西方哲学中国化的形式得以呈现。

刚刚萌发的西方哲学中国化不只单纯地体现出知识性的前期准备与被动接受的阶段性特征，也体现出一种内化的过程，孕育着"化"的倾向性，即便这种倾向性烈度较为微弱，但从"知"到"识"的思维特征的衍变过程不容忽略。这一转变过程是对国人主体自觉性的重要佐证，也彰显着我们对西方哲学的主动反思与积极批判。恩格斯曾说："在社会历史领域内进行活动的，是具有意识的、经过思虑或凭激情行动的、追求某种目的的人；任何事情的发生都不是没有自觉的意图，没有预期的目的的。"[①] 显然，无论是进化论在中国，还是实在论在中国，抑或分析主义在中国、马克思主义在中国等，都源于国人对中国问题的理论思考与出路探索的现实目的，即挽救民族危机。这是贯穿于萌芽阶段的西方哲学中国化的"激情"与"情怀"所在。在此驱动下，我们对西方哲学的认知状态才会朝着超越性的方向继续理论与思维的发酵。这种超越的实现就需要对西方哲学生发的语境、历史的作用以及对中国社会所具有的重要启示作出历史的反思和诠释。只有在对西方哲学"知"的状态下，才能实现对西方哲学的"识"；只有达到对西方哲学的"识"，才能真正实现对西方哲学的"知"。因此，"知"是"识"的前提与准备，后者依赖前者而催生，前者依托后者而自证。冯友兰、金岳霖、贺麟等西方哲学研究先驱在推动对西方哲学"识"的思想路向的转变，从而为开掘开拓中国哲学之"知"起到了巨大的历史性作用。由此，国人对西方哲学的接受从"知"到"识"的转变，在现实意义上，推动中华民族在主体性觉醒的条件下找寻符合国情民情的民族解放与现代化的特色道路；在理论意义上，促进中国哲学在主体性觉醒的意义上不断走向现代，为中西哲学的融会贯通起到关键性的开端启新作用。

西方哲学中国化历程至少包含"传入—认知—辨识—反思—融合—舍得"等几大步骤，从"传入"到"认知"是对西方哲学"知"的静态了解阶段，从"认知"到"辨识"是对西方哲学"识"的动态发展，而进一步的"反思"与"融合"则是西方哲学中国化的思维表征形式，充分反映出主体的自觉意识与理论觉醒。立于主体自觉对西方哲学的反思，强调开启将西方哲学融入中国思想的中国化之"化"的阶段。"化"意味着取舍中的融合。取的是为现实所需、为社会有益的优秀成分，舍的是地域性偏颇内容或阻碍人类历史进步的思想糟粕。因此，西方哲学中国化之"化"，要舍弃西方哲学在思辨特征、资产阶级利益代表等不利于社会发展的元素，赋予具体应用内容和方法以符合中国需要的中华文化风采与中国哲学特色。西方哲学

---

① 《马克思恩格斯文集》第 4 卷，人民出版社 2009 年版，第 302 页。

与原有中国思想的碰撞和交流，是西方哲学中国化的外在表现形式，其内在变化过程才更是符合西方哲学中国化思想逻辑的。

（二）以"真"渐"理"

由"知"到"识"是西方哲学中国化的前期基础，为"化"的逻辑进程提供支援背景与资源支撑，使西方哲学中国化能够迈入由"真"入"理"的深层逻辑。由此，从历时性的维度我们将进入西方哲学中国化的第一阶段，即1949年新中国成立到改革开放之前。

哲学思想作为文化的核心，其发展程度与范式变迁关乎着文化的命运，而文化又彰显着一国的软实力，反映着一国的经济政治发展现状与社会现代化程度。因此，对文化建设的重视异常重要。而文化建设的核心在于处理好"古—今—中—外"的关系。回到关于西方哲学的研究主题上，则意味着在经济全球化、世界多极化、文化多元化的现代，面临中西异质文化的碰撞时，既要注意对优秀传统的继承，又要融入现代文化气息；既要关照对舶来思想的批判借鉴，又要站在主体立场上弘扬中国风格、彰显中国气派；既要在传统继承中反映现实问题，又要在经验借鉴中解决发展危机。从而，凸显鲜明的中国特色。这种明确的"化"的具体要求在这一阶段突出表现在马克思主义中国化的理论生发之中，即，马克思主义中国化是西方哲学中国化的重要理论参照与概念规约语境。正是在马克思主义的真理之光映照下，西方哲学的研究和理解也释放出时代色彩。

对西方哲学的研究在新中国成立后到改革开放前这一阶段总体上体现了一种性质界定的思路。这是一种一边倒向马克思主义唯物论立场的西方哲学研究阶段。在此阶段，体现为一种单向度的特征，即唯苏联教科书体系的马克思主义马首是瞻，并在意识形态的层面上体现出对西方哲学的内容完全排他性的态度。尤以李立三在1948年至1954年期间翻译出版的三本译作为代表（《日丹诺夫同志关于西方哲学史的发言》《论哲学史诸问题及目前哲学战线的任务》《日丹诺夫在关于亚历山大洛夫著"西欧哲学史"一书讨论会上的发言》），其中都涉及以日丹诺夫为代表的苏联哲学研究者针对西方哲学的主要立场——马克思主义唯物论立场。受当时国际国内政治形势和思想文化发展现实条件等多重因素的影响，我国的西方哲学研究也一边倒向苏联模式，在马克思主义唯物论立场下进行分析、取舍、批判、建构。日丹诺夫曾指出："科学的哲学史，是科学的唯物主义世界观及其规律底胚胎、发生与发展的历史，唯物主义既然是从唯物主义派别斗争中生长和发展起来的，那末，哲学史也就是唯物主义与唯心主义的斗争的历史。"[①] 马特指出："照日丹诺夫的意见，哲学史的定义很重要，它就是对哲学史的基本看法。假如没有给哲学史下正确的定义，对哲学史上的各种问题，就不能有正确的理解。"[②] 马特指明了日丹诺夫观点的合理性与必要性，肯定了日丹诺夫关于哲学史的教科书式定义。我国采纳了这种苏联式马克思主义立场与观念，并以此为指导进行西方哲学的研究与批判。在思想上采取"一边倒"的时代原因同政治政策上采取"一边倒"战略有着同样多元的要素。作为一个刚刚独立的新型社会主义现代民族国家，必须在思想意识形态领域明确主流统摄，一旦社会思潮风气有失规范，则对于一切处于重建时期的国家是极其危险的。因此，在国情与社会现实的需要下，我国思想文化领域采取日丹诺夫的理论立场，即以苏联阐明的马克思主义立场为指导宣传马克思主义思想，和撰写、编纂西方哲学史。我国在这一时期对西方哲学的研究采取"一边倒"向苏联的态度，以单维的视角和向度认识与诠释西方哲学史，对于这种苏联模式的哲学建设，应将其放入时代背景之下客观地予以考察，而不能全盘否定其存在价值与意义。事实上，对西方哲学研究的曲折过程与多元形式正是西方哲学中国化历程中的逻辑必然与出路试错过程。"一边倒"的研究范式同样是西方哲学中国化辩证发展中不可或缺的重要阶段，正是在"肯定—否定—否定之否定"的辩证过程中，构成西方哲学中国化在逻辑进路中的自我实现。同时，正是在马克思主义的立场坚定下，为西方哲学中国化的建构提供基本视角与统摄前提。马克思主义以主流的姿态彰显中华文化的包容性与中国人民的自觉意识，而西方哲学则以批判性存在的形式在幕后自我确证，一定程度上在幕后推助主流的激荡。不过，西方哲学中国化最终由幕后走向台前，在自我的建构机制中凸显独特之处，主要是与马克思主义

---

　　① ［苏联］日丹诺夫：《日丹诺夫在关于亚历山大洛夫著"西欧哲学史"一书讨论会上的发言》，李立三译，人民出版社 1954 年版，第 4 页。

　　② 马特：《讨论日丹诺夫关于亚历山大洛夫〈西欧哲学史〉的发言》，载《新建设》1950 年第 1 期。

中国化契合之点的。

　　但是，显而易见的是，这一时期我国哲学文化建设在取得一定成绩的同时存在着重大问题——对"真"的僵化认识。所谓"求真"，就是以"真"的标准来衡量和发展政治、经济和思想文化，这一标准本身无可厚非。但关键问题在于何谓"真"？由于受苏联意识形态的影响，我们对"真"的标准失去了多元综合的判断方法，而单维度的采取"一边倒"的态度，即认可凡是苏联模式的社会主义就是"真"的社会主义，凡是高度集中的计划经济就是"真"的社会经济发展方式，等等。相应地，反对一切资本主义发展形态及文化样态。这一时期体现出鲜明的国际政治阵营对立影响下，对民族思想观念的意识形态要求，使西方哲学长期以来作为资产阶级利益的文化代表，被打上了"非真"的标签，与其说它成为了一个批判的对象，不如说它成为了一个批斗的对象。因为，这一时期对待西方哲学的核心态度就是一种全盘否定的态度。于是，原始的对"真"的认知标准发生了质性的转变与界定，这种单向度的框囿使得"真"的内涵被固化与僵化了。但事物总会有向其相反的方面进行转化的运动趋势，只有经过否定之否定的辩证过程，才能实现"真"的整全性与超越性。因此，"真"在辩证法的视域下包涉着不断向善向美的变化发展运动的意蕴。西方哲学在中国的被认知过程也经历了这样一个曲折跌宕的辩证发展的"求真"过程。

　　我们将"求真"视为一种价值论层面的向善趋向，那么在这一趋向之内包含的是"求理"的实在路径。"求真"是一种外显的骨肉，"求理"则是内在的基因与血液。西方哲学中国化历经的文化旅程就是一种"真"涵"理"、"理"求"真"的思想进程。"理"就其含义，可以是一种标准、根据，也可以是一种层次和道路。但是这里的"理"是指西方哲学中国化过程中，中国学者对西方哲学的一种态度和方式。作为一种态度，"理"呈现出来的是中国学者对西方哲学所具有的反思性的认同和超越性的批判意愿。作为一种方式，"理"表征了中国学者在促使西方哲学中国化过程中，所做出的一种层次划分和路径选择。抑或说，"理"既代表在内容上对异质思想的判断、解读和加工处理，又表示在形式上所倾向的取舍标准与批判立场。西方哲学中国化的"理"一方面表现为中国人对待西方哲学的理性态度和辩证精神，另一方面表现为研究者对中西哲学在交流碰撞中的学理辨析与理论融通。即便经历"一边倒"，对西方哲学采取某种全盘否定的态势，但我国学者始终能够以反思性的理论态度和超越性的批判意愿客观辩证地认识西方哲学的具体思想内容与思维方式。不仅发现西方哲学自身的逻辑自足性和自省更新趋向，也能够汲取其中的有益养分和合理元素，为我所用，而成为"理"的表征形式和确立过程。正是经历了一个长期而坚定的批判历程，西方哲学在中国的具体存在方式才得以逐渐被清晰地认识并达成共识。从现实与理论的意义价值层面划分精粹与糟粕，既不能一棒子打死，又不能全盘接受，而要在发展的向度上寻找其有利于推动人类思想文化进步、思想理论创新、现实社会前进的质料与形式、内容与范式，并在结合地域性特征的现实需求中，对其加以本土化的加工创造，在"求真"的过程中以"理"相待。因此，对于西方哲学中国化，以谨慎的批判和超越的反思来吸纳西方哲学中积极有益的思想元素，使之融入中国的社会实践，使之成为中国社会主义思想中的积极有益的成分，已体现"真"涵"理"、"理"求"真"的内涵。

因此，以"真"渐"理"是西方哲学中国化的一个重要认知阶段，同样是一种逻辑与历史的必然选择。"真"是"理"大厦的构架图和地基表，只有在真知、真识、真解的基础上，才能实现西方哲学中国化的进一步创新发展，确保西方哲学中国化"求真"的学理自信和价值自信。"理"则规约了西方哲学中国化的基本理论态度与批判精神，即客观辩证地辩理、梳理、处理西方哲学的思想内容与思维形式，为"化"提供正确的理性道路。"真"与"理"二者是辩证统一的关系，是逻辑必然性同一过程中的两个方面，在结构上是相辅相成的互通性表现方式。西方哲学中国化深蕴着以"真"渐"理"的思维创新发展过程，"真"与"理"作为"化"之过程的两个方面，前者体现为一种整体之"化"，后者表征为一个层级与路向之"化"，二者的相互作用不断开启有"变"而"化"的真相揭示。

（三）有"变"而"化"

西方哲学中国化能够在中国的学术土壤上生发新芽主要源于中华文化的包容力与中国人民的主体自觉性与主动创造精神。西方哲学中国化得以不断呈现与实在实现，是经历"化"之过程的。这种过程要求中华文化既要对其进行理论内容上的深入剖析与深度挖掘，也要在表现形式、思维特征上对其进行辨识创新。这一"化"的过程最终将在表象和本质的双重维度中体现出理论融合和思维整合的结果。事实上，从"变"到"化"的转变同样是西方哲学中国化在历时性视角下的一个阶段，一个比"知"到"识"、"真"入"理"更为成熟成型的重要阶段，以改革开放和关于真理问题大讨论为典型标志。"文革"一段时期成为哲学理论研究的空白期。随着改革开放和关于真理问题的大讨论，我国思想文化界开启了新时期的解放思想、实事求是的思想革命，促进社会主义现代化建设迈入新台阶。"这一思想路线的哲学基础，是把实践确立为检验认识的真理性的唯一标准；这一思想路线的现实意义，是把人们的思想从'两个凡是'的思想禁锢中解放出来，为建设中国特色社会主义开辟道路。因此，解放思想首先是一场深刻的思想革命，一场深刻的哲学革命。在这场深刻的思想革命和哲学革命中，我国哲学研究承担着相辅相成双重使命：推进社会解放思想和实现哲学自身的思想解放。"[1] 从西方哲学中国化的视角看，改革开放新时期的思想解放运动有效打破了原来的教条主义的固化思维模式，推动西方哲学中国化在研究和实践领域进入一个崭新阶段、彰显一副全新面貌，即有"变"而"化"的具体表征。

改革开放后，随着"西方哲学讨论会"的召开和"真理标准问题"的大讨论的发生，我国对西方哲学的研究与新建构在思想解放的时代大背景下得以全面而多元地展开。这一时期的哲学理论研究呈现出全方位、多角度、新语境的特征，尤其突出的是对主体性思想的聚焦式关注，成为当时哲学理论体系建构和西方哲学研究的核心关注点与时代的重要主题。高清海曾指出："学习西方先进的哲学理论，最终目的还是为了创建属于我们自己的当代中国哲学。别人的理论终究无法代替我们的哲学思考。"[2] 因此，在改革开放给我们带来更加开放的思想环境、更加广博的资料资源的时代时机中，西方哲学中国化也背靠着如此雄厚与全新的支援背景而走向新的征程，即一种以自我建构为中心，以超越历史逻辑与现实问题为理想，以反思批判为基

---

[1] 孙正聿主编：《中国高校哲学社会科学发展报告：1978—2008》，广西师范大学出版社2008年版，第7页。

[2] 高清海：《中华民族的未来发展需要有自己的哲学理论》，载《吉林大学社会科学学报》2004年第2期。

调的新时期的理论自觉。在此要求和基础上，70 年代一大批哲学研究的优秀成果得以问世，如《简明欧洲哲学史》《西方哲学原著选读》《欧洲哲学史稿》《西方哲学史》《欧洲哲学通史》《欧洲哲学史纲》，同时，一大批优秀而卓越的西方哲学研究者也纷纷涌现，如朱德生、李真、陈修斋、杨祖陶、全增嘏、冒从虎、王勤田、张庆荣、陈村富、高清海等，他们构成了新时期哲学研究的中坚力量，为西方哲学的研究和在中国视野与中国立场上的新哲学研究向度的开辟与理论研究作出贡献。这些新的成果与成就也充分彰显出西方哲学中国化的新时期新特点新面貌。叶秀山在《西方哲学史》中指出："'创造性'的'历史'是一部'自由史'。哲学史也就是这种'自由史'的理论的表达。对于'创造—自由'的历史，我们也是要'学习—研究'的。'学习—研究'他人，特别是学习那些历史上的哲学大师们如何创造性—自由地思想，舍此之外，没有什么捷径可以使我们的思想真正成为'创造性'的。编写这部多卷本的西方哲学史，目的也在于把西方历史上那些载入史册的哲学大家们如何创造性—自由地'思想'哲学问题真正客观地介绍给大家，而要做到这一点，没有我们自身的创造性，是不可能的。只有'自由者'能够理解自由。"① 与前两个阶段相比，很明显，西方哲学中国化的新阶段突出强调"为我所用"的出发点与落脚点，不再是简单的"拿来主义"，即一种"应激反应"式的被动形式，而是转变为一种主动建构目的上的取精重组，是一种新环境下，新形势催生的新形态的主体自觉性的多元呈现。这一时期的西方哲学中国化理论研究与思想探赜，在"还历史本来面目、还哲学本来面目"的前提基础上，有了知识重组、思维整合的新的跨越性特征。孙正聿总结道："从哲学的最基本的理论框架去分析新中国成立以来的哲学状况，大体可以划分为 20 世纪 80 年代以前的教科书哲学、80 年代以反思教科书为主要内容的哲学改革和 90 年代以来以现代性的反省为主要内容的后教科书哲学。"② 可见，改革开放以来的思想解放运动对哲学研究在思维框架和思维范式上的作用极其明显。我国研究者和学者深刻体察哲学研究工作的反思意识、批判意识、否定意识、问题意识的重要

---

① 叶秀山、王树人主编：《西方哲学史》学术版，江苏人民出版社 2004 年版，前言第 3 页。

② 孙正聿主编：《中国高校哲学社会科学发展报告：1978—2008》，广西师范大学出版社 2008 年版，第 3 页。

性，在开放程度更高的新环境中，能够将关于形而上的研究落于实处，即以现代化进程中现代性的主题与视角为中心，在具体社会发展问题的导向上展开哲学研究的新维度、新空间、新路径。尤其对西方哲学的研究同样彰显着这一鲜明的思维新形态，为西方哲学中国化的进一步现实呈现与理论创造广开"研"路。这种转变的表现形式是多元的，比如，过去在西方哲学史的研究领域，我们更关注从宏观视维出发，而改革开放以来则开始注重具体思潮、流派、人物的系统性、分析性的微观视维的研究。这种转变体现着对西方哲学史梳理与认识的方法论意义上的革新，也表征着学者对思维发展规律的总结性探索努力的开端。这一典型代表可以举赵敦华为例，其编写与推出了《西方哲学通史》《西方哲学简史》《现代西方哲学新编》等关于西方哲学史的研究与概述，在对相关史实和资料的充分占有和精细分理中，精准重现西方哲学发展的历史整体路演，突出代表性的哲学观点，运用"史论结合"的逻辑方法或思维方式准确把握思维线索，充分体现了微观视域中融合西方哲学史的真实性与中国式解读的主体自觉性。对西方哲学的进一步研究，不仅仅在哲学史的归拢梳理方面丰富了思想资源，而且在研究视角和研究选题上得以有了理论自觉意识下的全面撒网与扩充，如对现代西方哲学思想流派（现象学、分析哲学、后现代主义、西方马克思主义等）的译引与介绍。

　　新的时代背景、新的时代问题、新的文化冲突对西方哲学中国化进程提出了新的理论挑战，也提供了新的理论创新发展机遇。我们对西方哲学的研究也没有辜负时代的期许而呈现出鲜明的"变"的转轨。这种"变"是在西方哲学中国化的进程中，对西方哲学的研究不再拘泥于以往传统的认知方式和理解层次，而是既表现为在面对中国社会主义现代化建设的改革开放新时期的具体社会现实问题时，对西方哲学最新理论内容的再次接触、辨识、择选、诠释，又在思想层面体现着"解放思想、实事求是"的精神特征。由此，理解西方哲学的"变"，主要是从实践基础和精神追求两个方面来加以展开。

　　第一，从西方哲学形成和发展的现实基础来看，其是西方社会在社会实践活动中的反映，是带有"西方"印记的思想意识。因此，对西方哲学的思想观点和思维方式的研究与认识必然不能离开对西方世界文明历史的背景知识。只有在了解西方社会的发展历程中还原西方哲学的本来面貌，才能将西方哲学的观念体系放置于具体的话语情境中挖掘其生成规律，探索其发展规律。同时，作为一定社会实践活动的产物，西方哲学只能或最适应于西方社会的发展需求。将西方哲学"原版"地挪用于中国的实践必然是不可行的，即使是最真实的、最本真的西方哲学本身也是如此。这不但不符合中国的发展需求，更是对西方哲学本身的非理性化认识和理解。因此，对待西方哲学在还原其真实内涵的同时，更需要寻求一种"变"。西方哲学中国化绝不意味着将西方哲学生搬硬套、囫囵吞枣地放于中华大地，以一劳永逸地解决中国现代化进程中的所有现代性问题，而是始终强调一种因地制宜性，在把握西方哲学思想内涵的真实意涵的前提下，寻求符合中国实际需求的"变"的可能。"变"的内容便是实践基础，即从西方社会的现实生活实践转向中国的现实生活实践。这个转变的过程中，就需要深入认识和理解中国特色社会主义建设的实践基础。换言之，这种"变"要建立在一种语境的迁移基础上。如果能够实现理论的"成化"，必然要使之适于中国的语境，与中国社会实践相结合，在融会贯通中彰显一种中国气质、中国特点和中国韵味。因此，西方哲学在实践基础之上的"变"既是一种客观需要，更是一种逻辑必然。

第二，从西方哲学的精神追求来看，其带有强烈的理论文化色彩。中西哲学作为各自文化的核心，有着鲜明的地域性和民族性特点与差异，在精神追求的具体表征上有着明显的不同。中国哲学更注重个体的反求诸己、内省修身，而西方哲学的精神内核更具批判性与竞争性，在伦理秩序上则强调一种客观制度制约要求下的秩序规范和公平正义。二者一个向内，一个向外，在精神追索的路向上迥然有别。正是这样一种差异，要求西方哲学中国化理应体现出一种"变"的过程；也正是这种差异性存在，为西方哲学的中国化提供了潜在机遇。这一"变"的内容当然是西方哲学精神向中国哲学精神的转变，是一种哲学思想内核的适应性变轨。因此，这种精神追求或精神精髓的转变是西方哲学中国化的重要环节，它直接决定着西方哲学中国化能否真切地得以实现。

如果说对西方哲学之"变"是西方哲学中国化的必要步骤，那么对西方哲学之"化"就是其"变"的必然结果和逻辑延伸。如果说西方哲学在中国化过程中的"变"是一种手段,那么西方哲学的"化"就是"变"的目的。无论是精神追求上的转变还是现实实践基础的转变,无疑都是为了使西方哲学能够成为中国思想文化的一部分,成为中国化的存在。中国社会主义文化的发展既要坚持马克思主义及其中国化发展成果,也要继承和弘扬中华民族优秀传统文化。同时,对人类文化中有益于中国文化的积极成分也要兼收并蓄,博采众长,而西方哲学无疑也包含有这样的因素和成分。西方哲学的"化"就是要将西方哲学中的这些积极的"给养"与中国文化的过去、现在和未来相结合。

西方哲学与中国文化的过去和现在相结合是"化"的前提与基础。与中国文化的过去、现在相结合,就是要明确西方哲学的"化"是与中国特点相一致。对此,不妨借助马克思主义中国化的相关理论来加以理解,"离开中国特点来谈马克思主义,只是抽象的空洞的马克思主义。因此,使马克思主义在中国具体化,使之在其每一表现中带有必须有的中国的特性,即是说,按照中国的特点去适应它,成为全党亟待了解并亟待解决的问题。"[①]基于中国特点来实现"化"的西方哲学才能真正算是融入了中国文化。想要实现西方哲学的这种"化",就需要将西方哲学与中国文化的传统相结合。这种结合不仅有利于推动西方哲学的"化",更能实现西方哲学本身的发展。同时,想要实现西方哲学的这种"化",就需要将西方哲学与中国文化的现状相结合。正如马克思所说,"任何真正的哲学都是自己时代的精神上的精华",它"不仅在内部通过自己的内容,而且在外部通过自己的表现,同自己时代的现实世界接触并相互作用。"[②]只有真正将西方哲学与中国文化的现状相结合,才能使得西方哲学不至于失去其原有的历史根基,失去生存和发展的土壤。西方哲学的"化",需要将其与中国文化的过去与现状相结合,只有这样才能使西方哲学在新时代中国特色社会主义文化建设中获得其历史性、时代性的新生。

西方哲学与中国文化的新时代融贯与未来性汇通是"化"的方向和趋势。在西方哲学中国化的历史进程中来理解西方哲学的"化",就需要将其

---

① 《毛泽东选集》第 2 卷,人民出版社 1991 年版,第 1 页。

② 《马克思恩格斯全集》第 1 卷,人民出版社 1995 年版,第 220 页。

视为一个发展的、面向未来的动态发展。西方哲学想要实现这种"化"就不仅需要与中国文化的过去和现状相结合，更要从新时代乃至未来的发展趋势来加以审视。"当今时代，文化越来越成为民族凝聚力和创造力的重要源泉、越来越成为综合国力竞争的重要因素，丰富精神文化生活越来越成为我国人民的热切愿望。要坚持社会主义先进文化前进方向，兴起社会主义文化建设新高潮，激发全民族文化创造活力，提高国家文化软实力，使人民基本文化权益得到更好保障，使社会文化生活更加丰富多彩，使人民精神风貌更加昂扬向上。"① 能够满足中国文化发展在新时代中国特色社会主义以及未来发展的需要，才是西方哲学中国化的方向，才是西方哲学之"化"内在的诉求和需要。将西方哲学的"化"融入新时代中国特色社会主义文化建设中，融入现实的社会文化生活中，才能在可预见的未来接续推动西方哲学中国化的进程。

西方哲学中国化不是单纯指一种拿来主义的还原或借用，而是一种过程性的质变。易言之，西方哲学中国化在对西方哲学的"知""真""变"中实现"识""理""化"，体现一种理论内容和思维范式的转变整合过程，一种始终在路上的思想精神进化的理论逻辑与历史进程。要实现这一点，既要以中国化的统一维度去审视其从"知"到"识"、以"真"渐"理"、有"变"而"化"的特征，更要把握其这种特征在统一的"化"的过程中所表现出的种种关系，这正是西方哲学中国化研究范式的真意所在。总结而言，第一，要坚持主体自觉的中国立场，在中国场域以中国问题为导向，辨识与择取西方哲学的精华思想；第二，要体现中国语境，西方哲学的引入应该有语境的迁移重设，要在精神内核与思想精髓的再整合中体现创新的超越性特征；第三，要突出时代特性，西方哲学中国化自身是一个历程的事实，这种动态的发展性要能够在对时代的回馈中凸显出来。现代的时代特点在于多元和谐与异质共识的理想取向，西方哲学中国化的概念内涵和思维特点正符合这种时代气质。因此，在西方哲学中国化的思维范式下再次审视西方哲学的发展，它不仅作为一个思想流派得以在逻辑中自我完善，它更在中国语

---

① 胡锦涛：《高举中国特色社会主义伟大旗帜　为夺取全面建设小康社会新胜利而奋斗——在中国共产党第十七次全国代表大会上的报告》，人民出版社 2007 年版。

境下同中华文化和合共生、创造世界性哲学思想文化的再生。西方哲学中国化不仅体现为对舶来文化的接受，更体现为一种转化、内化和融通；不仅体现为面向过去的历史性诠释，更体现为直面当下与展望未来的时代追索与思想创造。在这个意义上，西方哲学中国化充分彰显了我国对西方哲学研究的理论自觉、时代自觉、民族自觉、文化自信。从而，进一步推动我们超越传统的"哲学就是哲学史"的历史性研究范式，真正走向"哲学就是哲学思想理论创新的发展史"的思想进路的新时代与新阶段。

二、扎根理论自觉：凸显中国语境与问题意识

西方哲学从"西学东渐"到"西方哲学在中国"，到"中国的西方哲学"，再到"西方哲学中国化"的形态演历，是一个以"哲学史就是哲学""哲学史就是认识史""哲学史就是哲学思想理论创新的发展史"的方式逐渐融入中国、成为中国文化不可缺失的一部分的动态转化过程。这一过程扎根理论自觉，凸显中国语境与问题意识，在将西方哲学内化为中国人的精神养料的过程中，使以西方哲学为参与的当代中国哲学建设获得有效助力，在不断向世界展示具有中国风格、中国特色、中国气派的哲学建设中进一步促进西方哲学中国化的进程。

（一）"他者"引进中突出自我意识

哲学作为理论化的世界观，是一个民族、国家自立于世界的思想基础和精神支柱，是一个民族、国家的生命力、创造力在理论层面上的表现形态。哲学的最根本任务是要探究清楚如何才能真实地抵达存在的真理，人类一切形而上之思最终都要力图回答苏格拉底提出的"认识你自己""成为你自己"的永恒理论之问。然而，正如作为一种对象性的存在，人只有通过对象的中介才能认识自己。哲学亦同样如此，需要在他者的眼光和视域中来实现真实的自我认识和自我理解。

西方哲学起源于西方人对世界本原的理性思考与审视，以及对自身生命意义的探究和追问，是特定的地理环境，民族风俗、生存方式的产物，也是西方人文化心理、行为习惯与思维模式的理论凝结，还是西方社会的民族精

神及其文明内核的思想领会。黑格尔曾经深刻地指出，"因为世界历史是'精神'在各种最高形态里的、神圣的、绝对的过程的表现——'精神'经过了这种发展阶段的行程，才取得了它的真理和自觉。这些阶段的各种形态就是世界历史上各种的'民族精神'；就是它们的道德生活、它们的政府、它们的艺术、宗教和科学的特殊性。"[1] 倘若撇开黑格尔历史哲学观的思辨唯心主义色彩，可以从中领悟到，世界历史中的不同民族精神的精髓和实质的哲学表达构成了不同哲学形态。任何民族拥有其民族文化自身鲜明的独特性，也就产生了彼此殊异的哲学形式，并以不同的方式实现着对存在真理的理论升华。在《英国状况——十八世纪》一文中恩格斯曾明确指出："英国人的民族特性在本质上和德国人、法国人的民族特性都不相同；对消除对立丧失信心因而完全听从经验，这是英国人的民族特性所固有的。纯粹的日耳曼成分固然也把自己的抽象内在性转变成抽象外在性，但是这种外在性从来没有失去它的起源的痕迹，并且始终从属于这种内在性和唯灵论。法国人也站在唯物的、经验的这一边；但是，因为这种经验直接是一种民族倾向，而不是自身分裂的民族意识的副产品，所以它通过民族的、普遍的方式起作用，并作为政治活动表现出来。"[2] 在恩格斯看来，英国、德国和法国不同的民族特性塑就了其不同的哲学气质、风格和精神。而在悠久璀璨的历史进程中，中华民族内蕴的文化素养、精神气质、民族性格也创造了自己独特的哲学传统。那么，我们为何还要致力于引进西方哲学这个他者？这中间其实包含着一个十分真切的时代语境，诉诸着直接而强烈的生存论目的。

西方资本主义文明是现代文明的先行者与领路人，"它使未开化和半开化的国家从属于文明的国家，使农民的民族从属于资产阶级的民族，使东方从属于西方。"[3] 西方社会孕育生发的现代资本主义文明具有向外扩张的殖民主义特征，使其在发展扩散中将其他未开化的民族文化卷入到世界现代化的浪潮中，中国近代被西方坚船礼炮所打开的国门就面临着如此不得不被动地依附和从属于西方中心的资本主义现代化文明的驱动。在此被动状态下，作为一种落后于现代先进文明的后进文明形态，我们对西方思想文化的直接

---

① ［德］黑格尔：《历史哲学》，王造时译，生活·读书·新知三联书店 1956 年版，第 93—94 页。
② 《马克思恩格斯文集》第 1 卷，人民出版社 2009 年版，第 91—92 页。
③ 《马克思恩格斯文集》第 2 卷，人民出版社 2009 年版，第 36 页。

引用借鉴成为迅速追赶时代脚步并提升自身发展水平的最迅捷的方式。于是，各类有助于现代性精神启蒙的西方哲学思想通过各种文化革新运动或思想解放运动或革命实践等方式被广泛译引进来。新文化运动才掀起了大规模学习西方文化的一次高潮。陈独秀曾在新文化运动的标志性杂志《新青年》上发表文章大肆赞扬法国大革命的全社会性的思想启蒙性质，以唤醒中国人民的国民意识与思想进步，号召中华民族的觉醒崛起；胡适则提出"研究问题，输入学理，整理国故，再造文明"，将之作为输入西方思想并进行中国式研究的基本标准与价值取向。在全民族性的思想启蒙运动和文化革新运动的影响下，西方哲学在中国的应用已经彰显出与其自身文化语境下的自我内生的文化特征截然不同的差异性面貌。"杜威的实用主义在美国是其民族精神的象征，而在中国主要以'大胆假设、小心求证'这一科学方法论的新形态而出现；即便是技术性很强的分析哲学，在中国哲学家手里也是另一种形态，即并没有像西方分析哲学那样用逻辑分析来瓦解形而上学，而是用逻辑分析方法来建构形而上学。"① 可见，这一时期西方哲学中国化的萌芽特征彰显淋漓，虽然是一种萌发性的初步探索，但其中所体现的中国特色和中华文化的包容性特点异常鲜明。而随着五四运动的风起云涌，马克思主义正式登陆，则开启了马克思主义中国化理论与实践相合生而推动中国现代化发展开启新篇章的一段佳话。由于马克思主义中国化的突出成就——不仅带领中华民族和中国人民从压迫走向独立的站立起来，而且在与时俱进的新理论内涵的不断生发中指引中国走向富起来与强起来的现代化进程，因此它成为西方哲学中国化的特例先行者，在占领主流阵地的前提下，为西方哲学中国化的具体进路提供外显的历史参照，和内涉的逻辑规定，对西方哲学中国化的概念内涵与外延起到规约性的意义作用。

马克思主义中国化的理论创新和实践功效在中国的历史发展中已有的成就取得了两次重大的飞跃，除了第一次飞跃即毛泽东思想的生成和带领中华民族取得反帝反封建的新民主主义革命胜利和开启社会主义制度发展模式，使我国在百废待兴的困难时期迅速提升综合国力以外，第二次飞跃即以改革开放为标志的中国特色社会主义理论与道路的确立，在几十年来的发展成就

---

① 陈卫平：《西方哲学中国化与当代中国哲学的建构》，载《学术月刊》2004 年第 7 期。

中充分体现了马克思主义中国化道路的科学性。中国道路的创生与选择是建立在一定的思想解放和思维方式革新转变的基石之上的，只有思想观念上有新认识新觉悟，思想环境上有新开放新构建，才能进一步推动社会生产的新局面的展开和新台阶的迈入。中国特色社会主义道路的选择具有一定的历史背景和现实国际形势的影响，一种客观存在的现实环境条件对站在历史拐点处的中国提出迫切需要解答的重大问题，和迅速做出实践选择的急切要求。在面临经济全球化、世界多极化、和平与发展作为时代主题的人类社会历史发展的新时期，在面对复杂的国内国际新形势新挑战新境况的挑战下，中国要重新认识和寻找自我生存发展的新处境和新道路，重新明确发展的路向和目标，重新在澄明新的思想环境中定位发展的基本思想框架……只有回答了这些根本性的基础问题，才能使发展迈上新台阶。而这些问题和挑战的解答与应对总离不开思想精神的文化自觉。费孝通就曾指出，作为全球化时代的必然要求，文化自觉要求正确处理本民族文化和他者文化的关系，要接受外来文明的考验，有文化融通的意识。① 因此，越是在发展的转折期、社会变革的关键期，越是要求思想文化的兼容并蓄意识，积极吸收各个文明成果的优秀内容和精神，扬弃各个文化形态的理论表征，在和而不同地融合创生中包容各有侧重的文化思想内容，在自省更新中创造时代所需的新文化精神架构，锤炼本民族文化的时代适应性与实践功效性。依黑格尔之见，只有当个别特殊的自我意识在否定性的辩证发展中表现出其普遍性的时候，才能完成历史发展的自我确证，成为具有一般意义上的世界性的民族精神。因此，思想文化作为一种主观存在，它的发展不可能自足自满，而总要在碰撞交流、对比竞争中才能螺旋上升。所谓民族的就是世界的，差异性的文化形态的和谐共生才能使世界丰富多彩，那种单一性的文化宰制与霸权最终带来的不仅是文明的灾难，同时也会造成极权暴力的恐怖环境，严重阻碍人类文明的进步，甚至导致文明的倒退。那种在多元文化中汲取养分，并能够在批判自省中不断超越自身的价值取向和理论路向才是一个繁荣昌盛的文化形态的基本精神态度。"理解的总体"从来都是一种具有合理性依据的方法论存在，它

---

① 费孝通：《百年中国社会变迁与全球化过程中的"文化自觉"》，载《厦门大学学报》2000 年第 4 期。

是文化交融、和合共生的基本思想基调指导。他者的存在为我们提供参照系和发展前进的外在动力，为我们打开视野、摆脱文化习俗与思维惯性提供丰富资源和视路，在一种克服不适感和积极主动求变中提升文化理解力、批判反思意识和融合创生能力。

马克思认为，随着资本主义的全球扩张，历史已经摆脱了过去各民族分散独立、隔离自存的情状，而走向一种关联共生的世界性的新时代。这个表现为某种地球村形式的各民族发展彼此相系，一国的发展与动荡能够牵一发而动全身的崭新的现代时代，不仅在经济政治领域体现出全球化、一体化的趋势（事实已经在现在达成了这种态势），而且在文化上表征一种"民族的就是世界"的特征。再封闭保守已经不能成为发展的自我陶醉的安逸，而只能被时代所抛弃。每一个民族文化都将作为一种公共财产为世界所共享。因此，哲学将是世界性的哲学，文学也将成为世界性的文学，人也将是一个处于广泛社会关系中的社会化的人。在这一思想的启示下，中国哲学的发展自是面临着巨大变局带来的重新思考与进步发展的现实挑战。以什么为标准判断多元异质文化的优劣思想资源？以什么态度择选差异性精神气质的精髓精华？以什么方式寻求普遍融合的契合点与实体内容？以什么视野重识世界文化特征？以什么姿态进入世界历史意识？等等，都是中国哲学在新时代要回应的重大问题。

我们知道，中华文化最大特征在于它的包容性和海纳百川的胸怀，因此才能传承五千年而屹立不倒。在当下以多元共识或和谐共生为主要特征的文化格局中，发挥中华文化包容力的巨大特征异常重要，这是现代文化发展的基本态度，和融合创生新的世界文化的基本语境。中华文化在上下五千年的发展历程中已经经受了历史事实与思想冲击的多重考验，在新的历史条件下继续自我超越、自我完善同样必将获得成功。"天下一致而百虑，同归而殊途"的思想传统，以及"万物并育而不相害""道并行而不相悖"的广阔胸襟和文化自信在新时代的发展中起到底蕴气质的奠基作用。回到西方哲学中国化的问题上，中华文化这种兼容并包的特征为西方哲学中国化的"能化"提供基本语境，为其"成化"提供必要依据。而在实践发展中也极其明显，对西方哲学的研究已经从简单的纯粹的甚至粗暴的状态进入了理论性、学理性、学术性的研究阶段和进展，甚至更有一种我们主动向外走出去、积极发扬中华优秀传统文化的新意识。"如也能使欧美的专门学者以不通中文为恨（这绝非原则上不可能的事，成否只在人为!），甚至因此欲学习中文，那时中国人在学术方面的能力始真正昭著于全世界"①。陈康之言彰显了中国研究者的新视野、新大局观、新理论理想。可以说，我们已经从被动接受走向了主动对话、积极批判、寻求共识的西方哲学研究的全新阶段。西方哲学中国化也在表现形态上从让西方哲学说中国话走向让西方哲学接受中国化、让中国哲学世界化的新努力。学术积累的史前史在路上，思想研究的融升创造正在前行。

（二）历史传承中突显中国语境

西方哲学中国化在其多样化的历史阶段中展示出形态各异、异彩纷呈、接续涌现的发展态势，从最初的知识性的西学转译、引介与传播，到历史性与思想性融会贯通的领悟与习得，使得西方哲学所形成的思想性历史与历史性思想得都到了中国人的开拓与创新；而在马克思主义为坐标系的指引下，西方哲学在中国的发展也历经了对待、批判到关系开始"破冰"逐步缓和，再到可以站在平等地位上加以对话交流，获得更多发展空间，这样的转变彰显了我们将西方哲学作为马克思主义的对立面的全然批判，转换成对其展开思想性研究，注重对其思想成果的继承和接受以及对其问题的批判和反思这样的文化互鉴过程，特别是中国人面向世界文明时所展示出的现代自我觉醒与哲学建设姿态。

"如何理解西方哲学"这个根本性问题的永恒追问已经成为西方哲学在中国走向"中国化"的根本动力。如同我们所熟知的在西方哲学内部流淌着的形而上学之"血液"，始终助养着西方哲学的自我更新。西方哲学在中国作为一种中国式发展，呈现出与西方哲学内在发展逻辑相同的特点。从西方哲学进入中国大地之始，西方哲学作为一种新鲜思想和文化便不断地经受着中国人的辨识、接受、认同、融通，中国人以何种致思方向进行研究，也就是如何对西方哲学进行描述决定了西方哲学以何种面貌得以展现。这种"形而上学"致思的外形就是西方哲学最初在中国呈现的形态，也就是在描

---

① 陈康：《柏拉图巴曼尼德斯篇》，商务印书馆 1982 年版，第 10 页。

述西方哲学自身特质下发展的"传统知识型"的西方哲学。黑格尔在《哲学史讲演录》导言中曾提出了一个著名的命题:"哲学是理性的知识,它的发展史本身应当是合理的,哲学史本身就应当是哲学的。"① 哲学史"不可能是偶然事实堆砌的历史,而是那个唯一真理借助这些事实不断自我显现的历史,也是哲学自我发展的历史"②。所以"哲学史就是哲学"视阈生动地展现了西方哲学在中国最初呈现的基本形态。新中国成立以来,在马克思主义思想理论指导下,尤其是中国的哲学建设是"以苏为师"为导向下的列宁哲学引介,此时的辩证唯物主义与历史唯物主义带着鲜明的日丹诺夫等人的"官方权威"解释,而我们的马克思主义哲学地基也正是在这样的时代背景与理论形态中构筑;以马克思主义作为西方哲学的筛选、引介、学习、评判的坐标系与参考表,西方哲学的发展正是在时代决定发展、现实决定需要、需求决定选择的意义指引下,使西方哲学的研究大量的倾斜于唯物史观开掘的马克思主义视野,充分表征了中国的西方哲学研究在哲学史自我理解中的最初形态。

也许这种形态与研究已经使原汁原味的西方哲学走了形、变了样,但西方哲学与马克思主义哲学,或是中国哲学对人类形而上的永恒追问却并未停止,只是使西方哲学在求解世界的态度上加上了中国人独有的生命体验、思想理念与文化姿态。中国语境中的西方哲学乃至对世界的终极探索、终极追问与终极理想的统一却始终未改变其底色。西方哲学语境中的中国哲学也好,中国时空下的西方哲学也罢,东西方思想的互相嵌入与融涵汇通始终保持并不断发展的正是对世界、对人类、对生命、对未来与对理想的不懈追问。这种永恒探索、不断向上追问求索的精神,是整个人类所拥有的对自身奥秘与对世界真理揭示的渴望与脉动。

所以人类历史流传至今的正是这种矢志不渝的探索精神,既敢于向世界追问这个宇宙的奥秘,又勇于向自身探求"人何以为人"的真理;既勇于在历史的星空中继承向外开掘生存空间与生长路向,又勇于向内求索生命长河奔腾不息的脉动激情。从西方哲学史大踏步走出来的西方哲学的人文精

---

① [德]黑格尔:《哲学史讲演录》第1卷,贺麟译,商务印书馆1981年版,第13页。
② 江怡:《如何理解哲学与哲学史的关系》,载《哲学分析》2010年第1期。

神，流淌、融入、创新与传承成为中国哲学的中国化的精神动力。如果说中国哲学与西方哲学都在人类哲学史上留下浓墨重彩的一笔，那么这一笔之所以浓厚，恰恰是因为它既追根溯源，在起笔之处就奠定了正确的求索路向，也是因为在落笔之时，余韵尚在，不懈问道的精神仍将绵延。

施特劳森在将哲学发展演变与思想轨迹勾勒为"描述的形而上学"与"修正的形而上学"时，就已经指示了西方哲学在中国的发展演历在"哲学史就是哲学"之后的更多发展与更广阔空间。西方哲学作为西方人认识世界、反思生命、追问本原的生命体验与智慧思索，在中国的土壤与大地上必然会加入中国人的民族特性与文化理念。由此，如何在中国人对西方哲学的融涵、参悟、创造与创新中开显主体的觉解和思想的植入，在对中国人主体思想的肯定中敞开中国学者对哲学史的理解、诠释与解读，进一步开启"哲学史就是认识史"的西方哲学中国化的新发展阶段，彰显出中国人与中国学者在主体维度上在西方哲学这一宏大思想对象上流淌过的思想痕迹。

西方哲学中国化从以往忽视对哲学语言所承载的意义性的认识，转变为强调以中国自己的话语分析、阐释、创造哲学理论形态之转型。即，我们强调在"形而上学"不断修正中更加切近于西方哲学内在蕴含的发展逻辑，在不断重新审视形而上学的境遇下实现哲学自我超越与创生的合理方式。这种思考成为新世纪以来发展西方哲学的重要起始点。

可见，西方哲学自身发展中的描述与修正辩证统一的尺度也恰恰在新世纪西方哲学的中国化现实中具体表达。西方哲学中国化始终承载着自西学东渐以来的描述对象与内容，即知识型的、文化比较型的西方哲学固然合理地根植于西方哲学在中国的发展现实当中。然而，我们也应看到西方哲学中国化的深化需要摒弃以往将西方哲学简单地理解为是知识汇总或认识发展史，开拓在西方哲学与人的生存境遇相联系维度上持续发展的新思路，在这个意义上才有"接着讲"和"自己讲"的可能性和价值性。正如黑格尔在致沃斯的信中说的："路德让圣经说德语，您让荷马说德语，这是对一个民族所作出的最大贡献。因为，一个民族除非用自己的语言来习知那最优秀的东西，否则这东西就不会真正成为它的财富，它还将是野蛮的。"[①] 黑格尔看

---

① ［德］黑格尔：《黑格尔通信百封》，苗力田编译，上海人民出版社 1981 年版，第 202 页。

到了"自己讲"对于文化塑造的深刻影响与意义。民族思想的阐释需要我们首先意识到"自己讲"的重要性。反观"哲学史就是哲学思想理论创新的发展史"指导下的西方哲学中国化，强调哲学创作者与哲学解读者的互动，强调哲学研究过程中思想和意义的创生，甚至对意义性的阐释和再造中实现自觉也就具有了必要性。我们强调要去除对西方哲学研究、理解等方面的认识误区，而转以西方哲学中国化的致思方向，要以中国人的文化背景、思维方式理解西方哲学，在中、西、马融通和构建当代中国新哲学的意义上重新阐释西方哲学，赋予西方哲学全新的生长点，就需要更加深刻的理解"让哲学说汉语"①，以中国人的话语方式、解释原则去重新阐释西方哲学的必要性和重要意义，只有在思想的表达中真正"说汉语的哲学"，作为中国文化中的重要理论形态的西方哲学中国化才能真正向世界传达中国人的生存现状和发展趋势，彰显中国人的文化观和价值观。这不仅是西方哲学研究自身的事情，也是哲学创造的未来之路和哲学发展的理想目标。

（三）理论自觉中突现当代问题

立足中国现实问题进行外来文化的经验借鉴向来是我国思想文化包容性前行的基本原则和发展导向，无论是解救民族危亡问题的早期西方思想在中国的理论研究目的，还是随着现代中国社会发展模式的变革而突出的解决现代化道路选择的问题，再到新中国成立确立社会主义制度条件下现代化建设进程中现代性问题的理论反馈和理论思考，很明显都呈现出鲜明的中国问题意识，在问题指针和向导下探寻思想启蒙的具体路径。这一过程始终相随的是西方哲学在中国的被认知、被辨识、被择取、被阐释、被融会，因此，这一问题导向的经验也是西方哲学中国化历程给予我们的最核心最重要最基本的经验启示。也正是在这一经验的借鉴和应用中，西方哲学中国化才得以在提供问题解决方案中实现自身，并推动学术理论研究的现代化与国际化。

具体来说，这种现实问题导向在西方哲学中国化历程中的经验呈现可以从一种摄入语境的角度加以理解。西方哲学在中国社会发展不同阶段所面临的摄入语境自然有所差别，而它之所以在近代以来能够长期在中国得以被接

---

① 邓晓芒：《让哲学说汉语》，载《社会科学战线》2004 年第 2 期。

受的形式存在甚至再生，一个很大的原因在于其丰富广博的理论资源和思想内容能够充分反映、侧重解答中国每个现代化发展阶段所潜在和已有的事实和问题。并且，在这种中国式的理论再现过程中，既满足了中国社会发展阶段性新形势对相应理论依据的需求，又能够完成在异域文化的表述和重释中的理论自我完善，可谓达到互利共赢的积极意义。首先，就起点而言，西方哲学中国化在历史观层面解答着处于危机存亡时刻的中国选择什么道路、将向何处去的进化论方案。这种方案是一种历史观层面的引入，起到积极性的思想发展推动作用。进化论的历史观认为人类社会文明的发展呈上升跃进的前进趋势，这种主张直接影响中国社会开始从理论和历史的角度思考传统与现代之关系问题，一方面推动现代理性的、积极的、发展性的思想对中国人民的启蒙作用，另一方面推动着问题聚焦点的逐渐转轨或逐渐多元化和共时化，即不再单单关注民族危机的革命行动方案的探索，而多元关注中国社会如何进行现代转型的诸领域的现实问题。从比较分析的维度可以看到，西方哲学进化论的历史观仅仅是发挥着一个意见式的启示，而只有马克思主义的唯物史观才能真正在理论指导和实践革命方面起到切实作用。马克思主义唯物史观将社会前进发展的动力归为两大矛盾运动的结果，即生产力与生产关系、经济基础与上层建筑之间的矛盾运动。对人类社会历史发展普遍规律的伟大发现和彻底揭示，直至今日也为世界理论与学术界所赞扬和关注。而马克思主义唯物史观所体现出的严整的科学性不仅通过中国社会发展的伟大成绩所证实，同时也在理论的比较分析中彰显出其逻辑的贯通性和现实实践性。当然，这一比较对象在于进化论的历史观。在关系的维度同样可以看到，西方哲学进化论历史观对唯物史观的体系生成和思维创新都提供了重要的资源支援和启示作用。进化论的历史观常与民约论一同出现。陈旭麓曾指出："'五四'以前的几十年中，对中国思想界影响最大的有两论。一是进化论，一是民约论。前者以生存竞争的理论适应了救亡图存、反对帝国主义的需要；后者以天赋人权的观念适应了要求平等、反对封建专制主义的需要。两论的传播，在观念形态上是区分先前与近代中国人的重要标志。"①"五四运动"作为中华民族社会发展历史上一个历史性的关键节点，在思想

---

① 《陈旭麓文集》第 4 卷，华东师范大学出版社 1997 年版，第 206 页。

上对我们关于哲学思想的认知分期也起着标志性的划界作用。通过前期对进化论和民约论的理论认知积累，和工人运动与马克思主义理论的传入影响，对科学与民主的向往自然而然地成为思想深处的觉醒而通过现实革命斗争被提至前台。这些理论的前期积累与铺陈毫无疑问成为西方哲学中国化发展的前奏，构成一种"史前史"的存在状态。

西方哲学中国化扎根理论自觉，当然其进程中会出现诸多各样的当代问题。这些问题的存在，无疑会影响我们对"西方哲学中国化"的理论研究，所以，也是值得我们去直面追究的问题。当前，主要问题有以下两个：第一，如何把握"西方哲学中国化"与马克思主义中国化的关系？第二，以何种哲学姿态推进"西方哲学中国化"的进程？

"马克思主义中国化"强调作为一种外来文化的马克思主义，在中国本土创造发展的马克思主义，成为作为指导思想的马克思主义的思想理论的基础。从内涵上看，马克思主义中国化是把马克思主义的普遍原理与中国革命与建设的具体实际相结合。包括两个方面的内容：一是把马克思主义与中国传统文化相结合，运用马克思主义来审视、反思和改铸中国传统文化，吸取中国传统文化特别是传统哲学的精粹，以丰富马克思主义和强化中国马克思主义哲学的民族特色；二是把马克思主义与中国现代化现实相结合，运用马克思主义考察和分析中国的社会现实，对具有时代性和普遍性的哲学问题进行创造性的回答，以指导中国的现代化实践，推进马克思主义发展。从历史纵向的发展序列来看，马克思主义中国化成果体现为——毛泽东思想、中国特色社会主义理论体系及其哲学基础；从横向的学科发展来看，马克思主义中国化要求其内容包括马克思主义基础理论、马克思主义发展史（包括马克思主义经典文本）、现当代国外马克思主义及其流派等，这些内容分属各自的二级学科。2006 年我国新设立的马克思主义基础理论一级学科将上述二级学科囊括其中，是对马克思主义的当代中国发展，或曰马克思主义中国化。可以看到，马克思主义中国化经历了百余年的历程，已经成为中国人乃至中国社会、中国思想文化的血脉，人们自觉地将马克思主义中国化作为本民族文化的重要组成部分。马克思主义中国化的发展轨迹是清晰的，思想成就是突出的，中国化历程是成功且合理的。我们应在马克思主义中国化范式的思想启迪下，把握"西方哲学中国化"与马克思主义中国化的关系，思考"西方哲学中国化"的可能。

西方哲学中国化作为近些年来理论界在哲学理论主体自觉意识强化下探寻研究西方哲学的新范式和新路径，无论是在对"中国化"的内涵与方式的理解、哲学理论形态的建构，还是在哲学研究范式的变革上，都呈现出对马克思主义中国化研究成果的借鉴，对马克思主义中国化独特经验的吸收。西方哲学中国化无疑是在马克思主义中国化的指导下不断发展，在马克思主义中国化的助力下得以成长，在与马克思主义中国化的比较中差异性共存、交互性辨识，得以走出幕后成为学术界与思想界广泛关注与深入探讨的显学。

这也是"西方哲学中国化"得以进一步健康发展，需要我们正确对待的前提性问题。"西方哲学中国化"除了体现为对西方哲学知识的引介、方法的应用，抑或中西哲学的比较和对话外，还应该体现为更高的精神追求和思想自觉。西方哲学的存在及其演化，必然具有自己的文化基因、思想传统与生活世界之根，它所表征的也必然是西方人与社会对世界与时代的理论把握。西方哲学的诸种转向与变革，归根到底也是西方人的生活世界本身变革的必然结果。西方哲学研究想要成为真正意义上的并有中国特色的研究，就必须有目的、有意识地推进"西方哲学中国化"。我们认为，对于西方哲学的研究，"西方哲学中国化"意味着要求我们，一是要清清楚楚地明白我们到底需要的是什么，做到有主张并在中国式思维的立场下将其改造成适应中国时代特征要求的中国化的西方哲学。二是要打破并跨越西方哲学家的思想樊篱和限制，放眼到西方哲学广大的思想和文化中去寻求最佳结合点，探寻出适宜中国人解决自身问题的思想方法，这也是研究西方哲学的主旨所在。"我们有了自己解读哲学和哲学史的角度和方式，也生发出要在西方哲学研究过程中体现中国化成果和展现中国气派的要求，这会是西方哲学研究未来发展的重要方向。"[1]

当然，对西方哲学予以尊重是"西方哲学中国化"的前提条件。尊重既是"充分的理解"，又是"内在的批判"。迄今为止，文化等级上的先验设定依然是难以突破的关键瓶颈和思想障碍。任何过分夸大了自己的普遍性和绝对性的思想主张，在价值多元的全球化时代，只会引起紧张、矛盾和冲

<hr/>

[1]　韩秋红：《西方哲学中国化的研究范式》，载《东北师大学报》（哲学社会科学版）2013年第5期。

突，无助于相互间的对话和自身的发展。事实上，尊重多样性和平等性，是追求多彩生活的本质需要，也是遏制过度思想野心和抽象同一性的"形而上学恐怖"的必要条件。尊重和理解不是追随他者和丧失自我，而是要把尊重和理解的对象转变为反思的和可批判的，这样的尊重和理解才是实质性的尊重和理解，才是共建人类命运共同体的思想基础。

在"西方哲学中国化"的进程中，我们发现了有简单移植和比附西方哲学相关概念、方法和观点的拿来主义倾向。事实上，这种拿来主义不可能切中"西方哲学中国化"的实质要义。从本质上讲，"西方哲学中国化"必须催生出全新的思想观念，包括传统思想在内的一切哲学思想，都应当置于新坐标系中予以重新阐释。这意味着"西方哲学中国化"不是简单的照搬照抄西方哲学，而是在中国自身的社会发展和中国社会的现实语境下自觉认识、反思和批判地接受西方哲学，其不仅包含了在反思批判西方哲学的基础上实现的对其有益成分的吸收，更蕴含了在中国的思想土地上实现对西方哲学的"重组"；并非简单地对原有西方哲学进行解析和组合，而是将西方哲学中的有益因素分离出来，使之成为中国化的存在。显然，这是一种全新的思想，意味着思维方式的转换，从为我所用到实现转换，从拿来主义到批判继承、辩证审视、合理改造，这应是中国理论界对待西方哲学的合理态度，更应是中国西方哲学研究一致与一直努力的方向。

在借鉴吸收西方哲学理性精神的基础之上，21世纪的中国哲学研究不断与国际接轨，不断实现着我国在哲学领域的文化崛起。有学者概括第21届世界哲学大会的特点为六个方面，大体上反映了当今世界哲学的基本趋向：（1）突出了哲学在新世纪的使命和功能，特别是要在全球化背景下研究和解决一些重大的全球性问题；（2）注重对规范、形成合理世界新秩序中的重大问题的哲学研究；（3）注重从哲学上探讨全球化进程中的文化问题；（4）当代科技革命对哲学与伦理学的新挑战；（5）各种哲学思想激荡，保持多元动态画面，表现了当今世界文化的多样性；（6）发展中国家的哲学声音比过去明显增强。① 这些都清楚地表明，当代中国哲学的确与西方哲

---

① 姚介厚：《我所组团参加世界哲学大会和相关活动的一些情况》，载《中国社会科学院哲学研究所·所志 1996—2005》，第287—288页。

学处于一个共时性的哲学空间之中，与其他哲学共同构成了当今的世界哲学，汉语哲学世界化。

三、追求实践自觉：创造性转化与创新性发展

回溯西方哲学中国化的发展历程与马克思主义中国化的相伴而行，我们逐步认识到西方哲学在中国的研究不是生吞活剥，不加消化吸收、改铸创新的囫囵吞枣，也不是教条主义的生搬硬套与机械的"拿来主义"，更不是强行移植、嫁接，而是中国人以自身特殊的文化理论背景、特定的社会发展现实为依据，做出的独具中国人生命体验的哲学思考与文化反思。因此，我们所面对的西方哲学应该是具有了中国风格、中国特色，加入了中国人精神智慧、融汇了中国社会现实发展与时代吁求的"中国化"的西方哲学，而这一蓬勃脉动的演历路径也实现了从西方哲学在西方的原初语境走出，走进中国，成为中国的"在场"，在融入中华文化的过程中逐步实现中华民族对西方哲学的反思、批判与重铸、创新。"西方哲学中国化"不是原原本本地将西方哲学著作整体迁移到中国，不是简简单单地做物理上的位移或数字上的加法，而是在马克思主义中国化的牵引下、在中华优秀传统文化的融涵创造中，努力实现化学式的有机改造与出新。因而西方哲学中国化之"化"正是要在分离、萃取与提纯中吸收容纳西方哲学之精华。在有机的实现马克思主义中国化、中华优秀传统文化、西方哲学人文精神的对话、碰撞、反刍、容纳与创新中，西方哲学中国化逐步走出了一条从理论自觉到实践自觉的独特之路。

"西方哲学中国化"作为一种不同民族思想文化交流互鉴以推进民族文化乃至世界文明的崭新实践范式，如何在不断接续"转化"中完成文化的创新与文明的承续，是中国人努力实现西方哲学中国"化"的思想初衷与实践旨意。所以正是在这一实践坐标系上，"转化"便以其独有的动态推进、入乡随俗、吸收容纳、合力创新之意展现出中华优秀传统文化、马克思主义以及西方哲学发展的新形态与新面貌。由是，从有选择性地将西方哲学引入中国到将西方哲学作为重要对象加以批判反思，再到以对话的方式彼此阐释、格义、创新，在"哲学就是哲学史""哲学史就是认识史"以及"哲

学史就是哲学思想理论创新的发展史"的实践路向中所形成的对西方哲学人文精神、现代化理论导源以及西方科学、民主、法治、文化的甄别性选取、借鉴与推进，便是西方哲学中国化的深刻实践与不断变迁。

（一）从"齐一性"到"多样性"

中国学者在实践自觉中所不断推进的融涵发展与改铸创新使得西方哲学实现了从"齐一性"走向"多样性"的华丽转身与合理新生。在作为哲学核心的形而上学发展过程中，每个哲学家都坚信自己的形而上学理论的唯一的合理存在，这样的认知方式尽管有利于建立哲学家自身的哲学自信，但也容易走向极端，成为一种自负与偏执，成为一种"存在和存在论的暴力"[①]。可以说，这在肇始于古希腊形而上精神家园的出发点之处就已经形成并确立了这样的发展旨意与致思路向。亚里士多德将"物理学之后"的研究领域归置于"'形而上'学"，这样的思考方式以二元对立、主客二分的方式在事实与经验、此岸与彼岸之间划设了一条难以逾越的鸿沟，使二元对立的哲学体系成为西方哲学史原出之处的唯一真实存在。正因为如此，体系化、齐一化、唯一性的自我哲学体系成为整个西方哲学史上众多思想家的基调与爱好，即积极建构起属于自我、标志自信、展示真理、追求终极形而上的哲学体系。沿着亚里士多德奠定的"齐一化"哲学道路，笛卡尔、康德乃至更多哲学家前赴后继，使齐一化哲学与形而上体系在唯一真理性的道路上渐行渐远。到了笛卡尔那里，其更是以一句响亮的"我思，我在"将主客体之间的对立状态揭示出来，为这种"二元对立"的哲学体系夯实了思想地基。只不过笛卡尔更重要的贡献则在于其将"我思"的主体性地位进一步凸显出来，以"我思"构筑的哲学体系使人们从现实世界走向了彼岸世界，从尘世生活转向了精神生活，使自我批判、自我反思的价值在推动西方形而上学的进程中深刻彰显。笛卡尔的"齐一化"哲学是在精神世界的凸显中确立自身哲学体系的"唯一性"，因而在推动西方形而上学的发展中不可避免地带有了抽象化色彩、陷入了抽象化窠臼。到康德那里，其在穿越笛卡尔思

---

① 朱刚：《多元与无端：列维纳斯对西方哲学中一元开端论的解构》，江苏人民出版社 2016 年版，第 9 页。

想高峰的过程中通过赋予其自在的目的性使形而上学置身于先验哲学的统治之下，再一次实现了对"齐一化""体系化"哲学的创新与巩固。所以，回溯西方哲学史的发展历程，我们看到的是由众多哲学家建构起的关于"一"的形而上学的坚固体系，而作为哲学思想的开放性标志的"多"，已经被自我体系的封闭性所吞噬与埋没。他们将自身的认识与其形而上学思想相融合，使之成为坚不可摧的"一"的存在，在不断巩固他们理论的同时也使得其哲学思想被紧紧地束缚在其中，牺牲了自由的"多"的特性，使"齐一性"的要求成为西方哲学自身牢不可破的躯壳，固化了西方哲学精神内在的流动性，使僵化性和二元对立成为其典型特征。这种关于"一"的及"一是一切"的封闭体系，即是德勒兹一再批判的"树—根"模式。即便它展现出多样性，也不过是"伪装的多样"，是"不断地基于一种更高的、中心化或节段化的统一性来模仿'多'"①，而非真正的多元体。西方哲学中国化所要实现的就是走出"西方"的单一性范畴，走出更多可能的发展道路，所呈现的是哲学本身的不断丰富和发展。由此，使西方哲学走进中国，在马克思主义思想理论、立场观点的指引下，在展开与中华优秀传统文化的对话中，以及在三者融涵创新的转化中使西方哲学突破其由"一"所包围的坚硬外壳，敞开其多样性的无限可能，便是西方哲学中国化的重要实践自觉之表征。因此，走进中国语境的西方形而上学是突破了单一性范畴与唯一性坚固外壳的西方哲学，成为了在中国"在场"乃至中国"化"的哲学。这种多样性的发展既有西方哲学突破地理界线跋山涉水来到中国传播自身，最终以"孔子+西方"的形态形成的西方哲学中国化，又有中国学者主动外求而积极引介、辨识、吸收、转化后的西方文明，所以无论是"德国古典哲学在中国""唯意志主义在中国""生机哲学在中国""实用主义在中国""存在主义在中国""语言哲学在中国""分析哲学在中国"抑或各种各样的中国化的西方哲学思想——从鸦片战争到五四运动，从新中国成立到改革开放，再到21世纪新哲学——都体现出西方哲学在其单一发展路向中逐渐获得的多元化色彩与多元性路向。而这一多重发展向度的可能地基便是马克思

① [法]德勒兹、加塔利：《资本主义与精神分裂：千高原》，姜宇辉译，上海书店出版社2010年版，第20页。

主义与中华优秀传统文化所提供的开放包容的发展环境与"合和"思想，即共同体意识。可以说，正是中华优秀传统文化的开放胸襟与马克思主义对西方哲学的批判继承、超越创新，使这一远道而来的"朋友"既陌生又熟悉，既有异质文化的对话空间与融合可能，又有马克思主义内在根由的嫁接互动，而展示出多元色彩。由是，"西方哲学中国化"所蕴含与表露的多样性就是要将可能性再次从西方哲学中挖掘与揭示出来，从人的存在状态中彰显出来，从已经被固化、模式化的确定的西方哲学中重现、发掘出来，使得西方哲学在走出西方哲学的"科学"追求之后，再次在其中国化的过程中开启无限的可能性。这种可能性的开启也使得形而上学走出西方哲学的框架，从"西方"的单一维度中走向更加丰富的多样性。西方哲学的中国化正是在与中国思想的相互关系和对话融通中，以中国式的规定性来成就其"特殊的、现实的肯定方式"，即对人的自由的丰富性的肯定。在此基础上，才能将人的自由存在从诸多的外在束缚中解放出来，从纷繁复杂的思想掩埋中彰显出来，才能推动人的自由从自然性走向社会性，从必然王国走向自由王国。

（二）从"否定式"到"否定之否定"

"西方哲学中国化"不断彰显实践自觉的第二个重要表征是以"否定之否定"的发展意识与致思路向完成了对单向度"否定式"发展路径的超越、创新与提拔。西方哲学的动态演进是以众多"一"的形态来完成绝对化的确立的，但每一个新的"唯一"体系的确立又是在批判与超越前人的基础上来完成的，因而西方哲学的发展是以更新的"一"的否定来破除之前"一"的体系以向前推进，而并非是以众多"一"的排列组合所成为的多元化融合发展态势。可以说，西方哲学对"一"的坚持是以否定的方式形成的，但这一否定却也使得其应该得到"肯定"的东西晦暗不清。换言之，西方哲学这种单向度的"否定"发展模式遮蔽了本应得到"肯定"的诸多智慧光辉。从亚里士多德到康德，无不沿循了单向度"否定"的价值逻辑与研究范式，即过多的关注与强调如何以废弃与拒斥的方式否定旧的哲学，在否定的地基上建构起自身的思想理论，而不是聚焦并有效地开掘旧哲学思想中所蕴含的形上精神、可借鉴的思想资源以及由旧哲学所敞开的思想空间。这种"否定"体现出来的是片面的批判和反思，而缺乏批判基础上的反思性传承——肯定。这种"否定"发展的形而上学至少表现出两个方面的不足：一方面，坚持"否定"式发展的形而上学，在内容上以过往哲学中形而上学的思想内容为批判标靶使得自身在内容的发展上有所缺失（除了"否定"方式本身），同时也使得与批判对象相反的方向成为自身发展的唯一方向；另一方面，"否定"式形而上学在其发展过程中总是以解构和建构双向同时进行，难以有效推动其思想基础的扩展（如同不断地"挖坑"和"填坑"）。值得庆幸的是，西方哲学终极追问、不断追索的形而上理念承续了反诘、质疑、批判与超越的精神，在否定模式的基础上做出再度否定，在更高阶段的辩证走向中超越了以往思想认知与理论体系，推动了形而上学的持续跃迁与脉动发展。由此，"否定之否定"的发展范式超越于或更高于"否定式"发展路径的重要之处正在于其将吸收借鉴与辩证批判融为一体，在肯定中否定，在否定中肯定，既是对否定的回应，也是对肯定的回护；既是更高阶段的"否定之否定"的回答，又是更深层次的肯定与否定的双重回响，是肯定与否定的辩证统一，而并非简简单单的"丢弃"或是"拒斥"。这种"否定之否定"的研究范式是在超越与传承中合理铸就的对旧哲学的"扬弃"，表面上是否定，内里则蕴含肯定；表象是不断倒退，实则是波浪式前进与螺旋式上升。形而上学在追逐发展上始终是朝向"自由""理性""公正"迈进的，因而不仅这种不断追问人类文明精神的蓬勃脉动是值得肯定的，关于理性、自由、民主、公平、正义、德性这样的形而上内容也是需要尊重并继承发扬的。由此，不能够单向度地在对西方哲学的机械否定或断然摒弃中摧毁它的思想地基，使其倒退并禁锢于荒芜之中，而要合理地清理前人留下的思想地基，在甄别、比较与创新中努力实现形而上学的接续发展与不断跃进，在"否定"的基础上做出"肯定"，在适当撷取与反思批判中完成"否定之否定"。可以说，西方哲学来到中国，将中国社会最迫切的现实问题与最真实的社会面貌作为自身的理论意识与问题导向，是西方哲学中国化在中国得以开辟自身"否定之否定"转向的重要社会背景与实践土壤。从西学东渐、鸦片战争、洋务运动、戊戌变法、维新运动、辛亥革命或是各种农民阶级、地主阶级、资产阶级的实践来看，如何完成统一问题是决定中国能否快速富强的重要因素，而对这一问题所蕴含的站起来、富起来乃至强起来的理论思考与现实路径，不仅是中国独有的社会难题，更是全人类面临的普遍性发展困境。因此，西方哲学在面对中国独特的社会环境与相似又有殊异的人类性问题时，需要哲学思想对时代课题做出有效回应，而这种回应便是中国哲学、西方哲学、马克思主义哲学在对话交织的过程中以肯定、否定、否定之否定的方式做出的解答。所以面对不同历史阶段、不同社会环境上的时空差异，需要充分发挥西方哲学、马克思主义哲学批判反思的否定性功能。伴随时代和社会的发展和改革，这种转变在"西方哲学中国化"过程中很好地实现了西方哲学与中国社会的良性对接，在中国现代化发展、现代性反思，乃至更加具体的商品拜物教、消费异化、科学技术、生态灾难、精神危机、性别歧视等等方面的问题求解上，西方哲学的"否定之否定"范式在中国都得到了进一步创新与运用，成为肯定与否定、传统与当下、历史与现实、东方与西方的辩证统一。

（三）从人的"手段化"到人的"目的化"

"西方哲学中国化"的实践自觉除了鲜明的表征在"多样性"与"否定之否定"的发展态势、审视路向与研究范式之外，也在逐渐将人凸显为目的性存在而并非工具性手段的过程中，进一步确认人是终极追求目标而不是过程运用手段，从而完成了从"人的手段化"向"人的目的化"的否定之否定转化，实现了西方形而上学的推进与发展，回答了西方哲学中国化发展进程的重要课题。可以说，西方哲学关于人的思考、理性的辩护在很大程度上参与并助推了中国人现代化的思想启蒙，在开启民智的过程中使中国人的主体意识日益觉解。不过，西方哲学关于人之主体作为目的而非作为手段的哲思之路也是漫长曲折的，直到康德才开始真正向内求解，开启对人自身的目的性探索，强调把人当作目的，而非手段。康德之前的哲学家们——从无体系、非科学化的哲学开始，到体系化、精确化、科学化的哲学的确立与延续——都在一步步将人之哲学的丰富性与流动性、人的道德的完善性与生活的多样性抛弃，在为哲学加上科学、理性的牢固枷锁过程中使自身的全面性与开放性遭到紧密框围，更使作为形而上学的哲学主体和真正对象的人在形而上学的哲学精神失落的基础上逐渐从目的沦为手段。由是，关于人之为人、人是目的思索逐渐战胜并取代了人是工具、遭受摆置、规矩运用与科学开发的思考，西方哲学内在的否定之否定精神在这里再次解放了自身，使哲学关于人之学问的问题获得有效推进与稳定发展。可以说，西方哲学从苏格拉底、柏拉图、亚里士多德，到笛卡尔、康德的发展，是以否定之否定的方式曲折完成了人是目的的合理合法论证，为中国人之思想启蒙与合理审视西方哲学、创造性转化与创新中华优秀传统文化，建构新形态的中国哲学，创新马克思主义哲学提供了诸多思想启示与观念启迪。同时也应注意到，从亚里士多德到笛卡尔的形而上学路途中，手段性的特征尤为明显，即便到了康德那里明确提出从"手段"到"目的"的转变，认为应该将被固化的、单一的"手段"重新置于人的目的的支配之下——人的自由的支配之下，但却也囿于将理论理性和实践理性相互区分以及仅仅局限于概念而缺少现实的可能性。因此，形而上学在西方哲学中所面临的困境亦可归咎于其"手段"性的传统模式。这一点恰恰给予中国社会以某种提示。中国社会对西方哲学的"拯救""重塑""转化""创新"的重要一环就是实现对其"手段性"认知的否定性发展，使这种"人是手段而非目的"的颠倒关系再度颠倒过来，改变头足倒立的"人"，将人从牢牢框囿的"手段"囚禁中解救出来，重新走上人之为人、人是目的性存在的"自由"之路。因此，西方哲学中国化的推进路向便合理地彰显为中国学者在坚持马克思主义哲学的牵引下对西方哲学"人是手段而非目的"做出否定之否定的解答："人变成对自己来说是对象性的，同时，确切地说，变成异己的和非人的对象；他的生命表现就是他的生命的外化，他的现实化就是他的非现实化，就是异己的现实。同样，对私有财产的积极的扬弃，就是说，为了人并且通过人对人的本质和人的生命、对象性的人和人的产品的感性的占有，不应当仅仅被理解为直接的、片面的享受，不应当仅仅被理解为占有、拥有。人以一种全面的方式，就是说，作为一个完整的人，占有自己的全面的本质。"① 与此同时，"这种关系表明人的自然的行为在何种程度上是合乎人性的，或者，人的本质在何种程度上对人来说成为自然的本质，他的人的本性在何种程度上对他来说成为自然。这种关系还表明，人的需要在何种程度上成为合乎人性的需要，就是说，别人作为人在何种程度上对他来说成为需要，他作为最具有个体性的

---

① 《马克思恩格斯文集》第1卷，人民出版社2009年版，第189页。

存在在何种程度上同时又是社会存在物"①。中国学者以马克思主义哲学对人性的考察、人之目的的澄明所带来的"西方哲学中国化"的直接成效就是再次发展与创新了"人是目的"的解释，使人在成为社会关系的总和与社会性存在的过程中逐渐全面地、合理地、自然地占有自身，表现自身，发展自身，最终成为自由而全面发展的人。所以正是在中国社会环境的现实作用下，在马克思主义中国化的牵引中，西方哲学中国化关于"人是目的"的经典思考不仅启蒙了中国国民心智，更使自身关于"人"的问题的思考走向了新的境界，走向了"已经生成的社会创造着具有人的本质的这种全部丰富性的人，创造着具有丰富的、全面而深刻的感觉的人作为这个社会的恒久的现实"②。

由上述可知，"西方哲学中国化"面对的是现时代的时间维度与中国社会的空间维度，而达到的目的是在理论上对中国哲学理论新形态的建构与生成提供有效的启示与有益的元素，在实践上为中国社会问题的解决提供有用参照资源。因此，这种"转化"充满了自觉性意识、社会性导向与中国式发展的显著特征。

"西方哲学中国化"的实践自觉彰显出动态之"化"正不断为中国社会的现代化发展诸多困境提供有益启示与有效参鉴。西方哲学中国化的历史渊源可以追溯到20世纪初甚至更早，从一句振聋发聩的"师夷长技以制夷"开始，这些"睁眼看世界"的先驱们就开始踏上中国对西方学习借鉴的"摸着石头过河"之路。可以说，中国社会在内忧外患的现实基础上做出的发问，使得对西方社会科学技术、社会制度、思想文化的发问与求索更多导向的是一种模仿、复制、生吞活剥、生搬硬套的路子，机械照搬西方哲学的做法从严格意义上讲仅仅是没有充分发挥主体创新精神的做法，也就谈不上是真正意义上的"西方哲学中国化"。然而如同建设有中国特色社会主义事业一样，西方哲学中国化也没有一个预先制定好的、确定的路径与模式，需要"摸着石头过河"。也正是因为没有预设好的路径，这种在一边探索、一段收获与一路成长中的求新追问精神才塑造了真正意义上并取得丰硕成果的

---

① 《马克思恩格斯文集》第1卷，人民出版社2009年版，第185页。
② 《马克思恩格斯文集》第1卷，人民出版社2009年版，第192页。

"西方哲学中国化"。在将"西方哲学中国化"融会贯通到中国特色社会主义的改革实践中时，对西方哲学形成具有中国特色的反思批判、诠释解读、创新发展便体现为一个"边学边做"的实践活动。在这个"边学边做"的探索性实践中，理性思考与正确面对中国特色社会主义的实践环境，直面中华优秀传统文化的思想土壤，接受马克思主义中国化的牵引导向，合理融会社会主义核心价值观的道德指引，是"西方哲学中国化"在中国特色社会主义接续推进中的必经历程。与此同时，将自由的社会性需求作为必要补充加以丰富完善，以果敢的精神和严谨的批判来加以把握，以中国式的思想方式与思维特点来加以解析和重组，同样是"西方哲学中国化"需要实现的转化与创新。唯其如此，"西方哲学中国化"才能成为一个以中国特色社会主义核心价值体系与核心价值观为准绳的批判和反思的实践活动，一个以中国式思想进行开拓和发展的探索实践活动，一个以中国式自信为基础的创新实践活动，一个有利于推动中国特色社会主义精神文明建设的开拓实践活动。

"西方哲学中国化"的实践自觉也体现在在实践活动中以自我满足为轴心转变为以社会满足为中心。西方哲学在其本性上有着其自在的"自我满足"特性，即西方哲学在其持存和发展的过程中有着西方"个人主义"思想特性。各个西方哲学家都是在其自我的思想需求上来实践哲学的建构和发展的，这种自我满足所暴露出的现代性问题日益明显——自我为中心，对他者和社会漠不关心。西方哲学的中国化就是将这种狭隘的"自我满足"加以调整，使之成为能够满足"集体主义"的要求进而成为适应社会整体思想需求的存在，即实现从"自我满足"到"社会满足"的实践转变。这种转变既是西方哲学中国化的实践需要，也是中国特色社会主义核心价值观的思想理论要求。于是，"人在何种程度上对自己来说成为并把自身理解为类存在物、人"① 就成为人实践活动的基础。人的社会性也是"直接体现他的个性的对象如何是他自己为别人的存在，同时是这个别人的存在，而且也是这个别人为他的存在"。② 马克思将"类存在物"的社会性置身于人之自由

---

① 《马克思恩格斯文集》第 1 卷，人民出版社 2009 年版，第 185 页。
② 《马克思恩格斯文集》第 1 卷，人民出版社 2009 年版，第 187 页。

的价值诉求中，将人之自由的实现过程视为一个从"自我满足"向"社会满足"转变的实践活动，并以这样的实践活动为基础来开启人的合理存在状态。从"自我满足"到"社会满足"既是西方哲学中国化的实践活动的需要，更是实现人的自由而全面发展的需要。

"西方哲学中国化"的实践自觉更体现为以建立"中国式"为自身的目标，即建立"中国式"西方哲学与中国哲学新形态为自身目标。西方哲学的"中国化"是一个动态的"化"中国现实与"化"西方哲学理论为一体的有机实践过程，所"化"出的理论内容和实践方式必然是"中国式"的。缺少"中国式"的"中国化"只能是徒有其表。没有了中国学者主体意识的发挥，缺乏了中国社会环境与现实问题的社会存在，西方哲学中国化只能是纯粹理论思辨而缺乏现实依据的模仿。正如马克思所说："任何一个存在物只有当它用自己的双脚站立的时候，才认为自己是独立的，而且只有当它依靠自己而存在的时候，它才是用自己的双脚站立的。"① 这里，"中国式"就成为西方哲学"中国化"的"双脚"。只有当"西方哲学中国化"的成果具有了"中国式"的双脚和走出"中国式"的步伐，才可以称之为真正实现了西方哲学的中国化。当然，"西方哲学中国化"也是"中国式"哲学思想的生成过程，是中国哲学新形态的建构过程。这样的生成过程并非玄而又玄的抽象思辨活动，而是在现实生活世界中对人的现实生存状态的考察、发展、总结、凝练与提升。"整个所谓世界历史不外是人通过人的劳动而诞生的过程，是自然界对人来说的生成过程"，② 现实生活世界中人的实践既是推动西方哲学中国化的实践，也是推动"中国式"哲学思想生成的实践，更是实现人的自由而全面发展的实践。把握西方哲学中国化的作用和价值，就需要在其过程中不断地审视内容、方法、思想架构等是否具有了"中国式"的印记。因此西方哲学中国化的实践归根到底是实现"中国式"哲学的建构，这构成了包括西方哲学在内的一切"在中国"的哲学理论形态的最终目标，而西方哲学也必须具备这一实践自觉才能真正使自身融入中国社会，作为"中国的"西方哲学成为中国式哲学的一部分。

---

① 《马克思恩格斯文集》第 1 卷，人民出版社 2009 年版，第 195 页。
② 《马克思恩格斯文集》第 1 卷，人民出版社 2009 年版，第 196 页。

西方哲学中国化不仅以主体自觉意识为主要核心气质内核，而且以批判精神和超越意识为主要的逻辑品格线索，始终贯穿于其理论发展历程之中，从自在到自觉再到自为，不断进行自我批判、自我反思、自我超越，在否定之否定的发展进路中完善自身、成全自身、实现自身。西方哲学中国化始终强调对已有哲学思想内容的有机整合和重读再释，充分运用中国语境的独特性，对现实问题加以反馈，体现"去西方"或"超西方"的状态，彰显主体意识中的中国特色。既系统梳理哲学史逻辑，又改造重组哲学史资源，再添加中国式思维和中国精神，从而真正超越和变革已有的有失偏颇的西方哲学研究的一些思维范式，进行新的创造和创新，为世界哲学的发展贡献中国智慧与中国方案，增添中国色彩与中国光辉。

四、触动文化自信：由自觉走向自信的真坦途

"西方哲学中国化"归根到底体现了中国人在面对世界性语言、世界性理论、世界性视域的中国眼光，关乎在哲学领域中建立文化自信的重大课题。文化自信的建立并不是简单的丰富文化资源的问题，恰恰是以中国的问题、中国的事情、中国的实践、中国的发展为问题导向的中国化的努力方向。习近平总书记在哲学社会科学工作座谈会上的讲话中指出，"我们哲学社会科学应该以我们正在做的事情为中心，从我国改革发展的实践中挖掘新材料、发现新问题、提出新观点、构建新理论，加强对改革开放和社会主义现代化建设实践经验的系统总结，……"[1] "西方哲学中国化"理论的自觉研究以及经验借鉴实际上就是构成中国文化自信的重要组成部分。西方哲学在中国的研究范式不断转变，逐渐明晰了我们要在真正解决中国人自身理论问题、思想意识问题的层面建构中国化的西方哲学，这就是文化自信的自觉体现，也是不断推动文化自信的重要保障。

（一）努力体现新特征

其一，与中华民族从站起来、富起来迈向强起来的伟大复兴时代脉动相

---

[1]　习近平：《在哲学社会科学工作座谈会上的讲话》，人民出版社 2016 年版，第 21—22 页。

吻合，"西方哲学中国化"以清晰的理论自觉与学术自信形成了具有中国特色社会主义学术自信的研究话语。近年来，许多学者对于西方哲学研究之于中国学术发展的意义进行反思。江怡指出，无论是在改革开放之初的 20 世纪 80 年代，还是在进入 21 世纪的今天，我们对曾经影响了一个世纪中国人观念的西方哲学都给予了全面而深刻的反思，形成了一些前所未有的理念。这些理念包括以主体意识活动对抗客观主义的刚性规律，以一元论的思维方式代替二元论的传统定势，以哲学思维的学术话语弱化意识形态化的政治批判；还包括对我们百年西方哲学研究中文化错位的反思，对西方哲学文化背景的重新思考，以及对西方哲学与中国哲学互动关系的重新梳理。[①] 当代中国哲学的概念表达方式发生了重大变化，传统的哲学概念开始被新的哲学概念所取代。翻开 20 世纪 80 年代出版的《中国大百科全书·哲学卷》，映入眼帘的哲学概念是"世界观""一般规律""思维与存在""唯物主义""唯心主义""辩证法""形而上学"等等。翻开 2001 年出版的《西方哲学英汉对照辞典》，我们看到的是以往哲学研究中很少使用的哲学概念，其中大多数概念已经进入当代中国哲学研究的话语系统，成为中国哲学家经常讨论的重要话题，比如"本质直观""表层和深层结构""假设与猜想""翻译的不确定性""范式转换""整体论""反思的平衡""范畴错误""证伪原则""语境原则""概念图式""感受性""后现代主义""话语霸权"等等。概念表达式的这种转变并不是简单的语词变化，而是中国哲学研究视野和范式的转换，标志着中国哲学研究开始进入与西方哲学具有共时性的概念空间。也正是在这个时期"西方哲学中国化"作为一个崭新的、明确的范式范畴走向了历史前台并获得学界的广泛认可。陈卫平在其论文中明确使用"西方哲学的中国化"以表达其学术立场。[②] 随后，以"西方哲学中国化"为焦点开展热烈探讨与相关研究也在学界持续升温。而随着"西方哲学中国化研究"相关重大课题在国家社科基金获得立项，"西方哲学中国化"研究论文数量明显呈现激增态势。"西方哲学中国化"话语的确立主要是源于哲学理论时代性、现代性的要求，是哲学理论反映时代问题的积极构建。

---

① 江怡：《共时性哲学空间中的中国与世界——反思 30 年来我国的现代外国哲学研究》，载《哲学研究》2008 年第 11 期。

② 陈卫平：《西方哲学的中国化与当代中国哲学的建构》，载《学术月刊》2004 年第 7 期。

　　进入 21 世纪，现代性日益凸显为最核心的话语论题，这与中国社会在改革开放中实现的巨大转型，在中国特色社会主义的开辟中所孕育的具有中国特色社会主义道路、理论、制度、文化自信的现代化发展路向密不可分。如何走出具有中国特色的现代化道路，如何在发展中国家形成独具民族特色的现代化发展方案，对这一重大理论问题与现实问题的思索快速激励着学者们对中国的"现代性"究竟如何、将来应当如何的问题进行探讨。当然，国外"后现代主义"思潮的涌入对中国人关于现代性的反思批判也以一个与众不同的视角为我国学者提供了现代性问题的思考靶向与多元路径。所以现代性研究本身就是"现代化"研究在哲学领域中的一种自然延伸，它在理论的深层次上为现代化建设贡献智力。① 这样的时代问题刺激着我们对于"西方哲学中国化"的当代梳理体现着新的时代特征。

　　其二，不同于前三十年对西方哲学的引入、译介，同样区别于 20 世纪80—90 年代现代西方哲学译介的扩展，21 世纪以来的西方哲学研究呈现出现代西方哲学译介大规模增长、与西方最新出版的有影响的哲学著作近时甚至同时译介的繁荣景象。例如，从 2005 年起，国内陆续推出的《法兰西文化丛书》《德意志文化丛书》《法国哲学与文化著译丛书》《当代实践哲学译丛》和《哲学的转向：语言与实践译丛》等，在追踪当代西方哲学演变的过程中起到了很大的作用。对外国哲学持续了三十多年的研究，在西方哲学史、现代西方哲学、国外马克思主义等多重哲学转向和流派相关著作与文献的翻译与引入都有显著的成果。诸如心灵哲学、文化哲学、宗教哲学等多重领域也有多维视角的进一步追踪式关注与突破性进展，尤其体现为一种对话式的剖析与择选，和深入理解。例如，一些学者及学术团体通过比较分析的研究方法，在历史视野下展开中西哲学的对比性研究。以史论结合的方式，或历史与逻辑统一的研究思路彰显中西哲学在碰撞交流中能够和合创生的潜在可能性，同时为西方哲学在中国的正确研究路向指明合理性方法——在历史背景和时代条件的知识性掌握前提下，客观辩证评析西方哲学思想文化的时代性和独特性，反思其对现实的回馈效应与解决问题的效用能力，同

　　① 干成俊：《纪念芜湖会议 30 周年学术研讨会述要》，载《安徽师范大学学报》（人文社会科学版）2008 年第 5 期。

时，在清晰认知总结我国的时代发展面临的紧要问题基础上，将现实与理论相结合，寻找西方已有理论经验对我国现有问题的可能解救路径以落于中国大地为我所用，并注重中国哲学文化精髓对西方哲学思想在比较中的包容会通，不仅在理论上创生新的有机整合的新哲学，而且在现实维度上为解决中国现代化进程的时代困惑提供理论依据。这种比较研究成为学界普遍认可的对中西哲学有效研究的理论研究方法，因为在比较中能够鲜明地指出中西哲学间的突出差异性，在差异中寻找对话空间和融合可能，在差异中寻找共同点和共同适用的普遍问题与思想，从而为所研究的理论本身赋予新意。① 在这种研究方法下，有学者开启了具体中西哲学人物流派的对比分析研究，如海德格尔现象学与中国儒道思想在思想气质上的相似之处与表达方式上的显著差异，还有对孔子以"仁"为核心的伦理思想与苏格拉底的道德哲学之间的比较分析，以发掘中西哲学之间的不可通约的表达差异，和可彼此化约的问题家族的相似性。

其三，进入新世纪以来，我国的哲学研究同其他学科领域的建设研究并行启新，迈入了全新的阶段，为构筑新时代中国特色哲学社会科学起到突出而重要的贡献。首先体现在研究维度和视域整合方面，强调"中西马"的比较分析与有机融汇。通过对"中西马"哲学的研究，形成中国哲学的当代新形态及其建构与发展人类文明新形态，即马克思主义中国化的中国新形态，并由此进入世界哲学的行列。如今，已经有越来越多的中国学者意识到，只有"用中国人的眼光看世界"，我们的哲学研究才会真正具有世界意义。当然，这里的"中国"已经是世界中的中国，因为中国与世界处于一个共时性的哲学空间之中。② 其次在研究立场与理论倾向方面，强调中国化的研究立场和学术性的直接对话。也就是我们反复指出的西方哲学中国化历程中所贯通贯彻的中国视域与主体自觉意识。在新世纪，伴随改革开放的深入发展，文化交流环境也愈加开放多元，这种变化促进了中西哲学研究在学术领域的直接对话可能，如在参与国际性学术会议和国际间学术访问活动中进行问题导向、主题牵引下的平等的学术对话与交流，为中西哲学的创新发

---

① 李翔海：《论 21 世纪中国哲学和时代使命》，载《思想战线》2003 年第 4 期。
② 江怡：《共时性哲学空间中的中国与世界——反思 30 年来我国的现代外国哲学研究》，载《哲学研究》2008 年第 11 期。

展创设平台，推动世界性哲学的生发与汉语哲学的世界化。这一新时期研究主体的能动性已经比较明确，无须通过理论挖掘再次反复重申。在此要指明的是在对西方哲学最新理论成果的主动发掘和主动研究上。事实上，这种主动性自20世纪90年代以来就有所体现，并在更为开放性的文化语境下得以发展。举几例举要：我国学者组织不同领域的专家翻译出版在西方最有影响的系列书籍，陆续出版《劳特里奇哲学史》（10卷，2003年起出版）、《国外经典哲学教材译丛》（8册，2006年起出版）、《布莱克威尔哲学指导丛书》（10卷，2007年起出版），等等。近二十年邀约西方学者以学术文章、会谈讲座、访学讲学等形式与中国读者形成面对面的直接交流，介绍最新的论证著作、思考成果、问题焦点、方法特征等，在历史与当下的视野下，在对西方哲学发展的整体回顾、反思与展望的述评中，关照其在中国文化语境中的最新理论表现形态和思路诠释动向，在一种直接接触与平等对话中开拓我国哲学研究的研究视野，缩小在学术思维与学术前沿方面与国际间的差距，推动我国学术研究在更快更广地与国际接轨的过程中迅速成长与进步。这种建立在力求建基于中国语境特征上形成新的广征博引积累下的自足性理论的主动意识，在新世纪尤其是《西方哲学史》（学术版）出版以来的哲学研究领域彰显淋漓。我们不再生硬地就西方哲学所研究的问题进行阐释、译介和研究，而是主动突破这种拿来主义的狭隘性，主动打开研究视野与问题意识，在对话交流中进行创造性的逻辑重组和独特阐释，八卷本的《西方哲学史》是这一特征的典型著述代表。

（二）努力挖掘好经验

任继愈在评述贺麟《五十年来的中国哲学》时指出："近三十年来哲学界的成败得失，至今尚未来得及很好总结。"[①] 方克立也指出："处在世纪之交的哲学家们，有责任对一百年来的中国哲学发展的现实历程和丰富内容作出深刻的总结和反思，通过批判的总结和反思，为中国哲学的未来发展探索一条积极的现实道路。"[②] 西方哲学从传入以来经历了"接受—辨识—认

---

①　任继愈：《五十年来的中国哲学》，辽宁教育出版社1989年版，第3页。

②　方克立：《二十世纪中国哲学的宏观审视》，载《中国社会科学院研究生院学报》1994年第4期。

同一融通"的过程，逐渐由西方的哲学转变为西方哲学在中国。这样的过程，既是西方哲学在中国的传播、发展并逐渐走入中国文化的过程，更是西方哲学自身容纳中国式的思维而重塑自身形态的过程。在这个意义上，西方哲学经历了一个"转基因"而不断实现"中国化"的历程，我们也在其中不断地得以挖掘、汲取有益的经验。

回馈现实问题始终是西方哲学中国化的前提必要，我们已经反复提及。而除了回馈现实问题，提供问题出路以外，西方哲学在中国的另一个成果则是自我实现理论的自我完善与发展，体现西方哲学中国化的理论路径、思维成果。作为与本土文化截然相异的外来文化形态，西方哲学在中国的传播与发展总不可能是生拉硬扯或原生态重现的，而总要带上中国化的气息和特点。即便仅仅是通过最为表层的翻译引进，用中国语言表达出的西方哲学思想著作也烙印上了汉语的色彩。更遑论站在中国思维的立场上对其加以解释与创造，更体现了中国化的实质与核心，即一种方法论的新生、一种思维范式的启新、一种理论内容的再解、一种哲学向度的重生。在为中国问题提供解答方案的过程中，西方哲学中国化的理论内容更为丰富，研究维度更为多元。从简单的人物思想引进到主题性的研究，从单纯的流派思潮梳理到深入的哲学史的中国新解新组，等等，西方哲学中国化在整体研究上不断开掘着自身的理论发展空间和寻找着理论增长点与填补理论空白域。这与中国人自中华传统文化传承而来的深入骨髓的思维方式和研究方法有着密切联系。中国式思维对西方哲学的发展产生重要作用，而西方哲学推动现代社会转型的思维方式也为中国人根深蒂固的观念进行革新起到了突出效用，二者深层次的相辅相成、和合共生、互利共赢成为西方哲学中国化的实质性基底。这一基底的存在是历经一段曲折坎坷的过程后得以在开放性的环境下被挖掘、被澄明，进一步被研究的。而五四运动前后只是其萌芽阶段的隐藏状态。

21世纪，中西文化的对比更加强烈，也正是这种对比，"西方哲学中国化"发出了更为重要的声音，也为中国理论形态的自我发展提供了宝贵的经验。在对比中发现，中华文化与西方文化的一大重要差异在于文化起点处中心聚焦点的巨大差别。众所周知，我国传统文化自儒家思想以来更侧重于关注人伦道德，而西方思想文化的核心精神气质更偏重于科学理性。尽管我国古代确有在当时领先世界的科学技术发明，但不代表具有理性探索精神，科学探索、理性冒险、大胆实验恰是西方文化、西方科学甚或西方哲学所具有的核心特征和总体事实，无论是坚船利炮、枪支弹药、政经制度、思想文化等等方面或各个领域，都是如此。因此，西方哲学中国化自是要建立中国立场前提下汲取这种科学理性精神营养作为重点关注点。

由汤一介主编、集中了西方哲学与中国哲学领域的十余名学者参与撰写的大型丛书"20世纪西方哲学东渐史"，立足于19世纪后期以来的中西文化碰撞、交流与融合的时代背景，对包括基督教哲学、康德、黑格尔哲学、唯意志论哲学、进化论、实在论、实用主义、现象学、分析哲学、结构主义与后结构主义、后现代主义与后殖民主义等思潮在内的西方哲学东传与影响中国哲学的历史进程以及中西哲学的初步融会等问题作了全景式的描绘和较为深入细致的分析。黄见德在该丛书的导论中写道，19世纪末20世纪初，主要被引入中国的西方哲学思想并对中国社会产生了重大影响的有：进化论思想和星云假说理论，民主自由思想和近代认识论学说，唯意志主义哲学和马克思主义及其哲学。[①] 可见，理性批判精神是西方哲学的发展主线，也是西方思想文化的核心特点。托马斯·阿奎那通过将亚里士多德哲学融入基督教教义而建立起基督教哲学化的大厦；康德通过划分理性界限揭示人的理性能力，将理性推向人的生存行为准则根据的标志制高点；黑格尔则以绝对精神的自我运动成全了理性认知能力或主体主观意识的"贪婪"，将理性哲学推上了最高峰；以叔本华和尼采为代表的强调人的意志和情感生命的现代西方哲学转向对理性主义进行质疑，却从反面衬托出理性在西方哲学中的核心地位与其自我反思批判过程中涅槃重生的新建构；而现代科学主义思潮影响下的进化论、分析哲学、结构主义等哲学流派同样体现着西方哲学思想一以贯之的思辨性特征。因此，我国学者在介绍、译引和阐释西方哲学思潮时，对其中理性精神的借引为改造中国思想文化传统强力助推。21世纪以来，我国对西方分析哲学的研究又进入到一个新阶段。科学理性精神始终贯穿于分析哲学方法，因而与当代科学最新发展密切相关的分析哲学运动必然把科学与哲学紧密地联系起来，由此推进了当代哲学自身的发展。[②] 特别在近期

---

①　黄见德：《20世纪西方哲学东渐史导论》，首都师范大学出版社2002年版，第63—75页。
②　江怡：《当代西方分析哲学史研究现状分析》，载《世界哲学》2014年第3期。

提出"分析哲学中国化"问题（前文已有说明），使西方哲学中国化问题研究取得好经验、获得好发展。

从"西方哲学中国化"着眼民族问题的适时性到关涉世界潮流的共时性的发展与转型，恰恰体现了"西方哲学中国化"理论自身内含的宝贵经验。"西方哲学中国化"如何成为真正具有中国化特质的中国理论？"西方哲学中国化"又如何发展着自身的中国化？对这些问题的回答恰恰道出了经验性的内容。

（三）努力总结真教训

在"西方哲学中国化"研究不断深入的过程中，"国内哲学界完成了由'破'到'立'的转变。追求'纯'哲学的诉求作为有积极意义的征兆构成其标志。对启蒙情结的超越是决定这一转变的重要原因。其优点是冷静地处理学问，使之不再过多地受到价值偏好的干扰；其弱点是学问有可能沦为价值无涉的工具性规定，以致变成'炫技'式的杂耍，从而丧失应有的担当。这又内在地凸显了学问的合法性危机"①。也就是说，中国哲学研究和思想理论借鉴过程中，对西方固有的一以贯之的形而上终极价值追索的崇高精神的忽视，成为一个主要的严峻问题和向度遗失，由此有可能带来在学术研究领域的工具理性压制价值理性，而使理论研究工作或事业呈现异化或畸形的状态。这构成西方哲学中国化过程中的一个主要教训。

纵观西方哲学发展的历史，其有一个根本性的一以贯之的价值维度的精神根基，即形而上终极追索精神。哲学，在其最原初的意义上是指物理学之后的本源性存在研究，也就是形而上学的思考。因此，西方哲学史的核心实际上就是形而上学的建构、异化、解构、重建的历史。黑格尔对哲学史有其体系性的梳理，也表明过他对西方传统哲学，或者所谓的本体论时期的哲学所持有的态度。黑格尔认为西方传统形而上学对世界本源的超验性追溯与多元的真理性系统性回答构成基本特征和模式框架，这既是一种哲学思维的特性凸显，但也表征着陷入抽象理性建构虚幻本体的局限性。而黑格尔更为看

---

① 何中华：《近年来国内哲学研究状况检讨——一个有限的观察和评论》，载《文史哲》2007年第3期。

重的是某种在运动发展中通过"正—反—合"的否定之否定过程而自我实现的辩证思维。不过，这并不代表黑格尔否决一切传统哲学的存在，反而非常提倡源自本体追寻为核心的传统形而上学的终极价值追索精神，对真理的不懈追求的信仰式动力。甚至将自己的哲学任务也定位为追求终极真理。但是，当现代西方哲学和后现代思潮随着时代条件的发展变迁而逐渐涌现之后，传统形而上学所体现的某种逻各斯中心主义、普遍性真理存在的特征被作为一种所谓"元叙事""元理论"而受到巨大冲击与质疑，但从不失关于超验本质存在的中心议题。西方哲学就其内在本质与演进的逻辑而言是形而上学，形而上学是以"超越性"与"理论性"的方式观察"对象"，以将"对象"提升为哲学的"本体"。①

　　然而，当西方哲学转换语境，来到中国大地之时，其主要价值落脚点就产生了根本性的更变。它在工具理性层面上的现实需求与应用要远多于其在价值层级上的影响力。这当然集中体现为对中国社会发展阶段性目标任务的理论迎合与问题反馈之中。无论是在面对救亡图存的民族危机时"师夷长技以制夷"或资产阶级民主政治改良与革命，还是新中国成立初期迎合意识形态需求，抑或现代化建设发展进路中对现代性问题的切脉诊疗，等等，西方哲学中国化的历程总是更凸显某种外在需求主导下的功利性存在，而缺失对其形而上精神的价值意义的挖掘与吸取。因此，西方哲学在中国的传播自然也就呈现这样一个基本状态：当我们需要它的时候，它就被强行拉过来"适时出现"，在热度和激情的支撑下做理论的尝试，然后以某种新形态在现实试错中检验自我。而当我们不需要它，或需要否定它的时候，它就被当作一个敌对的存在而被简单拒斥得一无是处。这种功利主义的倾向或工具理性的偏斜，使我们的研究与思考常常失去价值的维度，忽视精神精髓上西方哲学的形而上追索的崇高性。换一个角度来论，就马克思主义汇集人类整体文明成果的养分而言，如果失去了古希腊的哲学终极本原追寻的人类最初的理性觉醒，如果缺失基督教所提供的超验上帝保障世俗生命意义的救世主义，如果没有了启蒙时代人性解放的人本主义理想追求，那么，马克思主义

①　干成俊：《纪念芜湖会议30周年学术研讨会述要》，载《安徽师范大学学报》（人文社会科学版）2008年第5期。

也就失却了巨人的肩膀，能否魁伟站立也将成为一个谜。马克思主义经典作家认为现代社会主义是两千年来欧洲历史发展的产物。因此，西方哲学自古希腊伊始到后现代主义立于某种反传统形而上的新形而上的解构的总体历程，均体现出其矢志不渝地对终结价值、终极真理进行不懈追索的崇高精神，这是西方哲学的本质内核，更是西方哲学中国化所应予以重视、汲取、吸收的关键精华。

　　当前我国哲学研究仍然采取一种分科化的形式，大体分为在承认与合法性辩护意义上的中国哲学研究、在中国化或本土化视域融合或文化同化认识中的西方哲学研究和在与现实社会需求为导向进行创造性诠释与系统性分析的马克思主义哲学研究。① 如果能够达到价值同一性的共识，即承认终极关怀的崇高性，并将之作为研究的价值出发点和落脚点，那么我国的哲学研究将会再次跃升至一个新高度。我们认为，哲学的本质在于对终极关怀的历史性探寻和表达，作为人的思想科学，它更体现为对人的终极关怀的思考。如果我们将中西哲学的融汇契合点放在这种终极关怀的崇高价值追索上（一种源于西方文化的精神气质），就不能回避关于哲学的阶级性和党性问题。将哲学的生发置于当时统治阶级意识形态统摄需求的政治霸权之下去理解哲学的实际功效，却显而易见失去了文化意义的辩证认识。西方哲学的研究、传播与中国社会意识形态的关系依然是一个有待破解的难题。② 新时代到来之际，对待西方哲学思想更要避免两种老生常谈的极端：一是封闭保守地拒斥一切所谓资产阶级腐朽文化思想，以政治意识形态排斥的态度武断否决一切多元思想争论的对话需求；二是采取没有主流中心或政治立场的相对主义的普遍接受态度，全盘认可所有哲学形式和思想内容，或者全盘接受外来文化的一切。这两个极端在社会发展的任何时刻都应被重视预防。同时，我们要看到现代西方哲学自身所存在的消极性与片面性，对其不符合时代发展需求的、阻碍社会进步的糟粕内容和思维方式要果断丢弃并引以为戒。对待西方哲学，我们要有中国视域；对待中国传统哲学，我们要有现代性视野；对待马克思主义哲学，我们秉持辩证发展与时俱进的原则；在这样一种基本态

　　① 李翔海：《新世纪以来的中国哲学研究》，载《光明日报》2013 年 12 月 24 日。
　　② 李念：《现代西方哲学研究在新中国的曲折——访华东师大哲学系赵修义教授》，载《文汇报》2015 年 10 月 26 日。

度的指引下，"中西马"的会通与融合自有其发展潜能，走向世界的新形态的中国哲学的建构也将指日可待。

（四）努力选择好路径

西方哲学中国化历程中的一个关键问题在于如何对待西方哲学？采取什么样的态度？以什么样的具体方式？选取什么样的阐释路径？对这一问题的回答基本表现为中西哲学间关系处理的问题，即到底采用一种以我为主体带有某种前设"偏见"的姿态进行"我注六经"的理论注解方式，还是选取某种本义还原基础上拿来主义的"六经注我"的糅合方式？无论哪一种路径，其相对独立性都非常明显，关键在于一种从内容到思维到精神的有机性融合路径的真正探得，哪怕是某种尚未状态下的理论思考也不失为一种创造性的勇敢尝试。

1. 追求"本义"呈现

对本义的追求往往是一个哲学思想领域展开研究的基础性工作，它可以是前提准备性的存在，也可以作为一个研究范式或解释路径而贯穿研究过程的始终。它通常体现为一种文本解释学的研究向度，强调一种纯粹性的学术考证。这些倾向于通过原文本身而回归思想者原意还原探索的研究者，常会认为某种毫无文本根据而自说自话的所谓进行中国式自我解读的西方哲学研究，与其说是"思想"，不如说是"胡思乱想"。他们批判那种不分轻重主次地对某思想家或某流派的思想展开漫无目的地描述与自说自话的诠释的研究态度。改革开放以来，关于本源性地解释和还原西方哲学思想的意见成为许多学者的强烈要求。

近年来在西方哲学研究领域追求"原汁原味"的努力和尝试，值得一提的大致有：第一，关键词的梳理。在对西方哲学的译介和研究中，对关键词的梳理，成为近年来一个令人注目的迹象。它甚至成为论文的标题或重要学术杂志开辟的专栏。2001 年，中外学者合编的大型工具书《西方哲学英汉对照词典》由人民出版社出版，该书特点之一是"所有条目都包括一段引自［西方］古典文献或现代文献的例证性文字"①。这无疑体现了一种本

---

① 《西方哲学英汉对照词典》，人民出版社 2001 年版，第 10 页。

然地解读并消化西方哲学术语及其负载的特定内涵的诉求。

第二，西方哲学英文文本的引进和出版。中国社会科学出版社 1999 年出版一批英文版的"西方基本经典"，其中哲学（含伦理学）方面的自古希腊直到当代约有四五十种之多。北京大学出版社 2002 年出版"西学影印丛书"，包括哲学及诸分支学科的经典著作（英文版）选读若干部。[①] 有的学者认为，对西方哲学进行原汁原味的研究，始终是中国研究者孜孜以求的目标，甚至成为挥之不去的情结。

第三，对西方哲学语境的还原和追溯的努力。例如"Being"问题的讨论，不仅仅是单纯术语语义之辨析，更关乎哲学视野的确立、哲学的契入方式和领悟方式，进而规定着中国的西方哲学研究的言说方式，因而是一个带有本然性和始源性的元哲学问题。由于其本根性，它所折射出来的内涵几乎比所有其他问题的内涵都更为深邃而丰富。因为它涉及哲学的双重本真性：一是回溯性的，即能否回到西方哲学的源头；二是异质性的，即中西思想在跨文化理解中的可通约性，包括语言和思想的本真追求是否可能。总之，它涉及古今、中外、思想、语言等多重差异和不同层面，全息性地成为哲学之为哲学的首要问题，体现出在西方哲学研究中本真地把握西方哲学精神和实质的冲动。这一讨论折射着西方哲学研究范式的转换，即通过对基本范畴的词源学追溯，重新将其置入它的原初性语境中，以便再现性地生成其应有之义。[②]

2. 肯定"中国式解读"

还原西方哲学本义的研究路径与对西方哲学进行中国式解读，绝非截然对立的关系。西方哲学中国化的进程与理路演进从来都离不开对西方哲学思想的译介与澄清，后者是一种本义还原，它为西方哲学中国化的理论解读与阐释提供必要的理论准备。当然，从实际情况来看，西方哲学在本义尚未得到较为清晰的解读之前，就进行自我转化的现象的存在，而且在一定程度上制约了西方哲学研究水平。不过，对于西方哲学的解读总是受到历史背景、

① 何中华：《近年来国内哲学研究状况检讨——一个有限的观察和评论》，载《文史哲》2007 年第 3 期。

② 何中华：《近年来国内哲学研究状况检讨——一个有限的观察和评论》，载《文史哲》2007 年第 3 期。

时代条件的要求制约和影响。诚如贺麟在其《黑格尔学述》中说："我之所以译述黑格尔，其实，时代的兴趣居多。我们所处的时代与黑格尔的时代——都是：政治方面，正当强邻压境，国内四分五裂，人心涣散颓丧的时代；学术方面，正当启蒙运动之后；文艺方面，正当浪漫文艺运动之后——因此很有些相同，黑格尔的学说于解答时代问题，实有足资我们借鉴的地方。"① 从最终目标来看，正视中国式解读的合法性，把它作为应走之路，得到学界广泛肯定。何中华指出："2002 年起，由中国社会科学院哲学研究所主办、以译介外国哲学特别是西方哲学为宗旨的《哲学译丛》易名为《世界哲学》，其定位和职能亦随之发生了某种嬗变。可以说，这次易名和改刊，是西方哲学研究界的一个有象征意味的变化。'哲学译丛'是单向度的，'世界哲学'则是双向互动的，它所提供的是一个对话式的平台。此举意味着杂志不再囿于翻译作品，而且发表国内学者的原创作品。它显示出更加开放的姿态，且预示着西方哲学研究范式的某种转变，即由单纯移译到阐释的过渡。更深层的含义，是中国学者在西方哲学研究中角色的转换，即由译介者转变为解读者、对话者，折射着中国学者对学术自主性的期盼，即在创造性地诠释西方哲学中自觉地融入中国视角。在这里，中国立场已不再被看成是消极的、负面的、有待被剔除的规定，而是被看作正当的、积极的、富有建设性的前提。从某种角度说，它体现了中国哲学家的自信和自主意识的提高。"② 用中国人的眼光审视西方哲学已经成为西方哲学研究者的某种共识。赵敦华认为，在中国，西方哲学研究的主体是中国人，而不是西方人；使用的主要语言是中文，而不是西文。中国人总是根据政治形势、社会改革的需要以及文化建设的需要，有选择而不是盲目地，有重点而不是面面俱到地引进、研究、传播和吸收西方哲学。对西方哲学史的梳理和编汇，不再只停留于复刻与生套，而在于寻求一种让哲学史说中国话，让西方哲学说汉语的理论自觉和学术取向，③ 使西方哲学在中国的"处境化"（赵敦华语）更加清晰。这自然可以视为一种汉化思维同西方哲学批判精神在时代需求下

---

① 贺麟编译：《黑格尔·黑格尔学述》，上海人民出版社 2012 年版，第 118 页。

② 何中华：《近年来国内哲学研究状况检讨——一个有限的观察和评论》，载《文史哲》2007 年第 3 期。

③ 赵敦华：《中国的西方哲学史教材甲子综述》，载《中国社会科学报》2009 年 9 月 22 日。

相互融汇的有机整合的"化"的体现。它依然彰显着中西哲学融合汇通的三个重要的基本点——问题意识、主体自觉、精华汲取。

(五) 努力提供新动能

中国的西方哲学研究不断地从"适应中国社会"走向"表达中国文化"。这一发展路程体现着西方哲学中国化的精髓——以一种文化现代化的主动融入方式补充表达着中国文化，注重西方哲学理论研究上的"对话"或"会通"成为西方哲学主动融入的重要思路。西方哲学在中国循此思路发展，产生了多重"主动融入"的思想效应。其中之一即是主动融入马克思主义理论创新发展中，为马克思主义中国化提供助力，由此一再展现和提升我们的文化自信。"文化自信首先是对真理的力量和道义的力量的自信，因而首先是对我们所坚守的马克思主义作为'时代精神的精华'和'文明的活的灵魂'的自信。"[①] 西方哲学中国化发展的七十年历程，既是伴随着马克思主义理论创新发展实现自身研究范式转换和理论层次跃迁的七十年，更是不断回应中国社会现实问题和主体自我不断觉解而实现理论自觉、文化自觉的七十年。而在多元化的呈现方式内部，始终如一的是在马克思主义理论及其中国化成果的相互关系中不断校正自身的理论坐标，完成自身的理论使命和理论任务。中国的西方哲学研究从三个方面为促进马克思主义理论发展做出重要贡献：一是为促进学科自我认识、自我完善方面献力；二是为开掘学术研究新论域、新问题方面助力；三是为话语体系建构丰富现代性批判新素材、新思路出力。新时代要求西方哲学研究以理论自觉和文化自信，以主动融入中国哲学新形态建构的方式，为马克思主义理论学科学术话语创新提供更有针对性和深刻性、更具批判力和说服力的思想经验和理路启示。

1. 为马克思主义理论学科发展提供思想资源

西方哲学的中国化始终与马克思主义的中国化相随相伴、内在关联，共同归属并融汇于当代中国哲学发展的思想进程及其脉动之中。一方面，马克思主义中国化是西方哲学中国化的牵引者，前者则为后者树立循道而趋的经

---

① 孙正聿、杨晓、丁宁：《改革开放以来的当代中国哲学史（1978—2009）》，人民出版社 2019 年版，第 701 页。

验典范，提供凝聚与审视多种思潮的思想主轴；另一方面，西方哲学中国化构成马克思主义中国化的幕后协助，为其提供一系列思想准备、背景铺陈、话语资源、思想适应性探路及正反经验借鉴等。从学科发展来看，我国的西方哲学研究为马克思主义基本原理、马克思主义中国化等学科方向的发展提供了新动能，推进了马克思主义理论学科整体的创新发展。

首先，在助力马克思主义基本理论创新发展维度上，西方哲学的多重现代转向以及转向对西方传统哲学的再延拓再解读，何以助推了马克思主义基本理论的纵深发展，是需要说明的重要问题。马克思主义基本理论从重视马克思主义关于社会发展五大阶段理论逐渐开始重视关于人的发展三形态理论，从凸显社会存在决定社会意识的确定性到关注社会意识对社会存在的能动反作用，从着重把握人在不同社会历史阶段中的存在状态到探讨人类命运共同体的存在方式，从关注马克思主义理论的物质和意识范畴到对以实践观、人民观为核心的历史唯物主义的当代性理解，等等，这些变化一方面展陈出马克思主义理论的与时俱进性，一方面表征受到改革开放以来对西方哲学广泛引介与深入研究的影响。就后者而言，包括在"新启蒙"思潮影响下对德国古典哲学中"主体性"思想的再解读，如对黑格尔精神哲学的精髓揭示；也包括对现代西方人本主义哲学的热切关注，如国内兴起的"萨特热""尼采热""弗洛伊德热"，以及对西方马克思主义人本主义思潮的引入与探究。

其次，在推进马克思主义中国化维度上，西方哲学理论、流派与思潮在西方世界的发生发展和得失成败对于开创中国化马克思主义事业具有借鉴和参照意义。西方哲学家对西方社会问题展开了多点的现代性批判，取得了丰硕的理论成果。通过研究这些理论，处于社会主义现代化进程中的我国对防范现代性危机、抵御现代性风险、解决现代性问题、超越现代性局限等，形成了更加成熟的理性认识。这些认识成果从正反两个方面为马克思主义中国化的创新发展提供了宝贵的思想资源和经验教训。习近平总书记强调："对国外马克思主义研究新成果，我们要密切关注和研究，有分析、有鉴别，既不能采取一概排斥的态度，也不能全盘照搬。"在看待西方哲学研究新成果上，也应持有如是态度。因而，在看到西方哲学研究对其他学科体系创新的助推作用的同时，也应对其保持一定的理性态度，既不能简单地拿来或引入研究方法，更不能完全接受研究结论，而应采取理性深入分析的态度，对其合理成分部分地和有条件地借鉴，对其存在问题应深入分析和批判。

2. 为马克思主义理论研究范式转换提供内生动力和思想支持

在马克思主义理论的理解上，西方哲学及其现代转向既为我们提供了思想背景、民族语境、话语前提以及"西方近代哲学必然转向现代哲学这种总的潮流"①，也为我们提供了理论研究的"靶子"——从中获取有益资源，摒弃错误影响，更为我们进一步明确何谓马克思主义、什么是真正的马克思主义提供一些有益的启示——我们对马克思主义的理解从苏联的教条式理解当中解放出来，打破以近代哲学思维方式来认识马克思主义哲学革命的局限，的确受到了来自西方哲学的助力。马克思主义理论在学术体系上的创新发展，始终萦绕着西方哲学研究扶持助推的身影。

西方哲学研究助推马克思主义理论从唯物主义与唯心主义二元对立的知识形态向辩证唯物主义和历史唯物主义相统一的方法形态转变。在马克思主义理论力图摆脱以"唯物"还是"唯心""辩证法"还是"形而上学"的空泛僵死的正统标准之纠缠时，当以实践为检验真理唯一标准成为马克思主义理论的立场需求和时代呼唤时，西方哲学研究也率先出席了这场与教条化、庸俗化马克思主义展开的理论斗争。以 1978 年芜湖"西方哲学讨论会"召开为标志性肇端，我们对西方哲学的认识与评价逐渐从教条、僵死、二元对立的"本本主义"中解脱出来。这不只是对西方哲学的认识的改革，也是对马克思主义哲学的认识的改革。李泽厚在 1979 年出版的《批判哲学的批判——康德述评》，创造性地运用实践观点去分析康德的"批判哲学"，初版三万册很快售罄，产生了极大的思想效应。20 世纪 80 年代初，存在主义哲学迅速成为中国学者甄选出来的回应中国人生存境遇难题的研究热点。在对以萨特为代表的存在主义哲学的研究中，自由、主体性、人道主义等问题的凸显给予中国人重新看待生存境遇的新机遇，影响着当代中国人对于现实生活问题的新思索。对存在主义哲学的关注说明了中国的西方哲学研究在贴近现实境遇的维度上具有自我解读、自我阐释的中国化意味。而后相继出现的对尼采超人哲学、弗洛伊德精神分析哲学、西方马克思主义

---

① 刘放桐：《马克思主义哲学与现代西方哲学研究》，北京师范大学出版社 2017 年版，第 11 页。

哲学的研究热潮，也都是在进一步关注人的生活世界本身的人类性、现代性问题。西方哲学研究呈现的这种现实性特征和人文性情怀，一定程度有效回应马克思主义理论研究在学术范式上的创新转型需求和人类性、现实性的价值取向。

西方哲学研究助推马克思主义理论从围绕概念分析与思辨论说的单一理论形态向把脉理论线索与重视理论延展的历史形态转变。当马克思主义理论随着时代变迁和现实发展，亟须摒弃绝对真理体系、挣脱历史遗留的刻板保守印象时，当马克思主义理论着力于自我批判、自我解放、自我超越，努力使自身呈现历史的发展性、理论的延展性和实践的创造性时，西方哲学研究所注重的历史性研究与思想性研究相统一的方法，为活跃马克思主义理论学术研究、拓展和深化马克思主义理论学术问题的深入研讨，提供一定的思想方法支援。

西方哲学研究助推马克思主义理论从以知识框架为中心的结构体系形态向以社会历史为中心的现实问题形态转变。西方哲学研究的"中国化"的鲜明特质体现为不是将西方哲学作为一种理论形态单纯地展开理论研究，而始终是以中国社会为主体，以社会问题为出发点，以如何吸纳西方哲学的有益成果解决问题为理论旨趣。因此，中国的西方哲学研究在强调对文本、人物、思想研究的基础上凸显以理论回应中国现实问题的现实取向。在这一过程中延展出许多新的问题域，如关注和挖掘西方哲学家关于现代性批判的理论资源，事实上就是瞄准在中国现代化进程总会伴随的老问题和生发的新挑战，诸如如何解决发展不平衡问题、促进公平正义，如何协调工业进步与保护环境的可持续发展问题、提升发展质量和效益，如何统筹"五位一体"总体布局、提升综合国力和国际话语权，如何破除不平等的世界政治经济格局、推动人类命运共同体的构建，等等。只要尚未跳脱出马克思所指明的历史时代，即现代性时代，这些问题就仍然会发挥作用，而西方哲学家对这些问题的探讨已经具有先发性。西方哲学理论对这些问题的研究事实上启发人们思考如何在今天的中国能够更大程度创造生产力的社会形态中规避西方社会实现现代化的风险，减少现代化进程的损耗和破坏，以反思和批判的态度对待西方社会在现代化过程中的思想理论价值。西方哲学的学术研究以鲜明的问题意识不断挖掘资本主义现代性批判的理论空白点，扩大问题域：

如何在更大程度创造生产力满足人民根本利益需求的同时，兼顾更有效规避西方资本主义社会提供的现代化风险样板和负面效应；如何以反思批判、重构新建的态度对待西方哲学关于现代性批判的重大理论成果；如何理解西方哲学研究的中国意义与新时代中国特色马克思主义的世界意义。西方哲学研究问题域的广阔视界和多元理路促使我们在比较分析视阈下思考学术创新路向：现代性批判是马克思主义哲学与整个西方哲学共同的理论批判主题，两者对现代性局限的本质揭示、批判路线及超越方式有何根本性差异；由尼采而德里达、由黑格尔而哈贝马斯等西方哲学家持续不绝的现代性批判，为何无法真正引领我们走出现代性的困境；应如何以之为镜捍卫马克思、发展马克思主义，以真正体现现代性永远在马克思主义的现实批判之路上。理论自信与文化自信的自我确证表明，"回到马克思"的当代出路就是丰富和发展 21 世纪中国的马克思主义——新时代中国特色社会主义思想理论。

3. 为马克思主义理论话语体系创新提供鲜活问题和现实参照

习近平指出："20 世纪以来，社会矛盾不断激化，为缓和社会矛盾、修补制度弊端，西方各种各样的学说都在开药方，包括凯恩斯主义、新自由主义、新保守主义、民主社会主义、实用主义、存在主义、结构主义、后现代主义等，这些既是西方社会发展到一定阶段的产物，也深刻影响着西方社会。"在此过程中，西方哲学经多重转向，创新发展出自身的理论范式和话语体系，这些话语中的很大一部分体现为鲜明的时代性特征，这些具有时代性的话语对马克思主义理论当代的创新发展提供重要的助力。回顾我国西方哲学研究的整体历程，可以发现其所开启的诸多话题在一定程度上启发了国内马克思主义理论的研究进展。

首先，西方哲学的话语创新及其引入助推教科书体系的改革。如西方马克思主义哲学"总体性""物化""实践""阶级意识""主体间性"等概念范畴、海德格尔对生存的分析话语、胡塞尔的"生活世界"等，在一定时期为马克思主义理论教科书革命提供新支撑，为马克思主义理论话语体系转变提供新语境。其次，西方哲学不断转向现实生活世界、现实问题批判的理论路径，使马克思主义理论话语体系建构中增加了历史、实践、资本逻辑、社会形态等更贴合社会发展要求的维度，推动马克思主义理论在新时代不断形成新论域。再次，西方哲学的政治学转向，由"语言"转向"社会"①，其适应了现代化建设面临的由社会转型导致的社会基本结构等多方面变化所带来的具体问题——如国家主权、意识形态；再如市场经济要求的民主、公平、自由、法制、效率等问题。再有，现代西方哲学对西方社会的理论批判，使马克思主义理论也生发出许多新的问题和新的观点，如"景观社会"中揭示的"泛消费现象"、"符号社会"对价值和使用价值关系的颠倒、"空间生产"中的性别意识以及"生命政治""数字劳动"等等，这些新话语构成了马克思主义理论创新发展的素材。西方哲学研究为马克思主义理论话语体系创新提供了鲜明的问题指向和理论导源：用何种话语方式创新发展马克思主义，如何在当代中国语境下发展出符合中国社会现实需要的、体现出扎根中国大地的、具有世界意义的马克思主义理论话语体系，成为新时代西方哲学研究的时代使命和学术担当。

习近平总书记强调："要按照立足中国、借鉴国外，挖掘历史、把握当代，关怀人类、面向未来的思路，着力构建中国特色哲学社会科学，在指导思想、学科体系、学术体系、话语体系等方面充分体现中国特色、中国风格、中国气派。"中国特色社会主义发展历经改革开放四十余年的攻坚克难，将迎来新的跨越性成就，这一成功在社会历史现实的基础上，同样呼唤把握时代脉搏的时代精神；这一成功同样需要以思想理论的形式向世界表达中国方案、中国故事、中国智慧的可行性。因此，需要研究者在历史的宏大叙事、当代的问题意识、传统文化的基因自信、国外理论的借鉴吸收、人类性的胸怀、世界性的视野中，建构起中国特色哲学社会科学话语体系，为现代化进程中的问题解决提供中国理念，为人类命运共同体共同面临的新挑战贡献中国智慧，为世界文化文明发展丰拓中国内涵。

中国特色社会主义的成功意味着马克思主义基本原理同中国具体实际相结合的理论成功，标志着当代中国马克思主义的真理力量。对该思想理论成就的体系建构与完善，不仅要立足于中国现实，这是根本；而且要"吸收外来"，这是经验。西方哲学根据发达资本主义工业文明的社会现实状况揭示问题、分析问题，形成独特的现代性批判理论。可以说，"自尼采以来，

---

① 赵汀阳：《哲学的政治学转向》，载《吉林大学社会科学学报》2006 年第 2 期。

对现代性及其命运的反省，构成了整个现代哲学的中心课题"①。在现代性批判"理论共同体"的形成过程中，概念话语起到重要作用，如尼采以"权力意志"反抗现代人（"末人"）的虚无与颓废，胡塞尔以"生活世界"来拯救现代科学危机给欧洲带来的人性危机与文化危机，海德格尔以"座架"批判性地揭示现代技术的本质，福柯以"规训社会"道出现代社会的实质，法兰克福学派霍克海默开创"社会批判"理论，马尔库塞用"单向度"概括发达工业文明大众社会的特质，列斐伏尔以开立"空间批判"闻名遐迩，哈贝马斯提出"交往理性"构想资本主义社会的出路，鲍德里亚用"超真实""符号化"拓展着对"消费异化"的批判……显然，西方思想家都在试图分析时代性的社会问题的基础上形成一家之言，不仅以不同的概念话语寻找最恰当的揭示问题的表达，而且也在此过程中形成自身独特的解读问题的话语方式、话语体系。概念是理论体系大厦的地基，形成中国特色哲学社会科学体系要有中国话语的出场。而作为中国特色哲学社会科学体系这一生命体细胞的中国概念，其生成要站稳中国立场、明确理论目标、彰显价值旨归，这就要求我们一是以话语准确表达中国问题，二是以问题切诊时代脉搏，三是以理念彰显中国关怀。

西方哲学虽然派别林立、群雄并起，但我们可以聚焦其中现代性批判的理论话语资源，从中提炼现代性批判的整体形象。一来与其理论都致力于追问时代性问题有重要关系，"哲学研究的价值在于对时代性问题的高度敏感，这种敏感性体现为对时代问题的诊断和批判"②；二来，与其理论同马克思主义的关联与对话有重要关系，诚如有学者指出，"'现代性的反省'是马克思哲学和当代人类生存实践、与整个现代哲学实现深层结合的一个关节点，从此出发，马克思主义哲学既可以与整个现代哲学实现创造性的深层对话，同时又可以使马克思主义哲学对现代社会特有的批判和解释力量得到最大限度的释放。"③ "当代仍然是马克思主义所指明的时代"，坚定不移地

---

① 贺来：《"现代性"的反省与马克思哲学研究纵深推进的生长点》，载《求是学刊》2005 年第 1 期。

② 孙正聿、杨晓、丁宁：《改革开放以来的当代中国哲学史（1978—2009）》，人民出版社 2019 年版，第 701 页。

③ 贺来：《"现代性"的反省与马克思哲学研究纵深推进的生长点》，载《求是学刊》2005 年第 1 期。

继承与发展马克思主义是马克思主义理论的时代任务，新时代实现这一任务的主要工作就是建立和完善当代中国马克思主义。因为，当代中国所面临的问题是具有典型性的世界问题，当代中国所体现的发展态势和所秉承的发展理念将是未来人类命运共同体的大势所趋，讲好中国故事、建好中国体系、提出中国方案显得尤为重要。以西方马克思主义哲学为例，它们虽在理论上都与马克思主义有千丝万缕的关联，并在整体上形成对资本主义批判的架势，但其具体的理论形态、体系形式、逻辑框架都有彼此间的区别，其重要原因在于结合本地域的具体问题、民族风格、文化传统形成各自特色的体系框架：德国延续着法兰克福学派社会批判理论传统形成当代政治哲学批判转向，法国传承结构主义思潮延展着当代以左翼为代表的意识形态批判，英美的逻辑实证主义传统使之从分析哲学的视野做当代马克思主义研究形成特征。这为新时代中国特色社会主义思想的理论解读、21 世纪中国马克思主义的体系建构提供了一定的经验启示，即以话语建构的方式进行思想体系的逻辑架构与完善，需要本民族的历史传统深厚积淀出的思维范式的当代发扬。具体到当代中国马克思主义，离不开对中国共产党领导的中国近现代革命史、建设史、发展史、奋斗史的理论关涉，从历史经验中进一步升华马克思主义中国化理论的当代发展，并整体上从理论随着历史推进的演进逻辑中总结凝练出具有"元"属性的总体逻辑，这可能是未来以中国话语讲好中国故事的重要研究路向之一。

话语建构的紧迫性与必要性在于让世界瞩目的中国在顺境和逆境中都能"面向未来"地"走出去"。随着国际格局变化的微妙复杂，我国所取得的成就在被世界所认可的同时，也面临着来自各方质疑的压力，而主要原因仍在于对中国了解不深入不全面。无论是出于国际交流合作的目的，抑或促进人类命运共同体构建，还是源于澄明外界对中国的误解，话语权在当代社会始终是争锋的核心所在。"没有话语的崛起，中华民族崛起的伟大梦想也可能因为西方话语忽悠，而前功尽弃。"因此，对西方哲学的批判性研究为此提供了重要启示：一则，勇于突破"西方中心主义"话语霸权的传统范式影响，从以往对西方话语体系框架下的惯性定式中摆脱出来，以马克思主义中国化理论成果为中轴寻找全新话语体系建构的地基与思路；二则，坚定站在马克思主义立场方法上审视已有对西方哲学思潮研究的范式经验，以及其存在的思维与逻辑困局，在中国发展实践成果的基础上深入开掘马克思主义真精神所在，并对此展开具有中国特色的原创性解读，而其原创性应体现在对中国传统文化的新发展和对中国特色社会主义的新阐释；三则，要在世界哲学视野下展开当代中国马克思主义的建构与推广。理论的科学性与价值性不仅看其是否与实际问题、实践经验紧密相连，还要在对比分析、互动对话中加以判断与交流。在比较研究和批判分析中进一步增强"对我们所坚守的马克思主义作为'时代精神的精华'和'文明活的灵魂'"① 的文化自信；进一步确证当代中国马克思主义如何在真理的意义上能够秉承马克思主义基本原理与方法，使之在新时代继续散发光芒。

　　当代马克思主义理论工作者在话语创新方面增强主体自觉意识同样是话语体系建设的必要条件。理论发展与传播主要依靠理论工作者的投入，西方哲学研究能够为当代中国马克思主义话语创新助益，重要的是相关研究人员能够站在马克思主义立场上既对其展开批判性认识，又从其思想内容与逻辑体系中寻找精华为我所用。这种主体意识应是贯穿于西方哲学研究始终的方法论原则。正是在主体自觉意识中，能够认识到具有中国特色的理论话语建构要为世界所知晓、所认可、所采纳，必须在全球体系中反映出它的普遍性与建设性。中国特色社会主义现代化的实践经验既能够反映现代化进程中的特殊性问题，也能在一定程度上反映现代性普遍问题，对此，中国特色社会主义理论给出了特殊性与普遍性相统一的有效方案与科学的理念理论。将之在国际社会进行有效传播，既为西方发达国家更深入全面了解中国，在交流共识中减少敌对与各种质疑提供助益；也为其他发展较为落后的国家地区提供符合民族特色与实际的建设发展经验提供典型方案。这不仅需要理论逻辑的独特性与整体性的统一，而且要求话语体系的针对性与洞察性相结合。当代话语创新是马克思主义理论研究的重要环节，西方哲学研究在批判性、反思性的研究成果积淀的基础上，发挥其学科意义和学术价值的主要表征将是话语体系创新方面的经验借鉴。

---

　　① 孙正聿、杨晓、丁宁：《改革开放以来的当代中国哲学史（1978—2009）》，人民出版社 2019 年版，第 701 页。

附　录

访谈：西方哲学中国化的范式奠基与延思路径

与谈者：孙颖　访谈人：韩秋红

孙颖：韩老师您好！很高兴您接受此次采访。您入选国家社科成果文库的专著《西方哲学中国化史论》即将付梓，该著作是您主持的国家社科基金重大招标项目的最终成果，请您简要介绍一下西方哲学中国化的基本解读范式。

韩秋红：该成果是围绕"西方哲学中国化"主题于 2018 年完成国家社科基金重大项目结题，主要建构起对"西方哲学中国化"的基本阐释与解读框架。主要认为西方哲学在中国的传播历程及逻辑从社会发展静态分层的角度划分为"传统知识型""文化比较型""当代阐释型"，从社会发展动态更迭角度经"哲学就是哲学史""哲学就是认识史""哲学就是哲学思想理论创新的发展史"的思想演进。整个发展过程充分体现国人立足国情对西方哲学自我诠释，从"西化"到"化西"再到"融涵"的内化过程。

通过运用历史与逻辑相结合的思维方式和论述形式，在历史经验梳理、发展规律探索、未来创新空间的基本框架下，以马克思主义中国化为主体立场，展开西方哲学中国化的理论溯源与概念澄明。主要包括以下三方面内容：其一，"西学东渐"是西方哲学中国化的"史前史"，为西方哲学中国化提供了丰富多元的文化前提与资源准备，奠定了思想文化发展的历史逻辑与理论逻辑基础；其二，马克思主义中国化是西方哲学中国化的牵引者，正是马克思主义中国化的实质性成果和经验为西方哲学中国化指引理论发展道路，也正是秉承前者的方法原则，使后者能够走向前台成为显学，为学界热烈讨论、激烈争鸣；其三，西方哲学中国化在中国人的主体意识自觉中生发自身、澄显自身，是国人立足于社会现实需求而择选、阐释西方哲学思想和中西哲学关系的一种思想历程与范式方法。

孙颖：在您看来，近代"西学东渐"已经构成西方哲学中国化的范式觉醒，而在马克思主义中国化实践与理论领域的全方位成功经验的指引、点示、参比下，西方哲学中国化渐趋成为当代中国哲学研究的一个重要且显见的思维方法。

韩秋红：是的。西方哲学中国化从历史出场顺序上其实先于马克思主义中国化。西方人在以坚船利炮打开我国国门带给中国人民水深火热的民族危机的同时，也带来广博多元的西方思想文化，促成中西文化在传统与现代的时代更迭中交织对话的机遇与挑战。在迫切的救亡图存问题面前，国人充分彰显主体意识，站在"五千年未有之变局"的时代变迁的民族特性难题上，从器物技术、政治制度、宗教精神、哲学思想等维度积极引介传播西方先进文化，从而在试错与求变中积极寻找民族独立的可行性道路。"西学东渐"为西方哲学在中国的传播和西方哲学中国化提供了资源背景与理路空间。

但是，最初的文化探索并未为中华民族之崛起提供立竿见影的成效，直至十月革命一声炮响为中华民族带来指引现代化道路的唯一正确理论原则——马克思主义。马克思主义在中国大地的生根成长，不仅带领中国人民和中华民族在民族独立解放事业上获得转折性巨大成功，而且其与中国实际相结合所形成的马克思主义中国化理论成果与思维范式成为中国现代化道路的指导性依据和民族复兴事业的关键性支撑。西方哲学中国化更是在马克思主义中国化的指导下不断发展，在马克思主义中国化的助力下得以成长，在与马克思主义中国化的比较中差异性共存、交互性辨识，得以走出幕后成为学术界与思想界广泛关注与深入探讨的显学。

新中国成立后，西方哲学对中国哲学的影响伴随着与中国哲学的关系变化而变化，经历了由"相互对立"到"彼此对话"再到"互相创生"的过程。西方哲学中国化发展历程大致经历了三个阶段：1949—1979 年从接受到辨识的对立阶段，1979—1999 年从辨识到认同的对话阶段，1999—2009 年从认同到融通的创生阶段。伴随时代发展变化，思想认识也在历时与共时的交错盘节中体现出由知识型到比较型再到阐释型的运思特征。易言之，国人不断用中国人的思维方式、话语方式、实践方式译介、认知、辨识西方哲学，将对西方哲学研究的主体意识、文化自信和理论自省问题推向历史前台。西方哲学在中国的传播历程彰显着中国人在问题意识上的主体自觉。在历史发展与时代发展双重逻辑的演进中揭示出理论逻辑的进路，体现了国人面对西方哲学所采取的"接受—辨识—认同—融通"的主体自觉过程。

孙颖：从您的表述中可见，西方哲学、中国哲学和中国传统文化思想、马克思主义思想之间，围绕现代化方式与民族解放发展道路主题，展开的思想争锋与理论创造，通过异质文化与地域哲学间的碰撞与对话，逐渐达到文化交融的实效，并切实推动社会观念的变化与革新。这样，西方哲学中国化的主要内涵意蕴也就呼之欲出了。

韩秋红：这样理解非常到位。所以，在我们看来，西方哲学中国化意味着在新中国成立以来"西方哲学中国化"的问题域下，西方哲学的思想理论、哲学著作和哲学思潮被中国人所知晓、所理解、所接受、所辨识并不断成为中国文化现代元素的历史进程，是西方哲学在中国的传播不断被中华文化包容、改造、吸收和诠释的过程，是中国人立足于中国式思维和中国式立场不断去解读西方哲学的过程，是中国人鲜明的主体意识和主动精神实现的历程。西方哲学中国化与马克思主义中国化形成鲜明照应，后者对前者具有规约性意义、指导性作用与参比性价值。马克思主义中国化是指马克思主义基本原理同中国具体实际相结合，包含马克思主义对中国革命、建设和改革的指导，中国革命、建设和改革的历史经验上升为马克思主义理论，和马克思主义植根于中国优秀传统文化之中。对应马克思主义中国化的思想理论内涵，秉持马克思主义理论与方法原则，西方哲学中国化是指在反馈中国现代化进程所面临的人类性问题、时代性问题、现代性问题、全球性问题的思想意向上，西方哲学已有知识经验与理论学说以中国特色的表征形式得以重释新生。强调异质文化间哲学精神与哲学理论的相互借鉴与彼此交融。其大体囊括三方面内容：其一，西方哲学已有智慧学说经验对中国现代化进程中新生与潜在的现代性共有问题的理论反馈与知识引介；其二，中国现代化民族性功效性的社会主义现代化经验对西方哲学相关理论内容的创新整合；其三，中国传统优秀文化继承基础上，中西思维方式的有机融合对人类性文明新形态建构的理路启新，为人类思想文明引路辟径。

孙颖：所以西方哲学中国化范式创新突出强调的是中国文化主体自觉意识在理论解读、思想解放、观念革新、国民启智、价值观引领等方面的重要作用。而这种突出主要通过马克思主义中国化与西方哲学中国化的比较分析方法。

韩秋红：当然。马克思主义中国化经历了百余年的历程，已经成为中国人乃至中国社会的血脉，人们自觉将马克思主义中国化作为本民族文化的重要组成部分。马克思主义中国化的发展轨迹是清晰的，思想成就是突出的，中国化历程是成功且合理的。在马克思主义中国化范式的思想启迪下，我们思考"西方哲学中国化"的可能。

首先，"西方哲学中国化"与"马克思主义中国化"一样都在倡导理论研究共有的主导思想——中国特色。西方哲学的当代发展应努力使西方哲学与中国的具体实践相结合，在切实推进西方哲学中国化进程中为中国特色的社会主义建设提供重要的理论参照。同时，"西方哲学中国化"努力强调学术研究具有的历史使命感和担当意识。这一学术主张为建构具有"中国风格"和"中国气派"的当代中国学术话语体系，正确处理学术研究与现实生活、中国话语与西方话语等关系，开启正确的思想路径，奠定科学的方法论基础。

其次，马克思主义中国化的实现过程可以概括为三个层次：实践层次，即哲学在实践中实现；理论层次，即哲学在中国化马克思主义理论体系中作为世界观、方法论的基础以及新思维、新概念、新观点等的"蕴含"式存在；学术层次，即作为学理性逻辑存在的中国化的马克思主义学术形态。这样马克思主义中国化的实现机制就包括实践、理论与学术三个方面的辩证统一。同样西方哲学中国化也应在这三个层次及其相互统一的维度上加以考量。

最后，马克思主义中国化为解决中国的现代化问题提供的思想理论基础及其启示，需要西方哲学中国化加以进一步诠释。马克思主义中国化的实践基础是中国的现代化进程，我们要实现社会主义的现代化，具有中国特色的现代化。这虽然与西方现代化在理论形式上是矛盾的，但二者在冲突中确实可显现出兼容、互补、制衡的系统化功效。现实存在的合理性表明西方世界现代化自身的经济法则、民主政治、法制体系等可以为我所参考，其哲学思想基础也可以辩证融入中国的现代化进程。中国的现代化进程可能恰好是一个复杂而丰富的辩证统一体，是非常有特色的文化现象，需要一切具有积极因素的思想的参与。

事实上，"西方哲学中国化"与"马克思主义中国化"总是相伴而生，只不过"马克思主义中国化"始终置于前台，"西方哲学中国化"始终作为"马克思主义中国化"的背景存在——作为马克思主义产生的思想资源和前提存在或者作为"马克思主义中国化"的参考对象和批评对象存在，马克思主义在中国的凸显才体现西方哲学在中国的存在价值。也许，这就是西方哲学在中国的命运——"西方哲学中国化"在与中国文化相互碰撞中形成了自己独有的"中国式"理解，这种理解虽不能匹及马克思主义中国化所产生的重大历史成就，却也对中国的现代化进程发挥了重要作用，产生了独特影响，特别彰显了中国人的理论自觉与实践自觉。为此，我们希望把"西方哲学中国化"由幕后推向前台，正视其发展历程、基本规律，尊重中国的西方哲学研究在其"中国化"过程中作出的贡献。

通过对西方哲学中国化与西学东渐、西方哲学中国化与马克思主义中国化的比较，我们认为"西方哲学中国化"成为可能是有充分的理论根据与事实根据的。理论根据是：以往对西方哲学的研究要么强调其作为马克思主义的思想基础和思想资源，要么强调其是西方资产阶级消极文化的代表，"西方哲学中国化"则强调在中国的西方哲学是不断被中国化的西方哲学，是某种契机下哲学元素的供给；以往对西方哲学的研究要么体现对文本翻译的准确性，要么强调对人物学派介绍评述的客观性，"西方哲学中国化"则强调西方哲学在中国社会中所发生的文化变异和形成的"中国式"形态；以往对西方哲学的研究更多体现为对某一人物学派或某一文本著作的静态挖掘，"西方哲学中国化"强调总体性和整体性研究方式，为西方哲学研究提供更为清晰的立场、态度和方式，形成有"中国特色"的西方哲学研究。为此，西方哲学中国化不仅是命题概念，更是鲜明的问题意识；不仅是以事实为基础的史实性研究，更是以思想文化为基础的理论性研究；不仅是对个体性的研究，更是以整体性研究方法对西方哲学进行宏观意义上的深入研究。

孙颖：通过您的介绍，西方哲学中国化的范式轮廓及范式创新已全盘托出。而这样一种范式基础可以说基本奠定了您进一步在西方马克思主义研究领域，聚焦于资本主义批判与现代性文明模式探索、文化交融问题的研究。后者可谓前者延思路径上的主渠，是吗？请您可否介绍一下西方哲学中国化研究是如何奠基了西方马克思主义研究的基本范式与逻辑架构的？

韩秋红：没错。我们认为，西方哲学中国化的历史内涵与思维范式成为研究西方马克思主义的基础。西方马克思主义同西方哲学同样作为"舶来品"，同样作为西方现当代哲学主要思潮流派，同样来自与东方文化差异悬殊的西方传统，同样需要在"异乡"遇"新知"而产生文化文明、思维观念间的碰撞，同样在时代与理论发展所需的相似境遇下展开彼此对话，同样需要研究者的理论自觉、文化自觉、主体自觉、实践自觉。因而，对西方马克思主义的研究自然也经历着同西方哲学中国化相似的逻辑进程与思想演进。具体聚焦到西方马克思主义现代性批判理论上来，则体现出从知识型译介丰拓资本主义批判理论视野，到思想史梳理凸显资本主义批判意识自觉，再到文化式解读增进资本主义批判主题下的中西哲学对话的动静结合的整体进程。而不证自明的在于，当代西方马克思主义现代性批判研究某种意义上同当代西方马克思主义资本主义批判同题等意，均在中国学者的主体意识、文化自觉中围绕当代社会现代性问题、资本主义批判问题聚焦当代前沿，以问题导向牵引理论思考回应社会现实，关注"中国问题"的学术探索、话语建构，推动当代对资本主义制度的批判性认识向形成中国特色资本主义批判理论体系的方向行进。

孙颖：所以，您突出强调的是，西方马克思主义现代性理论研究的学术使命与任务在于着眼中国问题，证成中国模式，彰显中国智慧。

韩秋红：因为，对西方马克思主义现代性理论研究的基本范式不仅是译介了解，更在于在中西文化碰撞交融中互释再读，体现中国学者以问题为导向的主体自觉与文化自觉。循此，如果说西方哲学中国化是指在反馈中国现代化进程所面临的人类性问题、时代性问题、现代性问题、全球性问题的思想意向上，西方哲学已有的知识经验与理论学说以中国特色的表征形式得以重释新生，强调异质文化间哲学精神与哲学理论的相互借鉴与彼此交融；那么，西方马克思主义现代性批判理论研究对中国当代思想理论价值，或对人类文明新形态建设将在三个方面提供参鉴。即深入到中国特色社会主义现代化建设发展过程中一些同西方现代性问题雷同相似、同域同题的世界性、历史性、现实性问题，从西方马克思主义现代性批判的思想观点、逻辑体系中汲取相关经验与分析方法，将其发现与总结的合理性的理论贡献放置于我国社会发展的实际情况中加以互释重思；坚持站在马克思主义真理立场对之非马克思主义、反马克思主义的理论倾向或理论偏失进行分析研判，既立足于中国实际探寻解决现代性特殊问题的根本之道，也源于文化自信提出破解现代性普遍难题的中国方案；由异质文化主体在对现代性这一同题同域的对话交融中建构中国话语、寻求理论认同、达成文明共识。具体可以参见拙作《国内西方马克思主义资本主义批判研究动态述评》。

孙颖：从您的介绍可以认识到，您是通过"以之为镜"和"以我为主"双重视路紧扣前沿，来反思西方马克思主义现代性理论研究的中国意义与当代价值的。其核心反映了当下重要的一项学术任务：如何明辨中国方案合乎人类文明进步逻辑，使之获得国际社会共识；如何确证中国形象从以往多需借助他山之石的追赶者，已正在转为成为他者的他山之石的引领者，正在努力携手他者共建共治共享人类文明。

韩秋红：你说得比我好，比我说得清楚明了。这是当代研究西方马克思主义现代性理论及其批判的重要使命与核心任务。

孙颖：这样一个整体研究进路集中体现在您 2020 年新获立教育部社科重大攻关项目"当代西方资本主义批判理论的新进展研究"、您主讲的"国外马克思主义"课程获得首批国家级线下一流本科课程，及二者为代表的在科研、教学、社会影响力等方面近年取得学界关注与热烈反响的相关成绩与成果群中。

韩秋红：好吧，沿着你的提问说下去。近年依循西方哲学中国化的范式奠基，围绕西方马克思主义资本主义批判、现代性批判理论展开的具体研究与取得的一些研究成果，获得学界一定认可与相当关注。所取得的成绩成果既是对以往研究路向与思想主张的肯定，也是对继续沿着西方哲学中国化、西方马克思主义现代性理论问题展开系统性研究的鞭策。同时凸显了我们对西方马克思主义现代性理论问题把脉、致思、勘辨、省审的整体理论路径，即通过对西方哲学研究、西方马克思主义研究的经验总结、范式转型及其中国化方式的理论反思，以西方哲学中国化的研思成果为范式前基，延展关于西方马克思主义的研究范式与逻辑体系，聚焦中国现代化进程的现代性问题，批判性、整体性认识西方马克思主义现代性理论研究的中国意义与当代价值。在西方马克思主义与西方哲学传统、现代西方哲学、马克思主义之间的勾连关系中探索思想特质、理论价值与现实意义，使西方资本主义批判理论显现为现代性理论问题研究新视域。我们主张站在马克思主义学科框架下展开西方马克思主义研究的研究旨归，提出以"主题—专题—课题"的谱系式方式开展科学研究与教育教学工作。

孙颖：也就是说，从西方哲学中国化研究到西方马克思主义研究构成研究范式的铺陈，聚焦西方马克思主义现代性理论构成问题意识的凸显，将现代性问题与资本主义批判相勾连构成时代精神的把握，而从马克思主义理论学科框架下落实"主题—专题—课题"的谱系式方法则构成一种研学相长的价值取向。

韩秋红：你的这一解说是合逻辑与合情理的。力行基础理论研究厚重性与立德树人根本性相结合，力求学科体系、学术体系、话语体系的一体化发展，向来是我们所追求的高远站位、研究特色、创新空间。

孙颖：在这一范式前提下，自然会形成关于西方马克思主义现代性理论的研究特色。我们熟知您基于对现代性的时间维度辩证法与空间维度辩证法的独特见解，将西方马克思主义现代性批判研究与资本主义批判研究相结合的致思路向，已经形成了一套8卷本的丛书。那么，这是否也构成您所主持教育部社科重大攻关项目的基础性思考？

韩秋红：应该是。这套丛书计划出版12卷，已经出版8卷，正是围绕我们的研究特色形成的成果群。其中，集中体现对资本主义批判与现代性批判的西方马克思主义研究，也构成我们展开"当代西方资本主义批判理论的新进展研究"的教育部重大项目的核心思路。首先，"资本主义批判理论"是以资本主义为研究对象的具有逻辑性、体系性的思想观点。资本主义作为"综合性历史概念"（于尔根·科卡），总括着经济、政治、文化、社会、生态等多领域的时代变迁和内涵。"资本主义批判理论"富含经济维度的经济学批判、政治维度的国家治理模式批判、文化维度的哲学思维方式批判、社会维度的制度形式与意识形态批判、生态维度的生态学批判等五大话语背景与批判路向，以上五大维度构成我们研究该课题的基本模型和路径。

其次，"当代"作为研究对象的修饰语之一，其以时代为基准，表明区别于以往资本主义社会的以资本主义为主导的社会发展样态在新时期体现出的具有某种普遍一致性的时代新面貌、新特点、新进展，以反映和反馈人类社会在某个时段普遍存在的现实性问题为基本立足点。习近平指出：当代仍然是马克思主义所指明的时代。即马克思主义所指明和批判的资本逻辑主导的资本主义本质在当代没有根本性移除。但不可否认随着科技发展和人类文明进步，资本主义在各个领域的运控模式、作用效能都产生了剧烈变化。如以 2008 年金融危机为时间节点的新经济形态全球化变迁，以新冠肺炎疫情为标志的资本主义与生态环境问题的批判热潮，以人工智能、大数据为标识的数字化模式与结构等。社会新发展促进理论界对资本主义的产业重构、商业升级、结构再组的经济—哲学、政治—哲学、文化—哲学、历史—哲学的新认知、新研究、新批判。这些能够作为当代之时间标志的历史事实，应以具有继承性与断裂性相统一、现在时与过去时相匹配、传统与当代相契合为特征的现代性时代问题的历史逻辑与理论逻辑为基础。即，一是从问题出发，在资本逻辑主导下资本主义模式产生的经济、政治、文化、社会、生态等问题早在 20 世纪六七十年代就已经产生并被理论界所研究与批判，并在当下仍有时代性现代性的问题延续而出现的当代之新；二是，只有对"当代"进行思想理论问题追溯，对"前资本主义""资本主义""当代资本主义"在历史逻辑、理论逻辑、现实逻辑相一致中澄明"当代资本主义批判"的主题是什么、特征是什么、变化是什么，方可体现对当代资本主义批判理论的最新研究与当下批判。

再次，我们认为，"当代西方资本主义批判理论""国外马克思主义资本主义批判理论""西方马克思主义资本主义批判理论"及"西方现代性批判理论"，在广义上是几乎等同的相近概念。当代西方资本主义批判理论主要是对当代资本主义社会现实问题进行现代性反思批判为特征，融合各流派跨学科多维度研究成果的思想学说，其主力军是西方马克思主义。西方马克思主义在西方资本主义社会内部展开对资本主义激烈批判和对资本主义社会现实问题持续关注所展开批判的现代性理论，即构成了西方马克思主义对资本主义批判或曰现代性批判的理论核心论域与基本思想框架，也贡献了当代西方资本主义批判理论整体内容的基础核心部分，更代表着国外（西方）马克思主义对资本主义进行批判研究的批判动向与理论进展。

为此，在对"当代西方资本主义批判理论的新进展"这一重大课题进行研究时，将以 20 世纪 60 年代以来围绕西方资本主义社会现实问题展开批判的当代西方思想理论的新识新解（如数字网络化、资本符号化、资本空间化……）为问题聚焦，以资本主义发展中的现代性问题揭批与社会发展走向预判为理论反思，以集中表征出具有普遍时代性特征的现代性批判理论为思想资源，以我们对国外（西方）马克思主义的资本主义批判理论的研究批判为研究主体，以社会经济、政治、文化、社会、生态五大维度的综合式、整体性与立体化研究为研究路径，以构建当代西方资本主义批判理论新进展研究的时代话语为研究落点。

孙颖：谢谢韩老师！您辛苦啦！您清晰地勾勒了您的这一教育部重大攻关项目的研究思路，实际上是在您带领团队围绕西方马克思主义现代性理论研究的已有科研成果基础上，深入分析现代性与资本主义的逻辑关联，在当代，聚焦资本主义现代性批判这一核心话题，继续沿着西方哲学、马克思主义、西方马克思主义三者关系的思路，从整体性与系统性上深度挖掘当代西方资本主义批判理论背后的规律性、原则性的"元"理论，以回应中国问题，反映中国智慧。可见您付出的努力与心血！

韩秋红：谢谢你能如此理解！以往我们的研究成果主要包含西方马克思主义现代性理论的生成逻辑与思想特质的明确揭示，这一揭示正是在对西方哲学、现代西方哲学、马克思主义、西方马克思主义的整体比较中鲜明展开的。

现代性可以被视为贯穿于西方哲学从传统到现代的逻辑主线，发源于启蒙运动，启蒙理性构成其内核，主体性原则成为其基本原则，但其本身蕴含着辩证法气质，即在自我确证中自我否定，通过不断自我扬弃实现自我超越。因此，现代性在运演路径上必然产生出从现代性意识觉解到现代性问题凸显到现代性批判自觉。对现代性问题展开现代性批判的现代性意识觉解首先来自于现代西方哲学，黑格尔曾经指出："在时代困境中，人要么成为客体遭到压迫，要么把自然作为客体加以压迫。"这已构成现代性自我悖反的最初判断。沿着这一批判路向，即延展到叔本华、尼采以来现代西方哲学非理性主义、生存论、语言学、后现代主义等哲学转向时，对理性现代性的挞伐愈加直接而猛烈，这也为西方马克思主义提供了最初的西方哲学现代性批判话语背景，使其携手前四者构成现代西方哲学围绕现代性批判的五大转向。加之马克思主义资本主义现代性批判的思维方式革命，使西方马克思主义在现代性批判的路径上找到了"此岸"路标。于是，西方马克思主义现代性批判的独特路径便从卢卡奇融合马克斯·韦伯与卡尔·马克思思想精华的早期开创而一路披荆斩棘，在林林总总的现代性批判理论丛中得以立言。易言之，从西方哲学的母体到马克思主义的滋养，西方马克思主义接承了现代西方哲学对启蒙理性为核心的现代性批判精神，从马克思主义的资本主义现代性批判中汲取养分，对西方工业文明社会展开多维批判，重新找寻现代性自我确证的话语与路径，形成自身理路特质。

我在《现代性批判理论转变的三重维度》中总结西方马克思主义现代性理论路演的基本思想特质，认为其实现"理论目标向启蒙现代性批判关切，批判主题从政治经济学批判向哲学文化批判转轨，价值取向以重建乌托邦契合人类形而上精神"的基本转变。西方马克思主义现代性批判的思想特质表现为对现代西方哲学的有限超越与对马克思主义的援借曲解。现代西方哲学常以决绝的态度解构以启蒙理性为核心的现代性"元叙事"，使对现代性问题的现实性批判走向极端的本体论否决，似乎不回到"前资本主义社会"就无法解决伴生着资本主义制度的现代性问题。马克思主义则深深地扎根社会历史展开资本主义现代性批判。西方马克思主义吸收二者的精华，但也有自身的理论局限性，形成西方马克思主义现代性批判运思特质。在《现代性理论的逻辑理路与西方马克思主义的独特运思》一文中提出，西方马克思主义背靠宏博深厚的西方哲学的思想资源，以对现代性的辩证态度与揭批资本主义工业文明社会问题的现实性取向超越于西方哲学进行现代性批判的思辨性与激进化；继承和援借马克思主义关于现代性批判的现实性特征和方法论原则，努力实现西方哲学与马克思主义的合流，在对现代性的诠释批判中，重构现代性哲学话语，一方面表征现代性深蕴的人类形而上精神，一方面彰显马克思主义现代性理论的辩证性、现实性、开放性的理论品质。但遗憾地在理论归宿上重陷思辨乌托邦的窠臼，背离了马克思主义辩证法的实质根本——理论与实践相统一的原则。即便西方马克思主义始终标榜自己是马克思主义方法论的忠实继承者和接班人，但其对马克思主义基本立场原则的背离成为其不可克服的局限则是一个不争的事实。

孙颖：您提道，西方马克思主义现代性理论研究在原则立场上坚定马克思主义，基于马克思主义理论学科立场，追求学科体系、学术体系、话语体系创新发展的一体化建设。这不仅是个学科建设发展的大问题，更是当下大家关注的热点问题。您能解读一下您的理解与研究吗？

韩秋红：我在《国外马克思主义研究的前提性问题》一文中从学科研究的角度对该问题有一定阐述，提到明晰学科边界意识作为展开交互性研究的前提。我们认为，马克思主义理论有马克思主义发展史的历史群，也有中国化马克思主义的中国群，还有国外马克思主义的世界群，这样的历史群像集合在马克思主义理论一级学科的大屋顶下，目的就是以历史为原点，以群为主体，以进一步深入阐释马克思主义思想理论为核心，以马克思主义在世界的发展为参照，结合中国社会发展的实际，发展中国化的马克思主义，实现马克思主义理论统一性与多样性的一致。因此，应坚持在马克思主义理论框架下展开国外马克思主义研究。尤其要求在马克思主义立场、观点、方法指导下，在中国化马克思主义和中国社会实践语境下，聚焦西方马克思主义现代性批判问题的再批判、再反思的思想性研究：一则强调理论层面的比较分析，即国外马克思主义研究需要马克思主义理论作为甄别和判断的尺度和标准；二则强调思想史层面的理论借鉴，即国外马克思主义研究需要在马克思主义发展史的轨迹中寻踪觅迹，探寻其在资本主义批判史中的独特作用；三则强调中国化层面的价值意义，即国外马克思主义研究更需要中国化马克思主义和中国社会实践作为话语背景，应在中国化马克思主义的思想框架中加以横向审视和把握。

对此，我在《国外马克思主义研究的学科意义、学术价值与话语创新》等文中进一步指出：国外马克思主义研究范式过去经历从"属性论范式"到"思想史范式"的转换，当代正面临着向为中国问题提供理论参考的"问题式范式"的历史性转换，在学术研究上要求用中国话语对中国方案的理论建构与解读。对此，国外马克思主义的思想资源、话语方式为当代中国马克思主义的发展提供有效经验，无论是概念范畴的具体应用、体现时代精神的问题意识、立足民族现实的主体自觉等方面，都有重要的启发性意义。凸显国外马克思主义研究的当代范式转型，及对加快构建中国特色哲学社会科学学科体系、学术体系、话语体系的重要意义与未来路向。在此认识上聚焦"国外马克思主义资本主义批判理论""21世纪世界马克思主义资本主义批判"等当代性话题，具有重要的理论意义与研究空间。

孙颖：您可以再谈谈如何具体理解从学术研究方面实现西方马克思主义现代性理论研究的特色与创新的方法吗？

韩秋红：我们知道，马克思主义的精髓要义之一在于方法，理论研究的思想性、深刻性取决于其在何种方法论结构中得出结论。正是在方法论的意义上反思如何以"史与论"的方法在国外马克思主义研究及其学科框架下聚焦西方马克思主义现代性理论研究。我们认为，国外马克思主义研究之所以能够发挥马克思主义理论学科在各二级学科的交融协同中实现整体发展与学术攻关，关键在于贯穿秉持着"史与论"的理论研究方法。这一方法既来源于西方马克思主义现代性批判的基本理路特征，也彰显着学界对国外马克思主义展开研究的基本运思路向，即坚定以马克思主义理论立场为主轴，以世界马克思主义思潮分析为逻辑主线。

历史性研究方法是西方马克思主义对马克思主义理论进行研究的首要方法，是西方马克思主义作为叙述者在讲述"马克思主义发展史"的"故事"中自觉展现出来的方法。西方马克思主义是在承接马克思主义现代性批判理论的语境下展开对西方社会的批判，是努力作为历史的再"叙述者"而讲历史的新故事。现代性批判构成西方马克思主义理论解释"马克思主义发展史"的基本框架。西方马克思主义在历史研究的基础上，以现代性批判的诠释路径向人们敞开了一种新的立论方式——把握历史意味着诠释理论和展望未来。西方马克思主义究其对现实问题的关注仍然在续写批判史和诠释史，其构成的自身发展的"历史"即便无法载入马克思主义发展史功勋标榜的史册，但能为其与马克思主义发展史的学科交融互动提供一些思想资源与视角启示。西方马克思主义研究的理论自觉集中体现在马克思主义理论学科内部之间相互关系的研究中：西方马克思主义研究在与马克思主义理论的勾连中，展开对马克思主义理论的诠释；在与马克思主义中国化的比照中，展现出的问题意识和运思路径为马克思主义中国化的深入发展能够提供一些借鉴；在与马克思主义发展史的靠拢中，对马克思主义的继承与背离需要我们去考量。

孙颖： 从您的表述中，能清楚地认识到您注重在整体性上展开比较分析与批判研思。您也提到，从"人物·思想·流派"的点位式解读向"主题—专题—课题"的谱系式研究的转向，正是您带领团队在国外马克思主义研究及西方马克思主义现代性理论研究方面做出的重要探索与特色致思路向。那么，您是如何带领团队在具体科研与教学工作中落实这一站位目标的呢？

韩秋红： 我们坚持科研与教学有机统一、协同创新的建设发展方式，集中教学资源，以科研带动教学，以教学助力科研；并积极创新探索个性化人才培养模式，提倡并落实本硕博联合培养机制，落实校部设立的第二导师聘任制，潜心培养学术型、复合型人才。充分彰显科研育人的价值所在。

一方面，建立吉林省人文社科重点研究基地——东北师范大学西方马克思主义现代性理论研究中心，严格按照马克思主义理论一级学科的整体部署和战略规划，全面加强与整体提升国外马克思主义研究二级学科的学术研究能力、团队整体能力、教学实践能力与社会发展影响力。以平台为依托，实现科研资源的有效整合与协同攻关实力，围绕西方马克思主义资本主义批判和现代性批判的主题，根据社会现实问题分设各专题，展开具体的课题研究，以问题研究的方式建构整个研究成果体系。

另一方面体现在具体的课程建设与教学实践中。以我们刚刚获得的首批国家级一流本科课程"国外马克思主义"为例。我们立足中国视域与坚持马克思主义的根基，在科研思路下形成教学设计，努力向"大思政"理念靠拢，实现"研学相长"，坚持思想性与历史性的统一、理论性与方法性的统一、学术性与政治性的统一，在教学实践中不断实现本质突破。如：将为思想政治教育专业与哲学专业本科生开设的"国外马克思主义"课程基本授课思路从"人物·流派·思想"到"问题—主题—专题"，并以融入理论专家教学讲座，汇集实践专家指导体验，网络课程互动联通为基本形式，完成"五位一体"升级，在专家团队的客座助力下打造"高阶一流"金课。课程内容围绕"西方马克思主义现代性理论"主题，针对异化问题、生态问题、女性问题、社会治理问题、空间问题等现代性问题，设"西方马克思主义现代性批判""法兰克福学派批判理论""生态学及马克思主义生态文明建设""西方马克思主义思想特质及其在当代中国的意义""当代西方激进左翼共产主义思潮""空间理论的现代性批判研究""21世纪世界马克思主义发展动态及趋势研究"等专题，通过知识讲授与理论反思引导学生在了解世界马克思主义发展动态、与之展开理论对话的同时，明确马克思主义的当代性和真理性，正确分析各思潮的社会背景与理论特质，提高对打着马克思旗号实则"非马克思"的甄别能力，批判与抵制腐朽文化，坚定"四个自信"。注重培养学生的历史思维、辩证思维、创新思维，在价值引领中有效实现课程思政建设。在严格按此教学设计执行教学实践的过程中，有效实现理论基础厚重性与立德树人根本性有机结合的课程思政目标。因此，该课程能够申获首批国家本科"线下一流"课程。同样按此思路，我们承担研究生专业课程，通过研学式、论坛式、实践式教学，为培养马克思主义理论学术研究后备人才提供支持。可以说，坚持科研与教学有机统一、协同创新的建设发展方式成为注重价值性研究特色的重要表征之一。

（该访谈由孙颖执笔）

主要参考文献

西 学 东 渐

王西清、庐梯青：《西学大成》，醉六堂书坊 1895 年版。

张荫桓：《西学富强丛书》，鸿文书局 1896 年版。

梁启超：《西政丛书》，慎记书庄 1897 年版。

胡兆鸾等：《西学通考》，上海书局 1901 年版。

袁清舫、晏海澜：《西学三通》，萃新书馆 1902 年版。

瞿世英：《西洋哲学的发展》，福州国光社 1930 年版。

何干之：《近代中国启蒙运动史》，生活书店 1938 年版。

侯外庐：《近代中国思想学说史》，生活书店 1947 年版。

吴泽：《康有为与梁启超》，上海华夏书店 1948 年版。

侯外庐：《中国思想通史》，人民出版社 1956 年版。

《蔡元培全集》，中华书局 1959 年版。

侯外庐：《中国近代哲学史》，人民出版社 1978 年版。

贺麟：《康德黑格尔哲学东渐记》，生活·读书·新知三联书店 1980 年版。

邝柏林：《康有为的哲学思想》，中国社会科学出版社 1980 年版。

孟祥才：《梁启超传》，北京出版社 1980 年版。

侯外庐：《中国思想史纲》，中国青年出版社 1981 年版。

《谭嗣同全集》，中华书局 1981 年版。

汤志钧：《康有为与戊戌变法》，中华书局 1984 年版。

容闳：《西学东渐记》，岳麓书社 1985 年版。

黄庆澄：《东游日记》，岳麓书社 1985 年版。

钟贤培：《康有为思想研究》，广东高等教育出版社 1985 年版。

齐思和：《魏源思想研究》，湖南人民出版社 1987 年版。

易升运：《西学东渐与自由意识》，湖南人民出版社 1988 年版。

陈崧：《五四前后东西文化问题论战文选》，中国社会科学出版社 1989 年版。

梁启超：《饮冰室合集》，中华书局 1989 年版。

刘桂生：《时代的错位与理论的选择——西方近代思潮与中国"五四"启蒙思想》，清华大学出版社 1989 年版。

汪澍白：《文化冲突中的抉择——中国近代人物的中西文化观》，湖南人民出版社 1989 年版。

吴剑杰：《中国近代思潮及其演进》，武汉大学出版社 1989 年版。

康有为：《诸天讲》，中华书局 1990 年版。

陈修斋：《西方哲学东渐史》，武汉出版社 1991 年版。

黄见德：《西方哲学东渐史：1840—1949》，武汉出版社 1991 年版。

李维武：《20 世纪中国哲学本体论问题》，湖南教育出版社 1991 年版。

薛化元：《晚清"中体西用"思想论》，稻乡出版社 1991 年版。

曾乐山：《中西哲学的融合——中国近代进化论的传播》，安徽人民出版社 1991 年版。

陈旭麓：《近代中国社会的新陈代谢》，上海人民出版社 1992 年版。

陈卫平：《第一页与胚胎》，上海人民出版社 1992 年版。

马勇：《近代中国文化诸问题》，上海人民出版社 1992 年版。

苏中立：《救国·启蒙·启示——严复和中西文化》，东北师范大学出版社 1992 年版。

唐明邦：《中国近代启蒙思潮》，江西人民出版社 1993 年版。

宝成关：《西方文化与中国社会——西学东渐史论》，吉林教育出版社 1994 年版。

王学典：《历史主义思潮的历史命运》，天津人民出版社 1994 年版。

熊月之：《西学东渐与晚清社会》，上海人民出版社 1994 年版。

朱维铮：《基督教与近代文化》，上海人民出版社 1994 年版。

丁伟志、陈崧：《中西体用之间》，中国社会科学出版社 1995 年版。

杨怀中、余振贵：《伊斯兰与中国文化》，宁夏人民出版社 1995 年版。

张灏：《梁启超与中国思想的过渡》，江苏人民出版社 1995 年版。

张世英：《天人之际——中西哲学的困惑与选择》，人民出版社 1995 年版。

王学典：《二十世纪后半期中国史学主潮》，山东大学出版社 1996 年版。

顾卫民：《基督教与近代中国社会》，上海人民出版社 1996 年版。

郭湛波：《近五十年中国思想史》，山东人民出版社 1997 年版。

钱穆：《中国近三百年学术史》，商务印书馆 1997 年版。

王国维：《王国维学术经典集》，江西人民出版社 1997 年版。

张全之：《突围与变革——二十世纪初期文化交流与中国文学变迁》，西北大学出版社 1997 年版。

黄见德：《20 世纪西方哲学东渐问题》，湖南教育出版社 1998 年版。

冯友兰：《中国现代哲学史》，广东人民出版社 1999 年版。

何兆武、陈启能：《西方近代社会思潮史》，山东教育出版社 1999 年版。

潘五田、陈永刚：《中西文献交流史》，北京图书馆出版社 1999 年版。

邢贲思：《中国哲学五十年》，辽海出版社 1999 年版。

方朝晖：《"中学"与"西学"：重新解读现代中国学术史》，河北大学出版社 2000 年版。

龚书铎：《中国近代文化概论》，中华书局 2000 年版。

王先明：《近代新学——中国传统学术文化的嬗变与重构》，商务印书馆 2000 年版。

周云芳：《西学东渐与东学西渐》，中国社会科学出版社 2000 年版。

钟叔河：《走向世界——近代中国知识分子考察西方的历史》，中华书局 2000 年版。

葛兆光：《中国思想史》，复旦大学出版社 2001 年版。

何兆武：《中西文化交流史论》，中国青年出版社 2001 年版。

沈定平：《明清之际中西文化交流史》，商务印书馆 2001 年版。

钟叔河：《从东方到西方——走向世界丛书叙论集》，岳麓书社 2002 年版。

杨寿堪、王成兵：《20 世纪西方哲学东渐史——实用主义在中国》，首都师范大学出版社 2002 年版。

胡军：《分析哲学在中国》，首都师范大学出版社 2002 年版。

郑匡民：《梁启超启蒙思想的东学背景》，上海书店出版社 2003 年版。

丁守和：《中国近代思潮论》，广东人民出版社 2003 年版。

李泽厚：《中国近代思想史论》，天津社会科学出版社 2003 年版。

周积明、郭莹：《中国早期现代化进程中的思潮和社会》，商务印书馆 2003 年版。

宝成关：《西潮与回应——近四百年思想嬗替研究》，吉林人民出版社 2004 年版。

马克锋：《文化思潮与近代中国》，光明日报出版社 2004 年版。

段琦：《奋进的历程——中国基督教的本色化》，商务印书馆 2004 年版。

李志军：《西学东渐与明清实学》，巴蜀书社 2004 年版。

苏中立、苏晖：《执中鉴西的经世致用与近代社会转型》，中华书局 2004 年版。

彭大成、韩秀珍：《魏源与西学东渐——中国走向近代化的艰难历程》，浙江大学出版社 2005 年版。

张世保：《西化思潮的源流与评价》，华东师范大学出版社 2005 年版。

黄见德：《西方哲学东渐史》，人民出版社 2006 年版。

张君劢：《民族复兴之学术基础》，中国人民大学出版社 2006 年版。

张君劢：《明日之中国文化》，中国人民大学出版社 2006 年版。

张君劢：《儒家哲学之复兴》，中国人民大学出版社 2006 年版。

龚鹏程：《近代思潮与人物》，中华书局 2007 年版。

高瑞泉：《中国近代社会思潮》，上海人民出版社 2007 年版。

黄见德：《西方哲学的传入与研究》，福建人民出版社 2007 年版。

赵敦华：《基督教哲学 1500 年》，人民出版社 2007 年版。

王中江：《20 世纪西方哲学东渐史：进化主义在中国》，首都师范大学出版社 2007 年版。

邹振环：《西方传教士与晚清西史东渐——以 1815 至 1900 年西方历史译著的传播与影响为中心》，上海古籍出版社 2007 年版。

尚智化：《传教士与西学东渐》，山西教育出版社 2008 年版。

高瑞泉：《思潮研究百年反思》，上海古籍出版社 2009 年版。

金冲及：《二十世纪中国史纲》，社会科学文献出版社 2009 年版。

郑匡民：《启蒙思想的东学背景》，上海书店出版社 2009 年版。

郭刚：《中国早期马克思主义的传播——梁启超与西学东渐》，人民出版社 2010 年版。

郑大华：《民国思想史论》，中国社会科学出版社 2010 年版。

邹振环：《晚明汉文西学经典：编译、诠释、流传与影响》，复旦大学出版社 2011 年版。

胡伟希：《中国本土化视野下的西方哲学》，首都师范大学出版社 2011 年版。

贺麟：《五十年来的中国哲学》，上海人民出版社 2012 年版。

梁启超：《论中国学术思想变迁之大势》，上海世纪出版集团 2012 年版。

黄克武：《近代中国的思潮与人物》，九州出版社 2013 年版。

黄与涛、王国荣：《明清之际西学文本——五十种重要文献汇编》，中华书局 2013 年版。

卓新平：《基督教与中国文化处境》，宗教文化出版社 2013 年版。

杨国强：《衰世与西法：晚清中国的旧邦新命和社会脱榫》，中华书局 2014 年版。

［日］森宏一：《近代唯物论》，寇松如译，进化书局 1937 年版。

［英］赫胥黎：《天演论》，严复译，商务印书馆 1981 年版。

［美］勒文森：《梁启超与中国近代思想》，刘伟等译，四川人民出版社 1986 年版。

［美］格里德：《胡适与中国的文艺复兴：中国革命中的自由主义》，鲁

奇译，江苏人民出版社 1993 年版。

［日］增田涉：《西学东渐与中国事情》，由其民、周启乾译，江苏人民出版社 2010 年版。

西 方 哲 学

刘伯明：《近代西洋哲学史大纲》，中华书局 1921 年版。

黄忏华：《西洋哲学史》，商务印书馆 1923 年版。

张东荪、姚璋：《近代西洋哲学史纲要》，中华书局 1925 年版。

王平陵：《西洋哲学概论》，泰东图书局 1928 年版。

谢颂羔：《西洋哲学 ABC》，世界书局 1928 年版。

艾思奇：《大众哲学》，人民出版社 1936 年版。

侯哲荞：《西洋哲学思想史论纲》，上海黎明书店 1948 年版。

常守义：《哲学史》，明德学院 1948 年版。

人民出版社资料室：《外国哲学、社会科学著作目录》，生活·读书·新知三联书店 1956 年版。

中共中央高级党校编：《哲学史参考资料》，东北师范大学教材教具科 1956 年版。

洪谦：《哲学史简编》，人民出版社 1957 年版。

李长之：《西洋哲学史》，正中书局 1958 年版。

政治教育系哲学教研所：《外国哲学史参考资料》，吉林师范大学 1964 年。

《哲学研究》编辑部：《外国自然科学哲学资料选集》第 1—8 辑，上海人民出版社 1965—1966 年版。

汪子嵩：《欧洲哲学史简编》，人民出版社 1972 年版。

汝信：《欧洲哲学简史上的先验论和人性论批判》，人民出版社 1974 年版。

刘世栓：《西欧哲学史讲话》，人民出版社 1974 年版。

北京大学《欧洲哲学史》编写组：《欧洲哲学史》，商务印书馆 1977

年版。

复旦大学哲学系外国哲学史教研室：《欧洲哲学史讲话》，上海人民出版社 1978 年版。

中国社会科学院哲学研究所西方哲学史研究室：《外国哲学史研究集刊（第一辑）》，上海人民出版社 1978 年版。

《哲学研究》编辑部：《外国哲学史论文集》，山东人民出版社 1979—1981 年版。

朱德生、李真：《简明欧洲哲学史》，人民出版社 1979 年版。

北京师范大学院校欧洲哲学史编写组：《欧洲哲学史》，广西人民出版社 1980 年版。

中国社会科学院哲学研究所西方哲学史研究室：《外国哲学史研究集刊》，上海人民出版社 1980—1984 年版。

北京大学哲学系外国哲学教研室：《西方哲学原著选读》，商务印书馆 1981 年版。

李志达：《欧洲哲学史》，中国人民大学出版社 1981 年版。

北京大学哲学研究所：《外国哲学资料》，商务印书馆 1982 年版。

欧洲哲学史编写组：《欧洲哲学史教程》，福建人民出版社 1983 年版。

陈修斋、杨祖陶：《欧洲哲学史稿》，湖北人民出版社 1987 年版。

全增嘏：《西方哲学史》，上海人民出版社 1983 年版。

洪耀勋：《西洋哲学史》，中国文化大学出版部 1983 年版。

汝信：《西方著名哲学家评传》，山东人民出版社 1984 年版。

文秉模：《欧洲哲学发展史》，重庆出版社 1984 年版。

陶银骠：《简明西方哲学辞典》，辽宁人民出版社 1985 年版。

丘振英：《西洋哲学史》，北京师范大学出版社 1986 年版。

张尚仁：《欧洲哲学史遍览》，江苏人民出版社 1986 年版。

马小彦：《欧洲哲学史辞典》，河南大学出版社 1986 年版。

黄澍霖：《欧洲哲学史简明教程》，山东人民出版社 1986 年版。

李武林等：《欧洲哲学范畴简史》，山东人民出版社 1986 年版。

谢庆绵：《西方哲学范畴史》，江西人民出版社 1987 年版。

张传有：《欧洲哲学史教学辅导提纲》，湖北人民出版社 1987 年版。

李武林：《西方哲学史教程》，山东大学出版社 1987 年版。

高清海：《西方哲学史百题探释》，福建人民出版社 1987 年版。

林树德：《西方哲学通史简编》，河南大学出版社 1987 年版。

李培湘、王浩吾：《西方哲学思想要义》，西南交通大学出版社 1988 年版。

陈乐民：《"欧洲观念"的历史哲学》，东方出版社 1988 年版。

任厚奎：《西方哲学概论》，四川大学出版社 1988 年版。

冒从虎：《欧洲哲学明星思想录》，中国青年出版社 1988 年版。

钱广华：《西方哲学发展史》，安徽人民出版社 1988 年版。

夏人龙：《欧洲哲学史》，东北财经大学出版社 1988 年版。

张宝印：《欧洲哲学史简明读本》，陕西人民出版社 1988 年版。

李志奎：《欧洲哲学史（上下）》，中国人民大学出版社 1988 年版。

于凤梧：《欧洲哲学史教程》，福建人民出版社 1989 年版。

李培湘：《西方哲学史纲要》，西南师范大学出版社 1989 年版。

陶济：《欧洲哲学史著名命题史话》，北京出版社 1989 年版。

霍方雷：《哲学史专题教程》，黑龙江科学技术出版社 1989 年版。

田崇勤：《简明西方哲学手册》，南京大学出版社 1989 年版。

盛晓明：《古今西方哲学教程》，浙江大学出版社 1989 年版。

蒋永福：《西方哲学（上下）》，中共中央党校出版社 1990 年版。

苗力田、李毓章：《西方哲学史新编》，人民出版社 1990 年版。

黄美来：《"哲人之石"探综：西方哲学命题史》，清华大学出版社 1990 年版。

高清海：《欧洲哲学史纲新编》，吉林人民出版社 1990 年版。

朱德生：《西方哲学名著菁华》，中国青年出版社 1991 年版。

褚朔维：《中外社会科学名著千种评要：西方哲学》，华夏出版社 1992 年版。

谭鑫田：《西方哲学词典》，山东人民出版社 1992 年版。

吴汝钧：《西洋哲学析论》，文津出版社 1992 年版。

俞吾金：《生存的困惑：西方哲学文化精神探要》，上海文化出版社 1993 年版。

刘清华、卜祥记主编：《欧洲哲学史教程》，首都师范大学出版社 1993年版。

谭鑫田、李武林：《西方哲学范畴理论》，山东大学出版社 1993 年版。

王致钦：《西方哲学范畴学》，经济科学出版社 1994 年版。

彭越、陈立胜：《西方哲学初步》，广东人民出版社 1996 年版。

颜玉强：《西方哲学画廊》，贵州人民出版社 1996 年版。

陈俊辉：《西洋哲学思想的古今》，水牛图书出版事业有限公司 1996年版。

黄见德：《西方哲学在当代中国》，华东理工大学出版社 1996 年版。

江怡：《走向新世纪的西方哲学》，中国社会科学出版社 1998 年版。

杨寿堪：《西方哲学十大名著导读》，北京师范大学出版社 1998 年版。

邹铁军：《〈西方哲学原著导读〉解义》，吉林大学出版社 1998 年版。

陈启伟：《西方哲学论集》，辽宁大学出版社 1998 年版。

楼宇烈、张西平：《中外哲学交流史》，湖南教育出版社 1998 年版。

杨芳：《精神的家园：西方哲学发展走向》，贵州人民出版社 1999年版。

温纯如：《西方哲学史上的真理观》，黑龙江人民出版社 1999 年版。

张志伟：《西方哲学问题研究》，人民出版社 1999 年版。

凌瑜郎：《西洋政治哲学史》，五南图书出版公司 2000 年版。

冯契、徐孝通：《外国哲学大辞典》，上海辞书出版社 2000 年版。

李平、徐文俊：《智慧之境：外国哲学研究》，广东人民出版社 2000年版。

赵敦华：《西方哲学简史》，北京大学出版社 2000 年版。

李朝东：《西方哲学思想》，甘肃人民出版社 2000 年版。

杨祖陶、邓晓芒：《康德三大批判精粹》，人民出版社 2001 年版。

汤用彤：《西方哲学讲义》，佛光文化事业公司 2001 年版。

严春友：《西方哲学新论》，中国社会科学出版社 2001 年版。

冒从虎：《欧洲哲学通史》，南开大学出版社 2002 年版。

黄颂杰：《西方哲学多维透视》，上海人民出版社 2002 年版。

赵敦华：《西方哲学的中国式解读》，黑龙江人民出版社 2002 年版。

全增嘏：《西洋哲学小史》，全国图书馆文献微缩中心 2002 年版。

赵敦华：《外国哲学》（第十五辑），商务印书馆 2002 年版。

张传开：《西方哲学通论》，安徽大学出版社 2003 年版。

刘学义：《西方哲学史稿》，甘肃人民出版社 2003 年版。

史明：《西洋哲学序说》，记忆工程股份有限公司 2003 年版。

韩东晖：《智慧的探险：西方哲学史话》，中国人民大学出版社 2003 年版。

叶秀山：《哲学作为创造性的智慧：叶秀山西方哲学论集》，江苏人民出版社 2003 年版。

张志伟：《西方哲学十五讲》，北京大学出版社 2004 年版。

杨芳：《西方哲学精神探寻》，贵州人民出版社 2004 年版。

刘绍航、刘绍坤：《西方哲学散步》，黑龙江人民出版社 2004 年版。

叶秀山、王树人：《西方哲学史》（学术版），凤凰出版社 2004 年版。

张志伟：《写给大众的西方哲学》，中国人民大学出版社 2004 年版。

高宣扬：《当代法国哲学导论（全二卷）》，同济大学出版社 2004 年版。

张志伟：《西方哲学导论》，首都经贸大学出版社 2005 年版。

刘放桐、俞吾金：《西方哲学通史》，人民出版社 2005 年版。

张祥龙：《西方哲学笔记》，北京大学出版社 2005 年版。

邓晓芒、赵林：《西方哲学史》，高等教育出版社 2005 年版。

宗白华：《西洋哲学史》，江苏教育出版社 2005 年版。

雷红霞：《西方哲学中人学思想研究》，湖北人民出版社 2005 年版。

王华：《见证永恒：西方哲学经典著作拾零》，山东大学出版社 2005 年版。

张世保：《西化思潮的源流与评价》，华东师范大学出版社 2005 年版。

高宣扬：《当代法国思想五十年》（上下册），中国人民大学出版社 2005 年版。

韩震：《西方哲学概论》，北京师范大学出版社 2006 年版。

陈佩雄：《西方哲学史》，吉林音像出版社 2006 年版。

詹文浒：《西洋哲学讲话》，全国图书馆文献微缩中心 2006 年版。

包利民：《西方哲学史：基础文献选读》，浙江大学出版社 2007 年版。

杜志清：《西方哲学史》，高等教育出版社 2007 年版。

赵敦华：《西方哲学经典讲演录》，广西师范大学出版社 2007 年版。

方朝晖：《思辨之神：西方哲学思潮选讲》，复旦大学出版社 2007 年版。

高宣扬：《德国哲学通史》，同济大学出版社 2007 年版。

黄见德：《西方哲学的传入与研究》，福建人民出版社 2007 年版。

孙东荪：《西洋哲学：孙东荪讲西洋哲学》，东方出版社 2007 年版。

陆敬忠：《西洋哲学导论：哲思核心理念生成发展史》，洪叶文化事业有限公司 2007 年版。

傅佩荣：《西方哲学与人生》，上海三联书店 2007 年版。

张志平：《西方哲学十二讲》，重庆出版社 2008 年版。

冯契：《外国哲学大辞典》，上海辞书出版社 2008 年版。

李国山：《欧美哲学通史精编本》，南开大学出版社 2008 年版。

曾志：《西方哲学导论》，中国人民大学出版社 2008 年版。

严春友：《西方哲学名著导读》，清华大学出版社有限公司 2008 年版。

刘立群：《超越西方思想：哲学研究核心领域新探》，社会科学文献出版社 2008 年版。

冯俊：《从现代走向后现代：以法国哲学为重点的西方哲学研究》，北京师范大学出版社 2008 年版。

马采、陈云：《世界哲学史年表》，华夏出版社 2009 年版。

陈嘉明：《西方哲学方法论讲演录》，广西师范大学出版社 2009 年版。

张志伟、欧阳谦：《西方哲学智慧》，中国人民大学出版社 2009 年版。

赵林：《西方哲学史讲演录》，高等教育出版社 2009 年版。

沈湘平、万琴：《走进西方哲学》，中国社会出版社 2009 年版。

贺费、张严、唐玉屏：《世界哲学简史》，社会科学文献出版社 2010 年版。

何兆武：《西方哲学精神》，清华大学出版社 2010 年版。

张志扬：《偶在论谱系：西方哲学中的"阴影之谷"》，复旦大学出版社 2010 年版。

徐英瑾：《西方哲学词汇手册》，北京大学出版社 2010 年版。

韩秋红、史巍：《西方哲学的人文精神》，人民出版社 2010 年版。

张世英：《中国大百科全书专家文库——西方哲学史》，中国大百科全书出版社 2010 年版。

高宣扬：《欧洲评论》，同济大学出版社 2010 年版。

张一兵：《欧洲思想文化之哲学研究》，中国大百科全书出版社 2010 年版。

王干才：《西方哲学讲演集》，中央编译出版社 2011 年版。

罗斌：《世界哲学史》，北京燕山出版社 2011 年版。

王路：《读不懂的西方哲学》，北京大学出版社 2011 年版。

高宣扬：《德国哲学概观》，北京大学出版社 2011 年版。

杨适：《哲学的童年：西方哲学发展线索研究》，中国社会科学出版社 2011 年版。

韩震、韩秋红、金延、李红：《西方哲学史》，北京师范大学出版社 2012 年版。

尚墨：《图解西方哲学故事》，西苑出版社 2012 年版。

王丹：《西方哲学史简明教程》，大连海事大学出版社 2012 年版。

高宣扬：《欧洲评论·2013》（春），人民出版社 2013 年版。

高宣扬：《欧洲评论·2013》（秋），人民出版社 2013 年版。

高宣扬：《欧洲评论·2014》（春），人民出版社 2014 年版。

梁启超：《欧游心影录》，商务印书馆 2014 年版。

高宣扬：《欧洲评论·2014》（秋），人民出版社 2015 年版。

高宣扬：《欧洲评论·2015》（秋），人民出版社 2015 年版。

朱刚：《多元与无端：列维纳斯对西方哲学中一元开端论的解构》，江苏出版社 2016 年版。

高宣扬：《法兰西思想评论·2015》（秋），人民出版社 2016 年版。

高宣扬：《法兰西思想评论·2017》（春），人民出版社 2018 年版。

高宣扬：《德国哲学的发展》，上海交通大学出版社 2020 年版。

［美］杜威：《哲学史》，刘伯明译，泰东图书局 1921 年版。

［苏］薛格洛夫：《西洋哲学史简编》，王子野译，东北书店 1947 年版。

［苏］日丹诺夫：《论哲学史诸问题及目前哲学战线的任务》，李立三

译，华北新华书店 1948 年版。

〔苏〕日丹诺夫：《苏联哲学问题：日丹诺夫在"西方哲学史"讨论上的发言》，李立三译，晋察冀新华书店 1948 年版。

〔苏〕明诺夫：《日丹诺夫同志关于西方哲学史的发言》，李立三译，东北书店 1948 年版。

〔苏〕亚历山大洛夫：《新编哲学史》，王子野译，人民出版社 1951 年版。

〔苏〕日丹诺夫：《日丹诺夫在关于亚历山大洛夫著"西欧哲学史"一书讨论会上的发言》，李立三译，人民出版社 1954 年版。

苏联科学院哲学研究所：《苏联各民族的哲学与社会政治思想史》，周邦立译，北极科学出版社 1959 年版。

〔苏〕凯列：《外国哲学史讲义》，中国人民大学哲学系哲学史教研室译，中国人民大学出版社 1959 年版。

〔苏〕敦尼克：《哲学史：欧洲哲学史部分》，生活·读书·新知三联书店 1972 年版。

〔德〕布鲁格：《西洋哲学辞典》，国立编译馆 1976 年版。

〔美〕梯利：《西方哲学史》（上下），葛力译，商务印书馆 1979 年版。

〔英〕罗素：《西方哲学史》，何兆武、李约瑟译，商务印书馆 1981 年版。

〔美〕威尔·杜兰：《西方哲学史话》，杨荫鸿、杨荫渭译，书目文献出版社 1989 年版。

〔苏〕亚历山大洛夫：《西欧哲学史》，王永江等译，商务印书馆 1989 年版。

〔英〕罗素：《西方的智慧：西方哲学在它的社会和政治背景中的历史考察》，瞿铁鹏译，上海人民出版社 1992 年版。

〔德〕文德尔班：《哲学史教程（上下）》，罗达仁译，商务印书馆 1997 年版。

〔英〕罗素：《哲学问题》，何兆武译，商务印书馆 1999 年版。

〔英〕安东尼·弗卢：《西方哲学讲演录》，李超杰译，商务印书馆 2000 年版。

［日］大成信哉：《图解哲学入门：有趣的西洋哲学》，李湘平译，台北究竟出版社股份有限公司2004年版。

［挪］希尔贝克：《西方哲学史：从古希腊到二十世纪》，伊耶、童世骏译，上海译文出版社2004年版。

［德］摩根士特恩：《哲学史思路：穿越两千年的欧洲思想史》，罗伯特·奇摩尔、唐陈译，雅书堂文化事业有限公司2005年版。

［美］奥康诺：《批评的西方哲学史》，洪汉鼎译，东方出版社2005年版。

［美］斯通普夫、菲泽：《西方哲学史》，中华书局2005年版。

［法］基佐：《欧洲文明史》，程洪逵译，商务印书馆2005年版。

［英］肯尼：《牛津西方哲学史》，韩东晖译，中国人民大学出版社2006年版。

［美］斯通普夫、菲泽：《西方哲学史：从苏格拉底到萨特及其后》，北京大学出版社2006年版。

［德］汉斯·约阿希姆·施杜里希：《世界哲学史》，吕叔君译，山东画报出版社2006年版。

［德］威伯尔：《欧洲哲学史》，徐炳昶译，全国图书馆文献微缩中心2006年版。

［德］艾尔弗雷德·韦伯：《西洋哲学史》，詹文浒译，华东师范大学出版社2007年版。

［美］马尔文：《欧洲哲学史》，傅子东译，全国图书馆文献微缩中心2007年版。

［美］帕尔玛：《西方哲学导论：中心保持不变吗?》，杨洋译，上海社会科学院出版社有限公司2009年版。

［美］威尔·杜兰特：《西方哲学的历程》，江西高校出版社2009年版。

［英］帕金森、［加］杉克尔：《劳特利奇哲学史》，孙毅等译，中国人民大学出版社2009年版。

［英］安东尼·肯尼：《牛津西方哲学史》，吉林出版集团有限责任公司2010年版。

［法］哈列维：《哲学激进主义的兴起——从苏格兰启蒙运动到功利主

义（上下）》，曹海军等译，吉林人民出版社 2011 年版。

现代西方哲学

中国科学院：《现代外国资产阶级哲学资料》，中国科学院哲学研究所 1960—1962 年版。

刘放桐：《现代西方哲学》，人民出版社 1981 年版。

中国现代外国哲学研究会：《现代外国哲学论集》，生活·读书·新知三联书店 1980 年版。

全国现代外国哲学研究会：《现代外国哲学论文集》，商务印书馆 1982 年版。

王守昌、车铭洲：《现代西方哲学概论》，商务印书馆 1983 年版。

夏基松：《当代西方哲学》，黑龙江人民出版社 1983 年版。

贺麟：《现代西方哲学讲演集》，上海人民出版社 1984 年版。

葛力：《现代外国哲学》，山西人民出版社 1984 年版。

《复旦学报》编辑部：《现代西方哲学思潮评介》，复旦大学出版社 1984 年版。

王克千、欧力：《现代西方哲学流派》，中国青年出版社 1983 年版。

中国现代外国哲学学会：《现代外国哲学》第 3—9 辑，人民出版社 1983—1986 年版。

车铭洲：《现代西方五大哲学思潮》，工人出版社 1985 年版。

刘放桐：《现代西方哲学述评》，人民出版社 1985 年版。

腾云起：《现代西方哲学思潮评介》，解放军出版社 1985 年版。

夏基松：《现代西方哲学教程》，上海人民出版社 1985 年版。

邬君如：《现代哲学趣谈》，东大图书公司 1985 年版。

夏基松、褚平：《现代西方哲学纲要》，江苏人民出版社 1986 年版。

赵修义、戚文藻、邓遇芳：《现代西方哲学纲要》，华东师范大学出版社 1986 年版。

李步楼：《现代西方哲学思潮》，华夏出版社 1986 年版。

罗克订:《现代西方哲学论集》,广东人民出版社 1986 年版。

郑杭生:《当代西方哲学思潮概要》,中国人民大学出版社 1987 年版。

朱新民:《现代西方哲学逻辑》,复旦大学出版社 1987 年版。

陶银骠、邹铁军、朱铁生:《当代西方哲学思潮述评》,吉林人民出版社 1987 年版。

尹全忠:《现代西方哲学简明教程》,湖北人民出版社 1987 年版。

夏基松:《现代西方哲学辞典》,安徽人民出版社 1987 年版。

韩毅:《当代西方哲学思潮》,海军出版社 1988 年版。

车铭洲:《现代西方哲学源流》,天津教育出版社 1988 年版。

岳长玲、于东红:《当代西方哲学评价》,求实出版社 1988 年版。

蒋文彩:《现代西方哲学 100 题》,天津人民出版社 1988 年版。

吴木:《现代西方哲学专题讲座》,山西人民教育出版社 1988 年版。

曹耕心:《现代西方哲学评介简明教程》,陕西人民出版社 1988 年版。

朱庆祚:《现代西方哲学简编》,上海社会科学院出版社 1988 年版。

夏基松、戴文麟:《现代西方哲学流派评述》,上海人民出版社 1988 年版。

冉有聘、鞠天雄:《现代西方哲学简明教程》,南京大学出版社 1988 年版。

郑杭生:《现代西方哲学主流流派》,中国人民大学出版社 1988 年版。

郦达夫:《现代西方哲学主流流派》,外语教育与研究出版社 1988 年版。

车铭洲、王元明:《现代西方的时代精神》,中国青年出版社 1988 年版。

俞吾金:《问题域外的问题:现代西方哲学方法论探要》,上海人民出版社 1988 年版。

陶银骠:《现代西方哲学引论》,辽宁大学出版社 1989 年版。

骆天银:《当代西方哲学思潮评介》,成都电讯工程学院出版社 1989 年版。

吴锦琴、邓承航:《现代西方哲学教程》,华中师范大学出版社 1989 年版。

汪永康、孙佩贞：《现代西方哲学评介》，云南教育出版社 1989 年版。

谢庆绵：《现代西方哲学评介》，厦门大学出版社 1989 年版。

孙翠宝：《智者的思路：二十世纪西方哲学思维方式》，复旦大学出版社 1989 年版。

宗文举：《现代西方哲学导论》，天津人民出版社 1989 年版。

黄美来：《现代西方哲学思潮述评》，清华大学出版社 1990 年版。

程宜山：《当代西方哲学思潮评介》，蓝天出版社 1990 年版。

刘景泉：《从康德到叔本华》，广州文化出版社 1990 年版。

葛力：《现代西方哲学辞典》，求实出版社 1990 年版。

解战原、胡明：《现代西方哲学思潮述评》，中国政法大学出版社 1991 年版。

赵光辉：《现代西方哲学概要》，吉林大学出版社 1991 年版。

邹铁军：《现代西方哲学：20 世纪西方哲学述评》，吉林大学出版社 1991 年版。

徐圻：《现代西方哲学思潮评介》，贵州教育出版社 1991 年版。

李士坤：《现代西方哲学思潮批判》，福建教育出版社 1991 年版。

涂彦群、刘吉荣：《现代西方哲学的影响与批判》，武汉出版社 1991 年版。

陈嘉明：《当代西方哲学方法论与社会科学》，厦门大学出版社 1991 年版。

袁义江：《现代西方哲学》，兰州大学出版社 1992 年版。

涂继亮：《现代西方哲学》，重庆出版社 1992 年版。

陈启伟：《现代西方哲学论著选读》，北京大学出版社 1992 年版。

甄庆荣：《现代西方哲学思潮探析》，大连海运学院出版社 1992 年版。

张明、元子杰：《现代西方哲学探析》，石油大学出版社 1992 年版。

韩秋红：《现代西方哲学思潮举要》，吉林教育出版社 1993 年版。

洪谦：《现代西方哲学论著选集》，商务印书馆 1993 年版。

王晓朝：《裂变的烦虑：当代西方哲学精华》，上海文化出版社 1993 年版。

赵修义、童世骏：《马克思恩格斯同时代的西方哲学——以问题为中心的断代哲学史》，华东师范大学出版社 1994 年版。

李幼蒸：《结构与意义：现代西方哲学论集》，联经出版事业公司 1994 年版。

车铭洲等：《现代哲学思潮与青年思想教育》，高等教育出版社 1994 年版。

马毅：《现代西方哲学概述》，吉林大学出版社 1995 年版。

薛文华：《现代西方哲学评介》，高等教育出版社 1995 年版。

杨振贤：《现代西方哲学概论》，厦门大学出版社 1995 年版。

濮良贤：《现代西方哲学三大思潮述评》，新疆人民出版社 1995 年版。

钱广华：《现代西方哲学评析》，安徽大学出版社 1996 年版。

于明松：《现代西方哲学》，经济科学出版社 1996 年版。

夏基松：《现代西方哲学教程新编》，高等教育出版社 1998 年版。

闵鹤翔：《现代西方哲学述评》，天津人民出版社 1998 年版。

赵修渝：《当代西方哲学思潮与当代中国大学生》，重庆大学出版社 1998 年版。

江怡：《走进新世纪的西方哲学》，中国社会科学出版社 1998 年版。

黄颂杰：《二十世纪哲学经典文本》，复旦大学出版社 1999 年版。

陆茵、张群峰：《现代西方哲学流派》，山东大学出版社 1999 年版。

汪江、刘凌锋：《现代西方哲学思潮选论》，辽宁大学出版社 1999 年版。

文聘元：《当代西方哲学画廊》，鹭江出版社 1999 年版。

姚大志：《现代之后：20 世纪晚期西方哲学》，东方出版社 2000 年版。

赵敦华：《现代西方哲学新编》，北京大学出版社 2000 年版。

刘放桐：《21 世纪新编现代西方哲学》，人民出版社 2000 年版。

杨祯钦：《当代西方哲学思想述评》，广西师范大学出版社 2000 年版。

车铭洲：《现代西方思潮概论》，高等教育出版社 2001 年版。

关春玲：《当代西方哲学思潮》，东北林业大学出版社 2001 年版。

胡明：《现代西方哲学》，山西人民出版社 2001 年版。

范汉森：《当代西方哲学思潮》，甘肃人民出版社 2001 年版。

邹铁军：《现代西方哲学》，吉林大学出版社 2001 年版。

郭庆堂、孟伟、丁祖豪：《20世纪西方哲学在中国》，中国矿业大学出版社2002年版。

韩震：《现代西方哲学（专升本）》，高等教育出版社2002年版。

吴连连：《现代西方哲学与社会思潮述评》，武汉理工大学出版社2002年版。

程志民、江怡：《当代西方哲学新词典》，吉林人民出版社2003年版。

马抗美：《现代西方哲学评介》，中国政法大学出版社2003年版。

周宏：《现代西方哲学论略》，苏州大学出版社2003年版。

常健、李国山：《欧美哲学通史：现代哲学卷》，南开大学出版社2003年版。

张汝伦：《现代西方哲学十五讲》，北京大学出版社2004年版。

尚伟：《现代西方哲学简明教程》，解放军出版社2004年版。

支运春：《现代西方哲学八大思潮评析》，重庆出版社2004年版。

邓康宁：《现代西方哲学思潮评述》，中国农业大学出版社2004年版。

张庆雄、周林东、徐英瑾：《二十世纪英美哲学》，人民出版社2005年版。

李汉民：《现代西方哲学概要》，广东高等教育出版社2005年版。

张祥龙：《当代西方哲学笔记》，北京大学出版社2005年版。

文聘元：《现代西方哲学的故事》，百花文艺出版社2005年版。

庞学栓、杨大春、黄华新：《二十世纪西方哲学的分化与会通》，浙江大学出版社2005年版。

夏基松：《现代西方哲学》，上海人民出版社2006年版。

张之沧、林丹：《当代西方哲学》，人民出版社2007年版。

复旦大学现代哲学研究所、中国现代外国哲学学会：《现代外国哲学》，人民出版社2007年版。

黄颂杰等：《现代西方哲学辞典》，上海辞书出版社2007年版。

韩秋红、庞立生、王艳华：《西方哲学的现代转向》，吉林人民出版社2007年版。

单纯：《现代西方哲学中的启蒙思想》，中共中央党校出版社2007年版。

王蓉拉：《当代西方哲学综述：评析马克思主义与当代西方哲学的相互关系》，上海学林出版社 2008 年版。

韩震、李红、田平、王成兵：《现代西方哲学经典著作选读（英文版）》，北京师范大学出版社 2008 年版。

江怡：《当代西方哲学演变史》，人民出版社 2009 年版。

刘放桐：《西方近现代过渡时期哲学：哲学史上的革命变革与现代转型》，人民出版社 2009 年版。

陈嘉明：《现代西方哲学方法论讲演录》，广西师范大学出版社 2009 年版。

李超杰：《现代西方哲学的精神》，商务印书馆 2009 年版。

谢劲松：《20 世纪的西方哲学》，武汉大学出版社 2009 年版。

孙周兴：《后哲学的哲学问题》，商务印书馆 2009 年版。

韩秋红、王艳华、庞立生：《现代西方哲学概论》，北京大学出版社 2010 年版。

洪汉鼎：《当代西方哲学两大思潮》，商务印书馆 2010 年版。

陶秀璈、包也和：《马克思主义哲学与近现代西方哲学原著选读与解读》，北京研究出版社 2010 年版。

涂继亮：《现代西方哲学研究》，社会科学文献出版社 2010 年版。

李朝东、姜宗强：《现代西方哲学思潮》，高等教育出版社 2011 年版。

［德］施太格缪勒：《当代哲学主流（上卷）》，王炳文、燕宏远、张金言译，商务印书馆 1986 年版。

［英］艾耶尔：《二十世纪哲学》，李步楼译，上海译文出版社 1987 年版。

［英］莱西：《现代西方哲学导论》，杨祯钦译，广西师范大学出版社 1991 年版。

［苏］列克托尔斯基：《现代西方哲学辞典》，贾泽林译，东方出版社 1995 年版。

［美］洛克摩尔：《在康德的唤醒下——20 世纪西方哲学》，徐向东译，北京大学出版社 2010 年版。

［英］托马斯·鲍德温：《剑桥哲学史：1870—1945》，周晓亮译，中国

社会科学出版社 2011 年版。

中 西 对 话

徐崇温：《用马克思主义评析西方思潮》，重庆出版社 1990 年版。

曾乐山：《中西哲学的融合：中国近代进化论的传播》，安徽人民出版社 1991 年版。

赵庆麟：《融通中西哲学的王国维》，上海社会科学院出版社 1992 年版。

赵德志：《现代新儒家与西方哲学》，辽宁大学出版社 1994 年版。

王森洋：《东西哲学比较研究》，上海教育出版社 1994 年版。

谢龙：《中西哲学与文化比较新论》，人民出版社 1995 年版。

张世英：《天人之际——中西哲学的困惑与选择》，人民出版社 1995 年版。

成中英：《论中西哲学精神》，东方出版中心 1996 年版。

张全新：《中西哲学方法史研究》，中国人事出版社 1996 年版。

王善博：《追求科学精神：中西科学比较与融通的哲学透视》，广西人民出版社 1996 年版。

林可济：《中西哲学源流》，福建教育出版社 1997 年版。

张再林：《中西哲学比较论》，西北大学出版社 1998 年版。

蒋永福、吴可、岳长龄：《东西方哲学大辞典》，江西人民出版社 2000 年版。

张西平：《中国与欧洲早期宗教和哲学交流史》，东方出版社 2001 年版。

姚新中、焦国成：《中西方人生哲学比论》，中国人民大学出版社 2001 年版。

李杜：《中西哲学思想中的天道与上帝》，蓝灯出版社 2001 年版。

牟博：《中西哲学比较卷——留美哲学博士文选》，商务印书馆 2002 年版。

冯沪祥：《中西生死哲学》，北京大学出版社 2002 年版。

张汝伦：《诗的哲学史：张东荪咏西哲诗本事注》，广西师范大学出版社 2002 年版。

韩钟文：《儒学与西方哲学》，中华书局 2003 年版。

丁子江：《思贯中西：丁子江哲学思考》，中国工人出版社 2003 年版。

曾志：《哲学引论：中西哲学基础问题举要》，中央广播电视大学出版社 2003 年版。

杜小真：《远去与归来：希腊与中国的对话》，中国人民大学出版社 2004 年版。

梁漱溟：《东西文化及其哲学》，商务印书馆 2004 年版。

张再林：《中西哲学的歧异与会通》，人民出版社 2004 年版。

高旭东：《中西文学与哲学宗教：兼评刘小枫以基督教对中国人的归化》，北京大学出版社 2004 年版。

薛广洲：《毛泽东与中西哲学融合》，人民出版社 2004 年版。

李晨阳：《道与西方的相遇：中西比较哲学研究重要问题研究》，中国人民大学出版社 2005 年版。

黄继豪：《中西哲学关系论》，上海辞书出版社 2005 年版。

俞宜孟：《探根寻源：新一轮中西哲学比较研究论集》，上海译文出版社 2005 年版。

成中英：《从中西互释中挺立：中国哲学与中国文化的新定位》，中国人民大学出版社 2005 年版。

韩震：《新时期中西哲学大论辩》，百花文艺出版社 2006 年版。

王兴国：《契接中西哲学之主流：牟宗三哲学思想渊源探要》，光明日报出版社 2006 年版。

赵敦华：《回到思想的本源：中西哲学与马克思哲学的对话》，北京师范大学出版社 2006 年版。

张维祥：《中西哲学及其思维方式比较》，国防大学出版社 2006 年版。

王寅：《中西语义理论对比研究初探——基于体验哲学和认知语言学的思考》，高等教育出版社 2007 年版。

王尔敏：《晚清政治思想史论》，广西师范大学出版社 2007 年版。

程石泉：《中西哲学合论：程石泉哲学论集》，上海古籍出版社 2007 年版。

赵艳茹：《中西哲人智慧》，哈尔滨工程大学出版社 2007 年版。

路献琴：《分歧、冲突、融合：中西哲学走向研究》，新华出版社 2007 年版。

张汝伦：《中西哲学十五讲》，上海书店出版社 2008 年版。

牟宗三：《中西哲学汇通十四讲》，上海古籍出版社 2008 年版。

牟宗三、蔡仁厚：《人文讲习录：中西哲学的会通》，广西师范大学出版社 2008 年版。

龚建平：《中西哲学文献解读》，中国社会科学出版社 2008 年版。

张周志：《全球化视域的中西哲学思维方式会通》，陕西人民出版社 2008 年版。

宛小平：《方东美与中西哲学》，安徽大学出版社 2008 年版。

陶秀璈：《儒家哲学和西方哲学：它们的历史命运和当代相会》，中国社会出版社 2009 年版。

冯友兰：《中西哲学小史》，北京大学出版社 2009 年版。

白彤东：《旧邦新命：古今中西参照下的古典儒家政治哲学》，北京大学出版社 2009 年版。

杨国荣：《分析哲学与中西之学》，华东师范大学出版社 2009 年版。

胡娟、唐莉萍、敖素：《中西哲学智慧》，贵州大学出版社 2009 年版。

张西平：《丝绸之路中国与欧洲宗教哲学交流研究》，新疆人民出版社 2010 年版。

武敬东、刘云卿、郭美华：《对话：东西方哲学》，上海三联书店 2010 年版。

林可济：《"天人合一"与"主客二分"——中西哲学比较的重要视角》，社会科学文献出版社 2010 年版。

孙利天：《让马克思主义哲学说中国话》，武汉大学出版社 2010 年版。

邵显侠、陈真：《荣辱思想的中西哲学基础研究》，人民出版社 2010 年版。

启良：《神圣之间：中西政治哲学比较研究》，湘潭大学出版社 2010

年版。

刘然、王晓红、邵士庆编著：《中西哲学概论》，黑龙江人民出版社2010年版。

赵敦华：《马克思主义哲学创新研究：中西哲学的当代研究与马克思主义哲学创新》，人民出版社2011年版。

张祥龙：《德国哲学、德国文化与中国哲理（现当代）》，上海外语教育出版社2012年版。

胡骄平、刘伟：《中西哲学入门》，国防工业出版社2012年版。

黄平：《中国"哲学"与西方哲学致思趣向歧异》，鹭江出版社2012年版。

冯友兰：《英汉中国哲学简史》，江苏出版社2012年版。

王一川等：《西方文论中国化与中国文论建设》，经济科学出版社2012年版。

张世英著、高宣扬编：《美在自由：中欧美学思想比较研究》，人民出版社2012年版。

余志民：《中西哲学略述》，宗教文化出版社2013年版。

冯治库：《无之基本问题——中西哲学对无的辨析》，人民出版社2013年版。

余治平、周明俊主编：《中西哲学论衡》，中西书局2013—2017年版。

郭继民：《庄子哲学的后现代解读：从中西哲学会通的角度》，巴蜀书社2013年版。

曾文雄：《哲学维度的中西翻译学比较研究》，科学出版社2013年版。

李元：《碰撞与创新——中西哲学特色比较研究》，上海社会科学院出版社2013年版。

许苏民：《中西哲学比较研究史》，南京大学出版社2014年版。

王斐弘：《治法与治道：中西哲思之源文丛》，厦门大学出版社2014年版。

高亮之：《中西智慧的交融：中西哲学综合论》，浙江大学出版社2015年版。

皇甫晓涛：《艺术科学论：从艺术哲学到艺术科学的中西审美文化诗学

的比较研究》，光明日报出版社 2016 年版。

　　林可济：《中西哲学散论（2015—2018）》，福建人民出版社 2019 年版。

　　李晨阳：《比较的时代：中西视野中的儒家哲学前沿问题》，中国社会科学出版社 2019 年版。

　　朱光亚、黄蕾：《从传统到现代：中西哲学的当代叙事》，社会科学文献出版社 2019 年版。

　　邓晓芒：《中西哲学三棱镜》，天津人民出版社 2020 年版。

　　张世英：《中西哲学对话：不同而相通》，东方出版中心 2020 年版。

　　宋荣培：《东西哲学的交汇与思维方式的差异》，朴光海译，河北人民出版社 2006 年版。

　　成中英：《世纪之交的抉择——论中西哲学的会通与融合》，中国人民大学出版社 2017 年版。

索　引

后　记

　　书稿的写作大体告一段落，这是系统反思个体思考经历和研究经历的最好时机。这部作品是我所主持的国家社科基金重大项目"西方哲学中国化的历程与经验教训研究"（12&ZD121）的结项成果，凝结着我对这一问题横贯十余年的研究思考与认真关注。21世纪以来，这些年的变化为我们反思这一问题提供了最为迫切的现实要求。记得参加北京大学哲学百年庆典时，人们谈及的哲学百年就是人们以哲学追问现实的百年，就是理论观照现实的百年，更是中国人在哲学探讨和哲学研究中不忘本来、吸收外来、面向未来的百年。在这百余年中，西方哲学究竟在当代中国哲学形态的样态、架势、气派的形成中起到了什么样的作用，又是如何作用于中国的社会现实而产生了具有中国特色的新西方哲学形态，对这一过程的总结正是当今我们如何在全球化语境中、在中国日益走近世界舞台中央的条件下，审视中西方哲学乃至文化关系的基础性和前提性问题。哲学是时代最强烈的呼声，对哲学的反思也必须应时代的需要而不断展开。

　　通过研究发现，我国的西方哲学研究无论是自身的进一步深化发展与深入拓展，还是从更加丰富、更加充分发挥对马克思主义哲学可能起到的积极作用而言，都在百年的发展中，特别在新时代有很好的自我彰显：体现在西方哲学的研究进入到一个与马克思主义哲学研究相结合的新样态，以马克思主义哲学及其中国化为基底研究西方哲学在中国，发现西方哲学中国化新气派；表现为在中国的西方哲学特别是对西方哲学进行研究的研究者们，已经具备了用中国人的眼光审视西方哲学、用中国人的思维考量西方哲学、用中国人的话语诠释西方哲学的新架势；凸显出中国研究者主体性立场之鲜明、主人翁意识之自觉、主题式研究之特色的新创造——西方哲学中国化。故此，以历史与逻辑相结合为研究方法，以历史性思想与思想性历史（孙正聿语）相统一为研究范式，以马克思主义中国化为研究立场，努力界定"西方哲学中国化"这一概念命题，深入探讨西学东渐以来西方哲学在中国的历史进程、范式嬗递、内在逻辑、思想基础及其何以可能的根据，提炼西方哲学中国化历程中彰显的主体精神、传递的价值旨归及其经验教训与未来启示，成为我们研究西方哲学中国化这一重大问题的研究方法与研究思路。同时，重审晚清以来引进西方哲学的处境与历程，发现中国人研究西方哲学的主动意识越发明确，研究西方哲学的目的（为我所用）越发明晰，而不断实现将西方哲学"转基因"入中国本土文化，生成"中国的西方哲学"转变的路径越发明了，成为我们研究西方哲学中国化的"史前史"不可或缺的重要的历史前提与逻辑基础。我们才能提出经历了将西方哲学视为"哲学史就是哲学""哲学史就是认识史""哲学史就是哲学思想理论创新的发展史"核心命题的三跃迁，和伴随之形成的"传统知识型""文化比较型""当代阐释型"的三部曲，体现出"西方哲学在中国"转向"西方哲学中国化"的理论自觉，这些成为我们研究论说的主要内容。当然西方哲学中国化研究的价值旨归更在于，当西方哲学中国化既不同于在中国的西方哲学，也不同于西方哲学在中国。因"在"常常以"在者"之"在"体现为处境化（赵敦华语）的静态意义的"在"，而非动态意义的自我之"此在"的化之"在此"。当我们创造性地提出了西方哲学中国化的"视域融合""结构突破""未来启思"等逻辑理路时，旨趣在于：西方哲学中国化何以融合中西马视域以建构马克思主义中国化在新时代的新文明形态发展；西方哲学中国化何以突破西方哲学固有的知识结构和思维方式在完善当代中国哲学与西方哲学相融契以推进汉语哲学世界化发展；启思我们在当下及未来的理论研究、学科建设、话语创新等方面面向本来、吸收外来，才可能真正朝向未来而创新发展。未有知而不行者，知而不行，只是未知。特别是学界很多前辈长者多次反复建议、多次倡导和亲力亲为地在做西方哲学在中国三十年、五十年、百年的总结性研究，先后以这样那样的方式提出西方哲学中国化，我们没有理由不接着讲、继续讲。

　　为此，在已讲许多基础上，尚有几点需要再说明：

　　第一，在马克思主义中国化历史坐标中把握西方哲学中国化进程及经验教训是研究的主要特色。我国的西方哲学研究在改革开放以来，在实践是检验真理问题的思想解放中获得长足进步与深化发展，有目共睹、达成共识、不必多言。面对西方哲学研究、西方哲学中国化研究如此丰硕的研究成果，不难发现其中一个隐性问题，即尚缺有用马克思主义观点方法立场对之加以认真比较分析研究的。特别是用马克思主义中国化与西方哲学中国化加以相互结合、相互依赖、相互分析的比较研究，和揭示西方哲学在中国与同时代的马克思主义哲学的现实关系的研究的确不多。如此一来，如此丰富有效的研究成果、研究状况、研究队伍在外国哲学学科自身范围内兜兜转转，既不利于从事马克思主义哲学和中国哲学研究的研究者及时了解、理解抑或借鉴，也不利于自身学科突破学科边界意识与其他学科的互动发展。事实上，新中国成立以来中国的西方哲学学科发展，与其他二级学科相比，遇到的困难也许最多。在这种状况下，我们逐渐认识到，与这一学科的研究方式未能摆脱西方哲学自身的研究思路、方法、框架有关；与未能结合中国社会现代化发展的现代性问题有关；特别是与未能有效有机融合中国的马克思主义哲学在当下的发展有关。所以，我们在努力做好西方哲学中国化与马克思主义中国化关系研究这一问题上，可借鉴的、可依赖的思想理论资源是有限的，作出的自我理解与自我阐释在一定程度上还可进一步挖掘。

　　第二，运用马克思主义立场观念方法反思西方哲学中国化的成就及其经验教训是研究的基本取向。20世纪80年代以来，我国的马克思主义理论研究，特别是马克思主义中国化研究取得突破性、创新性发展。其标志性成就不一一列举，但有一事实需要强调，即伴随马克思主义中国化的不断创新性发展，我们敢于面对西方现当代各种各样、形形色色的思潮、流派、人物及其思想文本等等，也敢于思考诸如此类的问题：西方哲学从传统走向现代而形成的本体论、认识论、逻辑学及其语言学的哲学逻辑其合理性何在？对黑格尔哲学进行批判变革的马克思主义哲学与黑格尔之后的现当代西方哲学是一种什么关系？如果说马克思主义哲学是对黑格尔为代表的德国古典哲学（西方近代哲学）的超越，那么如何看待现当代西方哲学？特别是现当代西方哲学在西方资本主义社会各种矛盾困惑、多种危机不断的情形下，在面对西方世界强大的经济发展依赖于科学技术进步的前提下，而形成的哲学学说且得以流传开来的必然性何在？改革开放以来越发要求我们学习西方的现代化管理经验与科学技术，学习中接触到大量的西方哲学思想如何对待？如此一来带给我们的问题是马克思主义中国化与我们同时代发展创新的问题，马克思主义中国化与在中国的西方哲学何以同时代发展的问题。这需要更加历史地看问题、现实地看问题的辩证思维方式。我们运用马克思主义的辩证思维方式研究西方哲学中国化这一重大问题，才能如此提出问题，不断形成新的问题意识，努力在思维方式上有所创新发展。其目的在于通过西方哲学中国化研究的问题意识创新、思维方式创新，有力推动与促进学科之间的交叉发展、协同攻关，积极实现学科体系创新、学术问题创新、话语方式创新的三位一体发展。当然这一"不忘初心、牢记使命"的任务任重道远。

　　第三，在中国社会从传统到现代的社会转型中理解西方哲学中国化是研究的现实语境。在当代中国哲学学科形态建构上把握西方哲学、中国哲学与马克思主义哲学的关系中，不难发现三者交汇在中国社会从传统社会向现代社会转变的历史阶段，也交汇在中国社会探索符合自身需求的道路、理论、制度和文化的过程当中，在这一过程中马克思主义哲学在确立马克思主义的理论、道路和制度的探索过程中以及中国理论界不断形成马克思主义立场观点方法的进程中发挥了重要作用，马克思主义理论为基础，结合中国传统文化当中的优秀思想也构成了当代社会的文化基础。西方哲学在这一过程中所起到的作用则更多体现为在传统社会向现代社会转变的过程中提供了一种路径及其在发展过程中经验教训所能够提供的思想启示。西方哲学中国化研究正是在这一过程中以现代性问题为线索，以中国社会现实发展伴随出现的西方哲学为依托，以其在中国这样的历史文化环境中何以生存为问题，以挖掘中国学者的中国视域、中国立场为目的。为此，现代性问题批判构成西方哲学中国化研究的一大内在逻辑。我们将沿着这条逻辑理路进一步研究下去，进一步研究西方马克思主义的现代性批判理论，发现是有研究空间与研究价值的。

　　还需说明的是，"西方哲学中国化"的话题选定、申报课题、课题论证、课题研究，即课题申报过程、研究进展过程及其成书写作过程，有学校各方的支持、学科力量的支援、学术团队的支撑。我的学术团队主要由我的研究生们构成。她们是史巍（2013 年已是副教授，现为教授、博士生导师）、李忠阳（博士后）、孙颖、王馨曼、王临霞、潘璇、王吉宇、栾青、于洁、杨赫姣、唐卓等博士研究生，张远新、曹爽、刘月、孟丹丹、王宇飞等硕士研究生等都参与进来。在信息资料收集整理方面，于洁、潘璇、栾青、张远新等人贡献了力量；在图书收集目录整理方面，栾青、张远新、王吉宇等人出力不小；在一遍遍校对文字语言过程中，张远新、曹爽、孟丹丹、王宇飞、刘月等人的认认真真历历在目；在一次次研讨与调研中，在一回回修改与完善的过程中，在史巍的带领下，不断形成阶段性研究成果且使研究成果成效显著、影响较大，积极有效带动团队成员进行学习研究，使项目研究与学术探讨、团队发展紧密结合。如有人以西方哲学中国化为问题意识进行博士论文研究（杨赫姣、唐卓），有人以此为选题进行项目申报与研究写作等等。特别是在成书过程中，写作框架的反复讨论、写作论纲的不断调整，孙颖、李忠阳等人贡献了思想智慧；文字信息的数次校对、比对与完善，王临霞、王馨曼、栾青等人付出的精力体力需要表彰；在我最后一重重统稿审阅过程中，李忠阳能够高质量不断校正、勘别、厘定字词句章以及修补工作，特别是对"史前史"方面作出的贡献的确需要说明。正是在这一团队的共同努力下，书稿在上述成果的基础上，得以不断完善与完成，并成功入选国家社科文库。当然在材料信息文献收集整理方面肯定存在挂一漏万之状。对作出贡献的每一位同仁表示感谢，对给予支持的学界朋友深深致谢，对提出宝贵意见建议的专家学者鞠躬道谢，对人民出版社崔继新主任的编辑室团队付出的辛勤劳动问谢。

韩秋红

2021 年 2 月初于净月宅中

责任编辑:崔继新
封面设计:肖　辉　汪　阳
版式设计:肖　辉　周方亚
责任校对:方雅丽

图书在版编目(CIP)数据

西方哲学中国化史论/韩秋红 著. —北京:人民出版社,2021.5
(国家哲学社会科学成果文库)
ISBN 978 - 7 - 01 - 023271 - 3

Ⅰ.①西…　Ⅱ.①韩…　Ⅲ.①西方哲学-发展-研究-中国　Ⅳ.①B5②B2

中国版本图书馆 CIP 数据核字(2021)第 050790 号

西方哲学中国化史论
XIFANG ZHEXUE ZHONGGUOHUA SHILUN

韩秋红　著

人民出版社 出版发行
(100706　北京市东城区隆福寺街 99 号)

北京盛通印刷股份有限公司印刷　新华书店经销

2021 年 5 月第 1 版　2021 年 5 月北京第 1 次印刷
开本:710 毫米×1000 毫米 1/16　印张:27
字数:428 千字

ISBN 978 - 7 - 01 - 023271 - 3　定价:99.00 元

邮购地址 100706　北京市东城区隆福寺街 99 号
人民东方图书销售中心　电话 (010)65250042　65289539